Volker Kunz
Theorie rationalen Handelns

Volker Kunz

Theorie rationalen Handelns

Konzepte und Anwendungsprobleme

Leske + Budrich, Opladen 1997

Gedruckt auf säurefreiem und altersbeständigem Papier.

Die Deutsche Bibliothek – CIP-Einheitsaufnahme
Kunz, Volker:
Theorie rationalen Handelns : Konzepte und Anwendungsprobleme –
Opladen : Leske und Budrich, 1997
   Zugl.: Stuttgart, Univ., Diss., 1996
   ISBN 3-8100-1669-1

Druck: Druck Partner Rübelmann, Hemsbach
Printed in Germany

Inhalt

1. Einführung

Überblick über die Arbeit: Die Theorie rationalen Handelns stellt die zur Zeit präferierte Mikrotheorie der im Rahmen des methodologischen Individualismus operierenden Sozialwissenschaften dar. Aufgrund der präzisen Formulierung der handlungsleitenden Variablen, den umfangreichen Anleitungen zur funktionalen Präzisierung, der grundsätzlich gegebenen Allgemeinheit ihrer Aussagen sowie der Möglichkeit, das Grundprinzip des Ansatzes auf die Theorie selbst anzuwenden, bietet sie nach Meinung zahlreicher Autoren die zur Zeit besten Möglichkeiten, die nomologische Basis in der Mehrebenenmodellierung sozialer Prozesse zu begründen. Zumindest hat sie die Einsicht in die Möglichkeiten der expliziten Mikrofundierung sozialwissenschaftlicher Analysezusammenhänge aktualisiert. In dieser Perspektive steht die Theorie rationalen Handelns als ein empirisch-erklärender Ansatz im Mittelpunkt dieser Arbeit. Es geht um ihre konzeptionellen Grundlagen, die empirischen Anwendungsprobleme in der quantitativen Sozialforschung und die Integration von Phänomenen der kognitiven oder bereichsspezifischen Rationalität, für die H. A. Simon etwas pejorativ die Bezeichnung 'beschränkte Rationalität' geprägt hat. Der traditionelle Ansatz erweist sich für die Beschreibung und Einbindung dieser Aspekte allerdings als zu eng: Das experimentelle Spiel für einen 'Homo Oeconomicus', der Entscheidungen mit maximaler Information und ohne besonderen Einfluß der Situation nach dem einfachen Prinzip des Erwartungsnutzens trifft, kann nicht generelles Programm für die Erklärung der Überlegens- und Enscheidungsprozesse der Menschen unter natürlichen Bedingungen in Alltagssituationen sein. Die Verwendung von Rational Choice in der empirischen Sozialforschung impliziert vielmehr einen integrativen Zugriff, der hinsichtlich der grundlegenden Annahmen eine (Re-) Kognitivierung des Konzepts voraussetzt. Die Arbeit zielt in diesem Zusammenhang nicht auf die Auflistung und Darstellung von Anomalien hinsichtlich einer individuellen 'Superrationalität', sondern auf die Bedeutung und Untersuchung des Einflusses der subjektiven Situationsdeutungen, des Zusammenhangs von Sozialstruktur, Kultur und rationaler Wahl sowie der damit implizierten situativen Abhängigkeit von Entscheidungs- und Informationsverarbeitungsprozessen. Die Auf- und Ausarbeitung setzt inhaltlich den Bezug auf Untersuchungen der sozialpsychologischen Einstellungsforschung und methodologisch die Abkehr von der instrumentalistischen Modellanalytik voraus, wie sie traditionell in den Wirtschaftswissenschaften und in neuerer Zeit - unabhängig der Modifikationen, die hier am traditionellen Ansatz der Mikroökonomie vorgenommen wurden - in den übrigen Sozialwissenschaften propagiert wird. Der Weg einer explanativen Orientierung ist zur Zeit sehr umstritten, aber in dem Maße, in dem die analytische Ebene verlassen und die handlungstheoretischen Annahmen als empirische Gegebenheit dargestellt werden, kann die Frage nach dem empirischen Gehalt nicht mehr zurückgewiesen werden. Es erscheint daher angemessen, von vornherein einen kognitiven Zugang zu wählen. In dieser Perspektive versteht es sich von selbst, daß die Annahmen, die der Erkenntnis der Welt dienen, sozial geprägt sind. Aber es ist im Rahmen dieser Auffassung kein Widerspruch, die Konsistenz der Behauptungen hinsichtlich der empirischen Daten und ihre interne Stimmigkeit zu prüfen. Sobald die Begriffe bestimmt sind, gibt es 'objektive' Daten hinsichtlich ihrer Aussagekraft, die sich aus Messungen und Beobachtungen ergeben. Der Realismus ist daher auch nicht auf ein einziges Vokabular fixiert. Es kommt aber darauf an, ob die in diesem Rahmen vertretenen Annahmen Gültigkeit beanspruchen können.

Die Theorie rationalen Handelns hat seit einiger Zeit Konjunktur. Worauf ist diese Hinwendung zurückzuführen? Versteht man unter Modellierung die Abstraktion über empirische Erkenntnisse, so ist die adäquate Modellierung abhängig von den empirischen Daten. Wenn die Realität so beschrieben wird, daß soziale Ordnung auf Handeln beruht, muß eine empirisch adäquate Modellierung bei individuellem Handeln beginnen, denn: Handlungsträger sind Individuen. Hieraus erklärt sich, daß erstens der Begriff der (sozialen) 'Handlung' seit langem als ein interdisziplinärer Schlüsselbegriff für die Sozialwissenschaften einschließlich ihrer kulturwissenschaftlichen und philosophischen Grundlagen betrachtet wird (vgl. Boudon, Bourricaud 1992; Hennen 1989) und daher - zweitens - Handlungs- und Entscheidungstheorien als erfolgversprechende Ansätze nicht nur zur Erklärung sozialen Handelns, sondern auch zur Ausdifferenzierung sozialer Institutionen gelten.[1] In dieser Perspektive begründet der Gedanke einer umfassenden Politik- und Gesellschaftsanalyse auf individualistischer Basis die Anwendung der Theorie rationalen Handelns in Politikwissenschaft, Soziologie, Geschichtswissenschaft, Wirtschaftswissenschaften und vielen anderen sozialwissenschaftlichen Bereichen: Nutzen- und Kostenkalkulationen prägen zwar besonders den engeren Bereich der Ökonomie, sind aber keineswegs auf diesen beschränkt. Die Hoffnung besteht darin, daß der explizite Bezug auf die Maxime nutzenorientierten Handelns das Verständnis für soziale Prozesse schärft und Erklärungen möglich macht (Rational Choice-Ansatz).

Das klassische Erkenntnisprogramm der angelsächsischen Aufklärung, wie es v.a. von David Hume in der Nachfolge von John Locke sowie von Adam Ferguson und Adam Smith bekannt ist, lebt in diesem Rahmen wieder auf. Es ist das zentrale Verdienst dieser Klassiker der individualistischen Sozialtheorie, deutlich gemacht zu haben, daß sozialer Nutzen nicht aus einem Mechanismus entstehen muß, der eben diesen Nutzen zum Ziel hat. Solche unintendierten Handlungsfolgen legen häufig die Sichtweise einer sich verselbständigen Ebene der kollektiven Tatbestände nahe; doch handelt es sich 'nur' um das Resultat der Interaktionen von Individuen, deren Wirkungszusammenhang nicht mehr unmittelbar einzusehen ist. Im Mittelpunkt

---

[1] Handeln wird üblicherweise von Verhalten abgegrenzt: Während Handeln als motivational gesteuerter Prozeß darzustellen ist, schreibt man Verhalten submotivationale Elemente zu, es geht hier um reflexhaft gesteuerte Zustandsänderungen.

steht die grundlegende Differenz von individuellen Handlungsmotiven und sozialen Handlungsfolgen und die vermittelnde Funktion struktureller Bedingungen, die individuelle Interessen mit kollektiver Nützlichkeit kombinieren.[2] Vor allem Hume hat auf das unausweichliche Wechselspiel zwischen Individuen und Institutionen hingewiesen (und geht damit weit über Hobbes hinaus, für den Institutionalisierung immer eine Entfremdung zwischen dem einzelnen und seiner Natur impliziert); ein Sachverhalt der in der (im Anschluß an Durkheim und Parsons) kritischen Rezeption der utilitaristischen Denktradition zumeist unberücksichtigt blieb. Aber es ging in der Tradition von Locke, Hume, Ferguson und Smith keineswegs darum, soziale Tatbestände lediglich aus angeborenen Antrieben zu erklären. Die Anwendung des Nutzenprinzips setzt vielmehr den Rekurs auf institutionelle Arrangements und die Analyse der sozialen Situation voraus: Normen, Werte und Interaktionen prägen die Erwartungen der Akteure über ihre Handlungsmöglichkeiten und die sich daran anknüpfenden Nutzeneinschätzungen. Sie wirken insofern handlungsregulierend; von einem Atomismus in der Theorie der rationalen Wahl, so der immer wiederkehrende Vorwurf, kann daher in dieser Perspektive nicht die Rede sein. Die 'Politische Ökonomie' der schottischen Moralphilosophen des 18. Jahrhunderts wird daher zu Recht als *die* Wissenschaft vom gesellschaftlichen Leben bezeichnet (vgl. z.B. Albert 1987: 120). Und nicht umsonst gilt - auch vor dem Hintergrund der unbefriedigenden Erklärungskraft makro-orientierter Theorien (z.B. des Funktionalismus oder des historischen Materialismus) - die 'Neue Politische Ökonomie' gegenwärtig als der "umfassendste und vielversprechendste Ansatz der Modernen Politischen Theorie" (Druwe 1993: 244; vgl. auch Lalman, Oppenheimer, Swistak 1993: 77; Lindenberg 1985a: 99f.; Ordeshook 1990: 10). Und in der US-amerikanischen Politikwissenschaft ist man offensichtlich der Meinung, "[f]ew political science departments now feel their faculty complete without one or more members who work in the rational choice (public choice) tradition" (Mansbridge 1990b: 311, Anm. 42).

Ein solcher Anspruch führt notwendigerweise zu einer interdisziplinären Perspektive. Die Leistungsfähigkeit eines Forschungs- und Erklärungsprogramms auf der Grundlage der Theorie rationalen Handelns besteht in der theoretischen Integration einer sich in Einzel-, Sub- und Bindestrichdisziplinen ausdifferenzierenden Sozialwissenschaft. Dieser Ansatz bietet zumindest die Option, die Sozialwissenschaften wieder zusammenzuführen, als erklärende Disziplin zu etablieren und auch die Verbindung zur Psychologie zu aktualisieren. In einer Zeit, in der eine zunehmende Zahl an Einzelbefunden durch ad hoc konstruierte Interpretationen, bestenfalls durch die Formulierung objekt- und situationsspezifischer Hypothesen erklärt wird, hat der Rational Choice-Ansatz das Potential, sich aufgrund seines

---

2 Auch Hume, Locke, Ferguson und Smith haben natürlich an bestehende Wissensbestände angeknüpft. Einige grundlegende Ideen der ökonomischen (Politik-) Theorie lassen sich bis auf die Sophisten im Athen Platons zurückführen.

weiten Anwendungsbereichs als integratives und übergreifendes theoretisches Programm darzustellen.

In dieser Perspektive kann man die erste Stufe der Entwicklung eines erklärenden individualistischen Programms in den Sozialwissenschaften durch die Einsicht kennzeichnen, daß sie Antworten auf die Frage nach den Handlungsdeterminanten geben muß. "Since we are interested in *understanding* human behavior, not merely in predicting it, we must try to identify the determinants of behavioral intentions", wie zum Beispiel I. Ajzen unmißverständlich zum Ausdruck bringt (1988: 116).[3] So selbstverständlich dieser Hinweis erscheint, v.a. im Rational Choice-Programm ist diese Sichtweise mehr als umstritten. Der interdisziplinäre Ansatz ist hier in erster Linie ein imperialistischer Anspruch hinsichtlich der Übertragung mechanistisch-materialistischer Grundideen aus der nach-klassischen Mikroökonomie, die häufig mit dem Begriff des 'Homo Oeconomicus' verknüpft werden. Kritische Hinweise auf Konsistenzprobleme hinsichtlich der empirischen Daten werden üblicherweise dahingehend beantwortet, daß man sowieso nicht erklären wolle oder die notwendige Abstraktion empirische Inkonsistenzen zwangsläufig impliziere. Ich teile diese Auffassungen nicht und halte sie zu großen Teilen auch nicht für gerechtfertigt. Ein Ziel dieser Arbeit besteht darin, diese Position zu begründen und zu zeigen, daß gerade der Rational Choice-Ansatz einen wichtigen Ansatzpunkt bietet, die Fülle komplexer sozialwissenschaftlicher Probleme in den Griff zu bekommen und einer empirischen Erklärung zugänglich zu machen. Hierzu ist es allerdings notwendig, hinsichtlich der kognitiv-motivationalen Konstrukte wesentlich mehr Unterscheidungsmöglichkeiten mit entsprechenden empirischen Meßwerten als in der üblichen Modellierungspraxis zu berücksichtigen.

Damit ist ausdrücklich nicht die verjährte Kontroverse über einfache behavioristische Konditionierungskonzepte angesprochen, sondern die aktuelle Debatte über Sinn und Zweck einer empirischen Orientierung im Rational Choice-Ansatz. Es ist zwar richtig, daß die empirische Orientierung in diesem Zusammenhang nicht zwingend ist. Doch als eine Möglichkeit wissenschaftlichen Arbeitens ist sie in Betracht zu ziehen. Daß Handlungsprozesse durch mentale Repräsentationen bestimmt sind, die ihrerseits Regeln unterliegen, die die verschiedenen Wahrnehmungs- und Handlungsbereiche strukturieren, ist inzwischen eine allgemein akzeptierte Auffassung, die auch die Grundlage der kognitiven Psychologie bildet. Interessant ist der Rational Choice-Ansatz in diesem Zusammenhang deshalb, weil er mit der expliziten und

---

[3] An dieser Stelle ist ein Hinweis zur formalen Gestaltung zu geben: Hervorhebungen, die den von mir zitierten Textstellen zugefügt werden, werden ausdrücklich als solche gekennzeichnet. Hervorhebungen, die in den Zitaten selbst enthalten sind, werden ohne weitere Hinweise übernommen.

empirisch sinnvollen Charakterisierung der Form von Regelsystemen nicht nur die Prozesse beschreibt, sondern Handlungsweisen und auch die Variationen der sie determinierenden kognitiven Repräsentationen erklären kann. Darüber hinaus wird ein Ordnungsrahmen für die Vielzahl an sozio-psychologischen Handlungsdeterminanten angeboten, die in der Literatur diskutiert werden.

Das naheliegende Implikat der Theorie rationalen Handelns als ein erklärender Ansatz besteht in der Annahme, daß Menschen ihrem Handeln meist ein beschränktes Modell der Wirklichkeit zugrundelegen und ihre Probleme innerhalb dieses Modells lösen und entsprechend selektiv Entscheidungen treffen. Sie gehen daher nach bestimmten Strategien vor, die dem Prinzip der strengen Nutzenmaximierung aus Sicht eines externen Beobachters widersprechen. Diese Sichtweise, die auf den ersten Blick als schlicht und unstrittig erscheinen kann, verliert diesen Charakter aber schnell, wenn man sie ausführlich behandelt und ihre Folgen diskutiert. So lassen sich mit dem Wechsel von der Objekt- zur Subjektorientierung, mit dem ausdrücklichen Bezug auf die Handlungsebene und die subjektive Interpretation der Situation nach aktuellen Signalen und Hinweisanreizen eine Vielzahl von Anomalien erklären, die der Theorie rationalen Handelns üblicherweise vorgeworfen werden. Insbesondere läßt sich mit dem Ansatz der 'kognitiven Rationalität' zeigen, daß automatisches Prozessieren im Rahmen selektiver Wahrnehmungsstrategien eine vernünftige Maxime menschlichen Handelns darstellt. Damit ist zugleich der Schritt zur gesellschaftlichen Strukturanalyse im Rahmen von Rational Choice vorgezeichnet: Über den engen Zusammenhang von Sozialstruktur, Kultur und rationaler Wahl läßt sich nicht hinweggehen. Jedes Handeln bedarf vorausgehender Strukturierungen und dies impliziert für die hier vertretene Theorie: Die Nutzenorientierung des Handelns verbindet sich mit kontingenten Formen der Situationsstrukturierung.

Die Richtung der Argumentation ist damit eindeutig: Der hier verfolgte Ansatz beruht ausdrücklich auf einer explanativen und empirischen Orientierung. Diese Perspektive steht in klarer Konkurrenz zur instrumentalistischen Modellanalytik, die den sozialwissenschaftlichen Betrieb von Rational Choice zur Zeit dominiert. Hier geht es nicht mehr um die Erklärung des individuellen Handelns selbst, sondern nur noch um einen möglichen Beitrag für das Funktionieren sozialer Tatbestände. Auf beispielhafte Weise zeigt sich diese Orientierung in der Entwicklung des ökonomischen Denkens. Die Entwicklung der ökonomischen Theorie über die Grenznutzenschule, die Einführung der Indifferenzkurvenmechanik zur modernen Spieltheorie beschreibt die Wendung zum Formalismus in allen Bereichen. Rationalität ist hier nur noch Ausdruck eines wissenschaftlichen Handlungsmusters, Prinzip einer in sich konsistenten wissenschaftlichen Rekonstruktion. Die Frage ist daher noch in vielerlei Hinsicht offen, wie sich in der Mehrebenenanalyse die Mikroebene empirisch konstituiert.

Der Formalisierungsprozeß zeichnet den Weg in eine motivational bereinigte Entscheidungslogik vor, woraus sich auch erklären dürfte, daß ökonomische Entscheidungslehre und sozialpsychologische Einstellungsforschung kaum Verbindungen aufweisen. Ich betrachte den geringen Austausch zwischen beiden Bereichen als ein wesentliches Defizit, das der Entwicklung von Rational Choice zu einer integrativen sozialwissenschaftlichen Handlungslehre zumindest nicht zuträglich ist: Über die konzeptionellen Gemeinsamkeiten läßt sich in vielen Fällen kaum hinwegsehen, wobei die sozialpsychologische Forschung inzwischen wichtige Ergänzungen hinsichtlich der handlungsleitenden Wirksamkeit von Einstellungen, kognitiven Mustern und alternativen Taktiken der Informationsverarbeitung bietet. Im Zusammenspiel mit den Regeln der rationalen Wahl liegt die Erklärung auch komplexer Handlungsstrategien begründet und insofern die Praxisrelevanz einer empirischen Sozialwissenschaft: Bei allen Schwierigkeiten dürfte erst ein empirisch begründetes Verständnis der kognitiven Repräsentationen der relevanten Akteure zumindest Ansatzpunkte für praktische Interventionsmaßnahmen in gesellschaftliche Handlungsfelder offerieren. Vielleicht kann diese Arbeit dazu beitragen und manche Leser auch davon überzeugen, die Theorie rationalen Handelns i.d.S. als einen (potentiell) erklärungskräftigen empirischen Ansatz zu verstehen.

Es ist das Ziel dieser Arbeit, zu den theoretischen Grundlagen der empirischen Sozialwissenschaften, die sich auch um die Praxis bemühen, beizutragen und vor diesem Hintergrund die Theorie rationalen Handelns als empirisches Erklärungskonzept zu diskutieren. Im Hinblick auf die zunehmende Verbreitung dieser Theorie lohnt sich aus meiner Sicht eine konstruktive Auseinandersetzung und dies v.a. hinsichtlich der Erklärungsansprüche der empirischen Sozialforschung: Betrachtet man den Rational Choice-Ansatz als ein erklärendes Programm, stellt sich direkt die Frage nach der empirischen Umsetzung. Die Diskussion zu den Möglichkeiten und Grenzen der empirischen Prüfung und Anwendung theoretischer Konzepte ist in den empirisch orientierten Sozialwissenschaften von grundsätzlicher Bedeutung. Jeder, der empirisch arbeitet oder einmal empirisch gearbeitet hat, weiß um die Probleme, die mit der Umsetzung von Theorien in die Forschungspraxis verbunden sind. Dennoch werden in substanzwissenschaftlichen Zusammenhängen - und darauf kommt es hier an - nicht gerade häufig derartige Probleme behandelt bzw. zur Diskussion gestellt.

12

Solchen Fragen sollte sich aber eine Arbeit stellen, die mit dem Anliegen verknüpft ist, einen Beitrag zur Etablierung der Theorie rationalen Handelns als erklärendes Konzept in den Sozialwissenschaften zu leisten. Denn auch die Anwendung der Theorie rationalen Handelns ist v.a. in natürlichen Situationen mit einigen, nicht unerheblichen Schwierigkeiten verbunden. Häufig dürften es gerade die (mehr oder weniger Rational Choice-spezifischen) Anwendungsprobleme sein, die die Position eines externen Beobachters und die damit implizierte Sicht des Handelnden als Objekt und nicht als Subjekt im Rahmen der Analyse sozialer Prozesse so attraktiv machen. Allerdings liegen in den Sozialwissenschaften konstruktive Auseinandersetzungen mit empirischen Anwendungsproblemen der Theorie rationalen Handeln in natürlichen Situationen bisher kaum vor. Ich werde auf einige der zentralen Probleme eingehen und, soweit möglich, Lösungsstrategien vorschlagen und diskutieren. Die Überlegungen konzentrieren sich hierbei auf die einfache Nutzentheorie, da dieser Ansatz im Zentrum der empirischen Anwendungen steht.

Damit ist der Rahmen dieser Arbeit abgesteckt: Kapitel 2 versucht zunächst einen Überblick in die variantenreichen Begrifflichkeiten zu geben, die in der Literatur zur Theorie rationalen Handelns anzutreffen sind. Anschließend beschäftigt sich Kapitel 3 etwas ausführlicher mit dem Mikro-Makro-Problem: Ein individualistischer Ansatz wird in sozialwissenschaftlichen Zusammenhängen nur dann Aussagekraft besitzen, wenn eine Verbindung mit sozialen Tatsachen möglich ist. Im Mittelpunkt stehen hier zwei Fragen, die J. S. Coleman so formuliert hat: "[H]ow the purposive actions of the actors combine to bring about system-level behavior, and how those purposive actions are in turn shaped by constraints that result form the behavior of the system" (1986: 1312). Ich konzentriere mich an dieser Stelle v.a. auf das in der ersten Teilfrage von Coleman angesprochene Problem der Transformation von individuellen Effekten in kollektive Effekte.

Vor diesem Hintergrund werden in Kapitel 4 die Grundlagen der Theorie rationalen Handelns als ein kognitiver Ansatz diskutiert. Hierbei unterstelle ich, daß das Modell der deduktiv-nomologischen Erklärung, d.h. insbesondere die Suche nach allgemeinen Gesetzmäßigkeiten, den Ausgangspunkt wissenschaftlicher Erkenntnisbemühungen bildet. Allerdings bleibt an dieser Stelle die Frage noch offen, wie die Theorie rationalen Handelns empirisch angewendet werden soll. Mit diesem grundlegenden Problem beschäftigt sich Kapitel 5. Es geht hier um Fragen der Operationalisierung der Konstruktvariablen und der statistischen Auswertung. Hier zeigt sich auch, daß die vertretene Theorie die unterschiedlichen handlungstheoretischen Perspektiven in den Sozialwissenschaften integrieren kann.

13

Zwar verfügt die empirische Sozialforschung über weitreichende Möglichkeiten, die Konsistenz theoretischer Annahmen hinsichtlich der empirischen Daten zu überprüfen. Hiervon wird im Rational Choice-Ansatz allerdings nur selten Gebrauch gemacht. Wie zuvor angedeutet, dominiert eine instrumentalistische Modellanalytik, wie sie traditionell in der Ökonomie propagiert wird. Hierzu trägt, wie Kapitel 6 zeigt, eine zumindest mißverständliche Sichtweise über die notwendige 'Abstraktheit' und die damit implizierte 'Falschheit' (handlungs-) theoretischer Grundannahmen bei. Die in diesem Zusammenhang offensichtlichen Probleme erkenntnistheoretischer Art, wie die Frage nach einer endgültigen Wahrheit, lassen sich im Rahmen eines 'nicht-repräsentativen Realismus' behandeln, der die Bedeutung kontrollierter Erkenntnisbemühungen für intersubjektives Wissen herausstellt.

Damit sind die Grundlagen bereitet, die die Anwendung der Theorie rationalen Handelns als sozialwissenschafliche Handlungslehre, die auch der Anleitung der Praxis dienlich sein kann, begründen können. Kapitel 7 stellt zunächst die Verbindung zur sozialpsychologischen Einstellungsforschung her und führt in diesem Rahmen in die Grundannahmen der Ajzen-Fishbein-Konzepte ein. Sie präzisieren die kausale Sequenz handlungsleitender Kognitionen und verweisen in der Tradition von Adam Smith und Kurt Lewin nachdrücklich auf Aspekte wirksamer Sozialität, die auch im Rahmen einer nutzentheoretischen Modellierung individueller Handlungswahlen zu berücksichtigen sind.

Die instrumentalitätstheoretische Fortführung dieser Überlegungen impliziert die Hinwendung zur Analyse von 'Handlungsprogrammen': Handlungsergebnisse stehen i.d.R. nicht für sich, sondern sind im Rahmen instrumenteller Ketten mit übergeordneten Zielen verknüpft. Der Motivationsprozeß sollte daher grundsätzlich als ein mehrstufiger Energiefluß gedacht werden, der seine Basis in wohlbefindenskalkulierenden Grundantrieben findet, die die psycho-organismische Energie des Handelns bereitstellen. Eine solche Sichtweise ermöglicht den analytischen Übergang von individuellen Nutzenkalkulationen zu sozialen 'Produktionsfunktionen'. Sie bilden in ihrer Generalisierung zentrale Elemente der sozialen Struktur und sind als kontextgebundene Angebote der Selbstverwirklichung zu betrachten. Sie enthalten je nach sozialer Position und Lebenslagen variierende Belohnungsmuster, die zwar unter den Bedingungen der gesellschaftlichen Differenzierung, insbesondere aufgrund zunehmender Arbeitsteilung, sehr individuelle, dennoch in vielen Fällen typisierte Bindungen erzeugen.

Hier deutet sich an, was in Kapitel 8 eine zentrale Rolle spielen wird: Wenn man die individuellen Parameter in einer Mehrebenenanalyse sozialer Prozesse ernst nehmen will, ist auch entsprechend differenziert an diese

14

Ebene heranzugehen. Auf diese Weise läßt sich in Verbindung mit neueren Ansätzen der sozial- und kognitionspsychologisch orientierten Einstellungsforschung das für die Anwendung der Theorie rationalen Handelns üblicherweise als folgenschwer angesehene Problem habitualisierter Routinen im Rahmen automatisierter Überlegensprozesse behandeln ('scripted behavior': Abelson 1981; Langer 1978). Die Auflösung beruht auf der Idee einer grundsätzlichen motivationalen Mitdetermination solcher Vorgänge. Es interessieren damit nicht - wie so häufig in der Literatur zur Theorie rationalen Handelns - 'Anomalien' als solche, sondern die Möglichkeiten ihrer Erklärung, und zwar auf Grundlage der Theorie rationalen Handelns selbst. Schlußfolgerungen und eine integrative Zusammenfassung der diskutierten Überlegungen sind in Kapitel 9 enthalten.

K. Ahlstich, M.A. und Prof. U. Druwe haben - trotz hoher Opportunitätskosten - ihre Routinen vorübergehend immer wieder verlassen und damit zu wesentlichen Teilen zur Fertigstellung der Arbeit beigetragen. Ihnen schulde ich großen Dank. Prof. A. Görlitz und Prof. S. Franke haben Teile des Manuskripts gelesen, ermunternd und korrigierend auf den Fortgang eingewirkt. Desgleichen gilt für Prof. O. W. Gabriel, dem ich darüber hinaus die grundlegenden Güter im institutionalisierten Zusammenhang für eine solche Arbeit verdanke: Zeit und Freiraum. Kontrollierte kognitive Prozesse setzen Motivation *und* Gelegenheitsstrukturen voraus. Die Motivation hat in diesem Zusammenhang in vielfacher Hinsicht Prof. M. Hennen begründet. Ich freue mich sehr, dies an dieser Stelle zum Ausdruck bringen zu können. 'Auf den Schultern von Riesen zu sitzen', ist manchmal angenehm und erleichternd, schärft aber zugleich das Wissen um eigene Inkompetenzen (Merton 1980). Die Unzulänglichkeiten dieser Arbeit sind daher allein dem Verfasser zuzuschreiben. Meinen Dank möchte ich auch den Teilnehmern des Arbeitskreises 'Handlungs- und Entscheidungstheorie' der Sektion 'Politische Theorie und Ideengeschichte' innerhalb der 'Deutschen Vereinigung für Politische Wissenschaft' (DVPW) aussprechen: Auf mehreren Tagungen konnte ich einige Beiträge diskutieren, aus denen einige Abschnitte dieser Arbeit hervorgegangen sind. Dem Verlag, insbesondere Frau Budrich, danke ich für die Geduld und die Möglichkeit der Veröffentlichung.

2. Begriffs- und Perspektivenklärungen

Überblick: Es werden variierende Begrifflichkeiten vorgestellt, die mit der Theorie rationalen Handelns häufig in einen Zusammenhang gebracht werden: 'Entscheidungs-' und 'Spieltheorie', 'Nutzentheorie' und 'Rational Choice'. Ähnliche Überlegungen finden sich in der kognitiven (Sozial-) Psychologie (Wert-Erwartungskonzepte). Die Arbeiten in diesem Bereich legen die Grundlage, um die Theorie rationalen Handelns als erklärenden Kern der Modellierung sozialer Prozesse zu gebrauchen; daher auch die Kennzeichnung der Theorie als ein 'kognitiver Ansatz'. Allerdings ist zu berücksichtigen, daß Rational Choice in sehr unterschiedlicher Absicht betrieben werden kann. Beispielhaft zeigen sich die variierenden Orientierungen in Untersuchungen mit politikwissenschaftlicher Diktion.

Soziale Tatbestände sind, so die hier vertretene Vorstellung, das Resultat menschlichen Handelns. Dies bedeutet nicht, daß Kollektivität als das intendierte Ergebnis dieses Handelns zu betrachten sei. Im Gegenteil: Jede Gesellschaftsanalyse steht vor dem Problem der paradoxen Handlungsfolgen, des Auseinanderfallens von individueller und kollektiver Rationalität (wir wollen am Sonntag abend doch nur auf dem kürzesten Weg von A nach B fahren und stehen gerade deshalb im Stau). Ohne ein Verständnis der Intentionen und Kognitionen der Akteure und ihrem Einfluß auf das individuelle Handeln sind diese Prozesse zur Zeit nicht nachzuvollziehen. Kollektive 'Irrationalität' läßt sich nur vor dem Hintergrund einer kausalen Interpretation spezifischer Handlungsgesetze bestimmen. Und wenn soziale Prozesse den Eindruck einer verselbständigten Realität vermitteln, dann deshalb, weil sie mit Handlungen verglichen werden, denen die Folgen ihres Wirkungszusammenhangs nicht mehr unmittelbar anzusehen sind.

Eine Erklärung sozialer Prozesse setzt eine Erklärung individuellen Handelns voraus. Die Behauptung erscheint auf den ersten Blick als trivial, ihre Konsequenz jedoch nicht. Impliziert wird die konsequente Abwahl akteursferner Sozialtheorien. Das heißt wiederum nicht, daß Handeln im atomisierten Zusammenhang betrachtet wird. Im Gegenteil: Handeln ist grundsätzlich in soziale Strukturen 'eingebettet'; ohne Bezug auf den sozialen Verbund, als dessen Teil der Akteur erscheint, kann dieser nicht kalkulieren. Die Erklärung individuellen Handelns schließt daher eine Ebenendifferenz ein. Auf der ersten Stufe wirken strukturelle Faktoren, auf der zweiten individuelle Entscheidungsprozesse (vgl. Elster 1989a: 13).

Die Theorie rationalen Handelns knüpft an diese Differenz an und betrachtet in ihrer allgemeinen Fassung Handlungen als das Ergebnis einer mehrfachen Filterung: Der erste Filter besteht in den external gegebenen und subjektiv wahrgenommenen sozialen und natürlichen Restriktionen,

16

denen sich ein Akteur gegenübersieht (z.B. Budgetrestriktionen, Rechtsvorschriften, Technologie, informelle soziale Normen, etc.). Anstatt von 'Restriktionen' oder 'Handlungsbeschränkungen' läßt sich auch von 'Handlungsmöglichkeiten' sprechen: Definitionsgemäß implizieren relativ starke Handlungsbeschränkungen relativ geringe Handlungsmöglichkeiten.

Der zweite, in der Literatur zur Theorie rationalen Handelns häufig vernachlässigte Filter bezieht sich auf die Wirksamkeit von internalen Restriktionen, die z.B. aus den Verfügungsbeschränkungen im mentalen System einer Person resultieren und auf ähnliche Weise wie z.B. Preise oder formelle Regeln wirken (so schränken moralische Gerechtigkeits- und Verantwortungsgefühle als eine internalisierte Menge von Handlungsregeln die Alternativenwahl ein, wenn intrinsische Kosten wie Schuldgefühle bei ihrer Verletzung entstehen). Den dritten Filter bildet der Mechanismus, der bestimmt, welche Handlung aus dem Möglichkeitsraum ausgeführt wird.

Dieser dritte Filter besteht in der 'rationalen Wahl' und wird häufig als das klassische Thema der (ökonomischen) Entscheidungstheorie betrachtet, erhält aber v.a. in der kognitiven Motivationspsychologie seine empirische Ausarbeitung: Beide Bereiche beschäftigen sich mit der Formalisierung von Entscheidungssituationen, ihrer Differenzierung und den Entscheidungsregeln für absichtsvolles und geplantes Verhalten. Der Selektionsvorgang findet seine Grundlage in elementaren Kosten-Nutzen-Kalkülen. Man spricht daher auch von der Anwendung nutzentheoretischer Überlegungen oder - auf Grundlage eines aufgeklärten Begriffs von 'Ökonomie' - von der ökonomischen Natur allen sozialen Handelns (vgl. Krause 1989; Kunz 1996a; Opp 1983). Dieses Handeln ist gekennzeichnet durch das Streben der Akteure, die von ihnen verfolgten Ziele auf verhältnismäßig günstige, also ressourcenschonende Weise zu realisieren, da es nicht möglich ist, alles das, was man erstrebt, sich sofort und auf Dauer verfügbar zu machen. Die ökonomische Vernunft als erklärender Kern sozialer Prozesse wird in der Entscheidungstheorie und kognitiven (Sozial-) Psychologie überwiegend in Form formalisierter Wert-Erwartungskonzepte behandelt.

Zusammenstellungen entsprechender Studien haben bereits J. W. Atkinson (1964), N. T. Feather (1959) oder H. Werbik (1978) vorgelegt. Es handelt sich um einen Versuch, die Idee der rationalen Wahl zu präzisieren. Von noch zu klärender Bedeutung ist, daß explizit soziologische Anwendungen, die darauf Wert legen, sich gegenüber der ökonomisch orientierten Analyse abzugrenzen, mit ähnlichen, wenn auch hinsichtlich der Spezifikation der Variablen z.T. sehr restriktiv formulierten Annahmen arbeiten (Kap. 5.1). Welcher Zugang hier auch immer gewählt wird, grundsätzlich wird vorausgesetzt, daß die Akteure zur klaren Unterbrechung einfacher Stimulus-Response-Reflexe imstande sind und ein kontrolliertes S-O-R-

Handeln zumindest bei Bedarf 'aufschalten' können. Dies impliziert unter explanativen Gesichtspunkten, daß die handlungstheoretischen Vorgaben die subjektive Definition der Situation nicht a priori ausblenden können: Menschen sind als ein auf Stimuli (S) reagierenden (R) offenes System (O) zu betrachten. Sie können sich das Objekt in einer Situation selbst innerlich anzeigen und rekonstruieren damit soziale Bedingungen gedächtnisgestützt auf ihre eigene, subjektive und nicht-reflexhafte Weise (vgl. Mead, in der Ausgabe von 1995). Der Mensch ist daher nicht nur als ein intentional informationsverarbeitendes System, sondern auch als ein informationsauswählendes System zu betrachten; in anderen Worten: Der Mensch ist nicht nur Objekt, sondern Subjekt und daher selbst zu den Ursachen des Handelns zu zählen. Die hier vertretene Theorie rationalen Handelns knüpft an diese Bedingungen an und modelliert die mentalen Zustände als ein System von Erwartungen und Bewertungen hinsichtlich relevanter Handlungsfolgen.

Im Zusammenhang mit der Analyse individueller Wahlhandlungen wird der Begriff 'Spieltheorie' häufig mit dem Begriff 'Entscheidungstheorie' gleichgesetzt. Dies kann insofern Mißverständnisse hervorrufen als sich spieltheoretische Analysen grundsätzlich auf Situationen beziehen, in denen mehrere Personen miteinander interagieren. Im Mittelpunkt des Interesses stehen also Konstellationen, in der mindestens zwei Personen jeweils eine Entscheidung treffen und in der die diese beiden Entscheidungen zu einer bestimmten Konsequenz führen. Spiele bilden Situationen ab, in denen für beide Akteure die Entscheidungen wechselseitig voneinander abhängen.

Nach dieser (üblichen) Charakterisierung wären der allgemeinen Entscheidungstheorie, in dem der zweite Spieler durch die unpersonale, zufällig wirkende, 'desinteressierte' Natur repräsentiert wird, lediglich die individuellen Erwartungen (in Form subjektiver Wahrscheinlichkeiten) über die Handlungen der anderen Spieler hinzuzufügen. Über die Besonderheiten der Spieltheorie wäre daher nicht mehr viel zu sagen. Das Eigentümliche der Spieltheorie ist aber, daß die Akteure (oder die Spieltheoretiker!?) bestimmte Annahmen über andere Personen treffen und zwar Annahmen, die denjenigen der Entscheidungstheorie äquivalent sind. Nach dieser Interpretation ist Spieltheorie lediglich eine besondere Variante der Entscheidungstheorie, in den Worten von W. Spohn: "Die Spieltheorie ist eine Entscheidungstheorie über spezielle entscheidungstheoretische Subjekte, nämlich über solche Subjekte, die die Entscheidungstheorie auf die anderen Personen anwenden, die in ihren Entscheidungssituationen eine Rolle spielen" (1994: 201f.).

Da prinzipiell Entscheidungssituationen zwischen verschiedenen Handlungsalternativen bzw. Strategien betrachtet werden, läßt sich die Entscheidungstheorie auch als 'Theorie der Wahlhandlungen' bezeichnen. In englischsprachiger Notation einer sozialwissenschaftlichen Perspektive spricht man vom 'Rational Choice-Ansatz' (Kap. 1), wobei i.d.R. lediglich die Figur des Homo Oeconomicus mit diesem Begriff assoziiert wird. Dies ist nicht das Verständnis, das hier vertreten wird. Die im Homo Oeconomicus-Konzept repräsentierte Zwei-Welten-Trennung von Sozialwissenschaften und Psychologie und die damit implizierte Vernachlässigung einer expliziten motivations- und kognitionspsychologischen Grundlegung der handlungstheoretischen Arbeit werden in dieser Untersuchung nicht geteilt. Zur eindeutigen Kennzeichnung bezeichne ich daher die Theorie rationalen Handelns auch als einen 'kognitiven Ansatz'.

Die vorherrschende Modellierung einer zu maximierenden Funktion von Erwartungen und Bewertungen ist eine Präzisierung des im sozialwissenschaftlichen Kontext in letzter Zeit häufig zitierten RREE[E]MM-Konzepts. Das Akronym faßt die Annahmen bezüglich des handelnden Menschen zusammen, die sich für die Mehrebenenanalyse, d.h. für die individualistische Ableitung von kollektiven Explananda, als besonders brauchbar herausgestellt haben (vgl. Hennen, Rein 1994: 221f.; Hennen, Springer 1996: 35; Lindenberg 1985a: 100, 1990b: 739; Meckling 1976: 545).

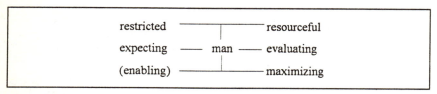

Abb. 2-1: Das RREE[E]MM-Konzept

Die Begriffsfolge läßt sich vor dem Hintergrund der Entwicklung im Selbstverständnis des ökonomischen Denkens als einen Versuch der Rekognitivierung des Menschenbildes im Rational Choice-Ansatz interpretieren (vgl. hierzu: Albert 1977; Kunz 1996a). Das RREE[E]MM-Konzept schließt an die zuvor eingeführte Differenz zwischen motivationalen Funktionen sowie wirksamen Restriktionen an: Die motivationspsychologische Orientierung repräsentieren in erster Linie die Begriffe 'resourceful', 'evaluation' und 'maximizing': Menschen sind 'resourceful men', da sie aktiv nach Möglichkeiten der Zielrealisierung fahnden. Zwar hängt der verfügbare 'opportunity set' von den vorhandenen Ressourcen, z.B. den verfügbaren Informationen, ab; diese sind aber auch aktiv zu beeinflussen, z.B. durch Gewinung neuer Informationen. Und keinesfalls sind die Akteure auf bestimmte Normen und Institutionen festgelegt. Mit den gleichen Grundmerkmalen können daher sehr viele unterschiedliche soziale und kulturelle Zustände verwirklicht werden. Aufgrund ihrer 'Findigkeit' verändern Menschen ihre Umwelt;

daher ist jede konkrete Modellierung einer sozialen Situation stets auch nur als vorläufig zu betrachten. Menschen sind darüber hinaus 'evaluating men', da sie frühere, jetzige und zukünftige Zustände und Ereignisse bewerten, wobei auch die Bewertungsmaßstäbe und Nutzeneinschätzungen variabel sind: Die Akteure lernen und ändern Präferenzen. Menschen sind schließlich 'maximizing men'; sie streben nach Besserstellung.

Die Begriffe 'restricted', 'expecting' und 'enabling' zielen auf die (subjektive) Repräsentation der Restriktionen. Menschen sind 'restricted men', da ihre Handlungswahlen die konkreten Bedingungen der Entscheidungssituation mit ihren besonderen Verfügungsbeschränkungen und Handlungsmöglichkeiten berücksichtigen müssen: Handlungen finden immer in einer vorgegebenen sozial-kulturellen Rahmung statt, die aber nur selten so eindeutige Vorgaben enthält, daß es sich um Entscheidungssituationen unter Sicherheit handelt. Das heißt, Menschen haben unsichere Erwartungen hinsichtlich der Möglichkeiten der Zielerreichung und können daher zukünftige Geschehnisse lediglich mit einer bestimmten Wahrscheinlichkeit erwarten. Sie sind deshalb 'expecting men'.

Nach den Elementen 'restricted' und 'expecting' dominiert hinsichtlich der sozialen Struktur das Moment der Handlungsbegrenzung. Von M. Hennen und Th. Rein wurde deshalb krisitiert, daß der Aspekt der sozialstrukturellen Handlungsleitung und -ermöglichung zu kurz kommt (1994: 221; vgl. auch Giddens 1984: 197f.). Sie schlagen daher vor, dem RREEMM-Konzept nach S. Lindenberg und W. H. Meckling noch das Adjektiv 'enabling' hinzuzufügen. Damit wird (a) der elementare Sachverhalt klargestellt, daß sich das individuelle Maximierungsinteresse im Rahmen der Handlungswahl immer mit sozial-kulturellen Regeln verbinden muß, sowie (b) darauf hingewiesen, daß v.a. in modernen Gesellschaften den Menschen Strukturen nicht einfach verordnet werden. Die Möglichkeiten expandieren und je mehr dies geschieht, desto aktiver sind die Individuen selbst z.B. an der Entstehung sozialer Milieus beteiligt. Daher entfalten Normen oder Institutionen ihre Wirkung häufig v.a. unter dem Gesichtspunkt der Ermöglichung von Handlungsorientierungen. Die Sozialwissenschaften werden daher auch nicht außer Kraft gesetzt; in vielen Fällen ändert sich lediglich der handlungstheoretische Status situativer Gegebenheiten: "von einschränkenden werden sie zu nahelegenden Bedingungen" (Schulze 1992: 179).

Soweit sich explizit nutzen- und entscheidungstheoretisch orientierte Arbeiten an der Erklärung von Makrophänomenen versuchten, beschäftigten sie sich zunächst einmal mit marktbestimmten Zusammenhängen, dem Angebot und der Nachfrage von Individualgütern. Mit der Übertragung rein ökonomischer Betrachtungen auf den Bereich der Politik und die Produktion von Kollektivgütern weitete sich die Perspektive auf die Analyse kollektiver Entscheidungen aus. Man spricht in diesem Zusammenhang von 'Neuer' oder 'Moderner Politischer Ökonomie', 'Public' oder 'Collective Choice'. Und im Anschluß an die bahnbrechenden Arbeiten von K. Arrow ('Social Choice and Individual Values', 1951), A. Downs ('An Economic Theory of Democracy', 1957), D. Black ('The Theory of Committees and Elections', 1958), J. M. Buchanan und G. Tullock ('The Calculus of Consent', 1962), W. H. Riker ('The Theory of Political Coalitions', 1962) und M. Olson ('The Logic of Collective Action', 1965) findet der Rational Choice-Ansatz heute auf beinahe jede Frage in der Politikwissenschaft und seit einiger Zeit in den angrenzenden Sozialwissenschaften Anwendung, wozu auch die bekannten soziologischen Austauschtheorien wesentlich beigetragen haben (v.a. Blau 1964; Heath 1976; Homans 1958). Hinzu treten, wie gesagt, zahlreiche sozial- und motivationspsychologische Ansätze, die implizit oder explizit an den ökonomischen Maximierungsgedanken anknüpfen und heute die Theorie rationalen Handelns als allgemeine kognitive Handlungstheorie (mit-) begründen (vgl. v.a. Ajzen 1991; Fishbein, Ajzen 1975; Vroom 1964).[1]

Nunmehr bemühen sich Ökonomen um einen Rücktransfer der v.a. im Rahmen der Modernen Politischen Ökonomie gewonnenen Erkenntnisse auf ihren ursprünglichen Gegenstandsbereich. Dies ist das Thema der 'Modernen' oder 'Neuen Institutionenökonomik' ('New Institutional Economics'), mitunter auch als 'Neue Theorie der Organisation' bezeichnet. Man pointiert hier die Erkenntnis, daß Institutionen die Ergebnisse wirtschaftlichen Handelns beeinflussen können (vgl. North 1988, 1992; Williamson 1975, 1985). Den nicht nur ökonomisch orientierten Sozialwissenschaftler werden solche Innovationen überraschen, doch die herrschende ökonomische Lehre hatte die Variation institutioneller Arrangements bisher dem Datenkranz ihrer Untersuchungen zugewiesen. In diesem Rahmen ist deutlich geworden, daß es in einer Marktwirtschaft durchaus effizient sein kann, Nicht-Märkte zu bilden, wenn Rationalitätsbeschränkungen z.B. in Form von Informationsdefiziten auftreten (und dies ist bekanntlich der Regelfall). Mit den beiden Kernelementen 'Transaktionskosten' (Coase 1988) und 'Verfügungsrechten' ('property rights', Alchian 1965; Demsetz 1967) kann sich die Neue Institutionenökonomik, zumindest nach Ansicht ihrer Vertreter, zu einem umfassenden Ansatz für eine ökonomisch orientierte Gesellschaftsanalyse entwickeln (vgl. z.B. Feldmann 1995; Richter 1994). So ist man auch

---

[1] Konkretisiert wurde der Maximierungsgedanke in der Psychologie erstmalig in der Theorie des zielgerichteten Verhaltens von E. C. Tolman (1932, 1938, 1952), in der Feldtheorie K. Lewins (1951) und in der Sozialen Lerntheorie J. B. Rotters (1954, 1955). Seine derzeitige Popularität verdankt er v.a. der Weiterentwicklung der instrumentellen Einstellungstheorie (Peak 1955) durch M. Fishbein und I. Ajzen (Einzelheiten hierzu in Abschnitt 7).

in der ökonomisch orientierten Politikwissenschaft auf dem Weg, die ökonomische Politiktheorie à la Downs und Olson durch eine institutionelle Perspektive zu erweitern (vgl. Czada, Windhoff-Héritier [Hg] 1991). Ergänzt werden diese Ansätze schließlich noch um einen vom Kollektivgutsyndrom geprägten 'Collective Choice-Marxismus' (vgl. Elster 1985; Przeworski 1985).

Entscheidungstheorie oder Rational Choice können in unterschiedlicher Absicht betrieben werden.[2] Zumindest analytisch lassen sich (a) explikative, (b) präskriptive bzw. normative sowie (c) deskriptive Intentionen voneinander abgrenzen. Beispielhaft können diese Orientierungen in Arbeiten mit politikwissenschaftlicher Diktion unterschieden werden.

zu a): In explikativer Hinsicht konzentriert man sich im Rahmen einer außerordentlichen Formalisierung auf die analytische Deduktion der sich aus variierenden Axiomen ergebenden Implikationen. Aus Sicht der Neuen Politischen Ökonomie geht es hier um die logische Analyse kollektiver Entscheidungen, oftmals mit dem Begriff 'Social Choice' belegt. Die einschlägigen Arbeiten zeigen, daß in bestimmten Kontexten eine Ableitung von kollektiven aus individuellen Präferenzen nur unter Verzicht auf einige ziemlich einleuchtende Bedingungen, wie z.B. der Transitivität von Präferenzen, möglich ist (vgl. Arrow 1951; Black 1958; Sen 1970). Daraus ergeben sich logische Inkonsistenzen, die in der Politikwissenschaft als das Problem der zyklischen Mehrheiten bekannt geworden sind (vgl. Lehner 1979).

Mitunter werden die Begriffe 'Public' oder 'Collective Choice' auf diese logische Modellierung kollektiver Entscheidungsprozesse eingeschränkt. Es findet sich aber auch die Variante, den Begriff 'Social Choice' als Synonym für die umfassende Orientierung von Public Choice zu nutzen (vgl. z.B. Nida-Rümelin 1994b: 19ff.).

---

[2] Hieraus erklärt sich, daß sich der Rational Choice-Ansatz heute als ein außerordentlich ausdifferenziertes und methodologisch keineswegs einheitlich ausgerichtetes Forschungsfeld darstellt (vgl. v.a. die Schriften von Becker 1993; Bernholz, Breyer 1994; Coleman 1995a,b,c; Craven 1992; Druwe 1993: 222ff.; Dunleavy 1991; Esser 1991a; Franke 1996; Frey 1990; Gibbons 1992; Green, Shapiro 1994; Kern, Nida-Rümelin 1994; Kirchgässner 1991; Kirsch 1993; Krause 1989; Kunz 1996a; Lehner 1981; McKenzie, Tullock 1984; Opp et al. 1984; Ordeshook 1986; Voss 1985; Weede 1992 sowie die Beiträge in Alt, Shepsle [Hg.] 1990; Bievert, Held [Hg.] 1991; Coleman, Fararo [Hg.] 1992; Cornish, Clarke [Hg.] 1986; Druwe, Kunz [Hg.] 1994, 1996; Gauthier, Sudgen [Hg.] 1993; Hogarth, Reder [Hg.] 1987; Monroe [Hg.] 1991; Opp, Wippler [Hg.] 1990; Radnitzky, Bernholz [Hg.] 1987; Ramb, Tietzel [Hg.] 1993; Schäfer, Wehrt [Hg.] 1989 oder Vallentyne [Hg.] 1991). Im übrigen spricht hier die Vielzahl an jeweils eigenständigen Fachzeitschriften für sich (vgl. als neueren Überblick Frey, Serna 1995).

zu b): Präskriptive Analysen schöpfen ihre Motivationen aus den Möglichkeiten praxisorientierter Empfehlungen. Es geht um die Frage, wie bei gegebenen Entscheidungsprämissen unter der Voraussetzung eines auf bestimmte Weise als rational ausgezeichneten Handelns zu entscheiden ist. Das Ziel liegt in der Optimierung von Entscheidungsprozessen (vgl. Bechmann 1979; Borcherding 1983; Böhret 1975; Eisenführ, Weber 1994; Potocnik 1990; Zimolong, Rohrmann 1988).

In diesen Zusammenhang läßt sich auch die mitunter als normativ interpretierte Variante von Public Choice einordnen. Sie fragt danach, wie sich Ergebnisse und Verfahren von Kollektiventscheidungen unter bestimmten Bedingungen darstellen sollen. Die ökonomische Theorie der Verfassung erhält hier ihren Platz (vgl. Buchanan, Tullock 1962). In erweiterter Perspektive finden wir diese Orientierung in Form der modernen Vertrags- und Gerechtigkeitstheorie wieder (vgl. Buchanan 1984; Nozick 1976; Rawls 1979). Unter der Annahme, daß es eine von gesellschaftlichen Kontextbedingungen unabhängige Verteilungsgerechtigkeit geben könnte, wird in diesem Zusammenhang nach allgemeinen Verteilungsregeln gefahndet, die ein gerechtes und insofern legitimiertes Verhältnis von individueller und kollektiver Wohlfahrt optimieren. Auch diese Arbeiten firmieren mitunter als 'Social Choice-' oder 'Collective Choice-Analysen' (ebenfalls finden sich die Bezeichnungen 'Normative Institutionenökonomik', 'Konstitutionelle Politische Ökonomie' oder 'New Contractarianism').

Ihre Absicht, aus präskriptiven Sätzen mit Hilfe logischer Operationen Praxisempfehlungen für die 'richtige' Moral zu gewinnen, erscheint allerdings zumindest kritikbedürftig. Geht man vom Prinzip der individualistischen Erklärung sozialer Prozesse aus, läßt sich direkt erkennen, daß "[g]esellschaftliche Interessen und Motivationen ... aus einer langen Kette historisch gewachsener Selektionen hervor[gehen] ... Es wird in der Gesellschaft, nicht außerhalb der Gesellschaft praktisch entschieden, wer benachteiligt ist und wer nicht" (Hennen 1990: 180). Es gibt schlichtweg keine Möglichkeit, (z.B. wirtschafts-) politische Handlungsnotwendigkeiten situationsunabhängig festzustellen. "Welche externen Effekte staatlicherseits internalisiert und welche Güter als öffentliche Güter bereitgestellt werden sollten, wird zu einer Problemstellung, die allein vor dem Hintergrund der in einer Gesellschaft gültigen Wertvorstellungen behandelt werden kann" (Koch 1996: 17). Da diese Wertvorstellungen selbst in *einem* sozialen Verband sehr unterschiedlich ausfallen, führt jeder Eingriff in gesellschaftliche Arrangements an anderer Stelle zu neuen externen Effekten und löst damit nicht nur beim direkt betroffenen Personenkreis Motivationsinduktionen aus.

zu c): Deskriptive Intentionen führen zur Interpretation der Entscheidungstheorie als einen Ansatz, der empirischen Bezug beansprucht. Es steht die Beschäftigung mit der Analyse, Beschreibung und Erklärung realer Entscheidungsprozesse im Mittelpunkt des Interesses. Die Kernannahmen werden daher grundsätzlich als empirisch prüfbare Hypothesen verstanden. Insofern ist bei empirischen Untersuchungen darauf zu achten, welche Annahmenklasse unter Umständen falsifiziert worden ist: die Kernannahmen, bestimmte Spezifikationen oder gehaltserweiternde Zusatzannahmen. Die deutschsprachige Entscheidungsforschung zielt hier in letzter Zeit auch auf Themen wie die Wahrnehmung oder den Umgang mit Risiko (vgl. z.B. Jungermann, Rohrmann, Wiedemann [Hg.] 1991).

Eine zentrale Rolle spielen in diesem Zusammenhang die Arbeiten von H. A. Simon (u.a. 1955, 1984, 1990, 1993, 1995). Die Neue Politische Ökonomie widmet sich in dieser Spezialisierung der empirischen Analyse kollektiver Entscheidungen. Die aus der Ökonomischen Demokratietheorie von Downs abgeleiteten Arbeiten zum Einfluß des Medianwählers auf den Policy Output staatlicher oder lokaler Entscheidungsinstanzen können als zentrale Beispiele für diese Forschungsrichtung betrachtet werden (vgl. Downs 1968 sowie u.v.a Bothe 1989; Deacon 1981; Häuser 1967; Pommerehne 1978, 1987; Sorensen 1995). Aus der Logik der Parteienkonkurrenz und ihren Konsequenzen sind schließlich komplexe Ansätze hervorgegangen, in denen der Zusammenhang von wirtschaftlicher Lage, Wählerverhalten und Wirtschaftspolitik thematisiert wird (vgl. Frey 1977, 1978; Widmaier 1989). Weitere wichtige Beiträge sind außerdem aus empirischen Untersuchungen auf der Grundlage der von M. Olson formulierten Gruppentheorie hervorgegangen (vgl. v.a. die Arbeiten von E. N. Muller, K.-D. Opp und Mitarbeitern, z.B. Muller 1978, 1979, 1982; Muller, Opp 1986; Opp et al. 1984; Opp, Roehl 1990). Hervorzuheben sind auch die Studien von A. O. Hirschman, die sich mit der Beziehung zwischen Struktur und individuellen Einflußchancen beschäftigen (vgl. Hirschman 1974, 1984, 1992).

Die unterschiedlichen Möglichkeiten, Rational Choice (bzw. die korrespondierenden Varianten der Neuen Politischen Ökonomie) zu betreiben, haben zu einer Vielzahl an Einschätzungen über den methodologischen Stellenwert der grundlegenden Annahmen, insbesondere des Rationalitätsprinzips, geführt: "[T]hey are regarded as self-evident propositions, axioms, a priori truths, truisms, tautologies, definitions, rigid laws, rules of procedure, resolutions, working hypotheses, useful fictions, ideal types, heuristic mental constructs, indisputable facts of experience, facts of immediate experience, data of introspective oberservation, private empirical data, typical behavior patterns, and so forth, ... the spectrum of logical possibilities seems to be complete" (Machlup 1978: 113). Die Vielzahl an Diagnosen zeigt, daß die Differenzierung zwischen explikativer, präskriptiver und deskriptiver Intention und Interpretation von Rational Choice häufig nur als eine erste Orientierung zu betrachten ist. Faktisch sind die Grenzen sehr durchlässig und die Überschneidungen weitreichend, wenn auch das jeweilige Erkenntnisprimat ausdrücklich zu berücksichtigen ist (vgl. Jungermann 1977: 13; Schoemaker 1982: 538ff.). Zum Beispiel würde die präskriptive Entscheidungstheorie ihre Ziele verfehlen, wenn sie nicht auch die Durchführbarkeit ihrer Empfehlungen bedenken und damit auf faktisches Handeln rekurrieren würde. Auch wäre der gegenwärtige Stand der Formalisierung der deskriptiven Entscheidungstheorie ohne die explikativen Arbeiten nicht vorstellbar.

Gleichartige Interferenzen ergeben sich im Rahmen der Neuen Politischen Ökonomie. So wird das Ergebnis der logischen Analyse, daß individuelle Rationalität zu kollektiver Irrationalität führen kann, im Hinblick auf eine maximale Konsistenz von individuellen und Organisationszielen genutzt, um die Anreizstruktur individuellen Handelns entsprechend zu optimieren. Dann steht aber nicht mehr logische Analyse, sondern konkrete Handlungstheorie im Mittelpunkt des Interesses. Und dies ist das Anliegen, das diese Arbeit leitet: Es geht um die Theorie rationalen Handelns als kognitive 'Handlungs-Entscheidungs-Theorie', die empirischen Bezug beanspruchen kann und daher als *erklärender* Kern der Modellierung sozialer Prozesse zu gebrauchen ist: "The function of the theory is to explain behavior" (Riker, Ordeshook 1973: 62).[3]

Auf den ersten Blick scheint dies keine sonderlich originelle Position zu sein, verstehen sich doch, wie angemerkt, eine Vielzahl der Untersuchungen von Politologen, Soziologen, Ökonomen und anderen zu den Bedingungen und Folgen sozialer Prozesse als Ausdruck einer empirischen Sozialwissenschaft. Aber v.a. in der nach-klassischen (Mikro-) Ökonomie, die zur Popularisierung von Rational Choice-Erklärungen in den übrigen Sozialwissenschaften wesentlich beigetragen hat, wird die Praxis der Analysen den methodologischen Postulaten der empirischen Wissenschaftslehre im Regelfalle nicht gerecht und es kommt zu einer nicht mehr hinterfragten Vermengung deskriptiver und explikativer Vorgehensweisen: Statt die theoretische Basis einer kritischen Prüfung zu unterziehen, begründen die Vertreter der Neoklassik ihr Vorgehen ausschließlich über den (vermeintlichen) Erfolg ihrer Prognosen oder füh-

---

3   Handlungen werden im entscheidungstheoretischen Kontext als faktisch durchgeführte Handlungen betrachtet, die eine unter vollkommen willentlicher Kontrolle stehende Realisation der entsprechenden Entscheidungen darstellen, so daß die Begriffe 'Handlung' und 'Entscheidung' als austauschbar erscheinen (vgl. auch Jungermann 1976: 17). In neuerer Zeit wird besonders von I. Ajzen die subjektive Handlungsverfügbarkeit im entscheidungs- bzw. wert-erwartungs-theoretischen Zusammenhang problematisiert (und durch die Einführung der individuellen Kontrollerwartung modelliert; Einzelheiten in Kap. 7.1). Es erscheint daher im Anschluß an die Überlegungen von Ajzen angebracht, auch die Notation 'Handlungs-Entscheidungs-Theorie' zu nutzen. Der Handlungsbegriff schließt im übrigen Unterlassungshandlungen ein. Zum begriffstheoretischen Status der Entität 'Handlung' vgl. mit Einzelheiten die Darstellung bei V. Dreier (1996: 60ff.).

ren mehr oder weniger beliebige Ad hoc-Annahmen in ihre Begründungszusammen-
hänge ein. Methodologisch impliziert eine solche Position häufig eine instrumentalistische Perspektive, die sich auf 'Als ob-Annahmen' im Explanans beschränkt (vgl.
Friedman 1953b), und die in Anbetracht der offensichtlich ungenügenden inhaltlichen Voraussetzungen auch im Rahmen originär soziologischer Betrachtungsweisen
popularisiert wurde (vgl. Dahrendorf 1977: 102). Da aber weiterhin der Anspruch
einer empirisch-erklärenden Wissenschaft aufrecht erhalten wird, kommt es zu einer
häufig sehr mißverständlichen Vermischung von realistischen Intentionen und instrumentalistischem Vorgehen (ausführlich hierzu: Kunz 1996a: 32ff., 71ff.). Ich
werde in Abschnitt 6 darauf hinweisen, daß diese Entwicklung auch auf einer zumindest mehrdeutigen Sichtweise über die notwendige Realistik und Abstraktheit
handlungstheoretischer Grundannahmen beruht. Zwar dürfte der Erfolg wissenschaftlicher Konzepte auch von einer gewissen methodologischen Rücksichtslosig-
keit abhängen. "Gleichwohl ist", wie H. Kliemt sehr treffend feststellt, "ein Min-
destmaß an methodologischer Klarheit wünschenswert und langfristig vermutlich
auch dem Wissenschaftsfortschritt förderlich" (1996: 84f.). Dabei geht es nicht um
die Formulierung von Alleinvertretungansprüchen, sondern methodologische Klarheit beinhaltet v.a., "daß unvereinbare Auffassungen tatsächlich als solche erkannt
und auseinandergehalten werden" (Kliemt 1996: 85). Die Differenzen sind im übrigen auch eine Folge der bisher unzureichenden Beschäftigung mit den Schwierigkeiten der empirischen Anwendung der Theorie rationalen Handelns in natürlichen
Situationen. Die vorliegende Arbeit schließt an dieses Defizit an, auch in der Hoffnung, zur Rationalisierung der z.T. heftigen Auseinandersetzung über den Betrieb
von Rational Choice in den Sozialwissenschaften beizutragen.

3. Die Mikroableitung kollektiver Explananda: Grundlagen der handlungstheoretischen Modellierung sozialer Prozesse

Überblick: Handeln ist entweder sozial vermittelt oder soziale Verbundenheit setzt Handeln voraus. Mit dieser Sichtweise verbindet sich gegenwärtig ein Mehrebenenkonzept, das auf drei 'Logiken' Bezug nimmt und sie in einen einheitlichen Rahmen integriert (Kap. 3.1). Es geht (a) im Rahmen der Makro-Meso-Mikro-Verknüpfung um die Logik der Situation, (b) im Rahmen der Mikro-Mikro-Verknüpfung um die Logik der individuellen Selektion verfügbarer Handlungsalternativen und (c) im Rahmen der Mikro-Meso-Makro-Verknüpfung um die Logik der Aggregation der Selektionsbilanzen. Insbesondere die Logik der Aggregation erscheint häufig als ein vernachlässigbarer Schritt. Aber nur wenn geklärt ist, wie individuelle Effekte mit kollektiven Phänomenen als den interessierenden Explananda zu verbinden sind, wird man in den Sozialwissenschaften eine individualistische bzw. handlungstheoretische Erklärung sozialer Tatbestände akzeptieren (Kap. 3.2). Die aus der Logik der Selektion hervorgegangenen individuellen Handlungsergebnisse sind daher mit den kollektiven Effekten in einen Zusammenhang zu bringen. Diese Verknüpfung leisten die sogenannten 'Transformationsregeln'.

3.1. Leitlinien der Mehrebenenmodellierung

Mit der Differenzierung zwischen individuellen und kollektiven Effekten stellen insbesondere die Arbeiten im Rahmen der Neuen Politischen Ökonomie klar, daß den Gegenstand der Sozialwissenschaften "zwei Seiten der Münze 'soziale Tatsachen' ausmachen" (Büschges 1985: 4): Handlungen sind ohne Struktur nicht zu denken, Strukturen gibt es nicht ohne Handlungen. Für die Modellierung dieses Zusammenhangs setzt sich gegenwärtig ein Mehrebenenkonzept durch, das auf drei sogenannte 'Logiken' Bezug nimmt: Die 'Logik der Situation' stellt den Bezug zwischen sozialen Strukturen und individuellen Dispositionen her: Wie nehmen die Akteure ihre Situation wahr? Die 'Logik der Selektion' zielt auf die Erklärung individueller Handlungswahlen: Welche Handlung wird von den verfügbaren Alternativen ausgewählt? Und die 'Logik der Aggregation' verknüpft diese Mikroeffekte mit den interessierenden kollektiven Explananda (vgl. Coleman 1995a; Esser 1993). Aus der systematischen Verknüpfung dieser einzelnen Schritte erklärt sich die zunehmende Bedeutung einer Perspektive in den Sozialwissenschaften, die soziale Tatbestände auf individualistische Propositionen zurückführt.

R. Collins formuliert hier in aller Schärfe, "[a]ny causal explanation must ultimately come down to the actions of real individuals" (1975: 12). Der Fortschritt in den erklärenden Sozialwissenschaften liegt seiner Meinung nach in den "Microfoundations of Macrosociology" begründet (1981a); "the effort coherently to reconstitute macro sociology upon radically empirical micro foundations is the crucial step toward a more successful sociological science" (1981b: 493). Ohne individualistische Propositionen sind nach diesen Vorstellungen keine kollektiven Tatbestände zu erklären, was aber nicht bedeutet, daß die Strukturbindung des Handelns keine Rolle spielen würde: Die Logik der Situation ist zentraler Bestandteil einer mikrotheoretischen Erklärung kollektiver Effekte. F. A. von Hayek bringt diesen Standpunkt in wenigen Sätzen sehr deutlich zum Ausdruck: "Der Individualismus ist in erster Linie eine *Theorie* der Gesellschaft, das Bemühen, die Kräfte zu verstehen, die das soziale Leben der Menschen bestimmen ... Das sollte allein schon genügen, das albernste der verbreiteten Irrtümer zu widerlegen: den Glauben, daß der Individualismus die Voraussetzung macht (oder seine Argumente auf die Annahme stützt), daß isolierte oder für sich abgeschlossene Individuen existieren, anstatt von Menschen auszugehen, deren ganze Natur und ganzes Wesen durch ihr Leben in der Gesellschaft bestimmt ist. Wenn das zuträfe, dann hätte er allerdings zu unserem Verständnis der Gesellschaft nichts beigetragen. Seine grundlegende Behauptung ist aber eine ganz andere; sie lautet: daß es keinen anderen Weg zum Verständnis der sozialen Erscheinungen gibt als über das Verständnis des Handelns des Einzelnen, das sich nach den Nebenmenschen richtet und von deren zu erwartendem Verhalten bestimmt wird" (Hayek 1952c: 15).

Hayek und Collins wenden sich gegen Sichtweisen, die makrotheoretische Analysen häufig auszeichnen: Der Verweis auf die allgemeinen Interessen und Notwendigkeiten einer Gesellschaft impliziert keine Erklärung. Solche funktionalistischen Prinzipien, die nicht auf die Akteure und ihre Motive Bezug nehmen, sind zur Formulierung einer allgemeinen Sozialtheorie wenig geeignet. Natürlich ist z.B. eine Rechtsordnung für den Bestand moderner Gesellschaften absolut notwendig, aber wie eine solche Rechtsordnung entsteht und was die Akteure dazu bringt, sie auch gegen ihre direkten eigenen Interessen anzuerkennen, darauf gibt es im Funktionalismus keine Antwort. Denn erklärt wird hier nichts. Eine funktionalistische Lösung sozialtheoretischer Fragen geht an den zentralen sozialwissenschaftlichen Problemen vorbei; sie muß um eine individualistische - genauer: handlungstheoretische - Betrachtung ergänzt werden.

Dies gilt auch für den 'aufgeklärten' Funktionalismus von R. K. Merton, der in seiner bekannten Abhandlung über latente und manifeste Strukturen gegenüber dem 'klassischen' Funktionalismus weitreichende Einwände formuliert hat (1968b: 73ff.). Merton zielt in erster Linie darauf, die Ausrichtung der funktionalen Analyse auf die funktionalen Erfordernisse der Gesamtgesellschaft aufzubrechen und die Funktionen sozialer Institutionen für einzelne Subgruppen und Akteure in den Mittelpunkt zu stellen. Damit lassen sich dann auch negative Auswirkungen ('Dysfunktionen') einzelner Institutionen für die Gesamtgesellschaft betrachten und somit in die funktionale Analyse integrieren. Merton selbst versucht in verschiedenen Abhandlungen das Vorgehen dieser funktionalen Analyse zu konkretisieren, unter anderem am Beispiel der zu seiner Zeit aktiven lokalen Parteiorganisationen in den USA, den sogenannten 'political machines' (vgl. Merton 1968b: 125ff.). Wegen Korruptionsaffären etc. vielfach kritisiert, stellt sich die Frage nach ihrem dauerhaften Bestand. Merton verweist auf ihre funktionale Überlegenheit gegenüber öffentlichen Instanzen für soziale und wirtschaftspolitische Dienstleistungen: "the functional deficiencies of the official structure generate an alternative (unofficial) structure to fulfill existing needs somewhat more effectively" (1968b: 127). Unschwer läßt sich diese Perspektive auf die Spitze treiben (vgl. Hempel 1975: 162): Selbstregulativ erzeugen Systeme einen bestimmten Systemzustand; der Bestand der 'political machines' ist das unabwendbare Resultat einer gesellschaftlichen Selbstregulierung. Man erkennt das Durkheimsche Programm der sozialwissenschaftlichen Erkenntnis: Soziales wird durch Soziales determiniert. Aber was hat Merton damit erreicht? Die Antwort liegt auf der Hand: Lediglich eine Beschreibung in Analogie zu den zu seiner Zeit aktuellen biologischen Selbstregulierungsmechanismen. Von einer Erklärung ist er weit entfernt. Dazu wären die Interessenlagen der Akteure zu berücksichtigen, die von der Arbeit der Parteiorganisationen profitiert haben. Unter Rückgriff auf eine der Problemstellung angemessene Handlungstheorie könnte man dann voraussagen, warum und unter welchen Bedingungen von einem Fortbestand der Parteiorganisationen auszugehen ist (vgl. Bohnen 1971: 153ff.).[1]

Im Rahmen der Mehrebenenmodellierung sozialer Prozesse führt der Verweis auf die individuellen Interessen zur Frage nach dem Mechanismus, der bestimmt, welche Handlungsalternative die Akteure aus dem wahrgenommenen Möglichkeitsraum realisieren. Mit der Analyse dieser Logik der Selektion sind Sozialwissenschaftler implizit sehr vertraut; die Erklärung politischer Wahlentscheidungen gehört z.B. in der Politikwissenschaft zu einem zentralen Forschungsgebiet. Etwas allgemeiner formuliert, fordert die

---

[1] Weitere beispielhafte Rekonstruktionen funktionalistisch orientierter Erklärungen finden sich in den Arbeiten von G. C. Homans (1964) und S. Lindenberg (1983). Zur neueren Kritik an der Anwendung individualistischer Propositionen zur Erklärung kollektiver Phänomene im allgemeinen und am Rational Choice-Ansatz im besonderen vgl. im einzelnen die Schriften von M. Bunge (1989), N. K. Denzin (1990a,b), P. Kappelhoff (1995), R. Lautmann (1985), N. Luhmann (1993: 346ff.), H. Müller (1994), R. Münch (1992), I. Srubar (1992), M. Trapp (1986) oder M. Zey (1992b). Explizite Gegenreden finden sich bei P. Abell (1990, zu Denzin), H. Esser (1991b,c, zu Luhmann sowie Esser 1992 zu Srubar), M. Hechter (1990, ebenfalls zu Denzin), O. Keck (1995, zu Müller), D. Krause (1989: 29ff., zu Lautmann und Trapp), R. Zimmerling (1994: 16ff. zu Bunge, Münch und Zey) sowie in 'Ethik und Sozialwissenschaften' (Jg. 6, 1995, H. 1 zu Kappelhoff).

Logik der Selektion das Handlungsgesetz ein. Dieses Handlungsgesetz bildet im Rahmen der Mikro-Mikro-Relation den nomologischen Kern der Erklärung sozialer Tatbestände.

Ohne eine allgemeine Individualtheorie ist in dieser Hinsicht keine Erklärung kollektiver Phänomene zu erzielen. Geht man dabei von der Vorstellung aus, daß soziale Tatbestände sich aus der wechselseitigen Beeinflussung der Menschen ergeben und diese Beeinflussung Handeln voraussetzt, wird der Rekurs auf handlungstheorische Konzepte impliziert. Die Theorie rationalen Handelns ist die in diesem Zusammenhang überwiegend bevorzugte Variante: Sie geht explizit vom Handlungsbegriff aus, sie ist allgemein formuliert, schließt daher bekannte Ansätze ein, ist auf jedes Problemfeld anwenden, läßt sich präzise formalisieren und ist damit für empirische Untersuchungen zu gebrauchen (siehe Abschnitt 4). Darüber hinaus kann der Rational Choice-Ansatz als seine eigene 'Metatheorie' betrachtet werden: Die Anwendung der Theorie auf sich selbst löst das Problem der *Erklärung* unterschiedlich komplexer Informationsverarbeitungsprozesse und der Variation subjektiver Situationsdeutungen (Einzelheiten in Kap. 8). Selbstverständlich ist aber auch der Einsatz konkurrierender Individualtheorien denkbar (wie neobehavioristische Lerntheorien oder kognitive Gleichgewichtstheorien; vgl. z.B. Heise 1979 oder die Beiträge in Opp, Wippler [Hg.] 1990).

Die Betonung individualistischer Propositionen soll ausdrücklich nicht darüber hinwegtäuschen, daß der Zusammenhang zwischen Handlung und Struktur als zirkuläre Organisation, als ein "kreativen Zirkel" zu begreifen ist (Dupuy, Varela 1991): Der einzelne vermag nicht ohne Bezug auf die Struktur, innerhalb derer er Akteur ist, zu handeln. Strukturen bedürfen wiederum der handelnden Bestätigung.[2] Handlung und Struktur, Makro-

---

2 Diese Perspektive wird von einigen Autoren auch mit einem 'strukturell-individualistischen Ansatz' identifiziert. Vgl. z.B. Ch. Gillessen und P. Mühlau (1994: 26), K.-D. Opp (1978: 34) oder R. Wippler (1978c: 135) (grundlegend hierzu: Boudon 1980; Coleman 1995a; Esser 1993; Hernes 1976; Lindenberg, Wippler 1978; Opp 1979b). Bezeichnungen mit ähnlicher Diktion finden sich bei J. Agassi, er spricht vom "institutional individualism" (1975: 124), oder auch bei R. Boudon: Er führt die Bezeichnung "macrosociological interaction analysis" ein (1975: 381). Mit der Redeweise vom "individualistisch-strukturellen Ansatz" (Kunz 1996a: 25) wird die zentrale Bedeutung der adäquaten Modellierung der Akteursebene zum Ausdruck gebracht: Nimmt man die individuellen Parameter unter *erklärenden* Gesichtspunkten ernst, wird man Differenzierungen einbringen müssen, die nicht immer dem Ideal einer einfachen und eleganten Erklärung entsprechen dürften; zumal dieses oftmals in den Mittelpunkt theoretischer und empirischer Arbeit gestellte Kriterium durchaus mit Vorbehalten zu betrachten ist: In den (praxisorientierten) Erfahrungswissenschaften kommt es v.a. auf das implizierte Wissen um die Ursachen der interessierenden Phänomene an, bietet doch erst die Analyse der kognitiven Überzeugungen Ansatzpunkte für die Ableitung praktischer Interventionsmaßnahmen in soziale Handlungsfelder.

und Mikrorelationen, individuelle und kollektive Effekte stehen in einer sich gegenseitig bedingenden Beziehung, "they interact with each other at all times", wie A. Cicourel formuliert (1981: 54). Damit ist ausgedrückt, daß Makrostukturen einerseits wichtige Randbedingungen für die Erklärung individuellen Handelns sind; andererseits ergeben sie sich aus den Wirkungen des Handelns der Akteure.[3]

In der Makro-(Meso-)Mikro-Verknüpfung liegt die Logik der Situation begründet.[4] Sie bezeichnet genau das, was z.B. in der Politikwissenschaft im Rahmen des 'Neuen Institutionalismus' immer wieder vorgebracht wird, "that the organization of political life makes a difference" (March, Olsen 1984: 747). Es geht hier um die Situationsgebundenheit des Handelns, die Strukturierung des Handelns durch institutionelle Arrangements, und d.h. in subjektiver Spiegelung: um die Definition der Situation durch die Handlungssubjekte.

Die Verbindung von Makro- und Mikroebene führt zu den sogenannten 'Brückenannahmen'. Brückenannahmen verknüpfen die Variablen der Individual- bzw. Handlungstheorie mit den sozialen Bedingungen, unter denen das Handeln der Akteure stattfindet. Aus wissenschaftstheoretischer Sicht ergeben sich aus den Brückenannahmen die zentralen Anfangsbedingungen für die empirische Anwendung der Handlungstheorie.

Brückenannahmen sind (nach dem hier vertretenen Verständnis) nicht als Anschlußtheorien zur Erklärung der unabhängigen Variablen in der Individualtheorie zu betrachten, da hierfür auch eine Vielzahl an Mikrodeterminanten von Bedeutung sein können (häufig wird der Begriff 'Brückenannahmen' allerdings doppeldeutig verwendet, vgl. z.B. Gillessen, Mühlau 1994: 40, 49). Die relevanten Erklärungsvariablen in der Theorie rationalen Handelns sind Präferenzen und Restriktionen bzw.

---

3   Folgerichtig knüpfen an diesen Gedanken auch dynamische Systemkonzepte moderner Prägung an: Gesellschaft wird hier als ein interdependenter Mehrebenenzusammenhang interpretiert, so daß sich autopoietische Systemtheorie und die handlungstheoretisch orientierte Analyse sozialer Prozesse zu einer integrierten Sozialanalyse verbinden (vgl. Burth 1996; Druwe 1988, 1989; Görlitz [Hg.] 1994).

4   Vgl. hierzu, v.a. unter methodologischen Gesichtspunkten, die Arbeiten von I. C. Jarvie (1974: 21ff.), J. J. Leach (1968: 260ff.), M. Martin (1968: 389ff.) und K. R. Popper (1962: 247). Ein Hinweis zu den verwendeten Begrifflichkeiten: Im Rahmen der individualistischen Erklärung kollektiver Phänomene wird man häufig mit sozialen Tatbeständen konfrontiert sein, die selbst wieder in umfassendere Kontexte eingebettet sind. Diese Ebene zwischen den jeweils übergreifenden Makrostrukturen und den individuellen Mikrorelationen wird als 'Mesoebene' bezeichnet. Aus Sicht der Mikroebene des sozialen Handelns geht es aber auch im Rahmen der Mesoebene prinzipiell um makrostrukturelle Effekte.

Erwartungen (Kap. 4). Eine typische Brückenannahme, die die Erwartungen mit relevanten Kontextmerkmalen verbindet und auf diese Weise die Anfangsbedingungen für die Anwendung der Theorie rationalen Handelns festlegt, hat M. Olson in seiner bekannten 'Theorie der kollektiven Güter' formuliert (1968): Olson geht im Rahmen der Mikro-Erklärung davon aus, daß die Menschen die Bedeutung ihrer Beteiligung an der Produktion eines für sie wichtigen Kollektivgutes im Hinblick auf die Wahrscheinlichkeit einschätzen, daß ihr Beitrag über die Versorgung mit dem Kollektivgut (mit-) entscheidet (ein Kollektivgut ist dadurch gekennzeichnet, daß das Ausschlußprinzip nicht gilt, d.h. aufgrund der Natur des Gutes oder gesellschaftlicher Arrangements können keine Interessenten von dem Genuß des Gutes selektiv ausgeschlossen werden). Die zentrale Brückenhypothese liegt in der Annahme, daß die von den Akteuren wahrgenommene Wahrscheinlichkeit, einen wichtigen Produktionsbeitrag zu leisten, mit steigender Gruppengröße der Interessenten sinkt. Aus dieser Verknüpfung der Komplexität einer sozialen Situation mit den Ausprägungen der Individualvariable läßt sich unter Heranziehung geeigneter Selektionsannahmen erklären, daß nur wenige Individuen die Produktion des Kollektivgutes unterstützen.

Der Bezug auf Olson schärft den Blick dafür, daß sich aus den individuellen Effekten die kollektiven Phänomene ergeben. Die Verbindung von Mikro- (Meso-) und Makroebene ist Ausdruck der Logik der Aggregation und konstituiert das Tranformationsproblem. Seine Lösung bedarf einer Regel oder Funktion, die angibt, "wann und wie bestimmte individuelle Handlungen einen bestimmten kollektiven Effekt herstellen" (Lindenberg 1977: 51). Die Berechnung des Stimmenverhältnisses einer Partei z.B. bei Kommunalwahlen aus den individuellen Wahlentscheidungen in einer Gemeinde ist hierfür ein einfacher, aber typischer Fall.

3.2.   Transformationsbedingungen

Die Modellierung sozialer Prozesse mit Hilfe der genannten Komponenten läßt sich nach den Regeln des allgemeinen Erklärungsschemas von C. G. Hempel und P. Oppenheim entsprechend Abbildung 3-1 darstellen (bei Einbindung der Theorie rationalen Handelns als erklärende Individualtheorie; vgl. Hempel, Oppenheim 1948: 245ff.; Lindenberg 1977: 54).[5]
   In der ersten Spalte werden aus individualistischen Propositionen und Anfangsbedingungen die individuellen Effekte abgeleitet (z.B. die individuelle Beteiligung an der Produktion eines Kollektivgutes). Hierauf ist im weiteren Verlauf der Arbeit noch näher einzugehen. Mit der Überleitung zur

---

[5]   Das allgemeine Erklärungsschema hat die Form: Allgemeine Aussage, Anfangsbedingungen -> logische Implikation -> erklärte Effekte.

zweiten Spalte wird die Logik der Aggregation eingeführt. Mit Hilfe der Transformationsregel und i.d.R. unter Einbeziehung zusätzlicher Randbedingungen werden die individuellen Effekte in das kollektive Explanandum aggregiert.

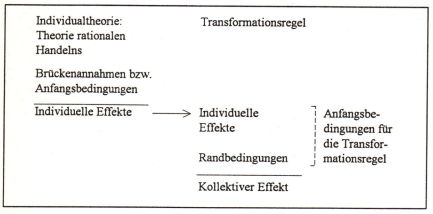

Abb. 3-1: Das Erklärungsschema für kollektive Effekte

Dieser Sachverhalt läßt sich wiederum am Beispiel der Theorie kollektiver Güter verdeutlichen (Olson 1968): Das kollektive Explanandum besteht in der Nicht- oder Unterversorgung einer großen Interessentengruppe mit kollektiven Gütern. Grundlage der Erklärung bilden die individuellen Effekte, nach denen sich die Individuen an der Produktion von Kollektivgütern in großen Gruppen kaum beteiligen (s.o.). Eine Nicht- oder Unterversorgung tritt aber nur dann ein, wenn bestimmte Randbedingungen zusätzlich vorliegen, z.B.: Das Kollektivgut wird nicht anderweitig bereitgestellt (z.B. von staatlicher Seite) und eine geringe Mitgliederzahl ist dem Erfolg der Bemühungen tatsächlich abträglich. Transformationsregeln beschreiben also Bedingungskonstellationen (Randbedingungen und erklärte individuelle Effekte) und ziehen daraus kollektive Konsequenzen.

Erst im Rahmen der Logik der Aggregation werden individuelle Handlungen mit kollektiven Folgen verknüpft. Und dies ist ein entscheidender Schritt: Dem individualistischen Programm wenig zugeneigte Sozialwissenschaftler werden den Rekurs auf eine individualistische bzw. handlungstheoretische Erklärung ablehnen, solange nicht klar ist, wie individuelle Effekte mit denjenigen Sachverhalten zu verbinden sind, die i.d.R. am meisten interessieren, nämlich kollektive Phänomene, wie etwa soziale Strukturen (z.B.: Statusstrukturen), Institutionen (z.B.: Institutionalisierung der Innovationsförderung), Verteilungen (z.B.: der politischen Wahlstimmen) oder

33

kollektive Handlungen (z.B.: Protestdemonstrationen). In gültigen Ableitungen sind daher individuelle Phänomene mit kollektiven Phänomenen zu verknüpfen. Hierbei ist zu berücksichtigen, daß individuelle Phänomene mit Individualbegriffen und kollektive Phänomene zumeist mit Kollektivbegriffen beschrieben werden.

Individualbegriffe sind nach K.-D. Opp solche Begriffe, "die menschliche Individuen oder deren (nicht-relationale oder relationale) Merkmale, aber nicht Kollektive bezeichnen" (1979b: 115). Und Kollektivbegriffe werden als Begriffe definiert, "die menschliche Kollektive oder deren (nicht-relationale oder relationale) Merkmale, aber nicht Individuen bezeichnen" (ebenda). Nicht-relationale Merkmale von Individuen sind Merkmale, die genau einem Individuum zugeschrieben werden können (zum Beispiel: Person X hat ein hohes Einkommen). Relationale Merkmale von Individuen heißen dagegen Merkmale, die zwei oder mehr Individuen gleichzeitig beschreiben können (zum Beispiel: Person X interagiert mit Person Y). Dieselbe Unterscheidung läßt sich auf Kollektive anwenden (z.B.: Kollektiv X weist einen hohen Hierarchisierungsgrad auf [nicht-relationales Merkmal], Kollektiv X steht mit Kollektiv Y in Konflikt [relationales Merkmal]).

Wenn kollektive Tatbestände aus individuellen Effekten abgeleitet werden sollen, sind die jeweiligen Kollektiv- und Individualbegriffe miteinander zu verbinden. Genau diesen Zusammenhang begründen die Transformationsregeln (vgl. Lindenberg 1977: 49ff.; Raub, Voss 1981: 88ff.; Raub 1985: 309ff.; Wippler 1978c: 142f.). Dabei stellt die Einführung individualistisch definierter Kollektivbegriffe per Konvention nicht das eigentliche Problem dar. Kein Sozialwissenschaftler (mit empirisch-analytischer Orientierung) wird sich gegen die Option aussprechen, daß festgesetzt werden kann, welche Bedeutung von bestimmten Individualbegriffen ein Kollektivbegriff erhält. Das Problem liegt hier vielmehr in der Rekonstruktion der Kollektivbegriffe.

Im Rahmen der für das individualistische Programm zentralen Rekonstruktionsthese wird behauptet, daß Kollektivbegriffe sich immer auch individualistisch rekonstruieren lassen (vgl. Opp 1979b: 111ff.; Raub, Voss 1981: 17ff.). Mit Rekonstruktion ist der Nachweis impliziert, daß die Designata der Kollektivbegriffe Individuen bzw. deren relationale und/oder nicht-relationale Merkmale sind. Der Nachweis ergibt sich aus der Analyse der Bedeutung des jeweiligen Kollektivbegriffs oder seiner Explikation. Die Rekonstruktion führt zur Transformationsregel und damit zur Lösung des Aggregationsproblems.

In erster Linie handelt es sich bei den Transformationsregeln um partielle Definitionen. Sie legen nach H. Esser "die *empirischen* Bedingungen fest, wann davon gesprochen werden soll, daß ein kollektives Ereignis vorliegt und wann nicht" (1993: 121). Von partiellen Definitionen als Transformationsregeln werden mathematisch-statistische Transformationsfunktionen sowie die Aggregation nach institutionellen Regeln unterschieden. Einfache Beispiele für mathematisch-statistische Transformationsfunktionen sind die Rate der Wahlbeteiligung oder die Geburten- und Sterberate. Eine institutionell definierte Aggregation liegt z.B. einer für ein Kollektiv verbindlichen Entscheidung zugrunde, die durch die institutionelle Regel des Mehrheitsvotums aus den individuellen Entscheidungen aggregiert wurde.

Die drei Arten von Transformationsregeln schließen einander in der Anwendung nicht aus. Vor allem in komplexeren Erklärungszusammenhängen wird man zur Lösung des Aggregationsproblems auf jede der drei Transformationsregeln Bezug nehmen müssen. Beispielsweise kann dies im Fall der Bestimmung der Arbeitslosenquote notwendig sein: Die offizielle Arbeitslosenquote läßt sich als institutionell definiertes Merkmal betrachten. Schließt man sich in der empirischen (Arbeitsmarkt-) Forschung dieser Definition an, wird man sie als partielle Definition behandeln, da für Forschungszwecke auch andere Definitionen von Arbeitslosigkeit möglich und sinnvoll sind (z.B. Einbezug der verdeckten, nicht in der offiziellen Statistik enthaltenen Arbeitslosigkeit). Zugleich wird (durch einfache Division der Arbeitslosenzahl mit der Gesamtzahl der abhängigen Erwerbspersonen) die Aggregation im Rahmen einer mathematisch-statistischen Funktion vorgenommen. Eine Erklärung des kollektiven Phänomens 'Anstieg der Arbeitslosigkeit' hätte dann u.a. in der Beantwortung der Frage zu bestehen, warum und unter welchen Bedingungen die als Arbeitslose bezeichnete Personengruppe (in dem entsprechenden Zeitraum) in die Arbeitslosigkeit entlassen wurde und keine neue Tätigkeit aufgenommen hat. Aus einer Erklärung der individuellen Effekte und der Transformationsregel läßt sich unter Berücksichtigung bestimmter Randbedingungen (Konstanz der Erwerbspersonenzahl) auf das Vorliegen des kollektiven Tatbestandes schließen.

Bei allen Variationsmöglichkeiten, die in der Kombination der unterschiedlichen Arten von Transformationsregeln begründet liegen, von zentraler Bedeutung in der Forschungspraxis sind die (partiellen) Definitionen: Ohne klarzustellen, wann das kollektive Phänomen empirisch vorliegen soll und wann nicht, läßt sich keine Erklärung durchführen. Dabei schließen partielle Definitionen im Vergleich zu expliziten Definitionen nicht aus, daß das Definiendum, hier der soziale Tatbestand, auch durch andere Begriffe als die gegebenen, hier v.a. individuelle Effekte, definiert wird.[6] Für das Definiendum bedeutet dies, daß weitere Bedeutungszuweisungen möglich sind. Die Kollektivbegriffe werden damit als "offene Begriffe" mit einem be-

---

[6] Die Heraushebung der partiellen Definitionen liegt in der Praxis der empirischen Forschung begründet: Reine explizite Definitionen sind in den empirischen Wissenschaften eher eine Ausnahme.

stimmten "Vagheitsbereich" konzipiert (Raub, Voss 1981: 100; vgl. hierzu auch Liska 1990: 296ff.). Damit lassen sich verschiedene partielle Definitionen eines sozialen Tatbestandes formulieren und so ein kollektives Phänomen mit unterschiedlichen individuellen Effekten verknüpfen.[7]

Diese Logik der Aggregation geht also davon aus, daß Kollektivbegriffe immer mit Bezug auf relationale oder nicht-relationale Merkmale von Individuen rekonstruierbar sind. Im Rahmen der Transformation treten i.d.R. Randbedingungen hinzu; ein Aspekt der mitunter übersehen wird und zu dem grundsätzlich zweierlei anzumerken ist: (1) Diese Randbedingungen werden *nicht* aus einer vorgeschalteten Erklärung eingeführt. Sie werden im Sinne eines zeitweise entproblematisierten Hintergrundwissens als gegeben vorausgesetzt. Es ist unmöglich, alle Randbedingungen bereits aus anderen Erklärungen ableiten zu wollen. Auf diese Weise könnte man erst gar nicht mit dem Erklären beginnen (vgl. Lindenberg 1977: 57). (2) Im Rahmen einer ausgearbeiteten Logik der Aggregation können für ein kollektives Explanandum die unterschiedlichsten Randbedingungen und individuellen Effekte zusammengefaßt werden. Sowohl die Variation des Erklärungskontextes als auch die selektive Problematisierung einzelner Komponenten eingeführter Transformationsregeln sind dann möglich. Man muß also nicht jedesmal das Rad neu erfinden, sondern kann sich der kumulativen Wissensvermehrung widmen (sofern daran Interesse besteht).

K.-D. Opp weist in diesem Zusammenhang darauf hin, daß zunächst relativ unklare Kollektivbegriffe (wie Hierarchie, Kontrollstruktur, etc.) mit der Präzisierung, wie sie die empirische Forschung angeregt hat, eine zunehmende 'Individualisierung' erfahren haben. Er kommt daher zu dem Schluß, "[j]e präziser sozialwissenschaftliche Aussagen formuliert werden, desto häufiger werden Kollektivbegriffe (von vorneherein, VK) durch Individualbegriffe konstruiert" (Opp 1979b: 131). Präzision und individualistische Orientierung scheinen miteinander in einem engen Zusammenhang zu stehen. Eine strenge kritische Prüfung der behaupteten Sachverhalte verlangt immer nach einer präzisen Definition der verwendeten Begriffe, und diese

---

[7] Zum Beispiel lassen sich für die Definition von Statusstruktur auch andere Transformationsregeln angeben als diese: "Wenn A B Respekt bezeugt und B sich durch A respektiert fühlt, und wenn A und B dies in gleicher Weise wahrnehmen, dann besteht zwischen A und B eine Statusstruktur" (Lindenberg, Wippler 1978: 223). Zur Vermeidung von Mißverständnissen sei darauf hingewiesen, daß es hier im Sinne der Rekonstruktionsthese lediglich um Bedeutungsrelationen geht. Die Aussage stellt keine empirische Hypothese dar, dazu wäre die Statusstruktur unabhängig von den eingeführten individuellen Effekten zu messen. Diese definieren hier aber die Statusstruktur. Statusstruktur *bedeutet* Respektbezeugung usw. Eine Analyse der Bedeutung von Kollektivbegriffen impliziert also die Transformationsregel (zur Differenz von Messen, Operationalisierung und Transformation siehe weiter unten im Text).

setzt dann - nach den bisher vorliegenden Erfahrungen - den Bezug auf individualistische Elemente voraus. Jedenfalls hat sich bisher für keinen Kollektivbegriff gezeigt, daß eine Rekonstruktion mit Hilfe von Individualbegriffen nicht möglich sei (vgl. ausführlich und mit zahlreichen Beispielen bereits Hummell, Opp 1971).

Insofern wird man aus individualistischer Sicht Hypothesen, die lediglich auf Kollektivmerkmale Bezug nehmen, nicht von vorneherein ihre Bedeutung absprechen, wie man dies aus einer anti-individualistischen Position heraus vielleicht vermuten könnte. Gerade in der Politikwissenschaft beschäftigt man sich häufig mit solchen Annahmen, z.B.: Je größer die Zentralität einer Stadt, das heißt insbesondere die Bedeutung des Dienstleistungssektors für ihr Umland, desto höher sind die kommunalen Ausgaben (je Einwohner) in dieser Stadt (vgl. Gabriel, Kunz, Zapf-Schramm 1990: 47ff.; Kunz 1991; Kunz, Gabriel 1992). Hier wird zwar ein kausaler Zusammenhang zwischen zwei Kollektivmerkmalen behauptet, da aber Kollektivbegriffe grundsätzlich individualistisch rekonstruierbar sind, wird man aus individualistischer Sicht lediglich hinzufügen, daß hier "komplexe Personen-Gebilde" aufeinander wirken (Opp 1979b: 136; zur beispielhaften Rekonstruktion der Zentralitätsdimension siehe weiter unten). In diesem Sinn betrachtet man z.B. politische Parteien oder Bürokratien als korporative Akteure, in denen einzelne Personen Ressourcen investieren (vgl. Coleman 1979: 22). Die Handlungsfähigkeit einer solchen Körperschaft hängt dann unter anderem davon ab, wieviel Ressourcen einzelne Personen in die Korporation investiert haben und wieviel Rechte sie an die Korporation abgetreten haben (vgl. ausführlich: Coleman 1995b).

Im übrigen wird mit dem Rekurs auf die prinzipielle Rekonstruktionsmöglichkeit von Kollektivbegriffen durch Individualbegriffe nicht behauptet, daß Aussagen mit Kollektivbegriffen aus Aussagen mit Individualbegriffen direkt ableitbar sein müssen. Zumindest ist hier noch das 'Problem der Komposition' zu berücksichtigen. Damit wird die Situation gekennzeichnet, daß individuelle und kollektive Effekte in einem komplexen System erklärt werden sollen, aber nur Annahmen über elementare Teilsysteme vorliegen (vgl. Bergmann 1958: 131ff.; Brodbeck 1973 sowie Opp 1979b: 86ff.; Raub, Voss 1981: 94ff.): Wenn Hypothesen für elementare Systeme formuliert sind und ihre Übertragbarkeit auf komplexere Systeme zur Disposition steht, sind Kompositionsannahmen einzuführen. Kompositionsannahmen sind individualistische Aussagen, die zutreffen oder nicht zutreffen können. Zum Beispiel könnte eine Kompositionsannahme für Systeme bis zu einer bestimmten Anzahl von Mitgliedern zu korrekten Voraussagen führen. Für komplexere Systeme mit zusätzlichen Mitgliedern aber müßte dies nicht mehr der Fall sein, die Kompositionsannahme wäre dann falsifiziert. Die Logik der Aggregation in der Mikro-Makro-Relation ergibt sich damit grundsätzlich aus den Transformationsregeln *und* den Kompositionsannahmen. Allerdings ist ihre Bedeutung für sozialwissenschaftliche Erklärungen mit individualistischen Hypothesen häufig zu relativieren. Damit läßt sich wohl auch erklären, daß auf Kompositionsannahmen nur selten hingewiesen wird, auch wenn die Logik der Aggregation als die schwierigste Aufgabe in einer individualistisch-strukturellen Erklärung bezeichnet wird (vgl. z.B. Esser 1993: 133; Homans 1972: 95). Die Einführung von Kompositionsannahmen in die Erklärungen kollektiver Effekte erübrigt sich, wenn die individualistischen Theorien nicht für isolierte Systeme bestimmter Größe formuliert sind, und dies dürfte der Regelfall in den Sozialwissenschaften sein.

In Anbetracht der großen Beliebtheit der 2 x 2-Spiele in den sich ausbreitenden spieltheoretischen Betrachtungen sozialwissenschaftlicher Problemfälle könnte das Kompositionsproblem aber in Zukunft mehr Interesse finden.[8] Hier geht es häufig um die Analyse isolierter Systeme sehr kleiner Größe und die Anwendung solcher Konzepte auf komplexere Systeme. Wenn nur Annahmen über das Verhalten eines elementaren 2-Personen-Systems zur Verfügung stehen, gewinnt das Problem der Komposition an dieser Stelle an Bedeutung und seine geringe Beachtung dürfte für manche Skepsis gegenüber der sozialwissenschaftlichen Aussagekraft solcher Analysen zumindest implizit mitverantwortlich sein. Allerdings ist zu berücksichtigen, daß die Diskussion zu dem sehr diffizilen Problem der Mikro-Meso-Makro-Verknüpfungen erst am Anfang steht. Außer in einigen verstreuten Anmerkungen und den genannten Klassifikationsversuchen hat die Logik der Aggregation bisher kaum Beachtung gefunden. Dieses Defizit dürfte auch darauf zurückzuführen sein, daß in der Literatur das Transformationsproblem im wesentlichen von den Methodologen der individualistischen Erklärung kollektiver Phänomene thematisiert wird. Darüber hinaus ist der individualistische Ansatz bis heute sehr umstritten, wobei die Kritik häufig wenig konstruktiv ausfällt. Dabei bemüht man sich im Rahmen einer individualistischen Erklärung zumindest um ein Verständnis der Prozesse, die einen kollektiven Effekt erzeugen: "Every complex social situation, institution or event is the result of a particular configuration of individuals, their dispositions, situations, beliefs, and physical resources and environment", wie J. W. N. Watkins einmal herausfordernd formuliert hat (1973: 168).

Wollte man von einer expliziten individualistischen und handlungstheoretischen Mikrofundierung kollektiver Explananda ernsthaft absehen, verliert man nicht nur den Adressaten der theoretischen Bemühungen. Darüber hinaus kommt es zu einer m.E. problematischen Gleichsetzung von Transformation und Messung, ein mitunter vernachlässigter Aspekt. Bei der empirischen Repräsentation kollektiver Effekte ist dann das Problem der Mikro-Makro-Verknüpfung mit dem Problem der Operationalisierung kon-

---

[8] Für eine Darstellung der spieltheoretischen Standardprobleme vgl. z.B. die Arbeit von P. C. Ordeshook (1986). Das Problem der Komposition spielt auch in den ersten Formulierungen der Balancetheorie nach F. Heider eine Rolle (vgl. Opp 1979b: 92).

fundiert. S. Lindenberg, dem dieser Hinweis zu verdanken ist, spielt damit auf die implizite Gleichsetzung von individuellen Effekten als manifeste Indikatoren für latente kollektive Strukturen an (1977: 58f.). Demnach soll der Mikro-Makro-Differenz die Unterscheidung beobachtbarer und unbeobachtbarer Variablen entsprechen. Selbstverständlich können aber auch individuelle Effekte als latente Konstrukte konzeptualisiert werden (z.B. das politische Systemvertrauen einzelner oder typischer Akteure). Die Transformationsregel bezieht sich dann auf die Verknüpfung von latenten individuellen mit latenten kollektiven Phänomenen. Doch gibt es auch soziale Tatbestände, die direkt beobachtbar sind, beispielsweise Gerichtsverfahren.

In der empirischen Verbindung von Mikro- und Makroebene ist man durchgängig mit zwei Problemen konfrontiert (das Kompositionsproblem ist, wie gesagt, nicht immer von Bedeutung): (a) dem Auffinden und der Formulierung einer Transformationsregel, die einen Beitrag zur Erklärung der kollektiven Effekte leisten soll sowie (b) der Operationalisierung und dem Messen der individuellen Effekte. Werden beide Probleme nicht unterschieden, kommt es zur Konfundierung theoretischer und empirischer Notwendigkeiten. Häufig werden nur sehr vage die Beobachtungsvariablen der individuellen Ebene mit kollektiven Konstrukten in Beziehung gesetzt, dieser Vorgang wird dann als Operationalisierung bezeichnet und dabei wird das Problem der Transformation übersehen. Insofern sind Transformationsregeln auch nicht irrelevant zur Lösung von Meßproblemen in den Sozialwissenschaften.

Ein etwas ausführlicheres, dennoch einfaches Beispiel soll die bisher skizzierten Sachverhalte veranschaulichen. Die Beispielshypothese lautet: Je höher die Arbeitslosenquote in einer Gesellschaft, desto stärker ist das Parteiensystem durch extremistische Parteien geprägt. Es geht darum, den kausalen Mechanismus, der den zugrundeliegenden Prozeß beschreibt, mit individuellen Tatsachen zu verbinden. Ansonsten wäre die Hypothese unsinnig, der Zusammenhang wäre weder adäquat zu begreifen noch zu beschreiben.

Zum Beispiel könnte man sich die Zusammenhänge so vorstellen (wobei ich betonen möchte, daß es mir hier nicht darum geht, einen Beitrag zu einer Theorie des politischen Extremismus zu leisten): Arbeitslosigkeit führt zur Unzufriedenheit; mit steigender Arbeitslosenquote - die Transformationsfunktion sei mit der Zahl der institutionell definierten Arbeitslosen dividiert durch die Zahl der abhängigen Erwerbspersonen gegeben - wächst die Zahl der Arbeitslosen und damit die Zahl der unzufriedenen Personen; unzufriedene Bürger erwarten von den systemtragenden politischen Akteuren die Lösung ihrer Probleme; je weniger diese dazu in der Lage sind, desto mehr wird ihnen die Problemlösungs-Kompetenz abgesprochen; daher sinkt der Nutzen ihrer Wahl für unzufriedene Menschen; extremistische Parteien bieten einfache Lösungskonzepte an, denen unzufriedene Menschen einen Nutzen zuweisen. Aus der ursprünglichen Anfangsbedingung (die Anzahl der Arbeitslosen nimmt zu), der zusätzlichen Bedingung vernachlässigbarer Wahlkosten und der allgemeinen Nutzenhypothese als handlungstheoretische Basis läßt sich ableiten, daß die Anzahl der Individuen, die eine extremistische Partei wählen, zunimmt.

Hier setzt die Transformation für das kollektive Explanandum an. Bei jeder individualistischen Erklärung wird einmal der Punkt erreicht, an dem auch an dieser Stelle individuelle Effekte mit kollektiven Tatbeständen zu verbinden sind. So läßt sich der kollektive Tatbestand 'Bedeutung extremistischer Parteien' über den Stimmenanteil extremistischer Parteien in demokratischen Wahlen (partiell) definieren. Da es sich hier um eine Proportion handelt, müssen zur Ableitung des Kollektivbegriffs weitere Randbedingungen hinzutreten (vgl. Lindenberg 1977: 53; entsprechende Überlegungen sind für die Arbeitslosenquote anzustellen).

Proportionen sind bekanntlich das Verhältnis zweier Variablen, die an dieser Stelle als V1 und V2 bezeichnet sein sollen. V1, hier die Anzahl der Akteure, die extremistische Parteien ihre Wahlstimme gegeben haben, ist eine Teilmenge von V2, hier die Anzahl der Menschen, die gewählt haben. Aus den individualistischen Propositionen und den Anfangsbedingungen läßt sich aber nur eine Aussage über V1 ableiten. Zur Formulierung der Transformationsfunktion reichen daher die individuellen Effekte aus der individuellen Erklärung nicht aus. Es sind als Randbedingungen zusätzliche Annahmen über V2 einzuführen. Wenn V1 tatsächlich zunimmt, dann nimmt die Proportion V1/V2 nur zu, wenn V2 konstant bleibt oder abnimmt oder langsamer steigt als V1. Die Transformationsregel hat damit folgende Form: Wenn die Anzahl (V1) der Individuen in einer Gesellschaft, die extremistische Parteien wählen, zunimmt und wenn die Basis (V2), von der V1 eine Teilmenge bildet, konstant bleibt, abnimmt oder langsamer steigt als V1, dann nimmt die Bedeutung extremistischer Parteien im Parteiensystem zu.

Solche Zusammenhänge dürften dem empirisch orientierten Sozialwissenschaftler selbstverständlich bekannt sein. Die Transformationsleistung erscheint daher vordergründig unerheblich. Doch zeigt auch dieses Beispiel, wieviele Überlegungen selbst bei einer sehr einfachen Problemstellung notwendig sind bzw. welche Annahmen bereits bei der Aggregation einer einfachen Rate implizit unterstellt werden müssen.

Vom Problem der Transformation ist die Phase der Operationalisierung zu unterscheiden. Zum Beispiel läßt sich die Wahl einer extremistischen Partei in einer Gesellschaft durch die Befragung einer repräsentativen Anzahl von Mitgliedern dieser Gesellschaft messen. Die Messung kann natürlich auch anders vollzogen werden, beispielsweise über angeschlossene Computer in der Wahlkabine. Solche Meßoperationen haben nichts mit dem Kontext der Erklärung zu tun. Dies erscheint hier sehr einleuchtend, doch allzu leicht werden beide Aspekte miteinander vermengt. Es ist m.E. aber nicht sinnvoll, die Meßproblematik nicht eindeutig vom Transformationsproblem zu trennen. Zum Beispiel läßt sich Parteienverdrossenheit über den bereits eingeführten Stimmenanteil extremistischer Parteien transformieren, aber auch andere Transformationen sind möglich, so das Verhältnis von Eintritten und Austritten in staatstragenden Parteien (noch einmal abgesehen von dem Problem, wie denn systemtragende Parteien zu charakterisieren seien). Bei identischer Messung der individuellen Effekte wären aber auch noch weitere Transformationen möglich (z.B. das Verhältnis der Differenz von Eintritten und Austritten zur Gesamtzahl der Parteimitglieder in staatstragenden Parteien). Eine einfache, unreflektierte Zuschreibung der Beobachtungsvariablen und ihrer Meßvorschriften zu theoretischen Makro-Konstrukten überspringt den Prozeß der Transformation.

Die Differenz zwischen Operationalisierung bzw. Messen und der Ableitung von Transformationsregeln ist besonders dann von Bedeutung, wenn die individualistische Rekonstruktion eines Kollektivbegriffs einen außerordentlichen Erhebungsaufwand impliziert. Betrachten wir zur Verdeutlichung nochmals ein Beispiel: das bereits genannte Kollektivmerkmal 'Dienstleistungszentralität einer Stadt'. Damit wird in der kommunalwissenschaftlichen Literatur die Bedeutung einer Stadt im Dienstleistungsbereich für ihre Einwohner und v.a. die Einwohner ihres Umlandes bezeichnet. Im Hintergrund steht mit der Zentrale-Orte-Theorie nach W. Christaller und A. Lösch eine Standorttheorie des tertiären Sektors, die auf den handlungstheoretischen Grundannahmen von Rational Choice beruht (vgl. Deiters 1978; Sommer 1989).

Die individuellen Effekte in der Transformationsregel könnten in folgender Weise spezifiziert werden: Für jeden Einpendler (in die Stadt) und Auspendler (aus der Stadt) wird (innerhalb eines festgelegten Zeitraums) ermittelt, ob er ein Dienstleistungsangebot in der Stadt bzw. außerhalb der Stadt in Anspruch nimmt. Es wird die Differenz zwischen den so festgestellten Ein- und Auspendlern bestimmt. Diese Differenz wird durch die Zahl der Einwohner insgesamt dividiert. Die Randbedingung, daß für alle in Frage kommenden Pendler die individuellen Effekte hergeleitet sind, komplettiert die Transformationsfunktion. Damit ist der kollektive Effekt eindeutig bestimmt. Je größer der Wert des Quotienten, desto umfassender ist die Dienstleistungszentralität der Stadt.

Aber in der empirischen Forschungspraxis wird man vor großen Problemen stehen (wobei Kompositionseffekte keine Rolle spielen): Der Aufwand zur Messung der Pendlerintensität ist außerordentlich groß. Es liegt daher nahe, auf leichter zu erhebende 'Proxy'-Variablen auszuweichen. Man könnte zum Beispiel davon ausgehen, daß die von der zentralstaatlichen Planung der Länder festgelegte Einteilung der Kommunen in Unter-, Mittel- und Oberzentren (bzw. ihr vorgegebener Verflechtungsbereich) ebenfalls als Messung der städtischen Zentralität fungieren kann. Aber der entscheidende Unterschied ist zu beachten (vgl. hierzu auch Opp 1979b: 146): Dienstleistungszentralität bedeutet die Inanspruchnahme von Dienstleistungen innerhalb bzw. außerhalb der Stadt durch individuelle Akteure. Zu den Designata des Begriffs gehört also nicht die Zentralitätsfunktion nach den Vorstellungen der Raumplanung. So könnte der Fall eintreten - und dieser ist in Anbetracht der entwicklungspolitischen Komponenten der Landeslanung nicht unwahrscheinlich -, daß ein Ort lediglich als Mittelzentrum eingestuft ist, aber trotzdem die Einpendlerintensität außerordentlich groß ist und diese damit den typischen Verhältnissen in einem Oberzentrum entspricht. Umgekehrt sind gerade in polyzentrischen Ballungsgebieten viele Städte als Oberzentren ausgewiesen, die aber einen nur geringen Einpendlerüberschuß (je Einwohner) aufweisen. Dies ist z.B. im Ruhrgebiet der Fall.

Wenn man anstatt der individuellen Pendlerdaten die Zentralitätsklassifikation der Raumplanung zur Messung der Dienstleistungszentralität verwendet, dann ist dies nur möglich, wenn die empirische Hypothese gilt: Je höher die Zentralitätsfunktion einer Stadt nach der Raumplanung, desto größer ist der Einpendlerüberschuß in dieser Stadt (im Verhältnis zur Einwohnerzahl). Die Messung des sozialen Tatbestandes setzt hier also (a) die Formulierung einer Transformationsregel und (b) die Gültigkeit einer besonderen empirischen Hypothese voraus. Liegt beides vor, dann ist es gerechtfertigt und auch wesentlich einfacher und kostensparender, die Dienstleistungszentralität über die planungsbestimmte Zentralitätsklassifikation zu messen.

An dieser Stelle kann man davon ausgehen, daß mit einer solchen Proxy-Variablen nicht alle Facetten der Dienstleistungszentralität im Sinne der Ausgangsdefinition gemessen werden. Vor dem Hintergrund einschlägiger Praktiken in der empirischen Sozialforschung liegt es daher nahe, weitere leicht zu erhebende Indikatoren einzuführen.[9] Sie können im Rahmen einer konfirmatorischen Faktoranalyse in ein Meßmodell städtischer Dienstleistungszentralität integriert werden (vgl. hierzu z.B. Bollen 1989). Damit weist dieses Beispiel deutlich auf die Differenz von Transformation, Operationalisierung und statistischen Meßmodellen hin. Und nur im Idealfall hat man es bei den Indikatoren für kollektive Effekte sowohl mit Transformation als auch Operationalisierung zu tun.

Es erscheint in diesem Zusammenhang wichtig, noch einmal darauf hinzuweisen, daß sich der Bedeutungsgehalt kollektiver Phänomene mit der Art und Anzahl der verwendeten Transformationsregeln ändern kann (und da-

---

[9] Zum Beispiel kann man die Beschäftigtenzahlen in den tertiären Wirtschaftsabteilungen je Einwohner als weitere Proxy-Variablen verwenden. Nach P. Klemmer repräsentieren diese Besatzziffern "eine Art branchenbezogene Dienstleistungszentralität, da von der Annahme ausgegangen werden kann, daß die Überschußfunktion eines Ortes umso größer ist, je höher die Zahl der Dienstleistungsbeschäftigten pro Kopf der Einwohner ausfällt" (1981: 150).

her läßt sich auf Kollektivbegriffe auch nicht verzichten). Damit ist zugleich impliziert, daß eine individualistische Erklärung sozialer Tatbestände die intensive Beschäftigung mit den gegebenen und relevanten sozialen und institutionellen Strukturen voraussetzt. Es steht stets die Angemessenheit spezifischer Transformationsregeln in bestimmten Kontexten zur Disposition. Von einer ahistorischen Betrachtung sozialer Prozesse auf Basis eines handlungstheoretischen nomologischen Kerns kann daher in diesem Zusammenhang nicht die Rede sein.

Die damit verbundenen Implikationen sind weitreichend und zeigen, daß eine handlungstheoretisch orientierte Erklärung von Makrophänomenen nur im interdisziplinären Diskurs zu betreiben ist; im Rahmen einer Diskussion, die über die engen Ressortgrenzen sozialwissenschaflicher Disziplinen hinwegsieht. Sozialwissenschaftler "müssen sich", wie H. Esser diese Ausgangslage kommentiert, *"sowohl* für allgemeine Gesetze, *wie* für die sozial und historisch einmaligen Strukturen und Institutionen von Gesellschaften, *wie* für abstrakte formale Modellierungen, *wie* für die damit zusammenhängenden Techniken interessieren" (1993: 122f.). Das Prinzip der individualistischen Erklärung schließt das Prinzip der interdisziplinären Erklärung ein.

Unter handlungstheoretischem Blickwinkel beschreibt der Übergang von individuellen zu kollektiven Phänomenen nicht nur mathematisch-statistische Operationen o.ä., sondern zeigt, daß soziale Prozesse keiner geheimnisvollen Selbsteuerung unterliegen. Soziale Tatbestände, die ohne den Beitrag von Handelnden auskommen, sind nicht vorstellbar. Die Notwendigkeit, sich auch dann mit mikrotheoretischen Konzepten zu beschäftigen, wenn man vermeintlich 'nur' an kollektiven Phänomenen interessiert sei, erklärt sich hier von selbst. Ein sozialer Tatbestand kann niemals direkt aus einem anderen folgen, immer bedarf es offensichtlich der Erklärung unter Heranziehung individualistischer Propositionen, und zwar, so ist ausdrücklich hinzuzufügen, nicht nur in impliziter, sondern in expliziter Formulierung. Und wenn kollektive Phänomene nicht direkt mit individuellen Effekten in einen Zusammenhang gebracht werden können (wie vielleicht der Grad der Arbeitsteilung in einer Gesellschaft), dann bedeutet dies zunächst einmal nur, daß ein kollektiver Effekt nicht einem Individuum zugeschrieben werden kann. Die Unergiebigkeit dieser atomistischen Perspektive ist wenig erstaunlich, geht es doch unter diesen Bedingungen um die Frage der Konstitution des Bedingungsgefüges, das, wenn man es übersieht, die Emergenz sozialer Prozesse nahelegt.

Der Einwand gegen die individualistisch orientierten Sozialwissenschaften ist daher nicht korrekt, daß diese kollektive Phänomene auf 'rein' individuelle Elemente (wie Ziele, Motive oder Erwartungen) reduzieren wolle. Es geht auch und v.a. um die Beziehung zwischen den individuellen Akteuren, ihren Bindungen an die soziale oder nicht-soziale Umwelt. Die Beschäftigung mit den rein individuellen Elementen gehört aber, wie die nachfolgenden Abschnitte zeigen, zu den wesentlichen Voraussetzungen einer erfolgreichen Anwendung individualistischer *Erklärungs*strategien.

Wenn kollektive Effekte sich überhaupt nicht oder nur sehr vage mit individuellen Effekten verbinden lassen, dann ist dies Ausdruck einer unter sozialwissenschaftlichen Gesichtspunkten sehr unpräzisen, für das Alltagshandeln aber sehr pragmatischen Sprachregelung. Die Redeweise vom 'Zeitgeist' gehört in diesen Zusammenhang. Die Verwirrungen, die solche Begriffe hervorrufen, zeigen aber, daß sich Sozialwissenschaftler damit beschäftigen sollten, kollektive Phänomene von vorneherein aus einer individualistischen Sicht zu konzipieren. Als wenig ertragreich erscheint dagegen die Perspektive, es sei eine der zentralen Aufgaben der individualistisch orientierten Sozialwissenschaften, jede mehr oder weniger sinnvoll umschriebene Kollektiverscheinung mit individuellen Effekten zu verbinden. Damit würde man den falschen Ausgangspunkt wählen. Es gilt vielmehr, aus den Interdependenzen der Individuen in ihren verschiedenen Ausprägungen Kollektivität abzuleiten.

Als zentrale Bausteine von Bedingungskonstellationen für komplexe kollektive Phänomene lassen sich u.a. drei Arten von Interdependenzen unterscheiden (vgl. Lindenberg 1991: 64): Das Auftreten von Externalitäten, die Verfügbarkeit komplementärer Kontrollrechte und das Vorhandensein von Koorientierung. Externalitäten sind die Grundlage für Kooperation und Konflikt, komplementäre Kontrolle führt zu Tauschprozessen, und Koorientierung beschreibt die wechselseitige Verschränkung von Handlungserwartungen. Mit diesen Modulen sind bereits eine ganze Reihe komplexer kollektiver Phänomene angegangen worden, z.B. im Rahmen der Neuen Politischen Ökonomie. Solche Arbeiten stellen den grundlegenden Zusammenhang von Handlungen und kollektiven Phänomenen klar, und zwar insofern, "als Handeln weder ohne das Handeln anderer möglich ist noch die Handlungen anderer, die möglicherweise gar nicht bekannt sind, unberührt läßt" (Hennen 1990: 251).

J. S. Coleman hat diese Perspektive beispielhaft zu einem generellen Prinzip der Normentstehung entwickelt. Dabei unterscheidet er zwischen zwei grundsätzlichen Fragen: "The first of these concerns the conditions in which a demand for effective norms will arise; the second concerns the conditions under which the demand will be satisfied" (Coleman 1990: 35;

vgl. auch Coleman 1995a: 311ff.). An dieser Stelle ist nur die erste Teilfrage von Bedeutung (auf die Lösung der zweiten Teilfrage komme ich noch in Kap. 7.2.3 zu sprechen).

Coleman verweist zunächst auf die Bedeutung externer Effekte einzelner Handlungen. Positive Externalitäten führen zu einem Interesse der betroffenen Akteure, daß die vorausgehenden Handlungen wiederholt werden. Negative externe Effekte gehen mit dem Wunsch einher, solche Handlungen zu vermeiden oder zumindest zu reduzieren. Die Übertragung von Kontrollrechten kann Situationen dieser Art auflösen. Kontrollrechte interpretiert Coleman als Transaktionen, in denen Akteure vereinbaren, bei einem bestimmten Tun oder Unterlassen des jeweiligen Gegenübers ihrerseits in bestimmter Weise zu handeln (vgl. Coleman 1995a: 40ff.).

Zwar funktioniert dieses System im paarweisen Tausch sehr gut, in größeren, anonymisierten Sozialverbänden scheitert aber i.d.R. die Einrichtung von Märkten für Kontrollrechte (vgl. Coleman 1990: 47ff.). Es bedarf dann einer Koorientierung der Akteure, das heißt generalisierter, wechselseitig verschränkter Handlungserwartungen, die nicht in jeder Situation neu auszuhandeln sind. Coleman faßt die Bedingungen für eine Nachfrage nach Normen zusammen: "[I]nterests in a norm arise when an action has similar externalities for a set of others, when markets in rights of control of the action cannot easily be established, and when no single actor can profitably engage in an exchange to gain such rights" (1990: 42).

Die Kürze der Darstellung wird dem Anliegen von Coleman sicherlich nicht gerecht. Aber der Stellenwert der Einsicht in die Vernetzung von Handlungsystemen ist offensichtlich. In aller Deutlichkeit kommt dies in der Dynamisierung des Mehrebenenkonzepts zum Ausdruck. Handlungsfolgen definieren die Ausgangssituation für weitere zukünftige Handlungen (vgl. Abb. 3-2).

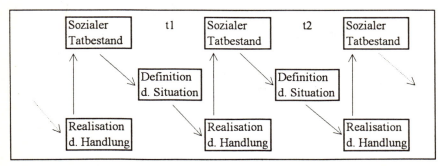

Abb. 3-2: Die individualistisch orientierte Erklärung von Prozessen

Die Dynamisierung der strukturell-individualistischen Perspektive weist darauf hin, daß sich kollektive Effekte häufig nur aus einer Kopplung einzelner Mehrebenenerklärungen erschließen. In diesem Zusammenhang ist die zentrale Problematik der sozialwissenschaftlichen Profession zu erkennen: Nicht-intendierte Handlungsfolgen im Rahmen komplexer Interdependenzstrukturen führen zu Effekten, die für den praktischen Betrieb der Sozialwissenschaft häufig kaum zugänglich sind. Das in Abschnitt 7.1.3 skizzierte Phänomen der 'crowding out'-Effekte ist hierfür ein prägnantes Beispiel. Eine praxisorientierte Sozialwissenschaft steht hier vor dem Problem, daß gerade ihre vermeintlich praxistauglichen Anwendungen ihren Praxiswert in Frage stellen können (vgl. Hennen 1990).

Ich fasse zusammen: In der Kombination von individuellen mit kollektiven Effekten besteht die zentrale Leistung der Mehrebenenbetrachtung. Denn die Sozialwissenschaften interessieren sich üblicherweise für Makro-Phänomene wie Gesellschaften, deren Erklärung zur Zeit nur unter Rückgriff auf Mikrorelationen möglich erscheint. Eine individualistische Erklärung umfaßt daher mindestens zwei Schritte. Im ersten Schritt werden aus individualistischen Propositionen und Anfangsbedingungen die individuellen Effekte erklärt. Im zweiten Schritt geht es darum, die individuellen Effekte mit der kollektiven Output-Struktur zu verbinden. Diese Verknüpfung leistet die 'Prozeß-Struktur', wie G. Hernes anschaulich die Transformationsregeln bezeichnet (1976: 519). Damit wird zwar das Problem der Mikro-Makro-Verknüpfung zum Gegenstand der Untersuchungen gemacht, die Beziehungen zwischen Makro- und Mikroebene bleiben aber noch weitgehend ungeklärt. Und gerade diese Differenz ist es, die den Bereich der individualistischen Grundlegung der Output-Struktur absteckt. Sie weist darauf hin, daß Handlungsergebnisse der einen Akteursgeneration zu Handlungsvoraussetzungen der nächsten Akteursgeneration werden. Die Beschreibung sozialer Tatbestände durch eine Output-Struktur als logische Konsequenz der individuellen Parameter-Struktur ist also um eine kollektive Input-Struktur zu ergänzen, die ihrerseits Gegenstand einer Erklärung werden kann. Unverzichtbar bleiben dabei Annahmen über die kognitive Strukturiertheit der Menschen und ihre Handlungsmaximen.

4. Handlungstheorie in der Mehrebenenanalyse: Die Formulierung der Theorie rationalen Handelns

Überblick: Akzeptiert man die Vorstellung, daß sich kollektive Phänomene grundsätzlich aus der wechselseitigen Beeinflussung der Menschen ergeben, und diese Beeinflussung immer Handeln voraussetzt, dann strukturiert erst der handlungstheoretische Entwurf den Zugang zu den Tatbeständen der sozialen Verbundenheit. Nur in den Variablen der Handlungstheorie erschließt sich daher auch die Logik der Situation. Unter Voraussetzung dieser Annahmen wird das Grundkonzept der Theorie rationalen Handelns formuliert, wobei die Überlegungen in den empirisch-analytischen Wissenschaftsansatz eingebunden sind (Kap. 4.1). Die Leistung der Theorie rationalen Handelns besteht in diesem Zusammenhang auch darin, daß sie eine Ordnung in die Vielzahl der Variablen zu bringen versucht, die bisher zur Erklärung sozialen Handelns herangezogen worden sind. Dabei wird die grundlegende, aber relativ unspezifische Maximierungsannahme in wert-erwartungstheoretischer Perspektive durch quantitative Entscheidungsmodelle präzisiert (Kap. 4.2). In diesem Zusammenhang sind zwei Annahmen von zentraler Bedeutung, die 'Auswahl'- und die 'Gestaltungsannahme'. Die Auswahlannahme enthält i.d.R. das Optimierungskalkül: Aus einer Menge von Handlungsalternativen wird diejenige vorgezogen, deren (Netto-) Nutzen maximal ist. Die Gestaltungsannahme bezieht sich auf die Elemente der Nutzenbildung (Nutzen- und Wahrscheinlichkeitsbewertungen der Handlungskonsequenzen) und die Möglichkeiten ihrer Kombination. Gegenüber der üblichen Vorgehensweise in der reinen (präskriptiven) Entscheidungstheorie wird ausdrücklich eine kausale Sequenz unterstellt, d.h. es wird davon ausgegangen, auf Basis einer motivationspsychologischen Orientierung kognitive Prozesse der Überlegung und Abwägung formal abzubilden. Dies wird durch den Wert-Erwartungsansatz in variierender Formalisierung besorgt, woraus sich unterschiedliche Konzepte der Theorie rationalen Handelns ergeben: Die Variation der Selektionsannahme führt zur Differenz von nutzenmaximierendem und nutzenorientiertem Handeln. Die Variation der Gestaltungsannahme führt zu variantenreichen (nicht-additiven) Modellierungen, die zeigen, daß sich die Bilanz der handlungsabhängigen Ereignisse auf unterschiedliche Weise darstellen kann. A priori sprechen lediglich Plausibilitätskriterien für eine bestimmte Formulierung. Letztlich sind die Entscheidungsregeln im Rahmen der theoretischen Vorgaben empirisch zu ermitteln. Der Bezug auf individualpsychologische Formulierungen impliziert für sozialwissenschaftliche Anwendungen die Einführung interindividueller 'Verbindungsannahmen'.

4.1. Konzeptionelle und methodologische Prämissen

In den Sozialwissenschaften dienen Handlungstheorien dazu, soziale Phänomene aus motivierten Handlungen zu erklären. Der Motivationsbegriff kennzeichnet die abwägende und vorausschauende Planung und Steuerung des Verhaltens: Menschen wählen ihr Handeln um der erwarteten Folgen willen aus und steuern es hinsichtlich Richtung und Energieaufwand (vgl. Heckhausen 1989: 10ff.). Das Ziel der an individualistischen Erklärungen orientierten empirischen Forschung in den Sozialwissenschaften besteht darin, eine allgemeine Theorie motivierten Handelns zu formulieren, mittels derer sich eine möglichst große Zahl sozialer Tatbestände erklären läßt. Die Leitlinien dieser Orientierung lassen sich unter Berücksichtigung der bisherigen Überlegungen in einem Zwölf-Punkte-Katalog zusammenfassen.[1]

(1) Handeln bezieht sich auf Aktivitäten von Einzelpersonen, wobei die Gleichzeitigkeit vieler handelnder Einzelpersonen Entstehung und Wandel sozialer Phänomene konstituieren, denn:

(2) die einzelnen Beiträge tragen zwar zur Entstehung sozialer Tatbestände in der Regel nur gerinfügig bei, im Verbund sind sie aber - so die theoretische Vorstellung - ursächlich für die Entstehung sozialer Phänomene. Eine Produktion des Sozialen ohne Handlungsubjekte erscheint i.d.S. als nicht annehmbar. Die Sozialwissenschaften sind daher als Handlungswissenschaft zu konzipieren. Voraussetzung der wissenschaftlichen Rekonstruktion ist aber, daß:

(3) empirisch beobachtbare Regelmäßigkeiten im Handeln vorliegen, um deren Beschreibung und Erklärung sich die Sozialwissenschaften im Rahmen theoretischer Überlegungen bemühen. Es geht darum, einen Aussagenzusammenhang zu formulieren, der hinsichtlich der empirischen Daten und seiner logischen Struktur ein Maximum an Konsistenz aufweist. Aus solchen erklärungskräftigen Theorien lassen sich Prognosen über soziale Prozesse ableiten. Daher ist:

(4) die Aussagekraft sozialwissenschaftlicher Handlungstheorien hinsichtlich der erfahrbaren Wirklichkeit durch ihre Konfrontation mit empirischen Daten und kontrollierten Experimenten zu prüfen. Für die Maximierung intersubjektiven Wissens ist es nützlich:

(5) standardisierte Methoden der Datenerhebung und Datenanalyse einzusetzen, die der systematischen Kontrolle und der kontinuierlichen Weiterentwicklung unterliegen. Beobachtungen werden auf diese Weise konsistenter und glaubhafter; zufällige oder systematische individuelle Fehlleistungen werden vermieden. Die Genauigkeit der erzielten Aussagen steigt, wenn:

---

[1] Der Katalog beruht auf Vorgaben, die von D. Easton zu den Grundlagen der politikwissenschaftlichen Forschungspraxis sowie von M. Hennen und E. Springer zur Entwicklung einer allgemeinen Handlungstheorie formuliert worden sind (vgl. Easton 1967: 16f.; Hennen, Springer 1996: 13).

(6)   quantitative Daten erhoben werden. Hierin liegt kein Selbstzweck; es geht nicht nur um einfache Erkenntnis, sondern um Theorien, die Lösungen für interessante Probleme bieten; in anderen Worten: Es geht in den Erfahrungswissenschaften auch immer darum zu wissen, wovon man etwas weiß. Daher sind:

(7)   ethische Bewertungen und empirische Erklärungen in der Analyse sozialer Prozesse auseinanderzuhalten. Empirische Untersuchungen sind aber nutzlos, wenn sie:

(8)   nicht systematisch mit Theorien verbunden werden. Die Wirklichkeit erschließt sich immer nur in den Begriffen der Theorie, was aber nicht heißt, daß eine Theorie nicht dahingehend beurteilt werden kann, ob sie konsistenter ist als eine andere, "und zwar sowohl in Hinblick auf Messungen und Beobachtungen, als auch in Hinblick auf interne Stimmigkeit" (Roth 1995: 316). Daher setzt:

(9)   eine praxisorientierte Sozialwissenschaft Grundlagenforschung voraus. Zur Lösung bestehender Sozialprobleme können die Sozialwissenschaften nur durch konsistente und empirisch zutreffende Theorien beitragen. Damit ist:

(10) notwendigerweise eine interdisziplinäre Perspektive verbunden. Das Handeln einzelner läßt sich nur aus dem Gesamtzusammenhang der sozialen Handlungssituation verstehen, was Voraussetzung jeder Erklärung ist. Dies legt für die Praxis der sozialwissenschaftlichen Forschung nahe, auf die Wissensbestände der Psychologie und anderer Nachbarwissenschaften zurückzugreifen, die sich ebenfalls mit individuellem Verhalten beschäftigen, aber in einigen Bereichen theoretisch und methodisch weiter forgeschritten sind. Eine solche Orientierung erscheint auch deshalb notwendig, da:

(11) Menschen ihr Handeln nicht nur an den 'objektiven' Bedingungen einer Situation ausrichten, "sondern auch, und mitunter vorwiegend, nach der Bedeutung, die diese Situation für sie hat" (Merton 1970: 145). Die Wahrnehmung, die handlungsleitenden 'Bilder' der Welt und die Selektion der Alternativenwahl sind im mentalen System der handelnden Personen zu lokalisieren. Handlungen und die sie tragenden Intentionen müssen zwar externalen Faktoren Rechnung tragen, sie werden durch diese aber nicht verursacht. Insofern setzt:

(12) jede handlungstheoretische Analyse auch Annahmen über die menschliche Natur voraus.

Die sozialwissenschaftliche Modellierung von Handlungswahlen und daraus abgeleiteter sozialer Prozesse ist nach diesen Vorgaben ohne psychologische und anthropologische Grundannahmen nicht zu denken. Die Vorstellung wäre in Anbetracht defizitärer kollektivistischer Alternativen zur Zeit tatsächlich unverständlich, man würde ohne derartige Annahmen auskommen: "I do not see how", schrieb schon frühzeitig D. H. Wrong, "at the level of theory, sociologists can fail to make assumptions about human nature" (1961: 192). Vor dem Hintergrund des insbesondere in der Soziologie viele Jahre dominanten funktional-strukturellen (bzw. strukturell-funktionalen)

Paradigmas erklärt sich hier die heftig verfochtene Leitidee von G. C. Homans: 'Bringing Men Back In!' (1964).[2]

Als besonders brauchbar für die Mehrebenenanalyse hat sich das RREE[E]MM-Konzept erwiesen (siehe Kap. 2). Demnach wird der Mensch als ein aktiv auf seine Umwelt einwirkendes Subjekt mit zukunftsbezogenen Vorstellungen bezüglich seiner Besserstellung betrachtet, das sich Ziele setzt und Erwartungen, d.h. subjektive Hypothesen über seine Umwelt, ausbildet. Die Suche nach Besserstellung entspricht der maximierenden Grundhaltung; in den Erwartungen ist das kulturell vermittelte Instrumentalwissen über Möglichkeiten der Zielrealisationen aufgenommen. Eine Handlungstheorie, die an diese Vorstellungen anknüpft, sollte von der Grundannahme ausgehen, daß Handeln zwar auf vorsozialen Antriebsenergien beruht, dennoch immer kulturellen Mustern folgt, so daß auf eine noch näher zu präzisierende Art und Weise Präferenzen, Ziele oder Intentionen der Akteure ihrem Handeln vorausgehen.

Die Vorstellung, daß Handeln absichtgeleitet ist, gehört nicht erst seit Max Weber zu den Grundannahmen jeder empirischen Handlungstheorie (der Gedanke findet sich z.B. bereits bei Aristoteles in der 'Nikomachischen Ethik'). Handeln setzt voraus, daß die Akteure ihre Erfahrungen nutzen, die relevanten Situationen interpretieren, Ereignisse bewerten usw. Intentionale Unterlassungen sind damit eingeschlossen. In diesem Sinn definiert C. Lumer: "Eine Handlung ist eine konkrete Tätigkeit einer Person, die unmittelbar durch die Absichten dieser Person verursacht wurde. Handeln ist somit ein bewußtes Verhalten, das zielgerichtet, willentlich oder willkürlich sein kann" (1990: 499). Ähnlich formuliert J. Derbalov: "Tätigkeit ist jede reflektierte, planmäßige und zielstrebige Aktivität überhaupt, im Gegensatz zum bloßen Naturgeschehen" (1974: 99). Und M. Hennen erklärt auf vergleichbare Weise: "Handeln soll ... als jede Form motivational gesteuerten Verhaltens gelten" (1989: 266). D. Friedman ist daher zuzustimmen: "Insofar as every social theory rests on assumptions about the motivations of individual actors, it would seem imperative to know the credibility of these assumptions" (1983: 91). Verhalten ist also

---

2   Der struktur-funktionalistische Ansatz geht auf die Arbeiten von T. Parsons zurück (v.a. 1949, 1952). Ihn interessiert der Erhalt der zentralen Strukturen gesellschaftlicher (Teil-) Systeme und die hierfür notwendigen funktionalen Bedingungen. Insofern hat bei Parsons der Strukturbegriff gegenüber dem Funktionsbegriff Vorrang (vgl. insbes. 1964). Diesem Primat folgt auch D. Easton in seiner Konzeptbildung des politischen Systems, wobei er sich v.a. mit den Austauschbeziehungen zwischen politischem System und den gesellschaftlichen Teilsystemen beschäftigt (1965: 19ff.). Dagegen stellt N. Luhmann den Funktionsbegriff vorweg, er problematisiert die Funktion der Struktur-*Bildung*, ein Aspekt der bei Parsons und Easton eher im Hintergrund blieb (vgl. Luhmann 1971: 13ff.). Luhmann bezeichnet daher seinen Ansatz als 'funktional-strukturelle Systemtheorie'.

50

der umfassendere Begriff, der Handeln einschließt: Ein menschlicher Organismus, der einer Sandgrube reflexhaft ausweicht, verhält sich; ein Mensch, der auf Sportveranstaltungen versucht, eine Sandgrube gezielt zu überspringen, folgt einem sozialen Handlungsprogramm. Insofern kann man unter einer Handlung diejenigen Aktivitäten zusammenfassen, denen letztlich die gleiche, mental repräsentierte 'Zielvorstellung' zugrundeliegt. Zur Erklärung von Verhalten bedarf es dagegen nur der Konzentration auf nicht bewußtseinsfähige Regulationsebenen im Organismus. Das Beispiel des Weitsprungs weist auch darauf hin, daß Handeln als 'äußeres Tun' Handlungskontrolle voraussetzt (hier z.B.: motorische Handlungskontrolle) und in seiner Ableitung einer kontext-, situations-, rezipienten- und/oder adressatenbezogenen Deutung bedarf.

Die motivationale Steuerung sozialen Handelns setzt im Rahmen der persönlichen Kontrolle neuronaler und motorischer Prozesse (unbewußt oder bewußt) die affektive und kognitive Autonomie der Akteure voraus. Zumindest vordergründig wird ihr insbesondere in soziologischen Anwendungen Rechnung getragen: Als handlungsbestimmend werden hier in erster Linie Präferenzen oder Werthaltungen eingeschätzt.[3] Vor allem Ökonomen verweisen darüber hinaus noch auf die Wirksamkeit von Handlungsbeschränkungen, insbesondere sozial-struktureller Restriktionen, die jedwedes Handeln eingrenzen: Knappheit ist konstitutiv für gesellschaftliche Handlungszusammenhänge, selbst Affektbindungen unterliegen letztlich der restriktiven Handhabung. Es kommt daher entscheidend auf die kognitive Situationsbeurteilung durch die Akteure an. Die Ergebnisse dieser Strukturierung sind handlungsleitend: Knappheit und Wahlzwang charakterisieren demnach jedes Handeln; immer geht es nach diesen Vorstellungen um die Allokation (Verwendung) knapper Mittel auf konkurrierende Ziele. Rationales Handeln impliziert, daß die Akteure versuchen, unter den gegebenen Restriktionen den Realisierungsgrad ihrer Ziele zu erhöhen, wenn möglich zu maximieren.

Nach diesen Hinweisen und den vorhergehenden Überlegungen zur Mikroableitung kollektiver Explananda hat eine individualistische bzw. handlungstheoretische Erklärung sozialer Prozesse mindestens fünf Vorgaben zu berücksichtigen, die zugleich das Grundkonzept der Theorie rationalen Handelns als allgemeine kognitive 'Handlungs-Entscheidungs-Lehre' begründen (vgl. auch Opp 1993: 109):

---

[3] Ich betone den Aspekt der 'Vordergründigkeit', da das ausformulierte soziologische Handlungskonzept letztlich von einer mehr oder weniger automatisierten und feststehenden Reaktion auf bestimmte Umweltereignisse ausgeht und insofern behavioristischen S-R-Modellen näher steht als dem hier vertretenen kognitiven Ansatz.

(1) Akteure verfolgen mit ihren Handlungen Ziele oder Wünsche, die ihnen bewußt sind, d.h. Präferenzen sind die Bedingungen menschlichen Handelns. Handeln ist in dieser Hinsicht motiviert und trägt aus Sicht der Akteure zur Realisierung der von ihnen verfolgten Ziele bei (kognitive Repräsentationen 1).

(2) Inwieweit Ziele oder Präferenzen zum Zuge kommen, hängt von den Handlungsmöglichkeiten ab, d.h. es ist die Präsenz wirksamer Verfügungsbeschränkungen als Bedingungen jeglichen Handelns in Rechnung zu stellen. Auch Restriktionen sind im mentalen System (also subjektiv) repräsentiert (kognitive Repräsentationen 2).

Zu den Restriktionen zählen z.B. die Ressourcen eines Akteurs, aber auch die natürliche und soziale Umwelt. Darüber hinaus gehören zu den Restriktionen interne Verfügungsbeschränkungen. Restriktionen begrenzen definitionsgemäß die Möglichkeiten der Realisierung der von den Akteuren verfolgten Ziele: So restringieren internalisierte moralische Standards, i.d.R. das vorhandene Einkommen oder grundsätzlich die verfügbare Zeit die Verwirklichung der handlungsleitenden Ziele. Es sind die Kosten des Handelns, die hier wirksam sind. Den Restriktionen sind daher auch die Alternativkosten einer Handlung zuzurechnen, d.h. der entgangene Nutzen der nächstbesten Alternative.

(3) Kognitive Repräsentationen (1 + 2) sind das Resultat von sozialen Konstruktionsprozessen, d.h. Kognitionen werden gelernt, in sozialen Beziehungen gestaltet und mit anderen Akteuren geteilt.

(4) Die Akteure sind bemüht, ihre Situation zu optimieren, d.h. Handeln ist gekennzeichnet durch das Streben der Akteure, die von ihnen verfolgten Ziele auf günstige Weise zu erreichen. Sie versuchen das Spannungsverhältnis zwischen ihren Wünschen und den fortwährend knappen Mitteln zu verringern. Sie gehen daher nicht verschwenderisch mit ihren Ressourcen um, wenn sie ein bestimmtes Ziel erreichen wollen bzw. versuchen mit gegebenen Mitteln ihre Lage zu verbessern. Zum Handeln gehört daher das Bemühen, über relative Ressourcenersparnisse zu einem höheren Grad gesamter Zielerreichung zu gelangen. In anderen Worten: Menschen führen solche Handlungen aus, die dazu beitragen, ihre Ziele zu realisieren, und zwar unter Berücksichtigung der Handlungsbeschränkungen, denen sie sich gegenübersehen. Sie wägen daher zwischen den Nutzen und den Gesamtkosten verschiedener Handlungsalternativen ab; im Rahmen der 'internen Bilanzierung' ist Handeln (netto-) nutzenorientiert. Diese grundlegende Annahme der rationalen Wahl hält also fest, wie Menschen entscheiden und handeln, wenn sie bestimmte

Ziele haben und sie diese nur in eingeschränktem Maße verwirklichen können.[4]

(5) Individuelle und kollektive Rationalität fallen häufig auseinander, d.h. die Akteure sind regelmäßig mit den unbeabsichtigten Folgen ihres Tuns oder Unterlassens konfrontiert. Diese Annahme gehört ebenso zu den konzeptionellen Grundlagen einer empirischen Handlungslehre wie die Prämisse, das Handeln ziel- oder absichtgeleitet, d.h. motiviert, ist.[5]

Die für eine Analyse sozialer Prozesse zentralen individuellen Effekte ergeben sich aus den in den Punkten 1, 2, 3 und 4 genannten Allaussagen (die Aussagen beziehen sich auf alle Menschen in jedem Raum-Zeit-Gebiet). Von Bedeutung ist ihr summarisches Zusammenwirken: Handeln wird durch Präferenzen *und* Restriktionen gesteuert und Menschen handeln in einer Weise, die ihre Ziele gemäß ihren Überzeugungen über den 'Zustand der Welt' befördert.

Die hier verwendete Theorie läßt alle Arten von Präferenzen und Restriktionen für eine Handlungserklärung zu. Die zugestandene Variation der Motivations- und Anreizstruktur mag in Anbetracht der dominierenden ökonomischen Praxis überraschen; diese ist aber i.d.R. lediglich als 'definitorische Schliche' zu kennzeichnen.

---

[4] Der im Akronym RREE[E]MM nach Kapitel 2 enthaltene Maximierungbegriff wird bewußt zurückhaltend umschrieben mit dem 'Streben nach Nettonutzen'. Diese Annahme öffnet den Blick auf Varianten im entscheidungstheoretischen Kern, die mit dem Prinzip der Nutzenorientierung vereinbar sind (Kap. 4.2). Auch Lindenberg behauptet, daß Maximieren keine Sache ist, die festliegt (1991: 56), und verweist auf R. J. Herrnstein und J. E. Mazur, nach deren Vorstellungen die Menschen gemäß des sog. Prinzip der 'melioration', d.h. insbesondere aufgrund durchschnittlich erreichbarer Nutzen, handeln (vgl. Herrnstein und Mazur 1987: 42f.; auch Herrnstein, Prelec 1991; Krause 1989: 53f.). Das Prinzip der Nutzenorientierung gewinnt v.a. in komplexen, mehrdeutigen Situationen an Bedeutung (vgl. z.B. Miller, Heiner, Manning 1987 sowie die ausführliche Diskussion im nachfolgenden Abschnitt).

[5] Vgl. hierzu die Überlegungen bei R. Boudon (1979: 62), N. Elias (1977: 131), F. A. von Hayek (1979: 50), B. Halfar (1987), M. Hennen (1990), N. Luhmann (1974b: 10), K. R. Popper (1962: 248), Th. C. Schelling (1978), E. Tuchfeldt (1970), R. Vernon (1979), R. Wippler (1978a,b) sowie v.a. die Arbeiten von R. K. Merton, der sich bereits frühzeitig mit großem Interesse gesellschaftlichen Paradoxien angenommen hat. Von ihm stammen so bekannte Notationen wie die 'self-fulfilling prophecy' (Merton 1936), der 'Matthäus-Effekt' in der Wissenschaft, der auf die Fehlallokation der Aufmerksamkeit in der 'scientific community' zielt (und der daraus resultierenden ungleichen Verteilung wissenschaftlicher Reputation und Forschungsressourcen, vgl. Merton 1968a), oder das 'serendipity-Muster', mit der er die Entdeckung innovativer, aber nicht-indentierter Erkenntnisse bezeichnet (vgl. Merton 1968b: 157ff.).

Beispielsweise betrachtet J. Elster rationales Handeln als "concerned with outcomes" (1989b: 98). Dann definiert er soziale Normen "by the feature that they are not outcome-orientied" (ebenda). Aus dieser Perspektive muß natürlich jedes regelorientierte Handeln als irrational aussehen (diese Überlegungen sind kein Einzelfall, vgl. u.v.a. ähnliche Erwägungen bei H. Kliemt 1991, 1993). Ein solches Vorgehen ist selbstverständlich möglich, aber es ist lediglich eine definitorische Bedingung, die hier moralisches oder normenorientierten Handeln aus dem Geltungs- und Analysebereich der Theorie rationalen Handelns ausschließt. Doch sind erstens auch affektive Zustände als Konsequenzen zu betrachten und - zweitens - kann, wie K. E. Boulding im Hinblick auf "[d]ie nahezu vollständige Vernachlässigung von Mißgunst und Wohlwollen in der Ökonomie" klarstellt, diese "nicht damit erklärt werden, daß die üblichen Instrumente für ihre Erfassung nicht geeignet sind. Es gibt bei der Verknüpfung von Nutzenfunktionen keine mathematischen oder konzeptionellen Schwierigkeiten, vorausgesetzt man erkennt, daß der Nutzen des einen von der ihm wahrgenommenen Situation anderer abhängt. ... Die Vernachlässigung von Mißgunst und Wohlwollen läßt sich vielleicht am besten damit erklären, daß man sich in der Ökonomie zu sehr auf den Tausch als Untersuchungsgegenstand versteift hat und daß Tauschhandlungen häufig bei zumindest relativer Indifferenz oder Selbstsucht vorgenommen werden" (Boulding 1976: 132f.). Aber auch diese Annahme ist - nimmt man das Ziel der Erklärung ernst - auf empirische Konsistenz zu prüfen. Es bedarf daher grundsätzlich eines multivariaten Ansatzes, die Variationen im menschlichen Handeln zu erklären. Insofern wird auch eine monokausale Betrachtungsweise, die lediglich auf die handlungsbestimmende Variation von Restriktionen oder auf die determinierende Kraft der Variation von Präferenzen verweist, der Komplexität alltagsweltlicher Handlungslagen im intra- und interindividuellen Vergleich nicht gerecht. Es geht also aus Sicht der Theorie rationalen Handelns nicht um die Frage, ob Präferenzen oder Restriktionen das Handeln bestimmen, sondern um das Problem ihres Zusammenwirkens in unterschiedlichen Handlungs- bzw. Belohnungsmilieus.

Weil aus empirisch-erklärender Sicht eine ungeprüfte A priori-Fixierung zu vermeiden ist, definieren die oben unter 1 *und* 2 *und* 3 *und* 4 genannten Allaussagen den Kern von Rational Choice als allgemeine kognitive 'Handlungs-Entscheidungs-Theorie'. Wie in den empirischen Wissenschaften üblich, sollte eine Erklärung, die als solche zu bezeichnen ist, den Prinzipien der deduktiv-nomologischen Erklärung folgen:[6] Aus dem Explanans,

---

[6] Ich beschränke mich hier auf das übliche Beispiel der deduktiv-nomologischen Erklärung und gehe nicht auf induktiv-statistische Erklärungen ein. Im übrigen stellt die Dominanz probabilistischer Aussagen in den Sozialwissenschaften keinen Nachweis für die Annahme eines grundsätzlichen Indeterminismus dar (vgl. Stegmüller 1983: 246ff.). So können vermeintlich indeterministische Gesetze auf unausgereifte und daher ungenaue Meßverfahren zurückgeführt werden, was insbesondere in den Sozialwissenschaften die zunächst naheliegende Begründung abgeben dürfte (zum Problem der induktiv-statistischen Erklärung vgl. mit Ein-

das aus einem allgemeinen Gesetz [G] und einer entsprechenden Randbedingung [R_x] besteht, folgt mittels logischer Implikation das Explanandum (Ereignis [E_x]). Eine Erklärung, die diesem Muster entspricht, hat grundsätzlich vier Bedingungen zu erfüllen (vgl. Hempel, Oppenheim 1948: 245ff.; Stegmüller 1983: 124):

(1) Das Explanandum muß im Explanans logisch enthalten sein, damit ist der Schluß vom Explanans auf das Explanandum eine gültige Ableitung, also analytisch.

(2) Das Explanans muß mindestens ein allgemeines Gesetz enthalten, d.h. einen nomologischen Charakter haben.

(3) Das Explanans muß empirischen Gehalt besitzen, d.h. Gesetz und Randbedingungen müssen empirisch prüfbar sein.

(4) Die Sätze des Explanans müssen hinsichtlich der empirischen Daten vollständige Konsistenz aufweisen (dies gilt selbstverständlich auch für das Explanandum).

Die Erklärung des Explanandums ist dann erfolgt, wenn ein Gesetz (bzw. eine nomologische Hypothese) vorliegt, aus dem sich das Explanandum als theoretisch zu erwartende Folge der Randbedingungen ergibt und wenn sich für den zur Disposition stehenden Fall (x) nachweisen läßt, daß die im Gesetz für das Explanandum geforderten Randbedingungen auch empirisch gegeben sind. Das Gesetz (oder soweit es sich um mehrere, logisch miteinander verknüpfte Gesetze handelt: die Theorie) strukturiert damit den Zugang zur Realität (vgl. Popper 1962). Zwar hat sich jede Hypothese und jedes Gesetz in der empirischen Analyse zu bewähren, doch setzt die Erhebung empirischer Daten immer auch theoretische Annahmen voraus. Daher sind im konkreten Anwendungsfall grundsätzlich auch nur diejenigen empirischen Bedingungen von Interesse, die sich dem 'Gesetzestext' entnehmen lassen. Zum Beispiel enthält das bekannte Fallgesetz (zur Erklärung der Fallgeschwindigkeit v eines Gegenstandes) in der Wenn-Komponente nicht die Farbe des Objekts - diese ist daher auch nicht zu ermitteln - sondern die Zeit t seines freien Falls (multipliziert mit der Gravitationskonstanten g): t [sek] * g [m/sek^2] = v [m/sek].

In dieser Form ist das Gesetz 'leer': Ohne Beschreibungen darüber, ob die in der Wenn-Komponente des Gesetzes genannten Bedingungen für einen konkreten Fall auch empirisch vorliegen, läßt sich das Gesetz nicht anwenden. Die Randbedingungen beziehen sich daher i.d.R. auf spezielle,

---

zelheiten v.a. Carnap 1970a,b; Groeben, Westmeyer 1981: 84ff.; Hempel 1977: 61ff.; Stegmüller, in der Ausgabe von 1991).

häufig singuläre Sachverhalte (ebenso wie das Explanandum), während Gesetze einen möglichst raum-zeitlich uneingeschränkten Geltungsbereich aufweisen. Bezüglich des Fallgesetzes ist noch die präzise funktionale Verknüpfung der Erklärungsvariablen von Bedeutung: Nur mit dem Hinweis, daß auf irgendeine Art und Weise t und g auf v wirken, läßt sich noch keine Erklärung oder Voraussage über v formulieren.

Wenn z.B. als Fallzeit eines Gegenstandes 10 Sekunden ermittelt wurde, dann läßt sich bei bekanntem g (9,81 m/sek^2) die konkrete Fallgeschwindigkeit nur dann ermitteln, wenn bekannt ist, wie t und g miteinander zu verknüpfen sind. Wird hier für v ein anderer Wert als 98,1 m/sek gemessen, gilt das Gesetz als widerlegt. Erfolgreiche Prüfungen führen zu einer vorläufigen Bestätigung. Vorläufig deshalb, weil die für die Prüfung einer Theorie geeigneten und relevanten Beobachtungsaussagen in ihrer Zahl unbegrenzt sind. So ist nicht auszuschließen, daß etwa in Zukunft eine nach dem Fallgesetz verbotene Fallgeschwindigkeit auftritt. In den empirischen Wissenschaften gibt es daher kein positives Bewährungskriterium. Ebenfalls ist nicht auszuschließen, daß konkurrierende Theorien äquivalente Erklärungsleistungen geben.

Wir können den bisherigen Überlegungen entnehmen, daß die Überprüfung eines (allgemeinen) Gesetzes, die Erklärung eines Ereignisses oder seine Voraussage immer nur unterschiedliche Anwendungsfälle des gleichen logischen Systems sind. Dieses System behauptet in aller Regel einen *kausalen* Zusammenhang zwischen Explanans und Explanandum. Von einer kausalen Abhängigkeitsbeziehung zwischen zwei Variablen x und y läßt sich unter drei Bedingungen sprechen (vgl. Asher 1983: 11ff.; Davis 1985: 9ff.):

(1) Eine Veränderung von x (als unabhängige Variable = Prädiktor) führt zu einer Veränderung von y (als abhängige Variable = Kriterium).

(2) Die Veränderung von x erfolgt zeitlich vor der Veränderung von y.

(3) Die Beziehung zwischen x und y ist keine Scheinbeziehung, d.h. sie geht nicht ausschließlich auf eine dritte Variable Z zurück. Allerdings kann z (als Moderatorvariable) die Beziehung zwischen x und y beeinflussen.

In Verbindung mit dem D-N-Schema wird damit ein entscheidender Sachverhalt deutlich: Wissenschaftliche Kausalerklärungen beziehen sich nicht nur auf den zur Erklärung anstehenden Fall, sondern enthalten allgemeine Aussagen (Gesetze bzw. nomologische Hypothesen). Erst mit dem Rekurs auf allgemeine Aussagen wird die Aufeinanderfolge zweier Sachverhalte nicht mehr als (historische) Zufälligkeit interpretiert, sondern als kausal notwendige Beziehung von Ursache und Wirkung dargestellt: Ein Tatbestand gilt dann als erklärt, wenn er aus mindestens einer nomologischen Hypothese und den in Frage stehenden Anwendungsbedingungen abzuleiten ist und sich daher zeigen läßt, daß er *aufgrund der nomologischen Hypothese* zu erwarten war. Es geht, wie gesagt, darum, einen Aussagenzusammenhang zu formulieren, der hinsichtlich der empirischen Daten und seiner logischen Struktur ein Maximum an Konsistenz aufweist. Insofern sind die empirischen Sozialwissenschaften von denjenigen Bemühungen gekennzeichnet, die auf möglichst zutreffende Aussagen über die (in den Begriffen der Theorie) erfahrbaren Tatbestände zielen.

Zum Zweck der empirischen Prüfung von Theorien (als Systeme von aufeinanderbezogenen Kausalerklärungen) empfiehlt sich eine verbal eindeutige Formulierung der Annahmen über die Kausalitätsbeziehungen im Objektbereich der betreffenden Theorie. Dies erfolgt üblicherweise in der Form von Wenn-dann- oder Je-desto-Hypothesen. Eine Präzisierung dieser verbal formulierten Theorien erreicht man durch ihre graphische Darstellung oder, wie am Fallgesetz verdeutlicht, durch ihre Transformation in mathematische Funktionen, die ihrerseits als Grundlage für die Auswahl statistischer Analyse- und Auswertungsverfahren dienen. Voraussetzung ist die detaillierte Angabe von Meßvorschriften. Die hierzu notwendigen Korrespondenzregeln haben selbst wiederum nur Hypothesencharakter, so daß die empirische Konsistenzprüfung immer nur vor dem Hintergrund der unterstellten Basissätze zu beurteilen ist. Insofern setzt empirische Wissenschaft die ständige kritische Hinterfragung der erzielten Ergebnisse voraus und keinesfalls genügt es Begriffsbildung zu betreiben, ohne die Ereignisse und Relationen, auf die sich die Begriffe beziehen, mit empirischen Daten zu konfrontieren.

Worin besteht die Bedeutung dieser Ausführungen für eine individualistische Modellierung sozialer Prozesse? Zunächst einmal verweisen sie darauf, daß auch für den Rational Choice-Ansatz die konsequente Suche nach geeigneten Prüfbedingungen und natürlich die Formulierung empirisch prüfbarer Hypothesen zum 'Tagesgeschäft' gehören sollte (zumindest in seiner kognitiv-erklärenden Variante). Solange nicht bekannt ist, welche Annahmen über die Akteure empirisch relevant sein sollen, verbleibt die Handlungslehre bestenfalls im Bereich der mathematischen Entscheidungslogik.

Darüber hinaus weist die methodologische Skizze auf die zentrale Bedeutung der handlungstheoretischen Basis hin. Akzeptiert man die Vorstellung, daß soziale Phänomene sich grundsätzlich aus der wechselseitigen Beeinflussung der Menschen ergeben, und diese Beeinflussung immer Handeln voraussetzt, dann strukturiert erst der handlungstheoretische Entwurf den Zugang zu den Tatbeständen der sozialen Verbundenheit. Nur in den Variablen der Handlungstheorie erschließt sich die Logik der Situation (und ermöglicht auf diese Weise z.B. politische Steuerungsabsichten). Dabei setzt die Anwendung des handlungstheoretischen Konzepts die explizite und präzise Formulierung des Handlungsgesetzes voraus: Ohne Angabe, wie sich der funktionale Zusammenhang zwischen den handlungsleitenden

Prädiktoren als Ursachen und den konkreten Handlungswahlen als Folgen darstellt, entzieht sich der Zusammenhang letztlich der genauen empirischen Prüfung. Da die funktionale Verknüpfung zwischen Prädiktoren und Handlungskriterium im einzelnen sehr unterschiedlich ausfallen kann, ist auch der Vorwurf, Handlungserklärungen seien wegen angeblicher definitorischer Redundanz nicht möglich, nicht aufrecht zu erhalten. Es ist nämlich keineswegs ausgemacht, auf welchen von mehreren möglichen (rationalen) Entscheidungsregeln die Handlungswahlen der Akteure beruhen: In der langen Geschichte von Rational Choice hat man die relativ unspezifische Maximierungsannahme in unterschiedlicher Weise präzisiert, d.h. die Orientierung am Streben nach Nettonutzen läßt mehrere Varianten der Formalisierung zu. So gibt es heute eine Vielzahl von Entscheidungsregeln, die mit dem Maximierungskalkül i.S. (netto-) nutzenorientierten Handelns vereinbar sind. Aus diesem Grund ist es auch nicht gerechtfertigt, Rationalität lediglich als ein methodisches Prinzip anzusehen (so z.B. Schwemmer 1976) oder die theoretischen Annahmen als trivial zu kennzeichnen (so z.B. Vanberg 1993: insbes. 95).[7]

Schließlich läßt sich den methodologischen Einlassungen entnehmen, daß *jedes* Handlungsgesetz, wenn es diesen Namen zu Recht trägt, als ein "leerer Sack" zu betrachten ist (Lindenberg 1981a: 26).[8] Der Kern jeder Erklärung besteht in der Angabe zumindest eines allgemeinen Gesetzes. Nur der universelle Charakter ermöglicht Erklärungen, ansonsten betreibt man lediglich die Deskription eines Einzelfalles. Da aber auch die einfache Beschreibung notwendigerweise theoretische Annahmen voraussetzt, verfolgt die erfahrungswissenschaftliche Theoriebildung von vorneherein das Ziel, "mit Hilfe erklärender Theorien zu Erkenntnissen über die *strukturelle* Beschaffenheit der Realität, zum Beispiel auch der sozialen Wirklichkeit zu gelangen" (Albert 1972c: 7, Hervorhebung VK).

Aufgrund der gegebenen Unbestimmtheit setzt die Anwendung eines jeden Gesetzes die Annahme bestimmter Anfangs- oder Randbedingungen voraus. Sieht man an dieser Stelle von der noch ausstehenden funktionalen Präzisierung des Handlungsgesetzes ab, bestehen die Anfangsbedingungen

---

7 Im übrigen stellt die (angebliche) Einfachheit einer Theorie grundsätzlich kein Argument gegen ihre Verwendung dar (vgl. bes. deutlich Opp 1979b: 79ff.).

8 Nicht nur für S. Lindenberg scheint dies allerdings ein Problem zu sein (vgl. z.B. auch Overbye 1995: 372). Der Autor insistiert auf die Notwendigkeit logischer Ableitungen zur Lösung des Brückenproblems. Anfangsbedingungen sind aber grundsätzlich keine Bestandteile einer Theorie. Sie sind empirisch zu erheben, da sie aus der Theorie nicht logisch deduziert werden können.

bezüglich der Theorie rationalen Handelns aus den individuellen Zielen bzw. Präferenzen *und* den restriktiven Elementen, die in der Handlungssituation wirksam sind (bzw. ihrer Wahrnehmung durch die Handlungssubjekte): Die Situation, in der sich ein Akteur befindet, der ein bestimmtes Ziel verfolgt, wird charakterisiert durch die zur Verfügung stehenden Handlungsmöglichkeiten, die zur Verwirklichung des Zieles beitragen können (Mittel, Instrumente, Alternativen) sowie die darüber hinaus bestehenden Realisierungsbeschränkungen. Dieser - hinsichtlich der Ziele des Handelnden relative - Möglichkeits- und Realisierungsraum ist im einzelnen von Momenten sehr verschiedener Art abhängig, z.B. von persönlichen Fähigkeiten, verfügbarem Wissensstand oder vorhandenem Einkommen, aber auch von institutionellen Faktoren, wie soziale Arrangements, Normen oder Machtstrukturen. Daher kann man auch von einer grundsätzlichen Strukturgebundenheit der individualistischen Perspektive sprechen (Kap. 3).

Der schematische Aufbau und die einzelnen Elemente einer handlungstheoretischen Erklärung mit den Komponenten der Theorie rationalen Handelns sind in Abbildung 4-1 beispielhaft zusammengefaßt (vgl. Hempel 1977: 201; Tietzel 1985: 24). Nach den Prinzipien des deduktivnomologischen Erklärungsschemas enthält eine allgemeine Erklärung individuellen Handelns im Explanans eine Aussage über die gegebene Motivation des Handelnden (sein Ziel), die Rekonstruktion seiner Situationswahrnehmung (die subjektive Definition der Situation) sowie die Verknüpfung der Variablen im Rahmen der Entscheidungsregel als nomologischer Kern.

Will man den Sachverhalt tatsächlich erklären, 'Akteur A tut z4', ist das oftmals als selbstverständlich vorausgesetzte Element der persönlichen Handlungskontrolle als ein besonderer Bestandteil der Restriktionskomponente zu beachten. Damit wird i.S. einer allgemeinen 'Handlungs-Entscheidungs-Theorie' u.a. zum Ausdruck gebracht, inwieweit die Personen eine internale Kontrolle über ihr Handeln ausüben können: Verursacht wird eine Handlung z.B. immer auch durch neuronale Aktivierung und motorische Prozesse.

Rationales Handeln impliziert, daß die Akteure gemäß den Regeln der Selektion auf eine Art und Weise handeln, die ihre Ziele vor dem Hintergrund der vorliegenden Überzeugungen über den 'Zustand der äußeren Welt' und 'persönlichen Möglichkeits- und Realisierungskriterien' befördert. Es wird also ein sehr einfacher Rationalitätsbegriff mit ausschließlich formaler Diktion verwendet. Voraussetzung ist allerdings, daß Individuen ihre Wünsche in eine Rangfolge bringen können, die der Bedeutung entspricht, die sie ihnen beimessen.

Explanans:

Antecedens

(1) Motivation i.e.S.: Ziel(e) des Handelnden

'Akteur A strebt nach Ziel Z'

(2) Definition der Situation: Handlungsmöglichkeiten
(bzw. Handlungsbeschränkungen)

'Akteur A sieht in z1, z2, z3 und z4 die tauglichen Mittel, um das Ziel Z zu realisieren'

'Akteur A sieht sich durch Akteur B beeinträchtigt, das Mittel z1 zu wählen'

'Mittel z2 impliziert für Akteur A einen wesentlich höheren finanziellen Aufwand als Mittel z3 und Mittel z4'

'Mittel z3 ist für Akteur A nach seiner Meinung sozial kostenreicher als Mittel z4'

'Akteur A sieht sich motorisch in der Lage, Mittel z4 zu realisieren'

Gesetzesaussage

(3) Entscheidungsregel: Handlungswahl

Annahme der Nutzenorientierung: 'Alle Akteure versuchen, mit ihren Handlungen den Realisierungsgrad ihrer Ziele zu erhöhen - unter Berücksichtigung der Handlungsbeschränkungen, denen sie sich gegenübersehen'

Explanandum:

Akteur A wählt und realisiert z4: 'A tut z4'

Abb. 4-1:   *Ein Beispiel für den Aufbau einer allgemeinen handlungstheoretischen Erklärung nach den Vorgaben der Theorie rationalen Handelns*

Welche Ziele der einzelne in einer Situation verfolgt, beruht auf universellen 'Motiv-' oder 'Bewertungsdispositionen' (siehe hierzu bereits McDougall 1908; auch Heckhausen 1963). Dazu gehören fundamentale Bedürfnisse wie physisches Wohlergehen. Allgemein gesprochen, liefern sie die psychische und organismische Energie für Handlungswahlen. Da sie diese aber nur indirekt anleiten, müssen wir uns an dieser Stelle mit ihnen nicht im Detail beschäftigten (Einzelheiten in Kap. 7.2). Von Bedeutung ist, daß diese anthropologischen Universalien die Flexibilität der Menschen erklären, sich unterschiedlichen Lebenslagen anzupassen; eine Fähigkeit, die - und dieser Hinweis hat für das Verständnis des hier verwendeten handlungstheoretischen Zugangs großes Gewicht - immer auch die Antizipation von Folgen impliziert. In dieser Regel der Handlungsfolgenallokation liegt das 'Grundsatzprogramm rationalen Handelns' begründet.[9]

Die individuelle Handlungsregulation ist nach den Annahmen der Theorie rationalen Handelns grundsätzlich auf die Verwirklichung von Handlungszielen gerichtet. Dabei stellen die Akteure in Rechnung, ob sie diese Ziele erreichen können oder nicht: Menschen bilden Erwartungen darüber aus, ob ein eingeschlagener Weg zum Erfolg führt, d.h. sie berücksichtigen die Restriktionen, die sich ihnen in den Weg stellen, seien es widrige Umstände in der natürlichen oder sozialen Umwelt oder eigene (In-) Kompetenzen. Handlungserklärungen haben also die Qualitäten der Intentionalität und der Erwartung von Handlungsergebnissen und zukünftigen Folgen einzubeziehen.

In der Familie der Wert-Erwartungskonzepte ('expectancy value theories', auch als 'deskriptive Entscheidungs-' oder 'Nutzentheorien' bezeichnet) findet dieser Zusammenhang für Handlungs- und Entscheidungssituationen jeglicher Art seine mathematische Operationalisierung und erlangt damit den Status allgemeiner empirischer Prüfbarkeit. Es handelt sich im Einzelfall um eine genauere Fassung der angebotenen Handlungstheorie, wobei die unterschiedlichen Möglichkeiten der funktionalen Präzisierung unterschiedliche Konzepte der Theorie begründen.

Der gemeinsame Ausgangspunkt liegt in der Konzeption der individuellen Handlungslage als Entscheidungssituation: Im Mittelpunkt stehen explizit die Handlungsalternativen, die ein Akteur in Betracht zieht. Welche der Handlungsalternativen ausgeführt wird, hängt von den Handlungskonsequenzen ab, die nach Meinung der Person mit der jeweiligen Handlung verknüpft sind. Auf die subjektive Bewertung der Handlungskonsequenzen bezieht sich die *Wertkomponente* (Präferenzen-, Wunsch- oder Motivationskomponente i.e.S.). In utilitaristischer Perspektive findet man hierfür auch die Bezeichnungen 'utility' oder 'Nutzen' der Folgen.[10]

Handlungsfolgen werden in mehr oder weniger hohem Maße erwartet (Restriktionskomponente). Hierauf bezieht sich das *Erwartungselement* und

---

9 Die Unterscheidung zwischen Handlungen und Folgen ist zwar insbesondere für 'konsumtive' Handlungen weniger offensichtlich. Dies setzt aber das Prinzip nicht außer Kraft (vgl. im Detail hierzu: Abschnitt 7.1.3).

10 Wenn die Handlungskonsequenzen negativ bewertet werden, d.h. ihr Eintreten nicht erwünscht ist, spricht man auch von einem 'negativen Nutzen' oder den 'Kosten´ des Handelns.

zwar auf Grundlage entsprechender Wahrscheinlichkeitszuschreibungen. Diese beruhen u.a. auf den gesellschaftlich definierten Vorgaben, die Wege der Bedürfnisbefriedigung in einer Gesellschaft einzuhalten haben. Daher drücken sich in den subjektiven Einschätzungen auch das kulturelle Instrumentalwissen und die erlernten Assoziationen aus.

Wert-Erwartungskonzepte enthalten damit ausschließlich Variablen, die sich auf kognitive Prozesse beziehen. Dies gilt auch für die Präferenzenvariable, die als evaluative Orientierung gegenüber relevanten Handlungskonsequenzen konzipiert ist. Es handelt sich im Rahmen der üblichen Varianten um die 'Strukturabbildung' der - in einer gegebenen bzw. vom Akteur aufgesuchten Situation - angeregten Prozesse der Antizipation von erwünschten, zu vermeidenden oder befürchteten Folgen eigenen zielorientierten Handelns bzw. der im Rahmen der subjektiven Definition der Situation kognizierten Erwartungen, geeignete Ergebnisse durch das eigene Handeln zu erzielen. Man spricht daher auch von 'Anreizwerten' der antizipierten Handlungsfolgen und 'situationsspezifischen Anregungsbedingungen'. Da das Vorhandensein von 'choice' vorausgesetzt wird, liegt die geläufige Notation einer 'entscheidungstheoretischen Konzeption' nahe. Die Nutzen- oder Entscheidungstheorie beruht nach der hier vertretenen Interpretation auf einer *kausalen* Struktur von Entscheidungssituationen, die auf die praktischen Überlegungen der Akteure und ihre motivationspsychologische Grammatik rekurriert (vgl. auch Kraak, Lindenlaub 1975; Spohn 1978, 1994): Menschen versuchen demnach eine Handlung zu finden, die der Verwirklichung ihrer Ziele förderlich ist. Das funktioniert dann, wenn die Akteure wissen, was sie wollen, d.h. es sind die Ziele aufzulisten, und wenn man diese verwirklichen will: die hierfür möglichen Handlungen (als Mittel oder Instrumente). Jedes Ziel wird im Vergleich zu anderen Zielen mehr oder weniger präferiert, d.h. ihm kommt ein spezifischer Nutzen- oder Anreizwert zu. Darüber hinaus wird beurteilt, inwieweit sich die Ziele realisieren lassen und welche (un-) erwünschten Nebenfolgen u.U. eintreten, und zwar unter der Bedingung, daß die jeweilige Handlung ausgeführt wurde. Auf diese Weise ergibt sich aus dem Elaborationsprozeß ein erwarteter Nutzen für jede Handlung, der die Handlungswahl anleitet. Dauer und Aufwand des Überlegungsprozesses unterliegen selbst der rationalen Kalkulation: Mit zunehmender Dauer der Elaboration sinkt der Nutzwert weiterer Informationsverarbeitung (und zwar deutlich jenseits eines bestimmten Klärungsgrades). Die werterwartungstheoretische Grundvorstellung veranschaulicht Abbildung 4-2 (nach Zangemeister 1977: 333).

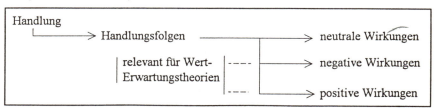

Abb. 4-2: Handlungsleitende Wirkungen

Die (deskriptive) Entscheidungstheorie beansprucht, die beste formale Explikation dieser einfachen, von Wünschen und Überzeugungen ausgehenden Überlegungen zu liefern, wobei sich diese Vorstellungen auf eine lange Denktradition berufen können. Den Anstoß gab die von Pascal im Jahre 1669 formulierte Entscheidungsmaxime. Sie wurde zunächst in entscheidungstheoretischen Arbeiten objektivistischer Orientierung in Ökonomie und Mathematik weiterverfolgt (die endgültige subjektivistische Formulierung erfolgte schließlich bei Savage 1954; Edwards 1954, 1961 und Feather 1959; weitere Einzelheiten hierzu im nachfolgenden Abschnitt). Die fächerübergreifende Rezeption von Adam Smith hat schließlich dazu beigetragen, daß diese Ansätze in Politikwissenschaft und Soziologie ihre Verbreitung fanden, wenn auch die Überlegungen nicht immer im Rahmen der Theorie rationalen Handelns interpretiert wurden (vgl. Heath 1976).

In der Psychologie dominieren wert-erwartungstheoretische Ansätze gegenwärtig die gesamte Motivationsforschung. Historische Vorläufer sind die Arbeiten gestaltpsychologisch orientierter Autoren (wie N. Ach oder K. Lewin) und Untersuchungen, die bereits frühzeitig behavioristische Vorstellungen mit kognitiven Überlegungen anreicherten (wie diejenigen von E. C. Tolman oder J. B. Rotter). Vor allem Tolman hat in diesem Zusammenhang wesentliche Beiträge geleistet. Im Zuge der postbehavioristischen Rekognitivierung der psychologischen Forschung hat sein Begriff der 'cognitive maps' für Furore gesorgt (vgl. Tolman, in der Ausgabe von 1975: 459): Kognitive Landkarten schließen Erwartungen darüber ein, wie Handlungen zu bestimmten Ergebnissen führen ('means-end-readiness'), die in Verbindung mit ihrer subjektiven Wertigkeit ('valence') die Handlungswahl anleiten. Auch die behavioristische Lerntheorie wurde zunehmend mit wert-erwartungstheoretischen Ansätzen durchsetzt. So schließt die soziale Lerntheorie von Rotter direkt an die Arbeiten von Lewin und Tolman an und geht davon aus, daß die Wahrscheinlichkeit für die Wahl einer Handlungsalternative in einer gegebenen Handlungssituation immer als eine Funktion zweier Variablen zu betrachten ist: (1) als Funktion des subjektiven Wertes der erreichbaren Verstärker und (2) als Funktion der subjektiven Erwartung, daß in der gültigen Situation das Handeln zu dem in Frage stehenden Verstärker führt (vgl. Rotter 1954, 1955). Wert-erwartungstheoretischen Überlegungen folgen auch die kybernetische Theorie zielbewußter Systeme von R. L. Ackoff und F. E. Emery sowie - zumindest implizit - neuere Ansätze zur individuellen Informationsverarbeitung im Rahmen der sozialpsychologischen Einstellungsforschung (vgl. Ackoff, Emery 1975 sowie v.a. Beach, Mitchell 1990; Fazio 1990; weitere Einzelheiten hierzu in Kap. 8).

In den Gesellschaftswissenschaften haben sich entscheidungstheoretische Konzepte bereits frühzeitig in der Ökonomie durchgesetzt. Dennoch trifft vor dem skizzierten interdisziplinären Hintergrund die aktuelle Notation mancher Ökonomen, die von einer grundsätzlichen Anwendung ihrer Ansätze auf andere Bereiche sprechen ('ökonomischer Imperialismus'), nicht zu. Vielmehr läßt sich das Konzept einer an Rational Choice orientierten (kognitiven) Handlungs- und Entscheidungslehre als Kern der Modellierung sozialer Prozesse heute als eine generelle Orientierung bezeichnen, zu deren Ausbildung die ersten Übertragungen aus der Ökonomie v.a. in die Politik-wissenschaft zwar einen wesentlichen Beitrag geleistet haben. Doch ver-nachlässigt diese Perspektive die jahrzehntelange Geschichte der psycholo-gischen Wert-Erwartungs- und Entscheidungskonzepte sowie ihrer soziolo-gischen Äquivalente (und auch die implizite Verwendung in einer Vielzahl 'originär' soziologischer Ansätze: Kap. 5.1). Darüber hinaus ist nunmehr von einer häufig wechselseitigen Befruchtung der Traditionen zu sprechen, so daß sich Ökonomie lediglich als ein spezieller und zudem in weiten Be-reichen sehr eingeschränkter Anwendungsfall dieser Konzeption präsentiert.

Ein abschließender Hinweis kann weitere Mißverständnisse vermeiden: Der Sachverhalt, daß hier Handlungswahlen als das Ergebnis einer kogniti-ven Elaboration bezüglich der Erwartungen von Handlungsfolgen und ihren Bewertungen betrachtet werden, impliziert nicht, daß die üblichen Standard-Handlungsdeterminanten der empirischen Sozialforschung (sozio-demographische Merkmale wie Alter oder Schichtzugehörigkeit, Persön-lichkeitsmerkmale wie Innovationsdispositionen und situationsunabhängige Einstellungsmuster) in diesem theoretischen Rahmen keine Rolle spielen würden. Eine Kernaussage der Theorie besteht zwar darin, daß die kogniti-ven Repräsentationen im Rahmen der situationsspezifischen Handlungsfol-genallokation die Handlungsweisen der Akteure erklären und anderen Grö-ßen insofern kein eigenständiger Einfluß zukommt. Aber diese können in wert-erwartungstheoretischer Perspektive als Hintergrundvariablen wirken, d.h. sie beeinflussen möglicherweise die Herausbildung bedeutsamer Vor-stellungen und damit über die kognitive Repräsentation und Beurteilung der Handlungsalternativen *indirekt* die Handlungswahlen.

Auf diese Weise löst sich ein Problem auf, das in vielen Fällen für die verbreiteten Vorbehalte gegenüber der Theorie rationalen Handelns (mit-) verantwortlich sein dürfte: Sozialwissenschaftler sind häufig an Handlungs-erklärungen durch Einstellungen interessiert, die unabhängig von der spezi-fischen Situation sind, in der das Handeln ausgeführt wird (vgl. Ingelhart 1990; Kunz 1996b; Rokeach 1973, 1980). Solche situationsunabhängigen Orientierungen können Einstellungen zu abstrakten Ideen (wie Freiheit, Gleichheit oder Leistung) oder Einstellungen zu Objekten (wie Elementen des politischen Regimes) enthalten. Diese allgemeinen Einstellungen wer-den üblicherweise sozialisationstheoretisch abgeleitet und sind insofern in Abhängigkeit sozio-demographischer Variablen und spezifischer Persön-lichkeitsmerkmale zu betrachten (vgl. die Hinweise bei Gabriel 1986; Kunz, Gabriel, Brettscheider 1993).

Einstellungen zu abstrakten Ideen sind grundlegende, nicht objektbezogene Wertorientierungen, die im Vergleich zu Einstellungen zu Objekten allgemeiner und stabiler sowie in der Zahl begrenzter sind. Ein typisches und in den Sozialwissenschaften häufig diskutiertes Beispiel bieten [post-] materialistische Werthaltungen. Sie dienen in komplexen Alltagssituationen als generelle Bewertungsmaßstäbe für bereichsspezifische Einstellungsobjekte.[11] Bei der Verfolgung eines Handlungsziels aktivieren diese ihrerseits aufgrund situativer Hinweisreize die handlungsspezifischen kognitiven Repräsentationen. Auf diese Weise ergibt sich eine Definition der Situation, die durch eine wert- und einstellungskonsistente Wahrnehmung und Interpretation gekennzeichnet ist (vgl. Bamberg 1996; Eagly, Chaiken 1993: 209ff.; Kunz 1996b). Einstellungen zu Objekten kommt damit eine zentrale Funktion im Rahmen der Aktivierung des dem Handeln unmittelbar vorgelagerten kognitiven Überlegensprozesses zu und allgemeine Wertorientierungen nehmen eine ordnende und integrierende sowie nach der hier vertretenen Vorstellung *indirekt* handlungssteuernde Funktion wahr.

Eine solche Sichtweise kann sich auf eine lange Tradition in der Einstellungsforschung stützen. So sprechen M. B. Smith, J. S. Bruner und R. W. White davon, daß allgemeine Einstellungen "a ready aid for 'sizing up' objects and events in the environment" bieten (1956: 41). Und G. W. Allport geht davon aus, daß "attitudes determine for each individual what he will see and hear" (1935: 806).

Folgt man diesen Überlegungen, dann besteht die Leistung der Theorie rationalen Handelns auch darin, daß sie eine Ordnung in die Vielzahl der Variablen zu bringen versucht, die in der empirischen Forschung bisher zur Erklärung sozialen Handelns herangezogen worden sind (vgl. Abb. 4-3). Die Variablen werden eindeutig klassifiziert als direkte Handlungsdeterminanten (Bewertungen und Erwartungen bezüglich der Handlungsfolgen), als endogene Variablen im mentalen System (Einstellungen zu abstrakten Ideen bzw. Wertorientierungen), als kognitive Mediatorvariablen (bereichsspezifische Einstellungen zu Objekten), als Moderatorvariablen, die auf die immanenten Gewichte einwirken, und als exogene Hintergrundvariablen, die das mentale System und damit die Gesamtheit der zuvor ge-

---

[11] R. Ingelhart geht in seinem bekannten Konzept der 'Stillen Revolution' von der Differenz von zwei relativ umfassenden und in sich heterogenen Kategorien aus, den materiellen und den sogenannten postmateriellen Werthaltungen (1977, 1990). Diese werden auf einer Achse mit den Polen Materialismus und Postmaterialismus abgetragen (Materialismus *versus* Postmaterialismus). Alternativ lassen sich aber auch zwei Achsen (Materialismus *und* Postmaterialismus) betrachten (vgl. Ahlstich, Kunz 1994; Klages 1988; Maag 1991).

nannten kognitiven Variablen beeinflussen (sozio-demographische Variablen und Persönlichkeitsmerkmale).[12]

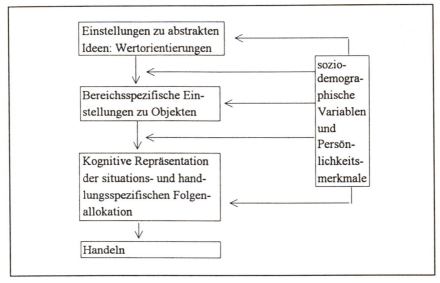

*Abb. 4-3:   Ein integrativer Ansatz zur Erklärung individueller
            Handlungswahlen auf Basis der Theorie rationalen Handelns*

4.2. Varianten der Formalisierung: Hinweise zur funktionalen Präzisierung der Auswahl- und Gestaltungsannahmen

Rationales Handeln impliziert nach den bisherigen Überlegungen, daß die Akteure sich über ihre Ziele bewußt sind, soweit möglich subjektiv klare Vorstellungen über die situationsspezifischen Handlungsbedingungen, d.h. über die möglichen Handlungsalternativen und Handlungskonsequenzen haben, und auf der Grundlage dieses Wissens zwischen verschiedenen Zielen, die mit Hilfe gegebener Mittel erreicht werden können, und zwischen

---

[12] Diese Konzeptualisierung schließt eine Modellierung automatischen Prozessierens nicht aus. Hierfür bedarf es allerdings einer differenzierten Betrachtung der Handlungsintentionsbildung sowie der 'Muster'- und 'Taktikrationalität' bei den einzelnen Akteuren. Nach Diskussion der zentralen Grundlagen für die empirische Anwendung der Theorie rationalen Handelns komme ich hierauf in den Abschnitten 7 und insbesondere 8 zurück.

verschiedenen Mitteln zur Erreichung eines gegebenen Zieles abwägen und entscheiden. Wenn die Menschen rational sind, dann handeln sie in einer Weise, die ihre Wünsche gemäß ihren Überzeugungen über den Zustand der Welt befördert. Diese relativ unspezifische Maxime nutzenorientierten Handelns wird in der wert-erwartungstheoretischen Perspektive durch quantitative Entscheidungsmodelle präzise formalisiert. Hierzu werden den Personen numerisch spezifizierte Nutzenwerte und Wahrscheinlichkeiten unterstellt. Zwei Grundannahmen enthält jedes Entscheidungsmodell (vgl. z.B. Pfister, Korneding 1996: 91): (a) eine Auswahlannahme, die üblicherweise als Optimierungsannahme spezifiziert wird. Sie beinhaltet, daß diejenige Option aus einer Menge von Alternativen (x_1, x_2, x_3 ... x_n) vorgezogen wird, deren Nutzen (U) maximal ist. Es geht hier also um die Frage, welche Option ein Akteur aus der Menge der verfügbaren Alternativen auswählt. (b) eine Gestaltungs-, Abwägungs- oder Aggregationsannahme, nach der sich der (Netto-) Nutzen einer Option als Funktion von Nutzen- (u) und Wahrscheinlichkeitsbewertungen (p) ihrer Konsequenzen darstellen läßt ($U(x_1)$ = f(p,u)). Mittels geeigneter Auswahl- und Gestaltungsannahmen ist es möglich, das Handeln der Menschen durch Erwartungen bezüglich der Handlungskonsequenzen und ihrer Wertungen zu erklären.[13]

Der handlungsleitende Prozeß kann in seinen Grundzügen damit durch folgendes allgemeines Schema charakterisiert werden: Signal -> PM -> R -> A -> H, wobei PM für 'Perzeptionsmechanismus' steht. Dieser Mechanismus ermittelt die interne Repräsentation R der aktuellen Handlungs- und Entscheidungsituation, in der sich der Handelnde befindet. PM erzeugt also eine gewisse Struktur, auf deren Grundlage das Handeln ausgeführt wird. Die Struktur ist gekennzeichnet durch die Gestaltungsregel, d.h. welche Komponenten auf welche Weise zur Bildung einer Handlungspräferenz kombiniert werden. Der Kombinationsprozeß kann bei gegeben Variablen in verschiedener Weise realisiert werden und führt zur Aktivierung einer spezifischen Auswahlregel A. Diese legt die präferierte Handlung H fest. Ziel der handlungstheoretischen Modellierung ist es, die Variablen und Regeln präzise zu bestimmen, d.h. den Algorithmentyp zu kennzeichnen, nach dem das mentale System des Handelnden (gemäß der theoretischen Vorgaben) 'funk-

---

[13] Ein Beispiel verdeutlicht die Differenzierung: Der weltbeste Tennisspieler wird nach einem bestimmten Verfahren der Punktevergabe bei Tunieren bestimmt (Gestaltungsregel). Die Änderungen in den Regeln zeigen, daß auch alternative Verfahren zur Bestimmung der Rangliste möglich sind. Die Auswahlregel ist in diesem Zusammenhang konstant und einfach: Es wird immer derjenige Spieler bestimmt, der an der Spitze der jeweiligen Rangliste steht.

tioniert'. Aufgrund der unterschiedlichen Möglichkeiten ist dieser Zusammenhang nicht trivial.

Diese Sichtweise beruht ausdrücklich auf einer kognitions- und motivationspsychologischen Perspektive. Sie gilt für die Theorie rationalen Handelns als kognitiver Ansatz gemäß des S-O-R-Schemas (Kap. 2) und ist in einschlägigen sozialwissenschaftlichen, psychologischen, aber auch soziobiologischen Untersuchungen weit verbreitet (vgl. z.B. Cooper 1987). Die üblichen Darstellungen der axiomatischen Entscheidungs- oder Nutzentheorie sind hier vorsichtiger bzw. verfolgen eine andere Zielrichtung. 'Entscheidungslogiker' stellen die Frage der Motivation in der Regel zurück (vgl. z.B. Schmidt 1996). Der Nutzen ist hier kein Handlungsgrund. Die Nutzenfunktion repräsentiert hier lediglich die durch die Wahlhandlungen offengelegten Präferenzen für die jeweiligen Handlungsalternativen. Man braucht also die Kenntnis der Wahlentscheidungen, um die Nutzenfunktion zu bestimmen. Wenn die Präferenzen den üblichen Bedingungen genügen (wie Entscheidbarkeit oder Transitivität), dann läßt sich beweisen, daß die Handelnden auf eine Weise entscheiden, *als ob* sie eine Nutzenfunktion maximieren (gemäß des SEU-Prinzips, s.u.). Diese Diktion wird erklärenden Ansprüchen allerdings nicht gerecht. Sie ist ebenso unangemessen, "wie wenn man sagt, daß sich Körper im Raum bewegen, als ob sie eine Masse hätten, als ob sie Newtons zweitem Gesetz gehorchten, usw. Natürlich bewegen sich die Körper gemäß der Newtonschen Mechanik so, wie sie es tun, *weil* sie die und die Masse haben, weil die und die Kräfte auf sie einwirken usw. Und gemäß der Entscheidungstheorie verhalten sich Menschen so, wie sie es tun, weil sie so und so starke Wünsche haben, weil sie so und so feste Überzeugungen haben usw.", so W. Spohn (1994: 200). In der kognitiven 'Handlungs-Entscheidungs-Theorie' wird daher das Wahlhandeln der Akteure als durch Erwartungen der Zustände und Wertungen der Konsequenzen bestimmt und mit diesen Variablen als erklärbar betrachtet.

Die Determinanten rationalen Handelns sind in wert-erwartungstheoretischer Perspektive die mit den möglichen Handlungskonsequenzen verbundenen Bewertungen oder Präferenzen (ihre Wünschbarkeit oder Nützlichkeit), die Erwartungen über ihr Eintreten, die Kombinationsregel, die diese Variablen miteinander verknüpft, sowie die Entscheidungsmaxime (es wird also davon ausgegangen, daß aus Sicht eines Akteurs bestimmte Handlungsalternativen gegeben sind). In der empirischen Explikation, die auf die *Erklärung* menschlicher Handlungsweisen zielt, werden die geordneten Wertungen der Individuen hinsichtlich der möglichen Konsequenzen über eine entsprechende Nutzenskala abgebildet.

Wird die Theorie rationalen Handelns in natürlichen Situationen direkt angewendet, erfolgt die übliche Erhebung im Rahmen des Standardinstruments der Befragung mittels einfacher Ratingskalen. Ein Beispiel bietet Abbildung 4-4: Explanandum ist das interindividuell sehr unterschiedliche Engagement in einer politischen Partei. Für die Erklärung dieser Differenzen sind die Handlungskonsequenzen zu bestimmen, die z.B. in beruflichen Vorteilen oder - wie hier unterstellt - in einer Reduzierung des Familienlebens bestehen können. Die Verankerung der entsprechenden Items erfolgt durch allgemeine affektiv-evaluative Begriffe wie 'gut-schlecht' oder 'positiv-negativ'. Es läßt sich i.S. eines Semantischen Differentials auch eine ganze Reihe solcher Adjektive untereinander vorgeben.

Wenn ich mich in einer politischen Partei engagiere,
dann habe ich weniger Zeit für meine Familie.

Das finde ich

schlecht -3 -2 -1 0 +1 +2 +3 gut

Abb. 4-4: *Ein Beispiel für eine Rating-Skala zur Erhebung der Nutzenwerte bedeutsamer Handlungskonsequenzen*

Der Nutzen möglicher Handlungskonsequenzen reicht i.d.R. nicht aus, um Handeln zu erklären. Menschen handeln nicht nur, wenn sie etwas wertschätzen oder präferieren. Es kommt auch darauf an, ob man erwartet, daß die Konsequenzen eintreten, wenn man auf die beabsichtige Weise handelt. Ewartungen sind subjektive, gelernte Überzeugungen bezüglich des Vorliegens oder Eintretens von situationsrelevanten Zuständen oder Ereignissen. Dabei gilt das Konzept der subjektiven Wahrscheinlichkeit als ein geeignetes Maß des internen Zustandes der Unsicherheit. Es wird also angenommen, daß die Handelnden kausale Abhängigkeiten als stochastische Abhängigkeiten gemäß ihren subjektiven Wahrscheinlichkeiten interpretieren.

Damit wird impliziert, daß die Akteure grundsätzlich nach den Regeln der Wahrscheinlichkeitsrechnung operieren. Üblicherweise finden zur Erhebung der subjektiven Wahrscheinlichkeiten in der Praxis der empirischen Sozialforschung ebenfalls einfache Ratingskalen Verwendung. Abbildung 4-5 zeigt ein verbreitetes Erhebungsformat im Hinblick auf das eingeführte Beispiel.

Wenn ich mich in einer politischen Partei engagiere,
dann habe ich weniger Zeit für meine Familie.

Dessen bin ich mir

sehr unsicher 0 1 2 3 4 sehr sicher

Abb. 4-5: *Ein Beispiel für eine Rating-Skala zur Erhebung der Erwartungs- (Wahrscheinlichkeits-) Werte bedeutsamer Handlungskonsequenzen*

Die experimentelle Entscheidungsforschung geht aufgrund ihrer spezifischen Interessen (und der Möglichkeit der kontrollierten Variation der Entscheidungssituationen) i.d.R. anders vor: Wert- und Erwartungskomponente werden als objektive Merkmale des vorgegebenen und eindeutig gekennzeichneten Materials, d.h. als Geldbeträge und exakt formulierte Wahrscheinlichkeiten, realisiert. Die entscheidungsrelevanten Urteile müssen von den Probanden also nicht wie bei der Befragung aktiv konstruiert werden. Sie werden als eine direkte Transformation der Informationen interpretiert, wobei die Handlungsoptionen üblicherweise als 'Lotterien' konstruiert sind: Zur Wahl stehen Alternativen der Art $[x_1,p;x_2,1-p]$, wobei x_1 die Konsequenz darstellt, einen Geldbetrag der Höhe x_1 zu erhalten und p die Wahrscheinlichkeit, mit der dieser Betrag zu erhalten ist. Die Konsequenz x_2 kann ebenfalls ein Geldbetrag oder eine weitere Lotterie sein, sie tritt auf jeden Fall mit der Wahrscheinlichkeit 1-p ein. Auf diese Weise läßt sich über die Variation der Alternativen, den Ausprägungen ihrer Konsequenzen und ihrer Wahrscheinlichkeiten eine individuelle Nutzenfunktion über die Entscheidungsalternativen konstruieren (i.d.R. unter Rückgriff auf das im folgenden skizzierte SEU-Modell; vgl. u.a. Davis, Holt 1993). Aufgrund des erheblichen Aufwandes, der mit dieser Meßtechnik verbunden ist, wird in der quantitativen Sozialforschung der Einsatz von einfachen Rating-Skalen bevorzugt. Im übrigen können durch die Vorgabe der Überzeugungsstärken die Urteilsprozesse anders verlaufen, als wenn die Personen von sich aus ihre 'wirklichen' subjektiven Erwartungen einbringen würden (vgl. Diederich, Orth 1988: 557).

Gemäß der Theorie rationalen Handelns werden im Rahmen des individuellen Überlegensprozesses Bewertungen und Erwartungen auf eine bestimmte Weise kombiniert, um den subjektiven Wert der möglichen Handlungen zu beurteilen und auf dieser Grundlage die Handlungswahl zu treffen. Intuitiv ansprechend erscheint eine Gewichtung beider Komponenten und ihre anschließende Optimierung. Für diese umfassende Abwägung ist die Bayessche Regel der Maximierung des erwarteten Nutzens das zunächst plausibelste und mathematisch einfachste Modell. Dieses weithin auch als SEU-Modell bekannte Konzept kommt aufgrund seiner weiten Verbreitung im Rahmen der sozialpsychologischen Wert-Erwartungskonzepte und infolge der statistischen Eindeutigkeit in der (präskriptiven) Entscheidungstheorie ein beinahe paradigmatischer Status in der Forschungspraxis zu (SEU = 'Subjective Expected Utility').[14] Die Regel für die Gewichtung der Handlungsdeterminanten und die Wahl der Handlungsalternativen lautet folgendermaßen: Bilde für jede Alternative die Summe der Produkte von (subjektiv erwarteter) Wahrscheinlichkeit und Bewertung (subjektiver Nutzen) der Handlungskonsequenzen, die mit der Wahl der Alternative verknüpft sind (SEU-Wert). Wähle diejenige Handlungsalternative mit dem höchsten Produktsummenwert (definitionsgemäß gleich dem Nettonutzen). In anderen

---

[14] "Since World War II", merken hierzu E. Johnson und J. W. Payne an, "the predominant model of human decision making has been expected utility maximization" (1986: 171; vgl. auch Schoemaker 1982: 529).

Worten: Wenn von zwei Handlungsalternativen x_1 und x_2 erstere einen größeren SEU-Wert als x_2 aufweist, dann tritt x_1 auf. Die direkte empirische Prüfung dieser "psychologischen Gesetzeshypothese" (Stegmüller 1973: 391) impliziert, daß für jede Handlungsalternative (i) Nutzen und Auftrittwahrscheinlichkeit der jeweiligen Handlungskonsequenzen vom Individuum ermittelt werden (die tatsächliche Handlung ist in natürlichen Situationen entweder zu beobachten oder wird über Angaben des Befragten erfaßt).

Mit der SEU-Formalisierung wird auf eine bestimmte Weise dargelegt, wie Präferenzen und Restriktionen das Handeln beeinflussen und wie sich die Nutzenorientierung im Handeln äußert. Dabei sind, wie gesagt, die Konsequenzen der Handlungen von zentraler Bedeutung. Zwei Aspekte dieser Konsequenzen werden als wesentlich eingeschätzt: ihre Unsicherheit und ihr Wert für den Akteur. Verfolgt eine Person zum Beispiel das Ziel, ihr Vermögen zu mehren, wird sie hierzu verschiedene Handlungen in Erwägung ziehen. Nehmen wir an, daß sie ihr Ziel durch eine übliche Variante von 'normaler' Erwerbstätigkeit oder durch Diebstahl erreichen kann. In beiden Fällen wird sie nur einen bestimmten Vermögenszuwachs erzielen und dies mit unterschiedlicher Wahrscheinlichkeit: Als Dieb kann man entdeckt werden. Daher ist zu berücksichtigen, daß Handlungen mehrere Handlungskonsequenzen haben können, die positiv oder negativ bewertet werden. Insofern sind die Präferenzen einer Person für ihr Handeln relevant. Zugleich drücken sich in den Handlungskonsequenzen und ihren Auftrittwahrscheinlichkeiten die Restriktionen aus, denen das Handeln unterliegt.[15]

Im Rahmen des SEU-Konzepts werden die funktionalen Verknüpfungen, die zur Lösung des Formations- und Selektionsproblems benötigt werden, präzise angegeben. Der Ansatz erfüllt damit die Modalitäten für einen empirisch prüfbaren Aussagenzusammenhang. Für eine mögliche Bestätigung werden häufig drei grundlegende Bedingungen genannt: (a) Dominanz: Wenn eine Handlungsalternative x_1 in mindestens einer Hinsicht besser ist als eine Alternative x_2, ansonsten aber in keiner anderen Hinsicht schlechter, dann wird x_1 vorgezogen ('x_1 dominiert x_2'). Hier läßt sich hinzufügen, daß für eine Entscheidung diejenigen Konsequenzen irrelevant sind, die für beide Alternativen gleich sind bzw. von dieser Entscheidung unabhängig sind. (b) Transitivität: Wenn die Menschen eine Konsequenz k_1 einer Konsequenz k_2 und diese einer Konsequenz k_3 vorziehen, bevorzugen sie auch k_1 gegenüber k_3. (c) Invarianz: Die Präferenzen der Akteure hängen nicht davon ab, wie die Stimulusinformation präsentiert wird, d.h. ihre Wertschätzungen

---

15 Zu beachten ist an dieser Stelle, daß sich Präferenzen in der primär entscheidungstheoretischen Perspektive nicht nur auf die subjektiven Nützlichkeiten der Konsequenzen beziehen, sondern auch auf die individuellen Bewertungen der Handlungen (ihrem Nettonutzen).

sind unabhängig von der Darstellung des Handlungs- und Entscheidungsproblems (vorausgesetzt die Darstellungen sind äquivalent). Besonders diese Annahme kann aufgrund der individuellen Perzeptionsprozesse für empirische Anwendungen problematisch sein. Hier ist hinsichtlich der Anwendung in natürlichen Situationen auf jeden Fall darauf zu achten, daß für die Befragten eine Realisation einer einheitlichen Menge von Variablen vorliegt (mit Gewichtungsmodellen im Rahmen multivariater Regressions- oder Diskriminanzanalysen oder spezifischen Transformationsbedingungen für die Erklärungsvariablen lassen sich solche Effekte m.E. systematisch kontrollieren; vgl. hierzu z.B. die weiter unten skizzierten Annahmen von D. Kahneman und A. Tversky).

In einer generalisierenden Sichtweise wird im SEU-Ansatz die Entscheidungslogik in Situationen präzisiert, die als Kontexte unter Risiko bekannt sind. Diese Kennzeichnung gewinnt an Aussagekraft, wenn man auf die geläufige Abgrenzung der Risikosituationen von Kontexten unter Sicherheit und Unsicherheit i.e.S. (kurz: Ungewißheit) verweist. Die Differenzierung entspricht der Betrachtung der Erwartungsstruktur der Individuen über das Eintreten möglicher (externaler oder internaler) Zustände. Im Mittelpunkt steht der Grad der Informiertheit der Akteure (vgl. Abb. 4-6).

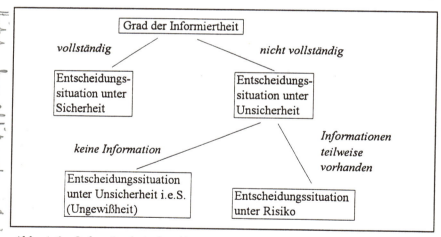

Abb. 4-6: Informiertheit der Akteure und Entscheidungssituationen

Wenn die Akteure mit einzelnen Handlungsalternativen eindeutige Handlungskonsequenzen verbinden können, sie also definitiv wissen, was geschehen wird, so existiert für sie eine Situation der Sicherheit. In der sozialen Wirklichkeit werden die Akteure aber i.d.R. Zweifel darüber empfinden, wie stark bestimmte

72

mögliche Konsequenzen mit den Handlungsalternativen verbunden sind. Es handelt sich daher um Entscheidungssituationen unter Unsicherheit. Bei einer Entscheidung unter Risiko sind die Akteure im Rahmen der theoretischen Vorgaben in der Lage, den von ihnen in ihr Kalkül einbezogenen Handlungskonsequenzen Eintrittswahrscheinlichkeiten zuzuordnen. In einem derartigen Handlungskontext kann jede Handlungsalternative als eine Art Glücksspiel, als Wette oder Lotterie verstanden werden (s.o.). Bei gegebenen, objektiven Wahrscheinlichkeiten nennt man die entsprechenden Wahrscheinlichkeitsverteilungen auch 'riskante Prospekte'. Wenn die Wahrscheinlichkeiten als subjektive Wahrscheinlichkeiten zu interpretieren sind, so spricht man häufig von 'unsicheren Prospekten'. Im Falle der Unsicherheit i.e.S. (Ungewißheit) vermögen die Akteure solche Wahrscheinlichkeitsurteile nicht abzugeben. Entsprechende Überzeugungen sind mental nicht repräsentiert; die Personen haben lediglich eine Vorstellung davon, welche möglichen Folgen sich für sie aus der Wahl der verfügbaren Handlungsalternativen ergeben werden.

Die Differenzierung dieser, hinsichtlich der individuellen Informationsbasis unterschiedlich strukturierten Handlungszusammenhänge läßt sich bei geeigneter Zuordnung der Zahlenwerte (0-1) auch in der formalisierten Fassung des SEU-Konzepts nachvollziehen: $SEU_i = \Sigma_j \, p_{ij} \, u_j$.[16] Bei einer Entscheidung unter Sicherheit hängt die Handlungswahl lediglich von der subjektiven Bewertung der Handlungskonsequenzen (ihrem Nutzenwert) ab. Ein Akteur muß aus einer Menge von Handlungskonsequenzen lediglich diejenige herauszusuchen, die ihm am liebsten ist ($p_{im} = 1$). Bei einer Entscheidung unter Ungewißheit sind alle Wahrscheinlichkeiten in Bezug auf alle denkbaren Ziele prinzipiell gleich ($p_{ij} = 1/n$), letztlich sind die p_{ij}-Werte aber unbekannt. Daher gibt es in diesem Fall auch andere Entscheidungskriterien (s.u.). Eine Entscheidung unter Risiko impliziert für die p_{ij} Werte zwischen 0 und 1.

An dieser Stelle erscheint ein Zwischenhinweis nützlich: Das Risiko liegt in der Unsicherheit bezüglich des Eintretens der Konsequenzen. Zwischen Ereignis und Konsequenzen besteht ein deterministischer Zusammenhang. Um per se unsichere Konsequenzen abzubilden, sind 'zwischengeschaltete' Ereignisse (bzw. Handlungskonsequenzen) einzuführen. Vom Eintreten dieser Ereignisse hängt es dann ab, welche der möglichen nachfolgenden Konsequenzen realisiert wird.

---

[16] Es gilt $\Sigma_j \, p_{ij} = 1$, d.h. die Ereignisse sind erschöpfend und schließen sich gegenseitig aus. Es sind: SEU_i = subjektiv erwarteter Nutzen der Handlungsalternative i, p_{ij} = (subjektive) Wahrscheinlichkeit der Handlungskonsequenz j der Handlungsalternative i und u_j = (subjektiver) Nutzen von j. Hier fehlt das Subskript i, da die Bewertung eines Ereignisses unabhängig von der Handlungsalternative i ist.

Um den subjektiv erwarteten Nutzen (SEU-Wert) einer Handlungsalternative zu bestimmen, muß über die jeweiligen Produkte von p_{ij} und u_j aufsummiert werden, da jede Handlung in der Regel mehrere Folgeereignisse nach sich zieht. Die Summe gilt als Ausdruck des Gesamtvorteils einer Handlung, auch als 'Nettonutzen' bezeichnet. Die multiplikative Verknüpfung von Wert- und Erwartungsvariablen bewirkt, daß stark positiv bewertete Ereignisse bei wahrgenommenen Eintrittswahrscheinlichkeiten von 0 keinen Einfluß auf das Auftreten der betreffenden Handlungsalternative erhalten. Umgekehrt haben neutral bewertete Handlungskonsequenzen einer Handlung selbst bei wahrgenommener hoher Eintrittswahrscheinlichkeit keine Bedeutung für die Ausführung dieser Handlung. Für andere Variablenwerte tritt ein kompensatorischer Effekt ein: Geringe Eintrittswahrscheinlichkeiten gewinnen durch hohe subjektive Bewertungen und geringe Bewertungen durch hohe Wahrscheinlichkeiten an Bedeutung für die individuellen Handlungswahlen. Diese Interaktion führt zur bekannten Auswahlannahme: Von mehreren Handlungsalternativen, die eine Person perzipiert, wählt sie diejenige, für die die perzipierten Handlungskonsequenzen am positivsten bewertet und am sichersten erwartet werden. In anderen Worten: Der Akteur wählt diejenige Handlungsalternative mit dem höchsten (SEU-) Nettonutzen.

Das SEU-Konzept stellt den Abschluß einer intensiven Diskussion dar, in der auf eine zunehmende Subjektivierung der Konzeptvariablen (Nutzen und Erwartungen) gedrängt wurde. Am Anfang standen die objektivistischen Wahrscheinlichkeits- und Wertkonzepte, auf denen der bekannte, sich objektiv rational verhaltende Homo Oeconomicus beruht (siehe noch Kap. 5.1). Und wenn vom Homo Oeconomicus als einem "Schreckensmann der Sozialwissenschaften" die Rede ist, wird auf diese Handlungs- und Umweltprämissen Bezug genommen (Weise 1989). Man erhält dann einen Akteur, der unter vollkommener Information über sämtliche relevanten Parameter entscheidet und dabei keinerlei Beschränkungen seiner Informationsaufnahme-, -speicherungs- und -verarbeitungskapazitäten unterliegt.

Je nach Objektivierung der Konzeptvariablen spricht man vom EU-, EV- oder SEV-Ansatz (siehe Tab. 4-1; vgl. Edwards 1954, 1955). Im Konzept des erwarteten Nutzens (EU-Ansatz) sind die Wahrscheinlichkeiten objektiv gegeben, das S entfällt daher. In den EV- und SEV-Konzepten wird ein absoluter Wertstandard zugrunde gelegt. Hier wird auf der Basis des objektiven Wertes einer Handlung entschieden. Daher wird das U ('Utility') zum V ('Value'). W. Edwards spricht hier auch von Konzepten des objektiv oder subjektiv erwarteten Geldes (SM oder SEM). Da aber andere objektive Wertmaße als Geldbeträge zur Disposition stehen können, wird in der Entscheidungstheorie häufig von Wert gesprochen, wenn eine objektive Größe gemeint ist. Nutzen bezeichnet dann den personalisierten Wertmaßstab. Das EV-Konzept ist auch als ökonomische Werttheorie bekannt. Von D. Bernoulli wurde bereits der SEV-Ansatz formuliert. Er hat bis heute keine besondere Rolle gespielt.

Wahrscheinlichkeits-Variable	Nutzen- (Wert-) Variable	
	objektiv	subjektiv
objektiv	EV-Konzept	EU-Konzept
subjektiv	SEV-Konzept	SEU-Konzept

Tab. 4-1: Entscheidungstheoretische Ansätze

Die Wahl einer entscheidungstheoretischen Regel konkretisiert die relativ unspezifische Annahme der Maximierungsorientierung im Grundkonzept der Theorie rationalen Handelns. Im Hinblick auf den SEU-Ansatz erscheint noch einmal der Hinweis darauf wesentlich, daß es sich um ein ausschließlich formales Handlungskonzept mit Subjektorientierung handelt: Es geht immer nur um die Bewertungen durch die Akteure, die von ihnen wahrgenommenen Handlungsalternativen und ihren Informationsstand bezüglich der Möglichkeiten der Zielerreichung.

Zum SEU-Ansatz liegen in der Literatur mitunter verschiedene mathematische Verrechnungsvarianten vor, die nach der hier vertretenen Vorstellungen alternative mentale Überlegensprozesse abbilden (im Rahmen der theoretischen Vorgaben). Ein Rekurs auf diese Ansätze führt zunächst einmal zur Frage nach der Kennzeichnung nutzenorientierten Handelns vor dem Hintergrund nutzenmaximierenden Handelns nach dem SEU-Konzept. Die Antwort zielt u.a. auf die Differenz einer gesamt- und grenzwerttheoretischen Betrachtung (vgl. Herrnstein, Mazur 1987: 42f.; Krause 1989: 53f.). Vor allem Ökonomen fragen üblicherweise danach, was passiert, wenn sich der Preis eines Gutes um einen bestimmten Betrag erhöht? Hat dies Konsequenzen für die Nachfrage nach diesem Gut? Und wenn ja, welche? Die marginale Perspektive führt zur Feststellung, wenn Grenznutzen (der Nutzen einer zusätzlich konsumierten Einheit) und Grenzkosten (die Kosten einer zusätzlich konsumierten Einheit) gleich sind, ist der SEU-Wert einer Handlungsalternative maximal. Denn solange der Grenznutzen die Grenzkosten übertrifft, kann noch zusätzlicher (SEU-) Nettonutzen erreicht werden. Sind dagegen die Grenzkosten höher als der Grenznutzen, verspricht die Ausdehnung des Konsums keinen zusätzlichen Nettonutzen mehr. Der Nettonutzen geht zurück und der Grenznettonutzen wird negativ. Unter maximierenden Gesichtspunkten ist vom weiteren Ressourceneinsatz zur Beschaffung des interessierenden Gutes abzusehen. Nutzenmaximierendes Handeln erfolgt also dann, wenn die Grenzkosten den Grenznutzen entsprechen.

Dieses Prinzip liegt beispielsweise auch der Ausgabentätigkeit der Regierung, wie sie A. Downs sieht, zugrunde. Sie verfährt bei jeder Ausgabe nach dem Grundsatz: "Bringt sie die Stimmen ein, die sie kostet?", d.h.: Die Regierung steigert die Ausgaben so lange, "bis der durch die letzte ausgegebene Geldeinheit erreichte Stimmengewinn dem Stimmenverlust gleich ist, der durch die letzte aus den Finanzierungsquellen des Staates entnommene Geldeinheit verursacht wird" (Downs 1968: 67). Hier kommt im übrigen zum Ausdruck, daß sich der entscheidungstheoretische Ansatz auch auf korporative Akteure anwenden läßt (wie Parteien, Verbände, Staaten, Unternehmen). Korporative Akteure sind als strukturierte Handlungsysteme zu betrachten, denen aufgrund spezifischer Homogenitätsannahmen einheitliche Motivationslagen unterstellt werden können (vgl. Coleman 1973, 1995b). Aber auch hier ist zu berücksichtigen, daß nicht Institutionen handeln, "sondern nur Individuen in oder für Institutionen" (Popper 1962: 148). Daher ist immer die Frage zu beantworten, wie sich aus den Handlungen der Individuen ein Zusammenhang konstituiert, dem Akteurseigenschaften unterstellt werden können.

Nach der Handlungsmaxime einfachen *nutzenorientierten* Handelns kann eine Handlung nicht nur bei dem Punkt auftreten, an dem die Grenzkosten den Grenznutzen entsprechen, sondern jeder positive Nettonutzen kann als erstrebenswert gelten. Nutzenorientiertes Handeln könnte sich daher z.B. auch auf die Realisierung des maximalen Gesamtnutzens konzentrieren (auf ähnliche Weise muß sich eine Regierungspartei lediglich am Prinzip der Stimmenmaximierung *orientieren:* Um ihre Wiederwahl zu sichern, reicht eine 'ausreichende' Stimmengewinnung aus). Damit ist der Weg zur Formulierung und Formalisierung von Konzepten der stochastischen Wahl bereitet, während der SEU-Ansatz deterministisch verfaßt ist.

Die Differenzen in den Handlungsprinzipien erscheinen auf den ersten Blick von größerer Tragweite, sind aber im Rahmen einer individualistischen Erklärung sozialer Tatbestände unter bestimmten Bedingungen nur von sekundärer Bedeutung. Dies ist dann der Fall, wenn der Set der strukturellen Zustände die Handlungsmöglichkeiten so weit einschränkt bzw. so deutlich vorstrukturiert, daß die Akteure nur unter sehr wenigen und diskreten, d.h. grundsätzlich nicht teilbaren, Alternativen wählen können, die darüber hinaus mit hohen Nutzendifferenzen verknüpft sind. Dann wird, unabhängig vom Handlungsprinzip, Nutzenmaximierung oder Nutzenorientierung, die gleiche Handlung realisiert. Umgekehrt kann Nutzenorientierung als das Credo der handlungstheoretischen Analyse betrachtet werden, die von einer expliziten Modellierung handlungsleitender 'Muster'- und 'framing'-Effekte v.a. für komplexe Situationen absieht.[17]

---

17 Vgl. hierzu die ausführliche Diskussion in Abschnitt 8. Vgl. auch die 'Matching-Maximizing'-Kontroverse, die nach H. L. Miller, R. A. Heiner und S. W. Manning (1987) im Anschluß an die grundlegende Arbeit von Heiner (1983) situationsspezifisch aufzulösen ist: 'Matching' als Orientierung am Durchschnittsnutzen anstelle optimal kalkulierter Grenznutzen - wie es zum Beispiel R. J. Herrnstein

Unabhängig von der tatsächlichen Bedeutsamkeit dieser Unterscheidung - sie wird vom jeweiligen Erklärungsproblem abhängen - öffnen diese Hinweise den Blick auf Alternativen im Überlegens- und Entscheidungszusammenhang. Vor dem Hintergrund des Konzepts nutzenorientierten Handelns ist die Spezifität SEU-nutzenmaximierenden Handelns zu erkennen. Und diese Perspektive läßt sich weiter präzisieren, wenn die konzeptionellen Variationsmöglichkeiten betrachtet werden, wie sie v.a. in der präskriptiven Entscheidungstheorie und aufgrund empirischer Analysen in psychologisch orientierten Arbeiten herausgestellt werden: Das Kalkül der Maximierung des subjektiven erwarteten Nutzens (SEU) ist Ausdruck eines allgemeinen additiven Nutzenmaximierungsprinzips. Die vor allem bei Entscheidungen unter Unsicherheit im engeren Sinne (Ungewißheit) herangezogene Maximin-Strategie definiert dagegen ein nicht-additives Handlungsprinzip.

Im Rahmen der Maximin-Strategie wird nicht die Handlung mit der maximalen Summe der einzelnen Nutzenwerte realisiert, sondern es wird die Handlung vorgezogen, die unter ungünstigsten Bedingungen den größeren Nutzen hat. Es geht um die Maximierung des sogenannten Sicherheitsniveaus. Eine detailliertere Betrachtung zeigt, wie sich der Selektionsvorgang in zwei Schritten vollzieht, anfangs in einem Minimierungs- und nachfolgend in einem Maximierungsschritt: Zunächst werden für jede Handlungsalternative die Handlungskonsequenzen mit den geringsten Nutzenwerten bestimmt. Danach wird die Handlungsalternative gewählt, die hinsichtlich der ungünstigsten Handlungskonsequenzen den höheren Nutzenwert hat ('maximiere das Minimum!'). W. Stegmüller illustriert diese Regel an einem Beispiel von C. G. Hempel: "Jemandem wird als Geschenk erlaubt, einen beliebigen Zug aus einer von zwei Urnen, die Kugeln beinhalten, zu machen und die gezogene Kugel zu behalten. Die Kugeln sind von gleicher Größe und für den Tastsinn ununterscheidbar. In der ersten Urne befinden sich Blei- und Platinkugeln, in der zweiten Gold- und Silberkugeln. Die Häufigkeitsverhältnisse sind dem Ziehenden gänzlich unbekannt, so daß er für seine Entscheidung keine Wahrscheinlichkeitsverteilung verwenden kann. Die subjektiven Nützlichkeiten von Platin-, Gold-, Silber- und Bleikugeln seien in der Reihenfolge: 1000, 100, 10, 1. Die Maximin-Regel würde vorschreiben, die zweite Urne zu wählen; denn hier liefert ein Zug im ungünstigsten Fall eine Silberkugel, während bei Wahl der ersten Urne im ungünstigsten Fall lediglich eine Bleikugel gezogen wird" (Stegmüller 1983: 445).

Neben dem bekannten Maximin-Ansatz sind noch eine Vielzahl nicht-additiver Nutzenkonzepte denkbar, v.a. wenn man sich von der mathematischen Entscheidungstheorie löst und die Modellierungsvarianten betrachtet, wie sie mitunter im Rahmen der soziologisch und sozialpsychologisch ori-

---

und J. E. Mazur postulieren (1987) - ist v.a. in vielschichtigen und mehrdimensionalen Situationen relevant.

entierten Einstellungs- und Verhaltensforschung vertreten werden (vgl. u.a. Friedrichs, Stolle, Engelbrecht 1993: 11f.; Krampen 1986a: 52; Opp et al. 1984: 176f.):[18] Die Produktwerte bezüglich Bewertung und Erwartung hinsichtlich der handlungsabhängigen Ereignisse können z.B. selbst multiplikativ miteinander verknüpft sein, d.h. in diesem Modell wirken *alle* Nutzen und Wahrscheinlichkeiten multiplikativ. Oder sie werden (u.U. exponentiell) gewichtet: Möglicherweise variiert bei den Befragten - unabhängig der bestehenden Gewichtung über die Präferenzen - die Wichtigkeit bestimmter Konsequenzen in Abhängigkeit der sozialen Situation, in der die Handlungsentscheidungen zu treffen sind, oder die Bewertung der Handlungskonsequenzen auf einer einheitlichen Nutzenskala ist nicht gewährleistet. Eine solche Variation des Bezugsrahmens läßt sich über einen konsequenzenspezifischen Parameter kontrollieren, der z.B. im Rahmen multivariater Regressions- oder Diskriminanzanalysen empirisch bestimmt werden kann. Derartige Gewichtungskonzepte werden in der entscheidungstheoretischen Forschung üblicherweise nicht und auch in den Arbeiten der kognitiven (Sozial-) Psychologie nur selten rezipiert, obgleich erst die detaillierte Analyse der kognitiven Repräsentationen Ansatzpunkte für die Ableitung praktischer Interventionsmaßnahmen bietet. Wenn z.B. einzelne Handlungskonsequenzen faktisch keinen Einfluß auf das Handeln haben, dann läßt sich dies empirisch nur im Rahmen eines Gewichtungsmodells nachweisen.

Die offensichtliche Relativität vorherrschender Formalisierungen tritt noch deutlicher hervor, wenn man das SEU-Konzept als eine besondere Variante des allgemeinen additiven Nutzenmaximierungsprinzips interpretiert (vgl. Stephan 1990: 102f.): Zwar kann die Produktregel für die Verknüpfung von Wahrscheinlichkeit (p) und Nutzenwert (u) eine hohe intuitive Prägnanz beanspruchen, aber es wäre auch eine alternative Gestaltungsvorschrift denkbar und für die Abbildung der mentalen Überlegensprozesse in manchen Situationen durchaus als sinnvoll zu betrachten: Die Orientierung des Handelns an der Gewichtungsregel kann sich als schicksalhaft erweisen, wenn in einer unsicheren Situation überaus hohe Verluste, z.B. der Zusammenbruch des eigenen Geschäfts, drohen.[19] Es gibt also variierende Möglich-

---

18 In der Psychologie wird aufgrund der behavioristischen Prägungen üblicherweise der Begriff des 'Verhaltens' und selten der Begriff des 'Handelns' verwendet. Soweit mit Verhalten die Zielgerichtetheit und Sinnhaftigkeit menschlicher Aktivitäten angesprochen wird, entspricht diese Notation i.d.Z. dem Handlungsbegriff.

19 Allerdings sind im Rahmen der empirischen Sozialforschung rein additive Modelle nur sinnvoll anzuwenden, wenn die Ereignisse, die mit einer bestimmten Wahrscheinlichkeit auftreten, den Befragten nicht völlig gleichgültig sind. Die Wahrscheinlichkeit selbst sollte wiederum nicht 1/n betragen, wenn n für die Zahl der Handlungsalternativen steht.

keiten, der Theorie rationalen Handelns eine formale Grundlage auf wert-erwartungstheoretischer Basis zu geben (vgl. für einige intuitive Beispiele Tab. 4-2).

Verknüpfung	Kombination von p, u	
zum Nutzenindex	additiv	multiplikativ
additiv: - ungewichtet	...	SEU-Konzept
- gewichtet	...	...
multiplikativ	...	...

Tab. 4-2: Beispiele für wert-erwartungstheoretische Formalisierungsvarianten

Derartige, in der Literatur zur Theorie rationalen Handelns zumeist vernachlässigte Differenzierungen erwecken zwar den Anschein einer spielerischen Übung, doch sind die implizit enthaltenen theoretischen Annahmen von Bedeutung. Die Multiplikativität von Wahrscheinlichkeit und Nutzenwert und die Additivität der Einzelprodukte zum erwarteten Nettonutzen einer Handlungsalternative sind als zentrale Bestandteile des dominierenden SEU-Konzepts zu interpretieren. Wie bereits für die Produktregel formuliert, werden mit diesen Präzisierungen wesentliche inhaltliche Annahmen über den individuellen Überlegensprozeß getroffen. Dabei impliziert das Prinzip der Additivität die vollständige Unabhängigkeit der Einzelnutzen voneinander, die Konsequenzen dürfen sich nicht wechselseitig beeinflussen. Beide Präzisierungen sind aus anwendungsorientierter Sicht (und im Rahmen der theoretischen Vorgaben) als empirisch prüfbare Generalisierungen menschlicher Handlungsorientierungen zu deuten (vgl. z.B. Connolly, Vines 1977; Heckhausen 1983: 14; Hewstone, Young 1988; Krampen 1986a: 52; Kühnel 1993: 130; Opp 1984, 1990: 99; Roehl 1990: 130).[20]

Damit ist die Reihe alternativer Formulierungen für die funktionale Präzisierung des entscheidungstheoretischen Kerns noch nicht erschöpft. Es sei an dieser Stelle noch auf Konzepte der stochastischen Wahl verwiesen, nach denen die Realisation kognizierter Handlungsalternativen lediglich mit einer bestimmten Wahrscheinlichkeit zu erwarten ist. Dagegen beinhalten das SEU-Konzept und analoge Varianten grundsätzlich eine deterministische Beziehung: Es wird stets diejenige Handlungsalternative gewählt, für die der - über das jeweilige Aggregationsprinzip gebildete - Nettonutzen ein Maximum ist.

---

[20] "However", stellen M. Hewstone und L. Young fest, "the issue how beliefs ... and evaluations should be combined, ... is one that has been neglected in the literature" (1988: 969).

Eine noch wenig bekannte Variante der stochastischen Wahl ist die von S. Lindenberg formulierte Diskriminationstheorie (1981b, 1990a). Auch die in der sozialpsychologischen Einstellungsforschung sehr verbreiteten Ajzen-Fishbein-Konzepte, in deren Rahmen die Rolle der sozialen Normierung besonders herausstellt wird, sind dieser Perspektive zuzuordnen (vgl. Ajzen, Fishbein 1980; Ajzen 1989); ein Sachverhalt auf den in den vorliegenden Darstellungen und Klassifikationsversuchen selten hingewiesen wird. Aufgrund ihrer konzeptionellen (Aus-) Differenzierungen sind diese Ansätze für die empirische Forschung von großer Bedeutung (siehe Kap. 7.1, zur Diskriminationstheorie: Kap. 8.1).

Allerdings ist die Unterscheidung zwischen deterministischen und stochastischen Formulierungen nicht überzubewerten. Die empirische Forschungspraxis führt dazu, daß auch die vorgeblich deterministische Relation im SEU-Konzept (und seinen Varianten) in einen stochastischen Zusammenhang überführt wird (Einzelheiten in Kap. 5.2). Unabhängig dieser Variationsmöglichkeiten bleibt festzuhalten: Die generalisierte Regel für die Verknüpfung der Wert- und Erwartungsvariablen ist hier zentraler Bestandteil der für die Mehrebenenmodellierung sozialer Prozesse grundlegenden Logik der individuellen Selektion. Hierbei bestimmt sich die Rationalität einer Handlungswahl grundsätzlich nur relativ zur individuellen Informationsbasis, in der sich die 'objektiven' Verhältnisse spiegeln. Es kommt daher 'lediglich' darauf an, wie der Handelnde aufgrund seines Perzeptionsmechanismus die Handlungssituation beurteilt. Und dies betrifft sowohl spezielle Tatsachen wie auch relevante Wirkungszusammenhänge: "Dem Handelnden können gewisse relevante Einzelheiten der Situation unbekannt sein; analog kann er irrtümlich der Meinung sein, daß bestimmte Tätigkeiten mit Notwendigkeit zu solchen und solchen Konsequenzen führen würden, während in Wahrheit diese Konsequenzen nur mit einer gewissen Wahrscheinlichkeit eintreten" (Stegmüller 1983: 440). Es ist daher nicht korrekt, die aufgrund der Subjektivität des Perzeptionsmechanismus und der internen Repräsentation implizierten Defizite in der individuellen Informationsverarbeitung als Widerlegungen der Theorie rationalen Handelns (z.B. in Form des SEU-Modells) zu betrachten. Eine solche Sichtweise würde auf eine Verwechslung von Handlungs- und Beobachtungsebene hinauslaufen.

Dies bedeutet nicht, daß sich systematische Individualeffekte unter geeigneten Ausgangsbedingungen nicht modellieren lassen würden. So werden in der sogenannten 'Prospekttheorie' Wert und Wahrscheinlichkeit nicht direkt miteinander multipliziert (vgl. Kahneman, Tversky 1979). Vielmehr werden die objektiv vorgegebenen Wahrscheinlichkeiten zuvor im Rahmen einer 'editing phase' zu sog. 'Entscheidungsgewichten' (g) transformiert. Die Transformationsfunktion ist gespiegelt S-förmig über die objektiven Wahrscheinlichkeiten, d.h. kleine Wahrscheinlichkeiten werden überschätzt ($g[p] > p$) und mittlere sowie größere objektive Wahrscheinlichkeiten unterschätzt ($g[p] > p + g[1 - p] \leq 1$). Ebenso ist die Werte- bzw. Nutzenfunktion auf eine besondere Weise formuliert: Sie ist von einem subjektiven Bezugspunkt abhängig ('adaption level': Kahneman, Tversky 1979: 277) und für wahrgenommene Gewinne und Verluste eindeutig verschieden: Die Prospekttheorie folgt hier der bereits von C. H. Coombs, R. M. Dawes und A. Tversky formulierten Annahme, daß die Nutzenfunktion der Akteure steiler im Verlustbereich und flacher im Gewinnbereich verläuft (vgl. Coombs, Dawes, Tversky 1970: 119; Prinzip der 'loss aversion': Kahneman, Tversky 1984: 342).[21] Darüber hinaus nehmen Kahneman und Tversky an, daß die Menschen im positiven Bereich der Nutzenfunktion im allgemeinen risikoscheu und zur Vermeidung von Verlusten in der Regel risikofreudig sind (negativer Bereich der Nutzenfunktion). Daher verläuft die Werte- oder Nutzenfunktion oberhalb des Referenzpunktes konkav und unterhalb dieser Marke konvex. Wenn diese - hinsichtlich des Annahmekerns der Theorie rationalen Handelns - gehaltserweiternden (Zusatz-) Annahmen empirische Konsistenz aufweisen, haben Variationen im Referenzpunkt einen wichtigen Effekt auf die Bewertung der Handlungsalternativen. Allerdings bemerken Kahneman und Tversky zur Fixierung des Referenzpunktes nur sehr allgemein, er sei "largely determined by the objective status quo, but is also affected by expectations and social comparisons" (1984: 349). M. M. Marini weist noch auf die zeitliche Instabilität hin (1992: 27). Und E. Johnson und J. W. Payne bemerken, daß "reference points are open to manipulation" (1986: 175). An diesen Unbestimmtheiten hat auch die Weiterentwicklung der Prospekttheorie zur sog. 'Cumulative Prospect Theory' nichts geändert (vgl. Tversky, Kahneman 1992). Daher hat der Ansatz bisher auch nur in der psychologischen Experimentalforschung eine Rolle gespielt. Zudem sind die Hinweise zum Referenzpunkt unter sozialwissenschaftlichen Gesichtspunkten lediglich als Ausdruck der Tatsache zu betrachten, daß eine *erklärende* Handlungstheorie die *subjektive* Definition der Situation zu berücksichtigen hat.

Der Bezug auf die Arbeiten von Kahneman und Tversky schärft den Blick dafür, daß in der Theorie rationalen Handelns die Zielvorstellungen der Handelnden im Rahmen ihrer internen Repräsentation als gegebene Daten betrachtet werden, die sich auf alles Mögliche beziehen können. In die Ziele der Akteure können daher auch soziale und moralische Normen eingehen, die nach ihrer Überzeugung zu befolgen sind, so daß durch sie bestimmte Handlungswege ausgeschlossen werden. Es gibt daher keinen Grund, zu behaupten, daß ethisch-moralische Prinzipien und Werte z.B. im SEU-Ansatz keine wichtige Rolle spielen können. Auch eine Änderung von Werturteilen widerspricht der Theorie nicht. Und die unterschiedlichen

---

[21] Das Prinzip der 'loss aversion' führt zum Besitzeffekt, der die gesamte neoklassische mikroökonomische Nachfragetheorie in Frage stellt: Güter, die sich im Besitz der Akteure befinden, werden höher bewertet, als wenn sie nicht darüber verfügen würden ('endowment effect'; vgl. Kahneman, Knetsch, Thaler 1990; Knetsch 1992; Thaler 1980).

Verrechnungsvarianten implizieren keine unterschiedlichen Bewertungen von Handlungszielen. Damit ist auch klargestellt, daß der Verweis auf die Rationalität von Handlungswahlen a priori keine eindeutigen Lösungen ermöglicht: Ohne empirische Untersuchungen sind die Mechanismen, Regeln und Ergebnisse der individuellen Handlungswahlen nicht zu bestimmen. Zwar kommt den Verknüpfungsregeln nach dem SEU-Konzept eine hohe Plausibilität zu, letztlich ist aber keineswegs ausgemacht, nach welchen (funktionalen) Regeln Akteure rationale Entscheidungen treffen.

Der Entscheidungstheorie ist diese Sichtweise bislang wenig vertraut. Daß variierende Entscheidungsregeln auch für die üblichen Risikokontexte von Bedeutung sein können, wird in diesem Rahmen selten thematisiert. Unter empirischen Gesichtspunkten ist die Möglichkeit, daß es eine bestimmte Menge bereichsspezifischer Verarbeitungsmechanismen gibt, allerdings nicht zu hintergehen. Die Variationsmöglichkeiten sind die Konsequenz der Subjektorientierung, die die Theorie rationalen Handelns in der hier vertretenen Konzeption begründet. Das zunächst primäre Implikat der Subjektorientierung besteht darin, daß die subjektive Definition der Situation als zentraler Bestandteil einer erklärenden Handlungstheorie zu akzeptieren ist. Die subjektive Definition der Situation strukturiert erst die Präferenzen und Erwartungen, die das Handeln anleiten. Daraus erklären sich dann auch die Vielzahl an sogenannten 'Anomalien', die der Theorie rationalen Handelns häufig vorgezählt werden: Intrinsisch oder moralisch motiviertes Handeln, Besitzeffekte, Orientierung an Referenzpunkten, Intransitivitäten, Präferenzumkehrungen, Konfundierung von Wahrscheinlichkeiten und Bewertungen, etc. (vgl. z.B. Hogarth, Reder [Hg.] 1987 oder die zuvor skizzierten Annahmen der Prospekttheorie).

Diese Effekte sind vielleicht als Anomalien aus Sicht der 'objektiven' Beobachtungsebene zu betrachten. Für die subjektive Handlungsebene sieht dies anders aus: Hier geht immer nur um eine 'lokale' Rationalität, die subjekt- und bereichsspezifisch wirkt. Eine 'globale' Rationalität, die unabhängig vom individuellen Perzeptionsmechanismus direkt die Handlungsweisen anleitet, wird hier nicht unterstellt.

"If there really are numerous independent basic values guiding choices of an agent, or if the agent has a distributed mental organisation, global utility functions may not exist and overall rationality may be impossible to define. ... For example, we could simply give up on global rationality, permitting the overall preferences of the reasoner to intransitive and inconsistent. ... *The difficulties caused by such irrationality might be minimal if the reasoner always appears to be locally rational.* By this we mean that the agent appears to have consistent beliefs and preferences in each context or episode of reasoning, even if different beliefs and preferences are apparent in different contexts or episodes" (Doyle 1992: 400f., Hervorhebung VK). In diesem Sinn weist auch J. S. Coleman darauf hin, daß scheinbare Anomalien (wie die Präferenzenumkehr) u.a. auf unterschiedliche zeitliche Profile der persönlichen Interessenstruktur zurückzuführen sind (1995b: 236, Anm. 2). Der Mensch ist daher nicht nur als ein informationsverarbeitendes System, sondern auch als ein informationsauswählendes System zu betrachten.[22] Dabei ist die bereichsspezifisch begründete Variation als Ausdruck der komplexen Organisation des Selbst zu betrachten, was einige Autoren dazu veranlaßt hat, in diesem Zusammenhang von 'multiplen Selbsten' zu sprechen (vgl. Elster [Hg.] 1986a; siehe auch: Ainslie 1992; Buchanan 1987: 248; Frankfurt 1971; Hirschman 1984: 76f.; Sen 1977; Thaler, Shefrin 1981).

Allerdings stellt sich das Problem varianter Entscheidungsregeln noch komplizierter dar: Folgt man den üblichen Darstellungen, gewinnt man den Eindruck, daß die Annahmen grundsätzlich individualpsychologisch formuliert sind, d.h. sie beziehen sich auf eine Person in einer konkreten Entscheidungssituation. Die funktionalen Zusammenhänge können daher nicht nur über Situationen variieren, sondern möglicherweise von vorneherein auch über die Individuen. Für die empirische Anwendung impliziert dieser, meines Wissens in der Literatur zur Theorie rationalen Handelns bisher kaum beachtete und zum Problem der Komposition (Kap. 3.2) vergleichbare Sachverhalt die Einführung interindividueller 'Verbindungsannahmen':[23] Ohne zumindest über Subgruppen generalisierte Auswahl- und Gestaltungsregeln verlieren sozialwissenschaftliche Untersuchungen ihre Zielrichtung. Unter Umständen existiert aber gar kein allgemeines Modell.

Jeder Ansatz einer Überprüfung setzt die Spezifikation der handlungsleitenden Variablen (Präferenzen und Erwartungen) voraus. Die Formulierung geeigneter Brückenannahmen und das hierzu angemessene Vorgehen gehören zu den umstrittenen Problemen bei der Anwendung der Theorie rationalen Handelns in natürlichen Situationen. Auf diese Diskussion und den Möglichkeiten und Schwierigkeiten der empirischen Ableitung geht der folgende Abschnitt ein.

---

[22] Hierbei sind die Auswahlprozesse wiederum mit den Regeln der rationalen Wahl zu erklären. Dies impliziert, daß zwischen kontrollierter und automatisierter Informationsverarbeitung leztlich kein Unterschied besteht, der die Theorie rationalen Handelns widerlegen würde (Einzelheiten in Kap. 8).

[23] Als Ausnahmen vgl. die Hinweise in den Arbeiten von J. Friedrichs, M. Stolle und G. Engelbrecht (1993: 5) sowie S. Kühnel (1993: 65). Auch I. Ajzen und M. Fishbein weisen in der Diskussion ihrer zum SEU-Ansatz ähnlichen 'Theorie bedachten Handelns' darauf hin, "[t]here may also be certain individuals for whom the theory does not apply; some people may arrive at their decisions in different ways" (1980: 394).

5. Anwendungsprobleme: Die Bestimmung der Anfangsbedingungen in der Theorie rationalen Handelns und die Konsequenzen für die empirische Analyse

Überblick: Die Erklärung sozialer Tatbestände auf Grundlage der Theorie rationalen Handelns setzt die Spezifikation zutreffender Anfangsbedingungen voraus. Anfangsbedingungen verknüpfen die handlungsleitenden Prädiktoren mit der sozialen 'Realität'; d.h. es sind Brückenannahmen zu formulieren. Brückenannahmen sollen klären, welche Handlungsalternativen die Akteure wahrnehmen, welche und wieviele Handlungskonsequenzen eine Rolle spielen und welche Erwartungen und Präferenzen von Bedeutung sind. Zur Lösung dieses Spezifikationsproblems wird häufig auf einfache Heuristiken zurückgegriffen, die über die Bedingungen der Strukturierung des Merkmalraums informieren können (Homo Sociologicus- und Homo Oeconomicus-Konzepte, Kap. 5.1). Die empirische Arbeit für konkrete Forschungsfragen in spezifischen Handlungszusammenhängen können diese partialtheoretischen Ansätze aber nicht ersetzen. Nach dem gegenwärtigen Forschungsstand bedarf es des Einsatzes von Methoden der empirischen Sozialforschung zur Spezifikation der Anfangsbedingungen in der Theorie rationalen Handelns, wenn ihre Anwendung tatsächlich zur Erklärung konkreter sozialer Phänomene dienen soll. Die im Rahmen von Rational Choice sehr verbreiteten Vorbehalte gegen die Anwendung des Instrumentariums der empirischen Sozialforschung betreffen häufig 'nur' die grundsätzlichen Schwierigkeiten einer Forschung, die darauf zielt, die empirische Konsistenz ihrer theoretischen Annahmen zu prüfen (Kap. 5.2). Eine Auseinandersetzung mit spezifischen Problemen der Anwendung von Rational Choice in natürlichen Situationen findet kaum statt. Daher wird auch die Tatsache vernachlässigt, daß die praktischen Erfahrungen in den empirischen Sozialwissenschaften inzwischen eine beachtliche Tradition und bemerkenswerten Einfallsreichtum aufweisen, um mit bekannten und neuen Schwierigkeiten umzugehen. Vor diesem Hintergrund werden einige zentrale Bedingungen und Konsequenzen für die Arbeit mit der Theorie rationalen Handelns in natürlichen Situationen diskutiert, die auf die empirische Konstruktion der Brückenannahmen angewiesen ist. Gegen diesen Weg der Erkenntnis wird häufig eingewendet, wenn a priori keine Beschränkung der Motivations- und Anreizstruktur erfolge, werde die Handlungstheorie tautologisch. Dieses Argument trifft nicht zu. Allein die Möglichkeit, beliebige Präferenz- und Anreizmuster in das Konzept einzuführen, hat nicht die Analytizität der Perspektive in der Theorie rationalen Handelns zur Folge. Es gibt daher keinen Grund, eine empirisch konsistente Explikation der mikrotheoretischen Basis zu vernachlässigen, im Gegenteil: Sie ist Voraussetzung jeden technologischen Eingriffs in soziale Handlungsfelder.

In der Perspektive der empirischen Sozialforschung setzt die individualistische Erklärung sozialer Phänomene einen nomologischen Kern voraus. Folgt man den bisherigen Überlegungen, ist damit eine handlungstheoretische Grundlage impliziert. Es bedarf daher einer expliziten und ausformulierten Erklärung der individuellen Selektionsbilanzen. Dies wird durch den im vorhergehenden Abschnitt skizzierten wert-erwartungstheoretischen Ansatz (in unterschiedlicher Formalisierung) besorgt.

Die gedankliche Erweiterung in prozessualer Perspektive weist darauf hin, daß Handlungsergebnisse der einen Akteursgeneration zu Handlungsvoraussetzungen der nächsten Akteursgeneration werden. Kollektive Tatbestände bilden das Ausgangsmaterial für situative Determinanten zukünftigen Handelns. Sie stellen Informationen dar, die auf der Mikroebene zu einer kognitiven Reproduktion der gegenwärtigen Lage verarbeitet werden. Während die Mikro-Mikro-Relation als Thema einer Handlungstheorie i.e.S. zu interpretieren ist, liegt in der Makro-Mikro-Verknüpfung eine notwendige Erweiterung dieser begrenzten handlungstheoretischen Perspektive (vgl. Abell 1992; Elster 1993; Kunz 1996a): Hier tritt die unausweichliche Dynamisierung allen sozialen Geschehens hervor; hier zeigt sich auch, daß Präferenzen und Restriktionen sich gegenseitig bedingen - die Knappheit von Studienplätzen führt zu Studienneigungen bei Studenten, die ursprünglich nicht vorhanden waren -; hier ist zu erkennen, wie Institutionen Interaktionsfelder begründen, Tauschbeziehungen prägen und durch Eingriffe in bestehende Strukturen die Logik der Situation verändern. Sie wirken damit auf die Variabilität der relevanten Motivationen, zerstören vorhandene Antizipationen, lassen neue Erwartungen entstehen, die ihrerseits spezifische Selektionen induzieren und damit eine neue Form von Kollektivität erzeugen. Ohne die handlungstheoretische Grundvorstellung ist dieser Weg nicht aufzuzeigen; erst aus den Variablen der Handlungstheorie erschließt sich die Logik der Situation und damit die Modellierung der Manipulation auch komplexer Systemzustände. In anderen Worten: Soziale Strukturen sind die Konsequenzen und zugleich die Bedingungen individuellen Handelns (vgl. Abb. 5-1).

In dieser Form erscheint eine mikrotheoretische Grundlegung sozialer Tatbestände lediglich als ein allgemeines Rahmenkonzept, das der Spezifikation bedarf. Dies betrifft zunächst einmal die Erklärung sozialer Tatbestände i.e.S. Aus Kapitel 3.2 ist der Vorschlag bekannt, Transformationsregeln für die Verknüpfung individueller Effekte mit kollektiven Phänomenen zu formulieren und damit das diffizile Mikro-Makro-Problem einer Lösung näherzubringen.

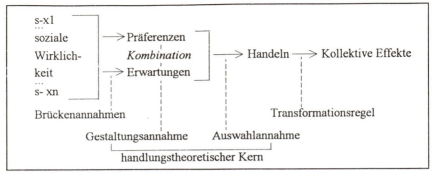

Abb. 5-1: *Soziale Tatbestände als Bedingungen und Konsequenzen individuellen Handelns*

Für die empirische Anwendung der Theorie rationalen Handelns (z.B. im Rahmen der funktionalen Präzisierungen des SEU-Modells) ist eine zweite Kategorie von Spezifikationsproblemen relevant. Sie sind auf der der Ebene der individuellen Effekte zu verorten. Das Konzept gibt ja lediglich vor, daß Präferenzen und Restriktionen die Handlungswahlen der Akteure beeinflussen. Es macht aber keine Aussagen über die substantiellen Ausprägungen der Anfangsbedingungen. Ohne eine Spezifizierung der Nutzenfunktionen, der Variablen Ziele und Mittel bzw. Präferenzen, Erwartungen, Handlungsalternativen und Handlungskonsequenzen ist eine Erklärung menschlichen Handelns in natürlichen Situationen in diesem Rahmen nicht möglich. Welche Gründe ein Akteur für sein Handeln in einer konkreten Situation hat, ist weder der Selektionsregel noch ihren Variablen zu entnehmen. Ohne weitere inhaltliche Präzisierungen sind das SEU-Modell oder verwandte Formalisierungen daher nicht anzuwenden; "assumptions of value, expectation and belief ... have to be added to the models before they can yield predictions of behavior", wie z.B. auch H. A. Simon anmerkt (1984: 300).

Für die inhaltliche Belegung der Motivations- und Anreizvariablen sind in der Perspektive der Mehrebenenmodellierung Brückenannahmen zu formulieren. Es handelt sich unter systematischen Gesichtspunkten um die notwendige Bestimmung der Anfangsbedingungen für die Anwendung des theoretischen Konzepts (Kap. 3.1). Brückenannahmen verknüpfen die generellen Variablen der Handlungsebene mit der spezifischen Situationslogik, wie sie von den Akteuren im Rahmen ihrer Definition der Situation wahrgenommen wird: Als erklärende Sachverhalte sind die Arten von Präferenzen und Restriktionen zu bestimmen, die aus Sicht der Akteure für die zu erklärenden Handlungen in einer spezifischen Handlungs- und Entscheidungssituation von Bedeutung sind. Brückenannahmen enthalten insofern Beschreibungen der Beziehung zwischen der sozialen 'Wirklichkeit' und den perzipierten Handlungsalternativen, Erwartungen und Bewertungen von Handlungsfolgen. Unter modellierungstechnischen Gesichtspunkten handelt es sich um die Bestimmung des empirischen Relativs, wobei die (Handlungs-) Theorie den Zugang zur Realität strukturiert.[1]

Grundsätzlich bestehen zwei Möglichkeiten mit diesem Problem der Spezifikation aktuell umzugehen (vgl. Braun, Franzen 1995; Diekmann, Preisendörfer 1993; Wippler 1990): (a) Die Existenz einer Nutzenfunktion wird a priori angenommen. Hierbei wird üblicherweise auf einfache Heuristiken zu den Bedingungen der Strukturierung der handlungsleitenden Variablen zurückgegriffen. Auf dieser Grundlage wird dann überprüft, ob sich aus den jeweils getroffenen Annahmen die ausgeführten Handlungen und resultierende soziale Tatbestände korrekt prognostizieren lassen. (b) Die Präferenzen und Erwartungen der relevanten Akteure werden mit den Mitteln der empirischen Sozialforschung empirisch erhoben. Auf entsprechende Möglichkeiten wurde bereits im vorhergehenden Abschnitt andeutungsweise hingewiesen. Die ermittelten Werte werden mit dem tatsächlichen Handeln konfrontiert.

Aus empirisch-erklärender Sicht, in der die Prüfung der empirischen Konsistenz der theoretischen Annahmen zu den Grundlagen der Erkenntnisbemühungen zählt, wird man grundsätzlich der zweiten Alternative den Vorzug geben. Dennoch dominieren in den Sozialwissenschaften Versuche, die erste Strategie für die Anwendung von Rational Choice auf konkrete Erklärungsprobleme zu nutzen. Die Konsequenzen sind erheblich: Aus der

---

[1] Der Zugang kann natürlich auch anders als über die Theorie rationalen Handelns ausfallen, z.B. könnte man von einer genetischen Fixierung menschlichen Handelns ausgehen, was für eine Modellierung sozialer Prozesse aber als ein wenig ergiebiger Weg erscheint. Zumindest wird eine der zentralen Fragen der Sozialwissenschaft eliminiert, nämlich diejenige, die auf (unbeabsichtigte) Handlungsfolgen rekurriert. An dieser Stelle ist ein Zwischenhinweis nützlich: Ich teile die Auffassung, daß es ohne Theorien keinen Zugang zur Realität gibt und daher endgültige Wahrheit prinzipiell nicht zu erreichen ist. Im Rahmen dieser Auffassung ist es aber kein Widerspruch, die Konsistenz und den empirischen Bezug von theoretischen Annahmen einzufordern: "Wir können zum Beispiel ohne Rückgriff auf 'absolute' Wahrheit prüfen, ob eine Theorie konsistenter ist als eine andere, und zwar sowohl in Hinblick auf Messungen und Beobachtungen, als auch in Hinblick auf interne Stimmigkeit" (Roth 1995: 316). Es bleibt auf jeden Fall die Möglichkeit 'immanenter Erkenntniskritik' (von Kutschera 1982). Weitere Einzelheiten eines solchen 'nicht-repräsentativen Realismus' werden in Abschnitt 6.2 diskutiert.

Verschränkung von Brücken- und Selektionsannahmen haben sich eigenständige Ansätze entwickelt, die vor dem Hintergrund der hier vertretenen kognitiven Theorie rationalen Handelns als partialtheoretische Konfigurationen zu bezeichnen sind. Auf diese Vorstellungen und einige zentrale Probleme, die mit ihrer Anwendung verknüpft sind, geht zunächst der nachfolgende Abschnitt ein.

5.1. Partialtheoretische Konfigurationen: Homo Oeconomicus- und Homo Sociologicus-Ansätze

Die bekanntesten Versuche, die Strategie der Vorab-Festlegungen zu nutzen, liegen im Rahmen der soziologischen Handlungstheorie in der Tradition von E. Durkheim und T. Parsons und der ökonomischen Handlungstheorie in der Tradition der neoklassischen Mikroökonomie vor. Diese Sichtweise kann in Anbetracht der immer wieder hervorgehobenen Differenzen befremden. Hier ist zu berücksichtigen, daß zwischen dem Grundkonzept - die Theorie rationalen Handelns als allgemeiner kognitiver Ansatz - und seinen partiellen Konfigurationen häufig nicht klar getrennt wird: "One of the most persisting cleavages in social sciences is the opposition ... between *homo oeconomicus* and *homo sociologicus*", hebt zum Beispiel J. Elster hervor (1989b:97). In dieser Formulierung kommt die verbreitete Praxis zum Ausdruck, die soziologische und ökonomische Handlungstheorie strikt voneinander abzugrenzen (vgl. z.B. auch Inglehart 1990: 25). Dies entspricht vielleicht dem fachlichen Interesse ihrer Vertreter, unter systematischen Gesichtspunkten lassen sie sich aber als spezielle Varianten der allgemeinen Theorie rationalen Handelns betrachten: In Abhängigkeit einer jeweils dominanten Situationslogik unterscheiden sie sich 'lediglich' im Hinblick auf die Spezifikation der handlungsleitenden Variablen, bestimmten gehaltserweiternden Zusatzannahmen und schließlich der Art der Formulierung des Selektionsgesetzes - explizit oder implizit -, nicht aber in dessen Inhalt, das im Streben nach Nutzenmaximierung begründet liegt.

Dieser Sachverhalt mag auf den ersten Blick überraschen: Daß auch im Rahmen der soziologischen Variante mit dem Prinzip der Nutzenorientierung bzw. der Maximierungsregel gearbeitet wird, wird i.d.R. nicht hervorgehoben, zumeist sogar in Abrede gestellt. Häufig liegt diese Einschätzung darin begründet, eine erklärende Entscheidungsregel sei als ein nebensächliches Detail zu betrachten; sie ist aber auch auf die Vorstellung einer streng normativ fixierten Handlungsregulation zurückzuführen, so daß im Rahmen des Homo Sociologicus-Konzepts die Bedeutung individueller Handlungsvariationen auch in hochstrukturierten Kontexten überspielt wird bzw. aufgrund der fehlenden nomologischen Basis ungeklärt bleibt. Die Akteure werden hier, wie R. Boudon anmerkt, in eine Art "Zwangswahl" versetzt (1980: 206; Einzelheiten weiter unten).

Die unter den Bezeichnungen 'Homo Sociologicus' und 'Homo Oeconomicus' geführten Konzepte sind als eine Gruppe von restriktiven Ansätzen zu interpretieren, die aus der Theorie rationalen Handelns als allgemeine kognitive Rahmentheorie und bestimmten zusätzlichen Annahmen abzuleiten sind. Die meisten dieser zusätzlichen Annahmen sind das Ergebnis von Hypothesen über eine spezifische Situationslogik und können daher als implizite Beschreibungen bestimmter sozialer Situationen aufgefaßt werden; insofern zielen Homo Sociologicus und Homo Oeconomicus auf jeweils unterschiedliche Typen von Situationen bzw. Situationsaspekten (vgl. Zintl 1990). In anderen Worten: Die Anwendung der Theorie rationalen Handelns wird eingeschränkt auf Situationen, die 'Homo Sociologicus-' und 'Homo Oeconomicus-analog' darstellbar sind.

Auf diese Weise läßt sich die Betonung ihrer Differenz als *heuristische Regel* zur Ermittlung der Anfangsbedingungen für die Anwendung der Theorie rationalen Handelns in natürlichen Situationen interpretieren: Das Konzept des Homo Sociologicus dient der Erklärung von Handlungen in eindeutig normativ regulierten Situationen, dagegen gilt der Entwurf des Homo Oeconomicus als der besonders für Wettbewerbssituationen geeignete Ansatz. Der jeweils identifizierte Typus der Handlungssituationen entscheidet also nach dieser Auffassung über den Einsatz eines besonderen Konzepts: Je nach Situation gelten die jeweiligen Annahmen über die Ausprägung der handlungsleitenden Variablen und bestimmte Zusatzannahmen als erklärungsrelevant.

Im Rahmen der kontextvarianten Brückenhypothesen findet die Theorie rationalen Handelns ihre Spezifikation und begründet so die bekannten partialtheoretischen Ansätze. Diese stellen insofern keine eigenständigen Handlungstheorien dar, die Soziologen oder Ökonomen für sich beanspruchen könnten, sondern besondere Konfigurationen der zugrundeliegenden Rationalwahltheorie: Deren Grundannahmen werden mit bestimmten Brückenannahmen und gehaltserweiternden Zusatzannahmen versehen und auf diese Weise für Situationen erklärungskräftig gemacht, die 'Homo Sociologicus-' und 'Homo Oeconomicus-analog' darstellbar sind. In ihrer nach dieser Interpretation eigentlich mißverständlichen Anwendung auf jegliche Situationen und Handlungsbereiche liegt der derzeitige Status der partiellen Konfigurationen als disziplinentypische Handlungskonzepte mit universellem Gültigkeitsanspruch begründet (vgl. z.B. die Gegenüberstellung bei Lindenberg 1985a).

Identifiziert man eine Situation als normativ bestimmt, beruht die Anwendung der soziologischen Variante auf folgenden (sehr vereinfacht dargestellten) Annahmen: Normative Erwartungen sind transindividuell generalisiert und als Rollenmuster gesellschaftlich garantiert. Unter Rollen werden gebündelte Handlungserwartungen an den Inhaber einer bestimmten Position verstanden. Die Orientierung an normativen (Rollen-) Erwartungen unterliegt der externen (sozialen) Kontrolle. Ihre Nicht-Befolgung führt zu negativen Sanktionen, bei Befolgung werden positive Sanktionen wirksam. Die Akteure wissen um ihre Bedeutung in spezifischen, normativ regulierten Handlungssituationen. Darüber hinaus wollen die Akteure diese Situationen so definieren, wie es von ihnen erwartet wird, da die Erwartungen im Rahmen der Sozialisationsphase internalisiert werden. Handeln in normativ regulierten Kontexten wird demnach verursacht durch normative Erwartungen und die damit verbundenen Sanktionen und durch die Internalisierung der Normen. Man braucht also bei einer Erklärung sozialen Handelns in normativ regulierten Situationen lediglich die normativen Bestimmungsgründe beachten.

In dieser Form erscheint die soziologische Handlungstheorie tatsächlich als eine besondere Spezifikation der Theorie rationalen Handelns für normativ regulierte Kontexte. Bestimmte Arten von Präferenzen und Restriktionen gelten für diese Situationen als ausreichend, um Handlungen und die aus ihnen resultierenden kollektiven Tatbestände zu erklären: Präferenzen ergeben sich aus internalisierten Normen, deren Befolgung sich zu einer eigenständigen Motivation verdichtet hat. Handlungen und ihre Handlungskonsequenzen werden immer im Hinblick auf die Möglichkeiten der 'Normerfüllung' bewertet. Eine Abweichung hiervon führt beispielsweise zur kognitiven Dissonanz (also zu psychischen Kosten), was Individuen aber vermeiden wollen, d.h. die Akteure sanktionieren sich im Rahmen interner Verfügungsbeschränkungen selbst. Neben solchen internalen Anreizfaktoren wirken externe Restriktionen. Dies sind die Reaktionen anderer, die z.B. mit negativen Sanktionen auf eventuelle Normabweichungen reagieren. Um diesen Sanktionen zu entgehen und die eigenen Wünsche zu verwirklichen, handeln die Akteure norm- bzw. rollenkonform. Wenn sich auch in dieser Perspektive die Qual der Handlungswahl eigentlich nicht stellt, ist damit in anderen Worten die Maximierung des Nutzenwertes ausgesprochen (vgl. Opp 1986: 13ff.). Präzise Angaben zur Selektionsregel werden allerdings nicht getroffen.

Von normativ regulierten Situationen möchte man v.a. Wettbewerbssituationen unterscheiden (vgl. Zintl 1990: 274ff.). Als ein zentrales Beispiel gilt hierfür die Institution des freien Tauschs. Zahlreiche Handlungen sind hier nicht oder in nur sehr geringem Maße normativ reguliert, zugleich unterstellt man einen überaus hohen Konkurrenz- und Überlebensdruck. Hat man eine solche Situation identifiziert, läßt sich aus Sicht der ökonomischen Theorie die Anreizstruktur auf harte (leicht meßbare), insbesondere materielle Anreize fixieren: Sie definieren die dominanten und immer nur kurzfristig wirksamen Belohnungswege in diesen Kontexten. Diese Annahme wird ergänzt durch eine Modellierung der individuellen Informationslage, wie sie auch aus der soziologischen Variante bekannt ist: In der Regel werden nur sichere Erwartungen, zumindest aber eine von den 'objektiven' Bedingungen der Situation nicht abweichende Definition der Situation betrachtet; "[d]ie neoklassische Theorie ... war ihrem Kerne nach immer Theorie bei vollkommener Information, Theorie bei Sicherheit", wie E. Streissler diesen Ansatz kennzeichnet (1980: 40). Neuere Entwicklungen, wie sie in der sogenannten 'Theorie rationaler Erwartungen' diskutiert werden (vgl. z.B. Samuelson, Nordhaus 1987: Kap. 16; Schmidtchen 1983), haben an diesen Voraussetzungen wenig geändert (vgl. Tietzel 1982).[2] Darüber hinaus wird eine vom Wandel sozialer Arrangements unabhängige, auf rein egoistische Ziele geordnete und stabile Präferenzenstruktur betrachtet. Mit dieser eindimensionalen Nutzenvorstellung werden nicht nur moralische oder altruistische Präferenzen, sondern auch Normen als Anreize für menschliches Handeln ausgeschlossen. "Wenn wir von rationalem Verhalten sprechen", schreibt A. Downs in einer bekannten Formulierung, "meinen wir ... stets rationales Verhalten, dem primär eigennützige Absichten zugrunde liegt" (1968: 26). Er ignoriert damit ausdrücklich "die Vielfalt der Ziele" des einzelnen und "die Komplexität seiner Motive", die sein Handeln leiten, insbesondere die Orientierung am Wohlergehen anderer (ebenda: 7). Motivationsinduktionen aufgrund der Variation institutioneller Arrangements spielen daher ebenfalls keine Rolle.

Eine solche Spezifikation steht in einem starken Kontrast zu den programmatischen Vorgaben der klassischen Ökonomen (wie Adam Smith), man spricht daher, wie von Streissler zuvor angedeutet, von einer *neoklassischen* ökonomischen Handlungstheorie.[3] Menschen sind hier - auch und

---

2   Dies gilt auch und insbesondere für spieltheoretische Anwendungen, wie sie sich
      z.B. im Rahmen der Neuen Politischen Ökonomie zunehmend durchsetzen (vgl.
      Kliemt 1996).

3   Diese Entwicklung läßt sich zu wesentlichen Teilen auf die sog. 'marginalisti-
      sche Revolution' in der ökonomischen Theorie zurückführen, die ihrerseits ihre
      Grundlage in der Schule der philosophischen Radikalisten fand (David Ricardo,
      James Mill, Jeremy Bentham).

v.a. wenn Unsicherheit ins Spiel kommt - Opportunisten, "interest seeking with guile", und dies nicht nur aus analytischen Gründen, sondern es handelt sich offensichtlich und - aus Sicht der erklärenden Sozialwissenschaft - sinnvollerweise um realistisch interpretierte Grundpositionen (Williamson 1985: 51). Da die Erklärung der Variation einer Variable durch eine andere Variable immer auch deren Variation voraussetzt, Präferenzen aber als stabil und interindividuell gleich betrachtet werden, braucht man bei einer Erklärung sozialen Handelns in Wettbewerbssituationen lediglich die Variation der 'harten', externalen Restriktionen, die Kosten des Handelns, die vorgeblich 'objektiv' und unabhängig feststellbar sind, zu beachten. Marktpreise (deren Maßstab nicht in Geldeinheiten bestehen muß) führen so zu einer Verteilung von Gütern, die die Erreichung der Ziele der Akteure beschränken und ein Gleichgewicht involvieren. Auf diese Weise werden im Rahmen einer eindimensionalen und undifferenzierten Nutzenorientierung kollektive Handlungsänderungen allein auf von außen bestimmbare Situationseigenschaften zurückgeführt (harte externe Anreize sollen offensichtlich etwas darstellen, was leicht meß- und feststellbar ist. Eine solche Aussage ist natürlich sehr unpräzise, liegt aber in der konzeptionellen Spezifikation begründet; vgl. zu dieser Problematik noch Kap. 5.2).

Die Selektionsregel folgt ausdrücklich der Maximierungsregel bzw. dem Grenznutzen-/Grenzkosten-Kalkül (d.h. häufig in EV-Form). Als eine - hinsichtlich des Annahmekerns der Theorie rationalen Handelns - gehaltserweiternde Zusatzannahme wird zumeist die Regel des abnehmenden Grenznutzens eingeführt. Sie besagt folgenden Zusammenhang: Je mehr eine Person von von einem Gut besitzt, desto geringer ist der Wert dieses Gutes für die Person. Auch solche Annahmen haben aus Sicht einer kritischen Erfahrungswissenschaft die Eigenschaft allgemeiner empirischer Hypothesen, mit denen sich allerdings spezifischere Erklärungen erstellen lassen (z.B. läßt sich voraussagen, daß der Konsum eines Gutes zugunsten eines anderen Gutes umso eher abgebrochen wird, je mehr man von diesem Gut bereits konsumiert hat).[4]

---

[4] Es handelt sich um keine besondere Spezifikation der Theorie rationalen Handelns, da zum Verlauf der Nutzenfunktion dort keine Aussage getroffen wird. Spezifikationen betreffen die Annahmen über die handlungsleitende Wirkung bestimmter Arten von Präferenzen und Restriktionen. Ist man an gehaltvollen Erklärungen interessiert, müssen diese Annahmen hinsichtlich der empirischen Daten Konsistenz aufweisen. Die Differenzierung zwischen heuristischen Regeln, besonderen Spezifikationen und gehaltserweiternden Zusatzannahmen impliziert, daß in empirischen Untersuchungen darauf zu achten ist, welche Annahmenklasse möglicherweise von Inkonsistenzen betroffen ist (vgl. Opp 1991: 111).

Mit der Ausbreitung der ökonomischen Perspektive auf außerökonomische Märkte wurden die im Rahmen des neoklassischen Homo Oeconomicus-Konzepts formulierten Brückenhypothesen leicht variiert. Die Nutzenfunktion wird dem jeweiligen Wettbewerbsbereich angepaßt, wobei ihre einfache eindimensionale Zentrierung, subsystemtypische transindividuelle Generalisierung und die Beschränkung auf harte Anreize nicht aufgegeben wird: der Unternehmer strebt nach Gewinn, der Konsument nach Versorgung mit privaten Gütern, der Politiker nach Stimmen, der Wahlbürger nach Versorgung mit öffentlichen Gütern, der Bürokrat im Wettbewerb mit anderen Organisationseinheiten um Haushaltsmittel usw. Hier trifft sich die ökonomische mit der soziologischen Theorie: Die Motivation des Handelnden erscheint vorab als rollengebunden und daher invariant und so immer auf bestimmte Elemente der Handlungssituation ausgerichtet.

Beide Konzepte, Homo Sociologicus und Homo Oeconomicus, lösen damit das Problem der inhaltlichen Unbestimmtheit in der Theorie rationalen Handelns - jeweils in Abhängigkeit der dominanten Handlungssituation - über die Fixierung auf bestimmte Brückenhypothesen, die sowohl die Erwartungsstruktur der Akteure als auch ihre motivationale Orientierung betreffen. Und in beiden Fällen wird, explizit oder nur implizit formuliert, das rationale Prinzip der strukturellen Selektion vorausgesetzt (wobei dieses allerdings nur in der ökonomischen Theorie seine notwendige Präzisierung erfährt). Weil dieser Sachverhalt wenig offensichtlich ist, kann man das Grundprinzip der konzeptionellen Erwägungen auch so ausdrücken: In der Verschränkung bestimmter Spezifikationen der handlungsleitenden Variablen mit dem Selektionsgesetz der nutzenorientierten bzw. nutzenmaximierenden Allokation liegen die bekannten handlungstheoretischen Konzepte begründet.

Wie auch immer die Spezifikation ausfällt, die Vorab-Festlegung auf ausgewählte Elemente der sozialen Handlungsregulation bei gleichzeitiger Invarianz der Motivationslagen der Handelnden ermöglicht vielleicht erst, erleichtert aber ohne Zweifel die empirische Anwendung der Theorie rationalen Handelns, zumindest für bestimmte Handlungskontexte (sieht man an dieser Stelle von der häufig als unproblematisch betrachteten Frage der funktionalen Präzisierung der Selektionsebene ab): Auf eine sehr detaillierte Betrachtung der Mikroebene kann nunmehr verzichtet werden, hat man doch erstens das Wissen, was ansonsten aufwendig zu produzieren wäre, und zweitens: dieses Wissen ist - so die frohe Botschaft - auch den Akteuren bekannt. Über die empirische Bedeutung der Annahmen ist damit natürlich noch nichts ausgesagt.

Für eine begründete Ableitung der jeweiligen Annahmen kann man zwei (ältere) 'Metastrategien' identifizieren, die funktionalistische Rechtfertigung im Rahmen des Homo Sociologicus-Konzepts (Kap. 3.1) und eine von neodarwinistischen Positionen geprägte evolutionstheoretische Begründung im Rahmen des Homo Oeconomicus-Konzepts (z.B. Friedman 1953b: 22). Beide Strategien sind (in empirisch-erklärender Perspektive) kritisch zu betrachten: Der Funktionalismus gibt keine Antwort auf die Frage nach dem 'warum', Übertragungen aus der Evolutionsbiologie sind konzeptionell mit großen Problemen konfrontiert: Zentrale Parameter sind im Rahmen der empirischen Gesellschaftsanalyse nicht identifiziert und die Bedingungen ihrer Anwendung kaum vorauszusetzen (vgl. mit Einzelheiten die Darstellung und Kritik bei Witt 1987: 77ff. oder Rosenberg 1992: 183ff.; Winter 1962). Darüber hinaus hat die Kritik am neodarwinistischen Adaptionsbegriff inzwischen selbst weite Teile der evolutionsbiologischen Diskussion erfaßt. Hervorgehoben wird hier insbesondere (a) die mögliche Änderung von Organismen ohne entsprechende Änderung der Umwelt bzw. die Tatsache der Stasis, d.h. zahlreiche Organismen haben sich im Verlauf der Erdgeschichte nicht verändert, obwohl sich ihre Umwelt wesentlich änderte, sowie (b) das Überleben von Organismen, weil sie nicht eng an ihre Umwelt angepaßt waren bzw. das Aussterben von Organismen, weil sie zu eng an ihre Umwelt angepaßt waren. Die Folge ist, daß Organismen in derselben Umwelt in ganz unterschiedlicher Weise überleben können. Jedenfalls übt die Umwelt keinesfalls einen solchen Druck auf die Evolution aus, wie dies im Rahmen neodarwinistischer Erwägungen angenommen wird (vgl. Wake, Roth, Wake 1983; Wake, Roth 1989b; Futuyma 1990). Zu Recht wird daher in der aktuellen sozialwissenschaftlichen Diskussion in den meisten Fällen auch von entsprechenden (funktionalistisch oder evolutionsbiologisch angeregten) Hinweisen zur Begründung der soziologischen und ökonomischen Konzepte abgesehen.

Allerdings ist dann im einzelnen nicht mehr offensichtlich, worin ihre Annahmen letztlich begründet liegen könnten: Es wird - neben dem Verweis auf allgemeine, noch zu diskutierende Anwendungsprobleme (Kap. 5.2) und dem Wechsel auf eine (unhaltbare) instrumentalistische Methodologie, die Fragen nach der Gegenstandheitsadäquanz erübrigt (Kap. 6) - lediglich eine Überlegenheit der jeweiligen Heuristik postuliert, bestenfalls die größere Erklärungskraft herausgestellt (und nicht nachgewiesen, s.u.) und im Zweifelsfall auf eigene Inkompetenzen verwiesen. So spricht T. Parsons davon, daß Menschen grundsätzlich dazu neigen, "das zu wollen, was mit normativen, speziell moralischen Mustern übereinstimmt, die in die Bildung [ihrer] Persönlichkeit eingegangen sind, Befriedigung in der Erfüllung der entsprechenden Zwecke, im Besitz der entsprechenden Eigenschaften usw. zu empfinden" (1986: 181; vgl. z.B. auch Dahrendorf 1977: 57). Die hauptsächliche Erklärungskraft haben demnach 'kulturelle' Faktoren zu leisten (vgl. Ingelhart 1990: 23). Gegen eine solche Sichtweise wendet sich mit gleicher Überzeugungsstärke zum Beispiel A. Suchanek: "Wenn veränderte Reaktionsmuster feststellbar sind, ist eine Erklärung mit dem Verweis, die Präferenzen hätten sich geändert, wenig aufschlußreich" (1994: 117, mit Anspielung auf Becker 1993: 12 und Kirchgässner 1991: 39).

Unter empirischen Gesichtspunkten lassen sich derartige Hinweise in zweifacher Hinsicht interpretieren (und die Frage nach ihrer Triftigkeit kann nur empirisch beantwortet werden; vgl. Opp 1993: 210): (1) Bis auf Zufallsschwankungen wird die gesamte Varianz des Explanandums durch die jeweilige Spezifikation erklärt. (2) Die Varianz der endogenen Variablen wird zwar nur zum Teil durch die Spezifikationen gebunden, aber diese sind mit anderen Variablen nicht korreliert, so daß die empirischen Parameter weiterhin unverzerrt sind. Gegenüber naheliegenden Einwänden - weder die soziologische noch die ökonomische Theorie konnten ihre Ansprüche bisher *empirisch* einlösen[5] - erklärt zum Beispiel G. S. Becker in einer sehr bekannt gewordenen Formulierung: "Da Ökonomen im allgemeinen, besonders aber auch in jüngerer Zeit, wenig zum Verständnis der Herausbildung von Präferenzen beigetragen hatten, nehmen sie an, daß diese sich im Zeitablauf nicht substantiell ändern, und, daß die Präferenzen von Reichen und Armen, oder selbst von Menschen in verschiedenen Gesellschaften und Kulturen, sich nicht sehr voneinander unterscheiden" (1993: 3).

Hier wird angedeutet, was verständlicherweise für viel Wirbel gesorgt hat: die Interpretation beider Ansätze als ein jeweils ausformuliertes Handlungskonzept mit universellem Erklärungsanspruch. Homo Sociologicus und Homo Oeconomoicus sind häufig nicht nur Begriffe, die etwas beschreiben, sondern solche, die offensichtlich etwas erklären sollen. Befürworter und Gegner der jeweiligen Konzeption halten daher beide Varianten oftmals für allgemeine Erklärungsmuster, die für beinahe jede Handlungssituation Verwendung finden können und so auch Verwendung finden: Die Rede vom 'ökonomischen Imperialismus' bietet hierfür ein prägnantes Beispiel (Radnitzky, Bernholz [Hg.] 1987), und die zahlreichen (politik-) soziologischen Anwendungen auf Basis rollentheoretischer Vorstellungen auf beinahe jede Art von Fragestellung sprechen hier ebenfalls für sich. Dieser Gedanke, die Konzepte ihrer grundlegenden heuristischen Funktion zu entledigen und über ihren jeweils engen Einsatzbereich hinaus zu verwenden, liegt auch durchaus nahe, weisen doch institutionelle Arrangements fast immer auch Wettbewerbsaspekte auf, und gehören zu jeder Wettbewerbssituation auch normative Elemente. Offensichtlich sind Handlungssituationen nicht immer auf eine so eindeutige Weise zu kennzeichnen, wie dies aufgrund der Kontextheuristik im Rahmen der beiden Standardkonzepte angenommen wird. Daraus resultieren dann auch spezifische Anwendungsprobleme und Erklärungsdefizite.

Normverletzungen sind z.B. eine der häufig in Betracht gezogenen Handlungsalternativen auch in streng normativ regulierten Situationen.

---

[5] Die Varianzaufklärung der soziologischen Standardmodelle ist sehr gering (vgl. z.B. Ingelhart 1990). Ebenso dürfte die empirische Leistungsfähigkeit der ökonomischen Modelle eher als "wishful thinking" ihrer Konstrukteure gelten (Stanley 1985: 316; vgl. hierzu auch die weiteren Überlegungen im vorliegenden Text).

Erwartungen und Bewertungen können sich eben nicht nur auf Normen beziehen, es sind auch externe (Opportunitäts-) Kosten normorientierten Handelns zu berücksichtigen. Auch normativ reguliertes Handeln findet in Entscheidungssituationen statt, Normabweichung ist eine der häufig in Betracht gezogenen Alternativen, und es gilt, die Alternativenwahl zu *erklären*. Dies geschieht im Rahmen der am Homo Sociologicus orientierten Erklärungsmuster nicht. Gesellschaft impliziert hier vielmehr "die Unterwerfung aller unter ein nicht weiter ableitbares, rational nicht begründbares und daher auch nicht kritisierbares Wertsystem" (Joas 1991: 140f.; ausführlich bereits Wrong 1961).

Wie wenig überzeugend diese soziologische Perspektive der 'Zwangswahl' ist, zeigt auch die Betrachtung von (intraindividuellen) Normenkonflikten. Ein Normen- oder Rollenkonflikt ist Ausdruck widersprüchlicher Erwartungen; Handlungen sind zwar normativ reguliert, aber in nicht übereinstimmender Weise. Jeder Versuch einer Erklärung muß hier über den bloßen Verweis auf die normative Steuerung individuellen Handelns hinausgehen (z.B. so: die unterschiedlichen Erwartungen sind variierende Anreize für bestimmte Handlungen. Der Beachtung bzw. Nicht-Beachtung der Erwartungen werden bestimmte Nutzen und Kosten zugeschrieben, die im Rahmen einer rationalen Allokation der Alternativenwahl steuern. K.-D. Opp hat weitere Studien überzeugend dahingehend ausgewertet, daß die Vertreter des Homo Sociologicus zumindest implizit das Prinzip der effizienten, rationalen Maximierung anwenden; vgl. insbes. Opp 1983).

Der Hinweis auf Rollenkonflikte schärft den Blick dafür, daß Normen mitunter nicht unumstritten und selbstverständlich gegeben sind, sondern durchaus das Ergebnis einer sehr flexiblen und prozeßhaften Interaktion selbst in hochstrukturierten Kontexten sein können. Wenn aber Normen und Werte erst aus Interaktionen resultieren, dann sind Erwartungen Dritter dem Handelnden nicht mehr ohne weiteres bekannt und Handeln läßt sich auch nicht mehr nur aufgrund ihrer sicheren Kenntnis und der Internalisierung von Normen in der Sozialisationsphase erklären. Sozialwissenschaftliche Analysen individuellen Handelns können daher das zentrale Element der menschlichen Findigkeit (das Element des 'resourceful': siehe Kap. 2), "die innovative und oft nach abweichenden Wegen suchende Kreativität des Menschen", wie H. Esser schreibt (1993: 235), nicht von vorneherein ausschließen. Auf diesen Aspekt haben - in Abgrenzung zur traditionellen Rollentheorie - vor allem die Vertreter des Symbolischen Interaktionismus (SI) aufmerksam gemacht (vgl. z.B. Wilson 1973: 71).

In dieser Perspektive liegt es nahe, sich auf das Verstehen des Handlungssinns zu konzentrieren (vgl. Wilson 1973: 61f.), so wie es auch die bekannte Definition von Max Weber nahelegt: *"Soziales* Handeln aber soll ein solches Handeln heißen, welches seinem von dem oder den Handelnden gemeinten Sinn nach auf das Verhalten a_n_d_e_r_e_r bezogen wird und daran in seinem Ablauf orientiert ist" (in der Ausgabe von 1980: 1). Allerdings führt das Primat des verstehenden Nachvollzugs sozialer Handlungen häufig zur Ablehnung des Prinzips der deduktiv-nomologischen Erklärung. Dieser Schluß ist voreilig, denn man arbeitet auch in diesem Rahmen immer mit allgemeinen Theorien, die aber nur implizit formuliert sind: Es wird übersehen, daß auch der Verstehensprozeß theorieabhängig ist. Und nur deshalb kann der Eindruck entstehen, daß der interpretative Ansatz des SI, der auch bei impliziter Theorieanwendung unbestritten eine zentrale heuristische Funktion zur Hypothesengenerierung erfüllt, mit einer systematischen Erklärung nicht vereinbar sei. Wenn man aber die Ziele eines Akteurs, seine Situationswahrnehmungen und seine Perzeption hinsichtlich der verfügbaren Handlungsalternativen nachvollzieht und sich auf diese Weise in seine Lage hineinversetzt, "so besteht der Verstehensakt, das Evidenzerlebnis des Verstehenden, ja gerade in der Tatsache, daß jeder Akteur, der die gleichen psychischen Zustände in einer handlungsbezogenen Situation aufweist, auch genauso handeln würde. Und diese Annahme entspricht einer allgemeinen Theorie" (Schnell, Hill, Esser 1992: 99).

Insofern bieten verstehende Methoden, wie H. Albert betont, "keinen Ersatz für die theoretische Erklärung von Verhaltensweisen, sondern sie schaffen unter Umständen die Voraussetzung für diese" (1971c: 140). Man kann diese Überlegungen dahingehend präzisieren, daß das Verstehen einer Handlung nach M. Weber der Kenntnis der Handlungsabsichten der Akteure impliziert. Diese sind aber nichts anderes als die zentralen Randbedingungen einer handlungstheoretischen Erklärung nach dem deduktiv-nomologischen Schema. Diese Aspekte wurden schließlich auch von T. P. Wilson gesehen (1982), und er relativiert die früher von ihm favorisierte Dichotomie zwischen Erklären und Verstehen, die - zum Nachteil der empirischen Forschungspraxis - häufig mit dem Gegensatz zwischen quantitativen und qualitativen Verfahren verknüpft wird. Dabei eröffnen insbesondere die neueren Entwicklungen im Bereich der qualitativen Verfahren auch dem eher quantitativ orientierten Forscher weitreichende Möglichkeiten zur Erfassung der sozialen Realität (vgl. Fielding, Lee [Hg.] 1992; Kelle [Hg.] 1995; Richards, Richards 1994).

In Anbetracht der methodologischen Defizite des SI könnte man vermuten, daß die üblichen Arbeiten im Rahmen der empirischen Sozialforschung, wie sie auf Grundlage des kritischen Rationalismus betrieben werden, hier für positive Aufklärung sorgen. Dies ist nur z.T. der Fall (wobei die Bedeutung der empirischen Analysen für den heutigen Kenntnisstand in der Sozialwissenschaft keinesfalls zu unterschätzen sind): Ihre Praxis entspricht zwar der für eine empirische Erklärung von Alltagshandeln erforderlichen Integration von Risikokontingenzen in die klassische soziologische Handlungstheorie - die strikten Sozialisierungseffekte werden gelockert und auf mehr oder weniger starke Einflüsse der sozialen Umwelt reduziert -, allerdings mit der Konsequenz, daß die soziologische Handlungstheorie heute aus kaum mehr als Orientierungshypothesen besteht; "etwa der bekannten Art, daß das Handeln eine Frage der sozialen Strukturen und der Eigenschaften der Akteure sei", wie hierzu H. Esser anmerkt (1992:133). Weniger stark akzentuiert formuliert, fehlt es an einer eindeutigen Formulierung der Selektionslogik, des zentralen nomologischen Kerns einer handlungstheoretischen Erklärung (ausführlich hierzu: Kunz 1996a: 41ff.). Dennoch läßt sich auch in diesem Kontext vielen Arbeiten ein zumindest implizites Maximierungskalkül entnehmen, z.B. den Untersuchungen auf Basis der ausdrücklich als soziologisch bezeichneten Theorie der Ressourcenmobilisierung zur Erklärung politischer Partizipation. So behauptet zum Beispiel J. C. Jenkins, "movement actions are rational, adaptive responses to the costs and rewards of different lines of action" (Jenkins 1983: 528). Sogar im Rahmen des SI sind deutliche Hinweise auf den Maximierungsgedanken zu finden: E. Goffman spricht beispielsweise von gewinn- und erfolgsorientiertem Handeln sowie vom "Erwartungswert des Spiels" (Goffman 1991: 165f.). Und H. Blumer stellt ausdrücklich klar, daß die Handlungswahlen der Akteure von ihren Zielen, den verfügbaren Mitteln zu ihrer Erreichung und dem wahrscheinlichen Ergebnis einer Handlungslinie abhängig sind (vgl. Blumer 1973: 95). Ebenfalls sind die in diesem Rahmen thematisierten Muster- und 'framing'-Effekte Ausdruck eines rationalen Umgangs mit knappen Mitteln (Kap. 8). Hier zeigt sich noch einmal deutlich, daß die Unterschiede zwischen ökonomischen und soziologischen Betrachtungweisen letztlich nicht im nomologischen Kern begründet liegen, sondern in der (z.T. situationsvarianten) Spezifikation der handlungsleitenden Variablen, die immer auch als Präferenzen, Ziele, Wünsche und Erwartungen, diese Ziele zu verwirklichen, abzuleiten sind.

Festzuhalten ist an dieser Stelle, daß die soziologische Theorie in der Tradition des klassischen Homo Sociologicus selbst für ihren originären Anwendungsbereich, d.h. für hochstrukturierte und normativ regulierte Kontexte zahlreiche Fragen offen läßt. Den im Hinblick auf die normative Handlungssteuerung gelockerten Varianten - die deshalb aber auch ihre heuristische Funktion zur Bestimmung der Brückenhypothesen einbüßen - kann unter theoretischen Gesichtspunkten v.a. die zentrale Bedeutung der Definition der Situation *durch die Akteure* entnommen werden. Die in diesem Zusammenhang vertretene Alternative, allgemeine Erklärungen aufzugeben, erscheint wenig attraktiv und ist auch nur vordergründig bedeutsam. Daher stellt sich nunmehr die Frage, wie sieht es mit der (neoklassischen) ökonomischen Spezifikation in Wettbewerbssituationen aus? Lassen sich mit diesem Ansatz befriedigende Erklärungen für Problemstellungen geben, die Sozialwissenschaftler im Rahmen solcher Handlungskontexte üblicherweise interessieren?

Betrachten wir hierzu Phänomene des Arbeitsmarktes am Beispiel einer Frage, die J. Berger vor kurzem so gestellt hat (1995): "Warum arbeiten die Arbeiter?" Soziologen antworten bekanntlich: Arbeiter arbeiten, weil sie arbeiten *müssen* (aus der hier vernachlässigten neo-marxistischen Sicht), und: "weil sie in einer 'Arbeitsgesellschaft' arbeiten *sollen* und weil sie arbeiten *wollen*" (Berger 1995: 407; situativ verallgemeinerter Ansatz des Homo Sociologicus). Erfahrungsgemäß kommt man mit diesen Anworten nicht sehr weit: Es gehört zum Alltagswissen, daß es eine Vielzahl von Erwerbstätigen gibt, die arbeiten, obwohl sie gar nicht arbeiten müssen (z.B. weil das Einkommen des Partners für den Lebensunterhalt ausreichen würde). Andererseits ist ohne Entlohnung, ohne die Bedienung ganz privater materieller Interessen, nicht zu erwarten, daß sich Individuen in den Dienst einer Unternehmung stellen. Und genau diesen Sachverhalt betonen Ökonomen.

Ihre Antwort auf die Frage, 'Warum arbeiten Arbeiter?', lautet: Jedes Arbeitsangebot beruht auf einer egoistisch zentrierten Kalkulation über die optimale Allokation der zur Verfügung stehenden Zeit auf verschiedene Verwendungsmöglichkeiten, d.h. jeder Arbeitnehmer ist bestrebt seinen Nutzen in Abhängigkeit von seinem Einkommen und seiner freien Zeit zu maximieren (vgl. Gabisch 1988). Die herausgehobene Bedeutung des Profit- bzw. Einkommensmotivs provoziert aber sofort die Frage, warum arbeiten Arbeiter auf ihren Arbeitsstellen tatsächlich? Warum soll der Homo Oeconomicus unspezifische Verträge, in denen in der Regel nur die Entlohnung präzise geregelt ist, einhalten? Kann man dies von Opportunisten, die jede Gelegenheit der Vorteilsbeschaffung ausnutzen, erwarten? Natürlich nicht: "Economics is based on the premise that rational, opportunistic agents shirk whereever possible, so die Antwort von B. S. Frey (1993: 1530); auf diese Weise geht die (neoklassische) ökonomische Perspektive immer nur von dem aus, was eigentlich zu erklären wäre. Dies trifft natürlich erst Recht bei einer Ausweitung der ökonomischen Perspektive auf außerökonomische Sachverhalte zu (ohne die Einhaltung von Spielregeln funktioniert auch die 'Downssche Demokratie' nicht), v.a. dann, wenn unter Zugrundelegung des Homo Oeconomicus nicht-wettbewerbsanaloge Kontexte betrachtet werden (wobei die direkte Analogie zu Markt und Wettbewerb im Einzelfall von vorneherein sehr umstritten ist; vgl. bezüglich des demokratischen Systems z.B. Fetscher 1984: 198f.; Schmidt 1995: 147ff.). Aber selbst im Rahmen einer Wettbewerbssituation gibt die ökonomische Spezifikation, wie diese die Kognitionen der Akteure beeinflussen soll, einige Rätsel auf.

Wenn die Perspektive des Homo Oeconomicus von Bedeutung sein soll, dann sollten zumindest diejenigen Situationsbeschreibungen zutreffen, die usprünglich die Anwendung dieses Konzepts vermitteln sollten. Aber selbst für eine Erklärung von marktwirtschaftlich strukturierten Arbeitsprozessen ist *auch* die motivationale Kraft von Identifikationen und Wertbindungen zu berücksichtigen: "Of course identification is not an exclusive source of motivation; it exists side by side with material rewards and enforcement mechanisms that are a part of the employment contract. But a realistic picture of how organizations operate must include the importance of identification in the motivation of employees" (Simon 1991: 36). Ökonomen werden an dieser Stelle sofort die Hobbessche Frage stellen, doch nur wer davon ausgeht, in einer von moralischen Bindungen freien Welt zu leben, reale Gesellschaften als einen Naturzustand betrachten zu können, wird diesen Einwand ohne den Bezug auf empirische Untersuchungen weiterverfolgen: Reale soziale Systeme können gegenüber dem Naturzustand über ein moralisches 'Surplus' verfügen, das Loyalität herausfordert und begünstigt.[6] Allerdings wäre es ebenso unsinnig, eine unabhängig von eigenen Interessenlagen bestehende Abhängigkeit von geltenden Normen vorauszusetzen: Es bedarf keiner ausgiebigen Diskussion, daß selbst für normativ reguliertes Handeln auch Präferenzen und Restriktionen eine Rolle spielen, die sich nicht auf die entsprechenden Normen beziehen (s.o.). In anderen Worten: Die Situationsauffassung der Akteure ist sicherlich nicht nur normenorientiert. In dieser Überlegung liegt die zentrale Kritik begründet: Die empirischen Rechtfertigungen, die Situationen 'Homo Sociologicus-' oder 'Homo Oeconomicus-analog' zu beschreiben, sind für eine *Erklärung* individuellen Handelns und daraus resultierender sozialer Prozesse zumindest unvollständig.

Die hier eigentlich interessante Frage (auch für wettbewerbsanaloge Konkurrenzsituationen) besteht darin, welche Motivationen sind bei den Akteure nachzuweisen und unter welchen Bedingungen kommt es zu einem Austausch von Motivationen? Es geht um die Frage nach den institutionellen Arrangements, die Motivationen binden können und diese Frage ist zentral: Strukturen prägen oder formen den Menschen nicht nur, sondern sie binden diese auch an sich - dadurch, daß sie von den Menschen produziert werden. Insofern verliert die am reinen Homo Oeconomicus orientierte Perspektive nochmals an Überzeugungskraft, wenn sie auf Sachverhalte angewendet wird, die nicht im Einklang mit den ursprünglichen Situationsvoraussetzungen stehen. Die Spezifikation der handlungsleitenden Variablen schließt moralische Bindungseffekte und intrinsische Kosten von vorneherein aus, doch sind zahlreiche kollektive Tatbestände, die Sozialwissenschaftler i.d.R. interessieren, häufig nur unter Rückgriff auf solche 'weichen' Anreize zu erklären.

---

[6] Vgl. hierzu auch die Darstellungen bei M. Casson (1991), R. Hegselmann (1988), H. Kliemt (1993) oder M. Leschke (1995). Das 'moralische Vakuum' der ökonomischen Theorie liegt im übrigen nicht in ihrer Tradition begründet: Adam Smith war Professor für Moralphilosophie und eines seiner Hauptwerke bezieht sich auf die 'Theory of Moral Sentiments', die auch im 'Wealth of Nations' eine Rolle spielt (vgl. Smith, in den Ausgaben von 1993 und 1994). Entsprechend ist das Konzept der 'invisible hand' trotz seiner ständigen Nennung in der Literatur relativ bedeutungslos: Es wird von A. Smith nur zweimal erwähnt (vgl. mit Einzelheiten Kittsteiner 1984).

Harte Anreize spielen v.a. in vielen Fällen kollektiven Handelns kaum eine Rolle (vgl. Opp et al. 1984; Opp, Roehl 1990) oder können grundsätzlich mit weichen Anreizen korreliert sein (z.B. wenn juristische Strafandrohungen aufgrund sozialer Normen in einer Gesellschaft ausgesprochen werden, vgl. Opp 1991: 115). Solche - beinahe beliebig zu variierenden - Beispiele zeigen, daß das Argument, bestimmte Spezifikationen könnten generell oder in speziellen Untersuchungen a priori festgelegt werden, ohne dies im Einzelfall auf empirische Konsistenz zu prüfen, nicht haltbar ist. Dies bedeutet auch, daß die häufig als Kern von Rational Choice interpretierte - aber nur für das partielle Konzept des Homo Oeconomicus zutreffende - Annahme unveränderlicher Präferenzen zu Recht als "eine der absonderlichsten Annahmen in der Ökonomie" gilt (Boulding 1976: 124). Der naheliegende Rückzug auf eine dynamische Perspektive kann diese Einschätzung nicht revidieren: Die Veränderung der Aktivitäten nur auf Veränderungen situativer Bedingungen unter Restriktionsgesichtspunkten zurückzuführen, ist unter empirischen Gesichtspunkten lediglich Ausdruck einer A priori-Fixierung auf temporär stabile Präferenzen. Wenn man dennoch behauptet, daß dieser Ansatz empirisch widerlegbar ist, sollte man die entsprechende Annahme überprüfen, zumindest erwartet man dies im Rahmen der empirischen Wissenschaftslehre. Ein solcher Weg liegt v.a. dann nahe, wenn die Mehrebenenmodellierung sozialer Tatbestände als Ausgangspunkt gewählt wird. In diesem Rahmen läßt sich über die Prozesse der individuellen Präferenzenbildung im Rahmen der Makro-Mikro-Relation kaum hinwegsehen. Und die Bedeutung variabler Motivationen ist keinesfalls zu unterschätzen, arbeiten doch selbst gesellschaftliche Institutionen mit Motivationsvariationen: Die Werbung zielt nachhaltig auf Präferenzenänderungen, in der Strafgesetzgebung werden Strafen ausdrücklich in Abhängigkeit der einer Straftat zugrundeliegenden Motive ausgeprochen, und eines der vielbeklagten Zeiterscheinungen liegt in dem Zerfall von Wertbindungen durch zunehmende Kommerzialisierung der sozialen Beziehungen.

5.2. Empirische Spezifikation: Die Anwendung der Theorie in der quantitativen Sozialforschung

Die empirische Arbeit für konkrete Forschungsfragen in spezifischen Handlungszusammenhängen können die Homo Oeconomicus- und Sociologicus-Konzepte nicht ersetzen. Nach den bisherigen Überlegungen erscheinen sie sogar als irreführend. Andererseits wird behauptet, daß keine konzeptionellen Alternativen vorliegen, insbesondere würden sich keine umfassenden und bewährten Theorien der Präferenzen- und Erwartungsbildung finden (vgl. Tietzel 1988; i.d.S. auch Vanberg 1993). Abgesehen von der Tatsache, daß diese Einschätzung nicht zutrifft,[7] sondern lediglich die mangelnde

---

[7] Vgl. z.B. die Annahmen der Einstellungstheorie von I. Ajzen und M. Fishbein (1980) nach Fishbein (1963, 1967a,b), der sozial-kognitiven Lerntheorie nach A. Bandura (1986), den wert-erwartungstheoretischen Ansatz von K. Kaufmann-

Verbindung von Rational Choice zu den Theorien der kognitiven (Sozial-) Psychologie zum Ausdruck bringt, wird damit das vermeintliche Problem der Subjektorientierung nicht gelöst, da auch die Anwendung dieser Theorien Individualdaten voraussetzt. Es bedarf daher grundsätzlich des Einsatzes der Methoden der empirischen Sozialforschung zur Spezifikation der Anfangsbedingungen in der Theorie rationalen Handelns, wenn die Anwendung von Rational Choice tatsächlich zur Erklärung konkreter sozialer Phänomene dienen soll. Die empirische Konstruktion von Brückenannahmen läßt sich kaum vermeiden, wenn man im Rahmen der theoretischen Vorgaben erkennen will, warum die Menschen auf eine bestimmte Weise handeln.

Der Eindruck könnte entstehen, daß ein solches Vorgehen eine 'theoriefreie' Forschung impliziert. Dies ist, wie mehrfach herausgestellt, nicht der Fall und auch nicht vorstellbar. Und bekanntlich erschließt erst die Theorie rationalen Handelns die Logik der Situation und eröffnet damit die Möglichkeit, Sachverhalte festzulegen, die im Forschungsprozeß von Interesse sind. Darüber hinaus beruht der Einsatz des Instrumentariums der empirischen Sozialforschung immer auf Hintergrundannahmen. Damit soll nicht behauptet werden, daß bei einem Widerspruch z.B. des SEU-Konzepts zu den Daten stets auf diese Annahmen zu verweisen wäre. Eine solche Strategie der Immunisierung ist selbstverständlich zurückzuweisen. Aber aufgrund der Probleme der Anwendung der Theorie rationalen Handelns in natürlichen Situationen ist zu berücksichtigen, daß eine endgültige Beurteilung eine Vielzahl von Testsituationen voraussetzt. Im übrigen läßt sich die Theorie rationalen Handelns selbst auf Fragen der empirischen Sozialforschung anwenden, z.B. zur Erklärung des Befragten- und Interviewerverhaltens (vgl. Esser 1990; Reinecke 1991).

Die hier vertretene Sichtweise impliziert die empirische Konstruktion von Brückenannahmen. Aber diese Position ist umstritten und zwar auch unter Vertretern, denen durchaus ein gemeinsames Interesse an den Prozessen der erfahrbaren Wirklichkeit und ihrer Erklärung unterstellt werden kann. Insbesondere im Rahmen der neoklassischen Variante von Rational Choice scheint es grundsätzliche Vorbehalte gegenüber der Messung von Präferenzen und Restriktionen durch Umfragen zu geben, mit der Folge einer Beschränkung der Theorie auf harte, materielle, also 'von außen' leicht feststellbare Anreize und der Annahme eines umfassenden und korrekten Informationsstandes der Akteure, die empirische Erhebungen erübrigen: Es wird nachdrücklich auf den Ressourcenaufwand und die praktischen Schwierigkeiten einer direkten Nutzenmessung hingewiesen. Daher sei die

---

Mall (1978) oder die Überlegungen im Rahmen der Schemata- und Skript-Forschung (z.B. Kellogg 1995: 165ff.).

Lösung des Spezifikationsproblems über den letztlich fiktiven Modellbau grundsätzlich gerechtfertigt (vgl. beispielhaft: Braun, Franzen 1995: 234f. sowie Kirchgässner 1991: 26; Olson 1968: 60, Anm. 17; Wippler 1990: 189).[8] Die zumindest implizite Konsequenz ist der Betrieb einer instrumentalistischen Methodologie, nach der es keine Rolle spielt, ob die Annahmen im Explanans zutreffen oder nicht zutreffen. Die Güte der 'Erklärung' wird ausschließlich an der prognostischen Kraft der postulierten Nutzenfunktion gemessen (vgl. z.B. Braun, Franzen 1995: 246).

Es soll nicht bestritten werden, daß auch mit diesem Vorgehen neue und interessante Befunde entdeckt werden können. Aber man muß sich über den prinzipiellen Stellenwert konzeptioneller Erwägungen im Rahmen dieser v.a. in der Ökonomie sehr beliebten Strategie bewußt sein: Die Annahmen können hier immer nur zufällig und nicht systematisch zu zutreffenden Konsequenzen führen. Konzepte dienen auf diese Weise lediglich als ein induktives Kalkül, als Instrumente zur Erzeugung gehaltserweiternder Schlußweisen, deren Funktionieren grundsätzlich ein Rätsel bleibt (vgl. Albert 1987: 126).

Die Kritik an den Möglichkeiten der empirischen Sozialforschung impliziert also eine methodologische Position, die empirisch-erklärenden Ansprüchen nicht gerecht und so vielleicht auch gar nicht gewollt wird. Dabei ist der Hinweis auf die praktischen Probleme der Erhebung korrekt: Die experimentelle Bestimmung der Nutzenfunktionen ist außerordentlich aufwendig und dürfte in der praktischen Sozialforschung schwer zu verwirklichen sein.[9] In der sozialwissenschaftlichen Forschungspraxis haben sich daher, wie in Kapitel 4.2 bereits angedeutet, Nutzenmessungen mit den einschlä-

---

8 Auf ähnliche Weise begründet man auch die sozialstrukturelle Variante des Homo Sociologicus-Konzepts in der empirischen Forschung mit der notorischen Unzuverlässigkeit, die der Erhebung kognitiver Variablen immanent sei: "Reports of attitudes are notoriously fugitive, unreliable, and difficult to compare across respondents", führen z.B. H. E. Brady, S. Verba und K. L. Schlozman aus (1995: 271). Dies impliziert unter methodologischen Gesichtspunkten eine ungeprüfte Kopplung von Sozialstruktur und bestimmten Einstellungsmustern, die wiederum die Handlungswahl anleiten sollen.

9 Bekanntlich wird hier die Nutzenskala durch die Ausgänge der Handlungen mit dem besten und schlechtesten Ergebnis definiert (die Anfangs- und Endwerte können frei gewählt werden, da es sich um eine Intervallskala handelt). Um den (SEU-) Nutzenwert der übrigen transitiv geordneten Handlungsalternativen festzustellen, wird die Wahrscheinlichkeit für die Prospekte x_1 und x_2 solange für jede Alternative paarweise variiert (z.B. für x_3) bis ein Akteur angeben kann, bei welcher Wahrscheinlichkeit er zwischen der fraglichen Alternative (x_3) und der Lotterie, bestehend aus x_1 und x_2 (x_1, p; x_2, 1-p), indifferent ist.

gigen Mitteln der empirischen Sozialforschung (Datenerhebungsmethoden und Skalierungstechniken) durchgesetzt. Desgleichen gilt für die Ermittlung der subjektiven Erwartungen (vgl. z.B. Bamberg, Schmidt 1994; Krämer, Hofmann 1990; Opp et al. 1984; Opp, Roehl 1990). Es steht ein umfangreiches Instrumentarium zur direkten Messung der handlungsleitenden Variablen zur Verfügung. Auch die in der neoklassischen Ökonomie vernachlässigten und in soziologischen Überlegungen oftmals hervorgehobenen weichen Anreize (wie persönliche normative Verpflichtungen) sind meß- und quantifizierbar.[10]

Selbstverständlich liegen auch im Einsatz des Instrumentariums der empirischen Sozialforschung im freien Forschungsfeld zahlreiche Schwierigkeiten begründet. Auf einige, zentrale Probleme für die Anwendung der Theorie rationalen Handelns in natürlichen Situationen komme ich in diesem Abschnitt noch zu sprechen. Aber grundsätzlich betreffen die Einsatzschwierigkeiten zunächst einmal jeden Zweig der empirischen Sozialwissenschaften. Eine Kapitulation vor den Anwendungsproblemen hätte daher die Aufgabe der empirischen Forschung zur Folge, und unter anwendungsorientierten Gesichtspunkten ist diese Debatte unproduktiv. Denn die einschlägigen Diskussionen und Forschungen zu den Methodenfragen zeigen, daß hier Fortschritte möglich sind (vgl. z.B. Borg, Mohler [Hg.] 1994).

In der Perspektive der empirischen Sozialwissenschaften wird man versuchen, die kognitiven Repräsentationen der handelnden Individuen empirisch zu erfassen, und die Forschungstradition ist vielfältig: Die Praxis der Sozialforschung hat sich schon immer mit Nutzenmessungen beschäftigt. Beinahe jeder Fragebogen z.B. im Bereich der Politischen Soziologie enthält Fragen nach Einstellungen, Wünschen oder Zielen. Ebenfalls können die zahlreichen (sozial-) psychologischen Arbeiten zur Valenzbildung und Motivmessung die empirische Konstruktion der Brückenannahmen anleiten. A. Campbell faßt die hier vertretene Position auf treffende Weise zusammen: "There is no gainsaying the fact that the measurement of these subjective feelings presents many hazards and requires assumptions that are subject to challenge. ... Perceptions and feelings are certainly subjective but they are real to the person who experiences them. People are able to describe the quality of their own lives, not as precisely or with as great a degree of interpersonal comparability as one might like, but with a kind of direct validity

---

[10] Im übrigen lassen sich Einstellungsdaten schnell aufbereiten. Sie stehen daher, wie D. Frey und G. Gülker hervorheben, auch eher für eine (ökonomische) Prognose zur Verfügung als z.B. Daten der volkswirtschaftlichen Gesamtrechnung (1988: 172).

that more objective measures do not have. *Subjective experiences can only be measured subjectively,* and we will have to accept the degree of imprecision this requirement implies" (Campbell 1981: 12, Hervorhebung VK).

Diese Diskussion mag für den empirisch arbeitenden Sozialwissenschaftler überflüssig erscheinen, aber in Anbetracht der immer wieder aktualisierten Ablehnung der direkten Nutzen- und Wahrscheinlichkeitsmessung aufgrund forschungspraktischer Probleme v.a. in der ökonomisch orientierten Lehre, die die sozialwissenschaftliche Anwendung des Rational Choice-Ansatzes dominiert, ist an die inzwischen reichhaltige Forschungstradition zu erinnern. Die erst kürzlich von N. Braun und A. Franzen (1995: 233ff.) aufgeworfene Frage "Nutzenmessung oder Modellbildung" dürfte daher für die Anwendung der Theorie rationalen Handelns in natürlichen Situationen eindeutig zu beantworten sein: Eine empirische Messung der gemäß der Theorie handlungsleitenden Kognitionen ist grundsätzlich möglich und ihre Durchführung bei den relevanten Akteuren ist aus empirisch-erklärender Sicht geboten: Die subjektive Definition der Situation ist Element des Überlegensprozesses und daher als Bestandteil einer *erklärenden* Handlungstheorie zu akzeptieren.[11]

Die üblichen Probleme sind, wie gesagt, nicht von der Hand zu weisen; aber es kommt auf den produktiven Umgang mit ihnen an, und eine detaillierte Analyse der Schwierigkeiten und ihrer Lösungsmöglichkeiten findet im Rahmen der sozialwissenschaftlichen Lehre von Rational Choice kaum statt (vgl. als Ausnahmen: Friedrichs, Stolle, Engelbrecht 1993; Kelle, Lüdemann 1995; Kunz 1994; Opp 1990a). Insbesondere sind folgende, in der Literatur zur Theorie rationalen Handelns nur unzureichend beachteten Probleme zu diskutieren und evt. zu klären: die Formulierung der Handlungsalternativen und -konsequenzen (Spezifikation), die Erhebungsform der Handlungskonsequenzen (offene oder geschlossene Fragen) sowie ihre Skalierung (Zuweisung numerischer Werte) und die daraus folgenden Konsequenzen für die empirisch-statistischen Analysen.

---

[11] Die gegenteilige Meinung von Braun und Franzen ist zu einem großen Teil auf einen Fehlschluß über Realistik und Abstraktheit in handlungstheoretischen Erklärungen zurückzuführen (vgl. Braun, Franzen 1995: insbes. 246 i.V.m. Kap. 6 dieser Arbeit).

5.2.1. Die Präzisierung der Handlungsalternativen, die Ermittlung der Handlungskonsequenzen und das Prinzip der Kompatibilität

Die empirischen Anwendungen der Theorie rationalen Handelns folgen in der Regel ihrer wert-erwartungstheoretischen Formulierung und dies v.a. im Rahmen des SEU-Konzepts. Hierbei beruht die erhebungstechnische Methodenpräferenz auf der (schriftlichen) Befragung.[12] Evaluative Skalen des Semantischen Differentials und mehrstufige uni- oder bipolare Ratingskalen dienen zur Messung der Präferenzen und Wahrscheinlichkeiten. Die Angaben der Befragten sind als manifester Ausdruck ihrer latenten Dispositionen zu werten (vgl. Abb. 5-2).

Die Beliebtheit der Erhebungsinstrumente in großen Teilen der empirischen Sozialforschung setzt die Bedingungen und Annahmen nicht außer Kraft, deren Gültigkeit zu unterstellen ist, wenn nach Handlungsrealisationen, ihren Konsequenzen, deren Wertschätzung und den Erwartungshaltungen gefragt wird: Die Befragten müssen das benannte Problem sowohl in seinen einzelnen Aspekten wie auch in der Gesamtheit nicht nur betrachten können, sondern tatsächlich auch so betrachten. Die Informanden sind in der Lage und bereit, darüber zu sprechen. Und die Befragten können sich hypothetische Situationen, zukünftige andere Verhaltensweisen sowie deren Konsequenzen vorstellen (vgl. Schnell, Hill, Esser 1992: 337). Hinsichtlich der Anwendung der Theorie rationalen Handelns impliziert die Befragungsmethode zumindest, daß die Akteure sich über ihre Handlungsziele und Präferenzen soweit bewußt sind, daß sie hierüber Angaben leisten können, Eintrittwahrscheinlichkeiten projizieren können und auch bereit sind, diese Kennwerte mitzuteilen.

Die Angemessenheit dieser Voraussetzungen wird üblicherweise unterstellt, was aber eine durchaus problematische Hintergrundannahme sein kann: So ist nachgewiesen, daß selbst häufig wiederkehrende Erfahrungen und Handlungsrealisationen im Gedächtnis der Akteure mitunter schlecht repräsentiert sind. Die Informanden wenden daher Schätzstrategien an. Diese sind wiederum von ihren subjektiven Theorien über das erfragte Handeln und vom verwendeten Erhebungsinstrument beeinflußt (vgl. Ross, Conway 1986; Schwarz, Hippler 1987; Schwarz, Scheuring 1991). Damit

---

[12] Ein bestimmtes Instrument der Datenerhebung wird durch die Theorie selbstverständlich nicht impliziert. So findet sich zunehmend auch der Einsatz von Telefoninterviews (vgl. Diekmann, Preisendörfer 1992; Wolf 1988).

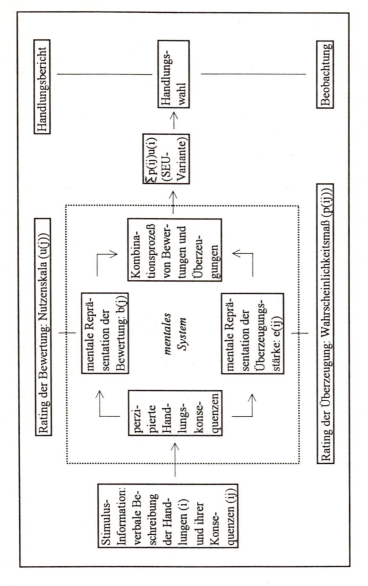

Abb. 5-2: Schema der Standardanwendung der Theorie rationalen Handelns in der empirischen Sozialforschung

läßt sich z.B. erklären, daß zahlreiche Befragte die Stabilität ihrer Gewohnheiten überschätzen.

Von diesen Problemen ist die Praxis der empirischen Sozialforschung grundsätzlich betroffen. Insofern richtet sich die ablehnende Haltung von zahlreichen Vertretern des Rational Choice-Ansatzes gegenüber den Möglichkeiten der empirischen Konstruktion von Brückenhypothesen gegen die gesamte Sozialforschung. Das klingt befremdlich, und vermutlich hat es deshalb niemand so deutlich gesagt. Denn die reflektierte Anwendung der Methoden und ihre systematische Weiterentwicklung kann den skizzierten Problemen in weiten Teilen gerecht werden.[13] Zum Beispiel können besondere Frageformulierungen Ungenauigkeiten in der Messung, wie sie u.a. bei Erinnerungsfehlern auftreten, minimieren (vgl. z.B. Ericsson, Simon 1984). Die besonderen Anwendungsprobleme der Theorie rationalen Handelns sind damit aber nicht gelöst.

Das zentrale Problem besteht zunächst einmal in der eindeutigen Kennzeichnung der Entscheidungssituation (die den Befragten vorgelegt wird; vgl. Friedrichs, Stolle, Engelbrecht 1993: 7). Sie setzt eine präzise Benennung der Handlungsalternativen voraus. Dies erscheint auf den ersten Blick einfach, dennoch können in empirischen Erhebungen besonders zwei Schwierigkeiten auftreten: (a) die vorgegebenen Alternativen sind verbundene Ereignisse, d.h. sie schließen sich für zahlreiche Befragten einander nicht aus, sowie (b) es existiert eine latente Alternative.

Der erste Fall liegt vor, wenn ein Teil der vorgegebenen Handlungsalternativen auch zusammen auftreten kann. Wenn diese Kombination für einen Teil der Befragten den höchsten Nettonutzen aufweist, ist die Entscheidungssituation unvollständig repräsentiert und systematisch verzerrt. Auf solche Effekte sollte v.a. dann geachtet werden, wenn die Wahl einer Alternative die Akteure nur in begrenztem Maße festlegt, so z.B. im Bereich der konventionellen und unkonventionellen politischen Partizipation oder bei der Frage nach den bevorzugten Orten der Konsumbefriedigung.[14] Hier ist auf jeden Fall eine Menge aus wechselseitig disjunkten und insgesamt ex-

---

13 Der u.U. zu formulierende Einwand, daß die Praxis der empirischen Forschung diesem Anspruch nicht genüge, kann nur ein Argument gegen die Organisation des praktischen Betriebs sein, aber nicht das hier vertretene Prinzip treffen.

14 Als 'konventionelle politische Partizipation' werden Handlungsalternativen zur Realisierung politischer Ziele bezeichnet, die gesetzlich erlaubt sind (z.B. Mitarbeit in einer Bürgerinitiative, Teilnahme an politischen Wahlen). Partizipationsformen, die gesetzlich nicht erlaubt sind, werden der 'unkonventionellen politischen Partizipation' zugerechnet (z.B. Hausbesetzungen, Gewaltausübung).

haustiven Alternativen vorzugeben, was eben auch die Möglichkeit verbundener Handlungsalternativen implizieren kann.

Die empirische Anwendung der Theorie rationalen Handelns setzt die vollständige Vorgabe der Entscheidungssituationen für die Informanden voraus. Daher sollte auch die Existenz einer latenten Alternative überprüft werden. Wenn z.B. nach den bevorzugten Möglichkeiten der politischen Partizipation gefragt wird, besteht ja immer noch die Alternative, überhaupt nicht zu partizipieren. Oder wenn die Wahl eines Studienfachs von Abiturienten erklärt werden soll, ist in Rechnung zu stellen, daß die Alternative auch in 'kein Studium' bestehen kann.

Sind die Alternativen für eine konkrete Handlungs- und Entscheidungssituation, die die Akteure in ihrem Alltag zu bewältigen haben, spezifiziert, besteht das anschließende Problem in der Frage, auf welcher Basis die relevanten Handlungskonsequenzen formuliert werden sollen, wenn weitreichende Annahmen aufgrund bloßer Spekulation keine Hilfe sein können. Im besten Falle liegen empirische Untersuchungsergebnisse vor, mit deren Hilfe dieses Problem der Spezifikation zu lösen ist. Ein Beispiel hierfür bietet die Untersuchung von E. Lange zum Übergangsverhalten von Hochschülern in das Berufssystem (1990: 75ff.).

Mittels des SEU-Ansatzes soll vorhergesagt werden, ob Hochschüler nach Abschluß ihrer Regelstudienzeit ihr Studium so schnell wie möglich beenden und in das Berufsleben eintreten oder an der Hochschule bleiben und weiterstudieren. Zur Konkretisierung der Handlungskonsequenzen zieht Lange u.a. die Ergebnisse der empirischen Berufswahlforschung heran. Diese beschäftigt sich mit den beruflichen Werthaltungen, "die als evaluative Entscheidungsprämissen Berufswahlen beeinflussen und hier für die problemspezifische Fassung der Nutzentheorie als Nutzenargumente oder als werthaltige Handlungskonsequenzen herangezogen werden können" (Lange 1990: 75). Insgesamt werden von Lange dreiundzwanzig verschiedene Handlungskonsequenzen spezifiziert. Sie waren von den Befragten hinsichtlich ihrer relativen Wichtigkeit auf einer Skala von eins (sehr wichtig) bis vier (völlig unwichtig) einzuschätzen. Die Vorgaben von Lange enthalten Items wie hohes Einkommen, geregelte Arbeitszeit, Aufstiegsmöglichkeiten, hohes gesellschaftliches Ansehen, etc. Auf einer Skala von eins (sehr wahrscheinlich) bis vier (unwahrscheinlich) werden die subjektiven Eintrittswahrscheinlichkeiten gemessen. Aus den Angaben zur Eintrittswahrscheinlichkeit und zur Wichtigkeit der Handlungskonsequenzen werden die SEU-typischen Produktsummen gebildet und die Vorhersage der Nutzentheorie überprüft, daß die Handlungsalternative mit dem höchsten Nettonutzen realisiert wird (zur Diskussion der Ergebnisse vgl. Lange 1990: 82ff.).

Die Möglichkeit, mittels aktueller empirischer Forschungsarbeiten relevante Handlungskonsequenzen abzuleiten, dürfte gegenwärtig nur in Ausnahmefällen verfügbar sein. In der Regel werden nutzbare Ergebnisse nicht vorliegen. An dieser Stelle wird man an ein weitgehend 'offenes' Vorgehen denken. Es soll den befragten Akteuren ermöglichen, frei über ihrer Meinung nach relevante Handlungskonsequenzen zu berichten. Das Antwortspektrum wird nicht eingeschränkt. Eine spezifische Reaktivität der Informanden auf das Datenerhebungsinstrument ist daher weitgehend auszuschließen. Diesen Vorteilen stehen eine Reihe von Nachteilen gegenüber. Der Einsatz offener Erhebungstechniken ist für Untersuchungen mit sozialwissenschaftlicher Orientierung i.d.R. zu aufwendig und oftmals auswertungstechnisch problematisch.[15] Zudem haben sie sich in der bisherigen Forschungspraxis nicht bewährt: Die kognitive Leistungsfähigkeit der Befragten und die spezifische Erhebungssituation entscheiden wesentlich über Zahl und Differenziertheit der Nennungen. Die Folge ist, daß für die Befragten keine Realisationen einer einheitlichen Menge von Variablen vorliegen, was insbesondere für die Anwendung einer allgemeinen 'Handlungs-Entscheidungs-Theorie' einen besonders kritischen Punkt darstellt (vgl. Friedrichs, Stolle, Engelbrecht 1993: 8f.; Krampen 1984: 77f.). Darüber hinaus ruft die Formulierung offener Fragen u.U. unterschiedliche Assoziationen hervor, die eine interindividuell variierende Definition der Situation begründen können. Dies ist besonders problematisch, wenn Referenzpunkte die Bewertung leiten (vgl. Kahneman, Tversky 1979 sowie die Skizze ihrer Prospekttheorie in Kap. 4.2). In den entscheidenden Schritten der Datenerhebung sind daher strukturierte Fragen mit vorgegebenen Handlungskonsequenzen einer offenen Befragungstechnik vorzuziehen, um möglichst einen für alle Informanden einheitlichen Bezugsrahmen zu definieren.

Die Mehrzahl der vorliegenden empirischen Untersuchungen stützt sich auf eine strukturierte und standardisierte Erhebungsform. Aber auch dieses Vorgehen, diese für den Informanden geschlossene Datenerhebung, ist nicht frei von Nachteilen: Sehr viele Handlungskonsequenzen implizieren einen umfangreichen Erhebungsaufwand. Von den Informanden müssen für jede

---

[15] Die üblichen statistischen Auswertungsverfahren setzen quantifizierte Daten voraus. Die inhaltsanalytische Auswertung qualitativ erhobener Daten ist bei Einhaltung wissenschaftlicher Regeln aufgrund des üblicherweise umfangreichen Materials sehr aufwendig. Der Einsatz computergestützter Verfahren, die die Leistungsfähigkeit moderner 'Storage-' und 'Retrievalsysteme' nutzen (und damit der qualitativen Forschung einen bisher unerreichten Stellenwert eröffnen, vgl. Richards, Richards 1992), kann in Zukunft aber einen wesentlichen Beitrag zur Arbeitsreduzierung und Effektivitätssteigerung leisten (vgl. Fielding, Lee [Hg.] 1992; Kelle [Hg.] 1995; Kelle, Lüdemann 1995: 261ff.; Richards, Richards 1994).

Handlungskonsequenz Nutzenwerte und Eintrittswahrscheinlichkeiten geschätzt werden. Bei einer Einschränkung des Konsequenzenliste, und dies
ist das übliche Vorgehen, sind subjektiv relevante Handlungskonsequenzen
möglicherweise im Antwortenkatalog nicht enthalten. Der bilanzierte Wert
der Handlungskonsequenzen ist dann für den Akteur nicht repräsentativ.
Hinzu können verzerrend wirkende Reaktivitätstendenzen treten, wenn ein
Befragter in den Vorgaben genannte Ereignisse bisher nicht bedacht hat.[16]

Die Nachteile der standardisierten Datenerhebung resultieren aus der
bisher unbeantworteten Frage, worauf die Auflistung möglicher Handlungskonsequenzen beruht, wenn keine empirisch konsistenten Anschlußtheorien
vorliegen. Unter diesen Bedingungen führt das strukturierte Vorgehen oftmals zu Spezifikationen, deren Angemessenheit sich bestenfalls unter ungeprüften Plausibilitätsgesichtspunkten beurteilen läßt. Die Überprüfung nut-
zentheoretisch basierter Forschungsfragen erhält einen mehr oder weniger
großen Ad hoc-Charakter, der hier besonders kritisch zu beurteilen ist. Denn
die deskriptive und prädiktive Aussagekraft der Theorie rationalen Handelns
ist direkt abhängig von einer erschöpfenden oder zumindest repräsentativen
Erfassung der handlungsleitenden Variablen.

In den Ad hoc-Entwürfen bestimmen die subjektiven Gesichtspunkte des
Forschers bei der Auswahl der Handlungskonsequenzen die inhaltlichen Ergebnisse wesentlich mit. Insofern sind auch solche Untersuchungen kritisch
zu betrachten, in denen die Zusammenstellung der Handlungskonsequenzen
den Ergebnissen von Literaturanalysen folgt (vgl. z.B. Diekmann, Preisendörfer 1992; Wolf 1988: 36ff.). Zwar werden hier die Selektionskriterien
durch den Bezug auf frühere Arbeiten offengelegt. Die Kriterien für eine
Veränderung der Erhebungsinstrumente sind häufig aber nicht nachvollziehbar.

Noch problematischer wirkt sich das Spezifikationsproblem bei Sekun-
däranalysen aus. Besonders für wert-erwartungstheoretisch orientierte Untersuchungen liegen oftmals nur wenig valide Proxy-Variablen vor und/oder
wichtige Prädiktoren fehlen ganz (vgl. z.B. Kühnel 1993: 102ff.). Allgemein
ist zu fordern, daß bei der Ad hoc-Zusammenstellung von Handlungskonse-

---

16 Empirische Untersuchungen konnten bisher allerdings keinen bedeutenden
Einfluß der Zielexplikation nachweisen (vgl. May, Jungermann 1991). An dieser
Stelle erscheint noch ein Hinweis nützlich: Unterschiedliche kognitive Rahmun-
gen der Befragten lassen sich durch eine zusätzliche Gewichtung der Wert-
Erwartungsterme kontrollieren: Damit wird die Annahme aufgegeben, daß der
Effekt eines jeden Wert-Erwartungsterms gleich ist bzw. den Wert 1 aufweist.
Die empirische Prüfung kann z.B. im Rahmen multivariater Regressions- oder
Diskriminanzanalysen erfolgen.

quenzen die wesentlichen Auswahlkriterien genannt werden, z.B. unter Rückgriff auf taxonomische A priori-Überlegungen oder in Form von Literaturzusammenstellungen (vgl. Krampen 1984: 70).

Die vielleicht zur Zeit beste Möglichkeit, die subjektive Repräsentation relevanter Handlungsfolgen zu ermitteln, wenn keine theoretischen und empirisch geprüften Vorarbeiten vorliegen, bieten explorative Voruntersuchungen. Pretests an einer kleinen Auswahl der Untersuchungspopulation ermöglichen offene Erhebungstechniken. Das Datenmaterial läßt sich inhaltsanalytisch auswerten und zu einem strukturierten Katalog von repräsentativen Handlungskonsequenzen verdichten.[17] Die von den Befragten am häufigsten genannten bedeutsamen Vorstellungen sind dann in der Hauptuntersuchung zu verwenden ('modal salient beliefs').

Dieses Vorgehen entspricht den methodologischen Empfehlungen von I. Ajzen und M. Fishbein zur Lösung des Problems der inhaltlichen Unbestimmtheit in ihrer zur SEU-Formulierung ähnlichen Theorie des bedachten bzw. geplanten Handelns (vgl. Ajzen, Fishbein 1980: 68ff.).[18] Dieser Ansatz ist in der Sozialpsychologie sehr geschätzt, bietet aber auch für sozialwissenschaftliche Fragestellungen weitreichende Anwendungsmöglichkeiten. Darüber hinaus können die Überlegungen von Fishbein und Ajzen auf-

---

[17] Beispielhaft ist hier auf die Studie von K.-D. Opp und seinen Mitarbeitern zum Protesthandeln von Atomkraftgegnern zu verweisen (vgl. Opp et al. 1984): Um festzustellen, welche Handlungsfolgen hier von Bedeutung sind, wurden von Atomkraftgegnern verfaßte Flugblätter, Aufsätze und Bücher inhaltsanalytisch ausgewertet. Die Analyse von Gruppendiskussionen mit Atomkraftgegnern und die teilnehmende Beobachtung von Treffen der Protestgruppen hat weitere Hinweise auf relevante Handlungskonsequenzen ergeben.

[18] Allerdings besteht bei diesem Vorgehen das Problem der bedeutsamen Häufigkeitsbestimmung. Ajzen und Fishbein schlagen vor, als 'modal salient beliefs' nur solche Handlungskonsequenzen in der Hauptuntersuchung zu berücksichtigen, die von mindestens zehn Prozent der Befragten im Pretest genannt werden (vgl. Ajzen, Fishbein 1980: 70). Die Ableitung und Setzung des Kriteriums unterliegt letztlich aber der willkürlichen Entscheidung des Forschers. Hier zeigt sich, daß an verstärkten Anstrengungen hinsichtlich der Einbindung allgemeiner und empirisch konsistenter Theorien der Präferenzenentstehung und Erwartungsbildung kein Weg vorbeiführt (vgl. auch Marini 1992: 29; Opp 1985: 236; ausführlich Kunz 1996a: 167ff.). Zumindest sollten die Möglichkeiten der Messung und die Probleme bei der empirischen Anwendung der Theorie rationalen Handelns in Zukunft systematisch diskutiert werden. Eine mehr oder weniger rigide Ablehnung der Umfrageforschung trägt hierzu allerdings wenig bei. Vielmehr dürfte erst der vermehrte Einsatz empirischer Studien dazu beitragen, einen zuverlässigen Fundus an Meßverfahren und Skalierungstechniken zu gewinnen. Darüber hinaus wäre ein verstärkter Bezug auf Ergebnisse der kognitiven Psychologie wünschenswert (ausführlich hierzu z.B. Tanur [Hg.] 1992).

grund ihres integrativen Charakters wesentlich zur Etablierung von Rational Choice in den empirischen Sozialwissenschaften beitragen (mit Einzelheiten: Kap. 7.1): Die hier geführte Diskussion sollte nicht dahingehend mißverstanden werden, daß in der empirischen Forschungspraxis die Theorie rationalen Handelns häufig eine explizite Verwendung finden würde. Im Gegenteil ist die Zahl entsprechender Untersuchungen im Vergleich zur Menge der Analysen, die sich an den traditionellen Sozialstrukturmodellen der Sozialforschung orientieren, immer noch sehr gering.

Dieses Mißverhältnis dürfte in einem verbreiteten Unverständnis gegenüber der nutzentheoretischen Sicht begründet liegen, wozu der dominierende Betrieb einer am Homo Oceonomicus-Konzept orientierten instrumentalistischen Modellanalytik in Ökonomie und Politikwissenschaft einen wesentlichen Beitrag geleistet hat. Andererseits trägt zu der häufig geäußerten Zurückweisung der Theorie rationalen Handelns als Grundlage der Erklärung sozialer Prozesse die in den Sozialwissenschaften immer wieder thematisierte Abgrenzung gegenüber explizit kognitiven Konzepten bei, die als psychologisch und daher sozialwissenschaftlich unergiebig betrachtet werden.

Der Bezug auf Ajzen und Fishbein schärft den Blick für das von beiden Autoren benannte 'Prinzip der Kompatibilität', auch als 'Korrespondenzprinzip' bekannt. Unter der Voraussetzung, daß man an einer empirisch konsistenten Erklärung individueller Handlungswahlen interessiert ist, hat das Korrespondenzprinzip grundlegende Bedeutung für die Formulierung der Items zur Erhebung der Konzeptvariablen. Das Prinzip der Kompatibilität folgt aus der jahrzehntelange Einstellungs-Verhaltens-Kontroverse in der kognitiven (Sozial-) Psychologie und besagt:[19] In je mehr Elementen Einstellung und Handlungsweisen übereinstimmen, desto höher ist die Erklärungskraft des Prädiktors Einstellung in Bezug auf das dazugehörige Handeln (vgl. Ajzen 1988: 94; Ajzen, Fishbein 1977: 889, 1980: 39). Die vier zentralen Aspekte sind:
- die Handlung selbst ('action'): Welche Handlungsalternative wird untersucht ('jemanden wählen oder etwas kaufen')?

---

[19] Ein zentrales Ergebnis der Forschungen zur Beziehung zwischen Einstellung und Verhalten liegt in dem Nachweis, daß allgemeine Einstellungen sich kaum zur direkten Vorhersage spezifischer Handlungsweisen eignen. Für einen integrativen Zugriff vgl. die Überlegungen in Kapitel 4.1, dort insbesondere Abbildung 4-3. Zur 'attitude-behavior'-Debatte vgl. im einzelnen die Arbeiten von H. Benninghaus (1976), A. H. Eagly und S. Chaiken (1993), T. Eckes und B. Six (1994), W. Meinefeld (1977), K. H. Stapf (1982), A. Tesser und D. R. Shaffer (1990), A. Upmeyer und B. Six (1989) sowie A. W. Wicker (1969).

- das Ziel ('target'): Auf welches Ziel ist die Handlung gerichtet ('ein bestimmter politischer Kandidat oder ein neues Produkt')?
- der situative Kontext ('context'): In welchem Kontext kommt es zur Handlungsrealisation ('Bundes-, Landtags- oder Kommunalwahlen')?
- der Zeitpunkt ('time'): Zu welchem Zeitpunkt wird die Handlung ausgeführt ('sofort oder im nächsten Jahr')?

In vielen Untersuchungen wird nicht auf die notwendige Korrespondenz zwischen Einstellungs- und Handlungsmaßen geachtet, obwohl es der Fragestellung angemessen wäre. Vielfach findet sich eine sehr allgemeine Konzeptualisierung der Einstellungen, die mit einem sehr spezifisch operationalisierten Handlungsmaß korreliert wird. Eine enge Beziehung zwischen Einstellungen und Handeln ist unter diesen Bedingungen nicht zu erwarten. Einstellungen korrespondieren nur dann direkt mit Handeln, wenn die vier Elemente im Rahmen der Itemabfrage Berücksichtigung finden.

Das Prinzip der Kompatibilität ist für jede empirisch gestützte Handlungserklärung von Bedeutung, daher auch für die empirische Anwendung der Theorie rationalen Handelns: Es wird eine direkte Abhängigkeit der Handlungsrealisationen von den perzipierten Handlungsfolgen postuliert. Und je nach Ausprägung der vier Elemente sind unterschiedliche Handlungsfolgen für eine Handlung zu erwarten. Zum Beispiel können verschiedene Einzelhandlungen einer Handlungskategorie zu unterschiedlichen Folgen für die Handlungssubjekte führen. Oder für die gleiche Einzelhandlung ergeben sich je nach Kontext oder Ziel unterschiedliche Handlungsfolgen. Zudem wäre bei der Erhebung der Handlungsfolgen die subjektiv wahrgenommene Zeitverzögerung ihres Eintretens zu beachten. Darüber hinaus können bestimmte vom Individuum bevorzugte Handlungen für andere, zunächst weniger wahrscheinlicher Handlungen verstärkend wirken, und so zur Ausbildung ganzer Handlungsprogramme führen; ein Gedanke, der bereits in der Verstärkertheorie von D. Premack enthalten ist (1965) und an späterer Stelle fortgeführt wird (siehe Kap. 7.2).

Zur Verdeutlichung dieser Überlegungen sei an dieser Stelle auf die von Ch. Lüdemann formulierte Kritik am Item 'Nutzung öffentlicher Nahverkehrsmittel in der letzten Woche' zur Operationalisierung des Umwelthandelns in der Studie von A. Diekmann und P. Preisendörfer hingewiesen (vgl. Lüdemann 1993: 119ff.; Diekmann, Preisendörfer 1992): Erstens handelt es sich um eine allgemeine Handlungskategorie, die verschiedene Einzelhandlungen (Bus, Bahn, Straßenbahn, U-Bahn) beinhaltet. Diese Einzelhandlungen können sehr unterschiedliche Folgen für die Nutzer haben: "So kann z.B. der Zeittakt für verschiedene öffentliche Nahverkehrsmittel stark variieren, so daß unterschiedliche Wartezeiten für die Nutzer entstehen. Weiter wäre es denkbar, daß die Anschlußmöglichkeiten für verschiedene

Verkehrsmittel unterschiedlich günstig sind oder daß sich die Fahrtzeiten verschiedener Verkehrsmittel zum Zielort unterscheiden" (Lüdemann 1993: 120). Zweitens können für diese Einzelhandlungen je nach Kontext oder Ziel verschiedene Handlungsfolgen eintreten: "So können z.B. für die Handlung Nutzung der Bahn von Nutzern aufgrund unterschiedlicher situativer Kontexte (vormittags, Berufsverkehr, nachts, Wochenende) unterschiedliche Handlungskonsequenzen erwartet werden. So dürfte z.B. bei Frauen die Einschätzung der subjektiven Wahrscheinlichkeit, in der Bahn belästigt zu werden, von der Tageszeit abhängen, zu der sie dieses öffentliche Nahverkehrsmittel nutzen wollen. Weiter wäre es möglich, daß die Fahrt mit dem Bus im Berufsverkehr länger dauert als die Fahrt mit der Straßenbahn. Schließlich können für die gleiche Handlung, jedoch bei verschiedenen Zielen, durchaus verschiedene Verhaltensfolgen perzipiert werden. So mag es bei der Fahrt zur Arbeit mit dem Bus keine Rolle spielen, ob man größere Gegenstände bequem transportieren kann. Dagegen kann die von erheblicher Bedeutung sein, wenn man den Bus für den Einkauf in der Stadt nutzen will" (Lüdemann 1993: 120f.).

Solche Beispiele zeigen, daß empirische Anwendungen der Theorie rationalen Handelns in natürlichen Situationen von der überlegten Formulierung der einzelnen Items im Hinblick auf die vier Facetten 'Handlung', 'Ziel', 'Kontext' und 'Zeitpunkt' eindeutig profitieren können. Mit einer Vorab-Einschränkung der Konzeptvariablen, wie sie in den partialtheoretischen Konfigurationen vorgenommen wird, ist diese Modellierungstechnik allerdings kaum zu vereinbaren. Dabei ist man weit davon entfernt, die Theorie mit ideosynkratischen Situationsdefinitionen der Handlungssubjekte zu überfrachten. Nach den Ergebnissen der (sozial-) psychologischen Einstellungs- und Verhaltensforschung dürfte man nur unter besonderer Spezifizierung der einzelnen Items eine hohe Varianzaufklärung im Rahmen der statistischen Modellierung erzielen.

Die gezielte Formulierung ist auch aus kognitionspsychologischer Sicht wünschenswert und notwendig. Sie maximiert das Frageverständnis und besonders die Erinnerungsleistung der Informanden: Mißverständnisse über die Frageformulierung sind nach vorliegenden Untersuchungen wesentlich häufiger anzutreffen, als man üblicherweise annimmt (vgl. z.B. Belson 1981). Die Gedächtnisrepräsentation insbesondere regelmäßig wiederkehrender Handlungen vollzieht sich im Rahmen eines allgemeinen Wissens, ohne spezifische Informationen über Ort und Zeit (vgl. Strube 1987). Es ist daher wichtig, auf möglichst konkrete Definitionen zu achten, möglichst spezifische Fragen zu verwenden und die Fragen gründlich zu testen (vgl. Schwarz, Scheuring 1991: 48ff.): Vor allem die empirische Anwendung der Theorie rationalen Handelns in natürlichen Situationen setzt voraus, die Entscheidungssituationen angemessen, d.h. möglichst genau und umfassend, zu formulieren. Je empirisch gehaltvoller die Vorgaben für die Befragten sind, desto zuverlässiger und gültiger werden die Antworten ausfallen.[20]

In manchen Fällen dürften die Probleme der Datenerhebung bereits darin bestehen, daß in natürlichen Situationen eine große Anzahl von Handlungsalternativen für einen Handlungsbereich relevant ist. Unter diesen Bedingungen wird selbst eine sehr eingeschränkte Ermittlung der Handlungskonsequenzen sowie die Messung ihres Nutzens und ihrer Eintrittswahrscheinlichkeiten außerordentlich aufwendig, wenn nicht sogar praktisch unmöglich. Ein interessanter und pragmatischer Vorschlag mit diesem Problem umzugehen, stammt (hinsichtlich der Anwendung des SEU-Modells) von K.-D. Opp und seinen Mitarbeitern (vgl. Opp et al. 1984: 40f.): Für jeden Befragten soll zunächst diejenige Handlungsalternative ausgewählt werden, die er nach eigenen Angaben im Rahmen des interessierenden Handlungsbereichs (hier Protestaktivitäten gegen das politische System) häufig realisiert hat und die ihm am wichtigsten ist. Im Hintergrund steht die Annahme, daß die Antworten des Befragten zu dieser Handlung besonders zuverlässig sind. Diese Handlung bildet den Bezugrahmen während der gesamten Befragung: Für sie werden die Handlungskonsequenzen, deren Nutzen und Wahrscheinlichkeiten erhoben. In einem nächsten Schritt werden diese Variablen für eine zweite Handlungsalternative, die i.d.R. aus Inaktivität bestehen dürfte, ermittelt. Auf diese Weise erhält man den marginalen Nettonutzen der Bezugshandlung, also den Nutzenzuwachs, der eintritt, wenn die Bezugshandlung für den in Frage stehenden Handlungsbereich realisiert wird. Gemäß der Nutzentheorie (SEU-Modell) ist mit den erhobenen Variablen die Ausführung der Bezugshandlung zu erklären.

Alternativ können zur Einschränkung des von den Befragten zu erhebenden Materials mögliche verbundene Ereignisse von vorneherein in einer sparsamen separierten Form erhoben werden. Betrachten wir als Beispiel noch einmal das 'Engagement in einer politischen Partei'. Die Handlungsalternativen bestehen darin, sich zu engagieren oder nicht zu engagieren. Als mögliche Konsequenzen sollen in Betracht kommen: 'das Engagement bringt berufliche Vorteile' (bzw. 'keine beruflichen Vorteile') und 'man lernt interessante Leute kennen' (bzw. 'keine interessanten Leute kennenlernen'). Diese Konsequenzen treten für die Befragten u.U. aber nur miteinander auf. Die verbundenen Ereignisse sind dann 'berufliche Vorteile und interessante Leute kennenlernen', 'berufliche Vorteile und keine interessanten Leute

---

[20] In der Sozialpsychologie knüpfen erweiterte Wert-Erwartungskonzepte z.T. explizit an die Kompatibilitätsfrage an (sog. 'instrumentalitätstheoretische Ansätze'; Einzelheiten in Abschnitt 7).

kennenlernen', 'keine beruflichen Vorteile und interessante Leute kennenlernen' sowie 'keine beruflichen Vorteile und keine interessanten Leute kennenlernen'. Auf diese Weise erhält man die notwendige Menge aus wechselseitig disjunkten und insgesamt exhaustiven Ereignissen.

Wenn eine Vielzahl einzelner Konsequenzen mit anderen Folgen verbunden sind, steht man in der empirischen Arbeit vor einigen Problemen:
Für jedes verbundene Ereignis ist die Bewertung und die Eintrittswahrscheinlichkeit zu erheben. Hier wird man schnell die Grenze der Möglichkeiten erreichen, die in der Umfrageforschung zu bewältigen sind. Man
kann den Informanden nicht zumuten, sehr lange Listen mit verbundenen
Ereignissen zu beurteilen. Eine Lösungsmöglichkeit besteht darin, auf eine
weniger aufwendige Messung auszuweichen und lediglich die Urteile über
die einzelnen Handlungskonsequenzen zu erheben und aus diesen Urteilen
die Werte für die verbundenen Ereignisse zu ermitteln. H.-R. Pfister und U.
Korneding schlagen hierzu vor, die Wahrscheinlichkeiten der verbundenen
Ereignisse durch Multiplikation der subjektiven Wahrscheinlichkeiten der
Einzelereignisse und die Bewertungen durch Addition der Einzelbewertun-
gen zu berechnen (1996: 95).

Unbestritten ist der Einsatz des Instrumentariums der empirischen Sozialforschung im freien Forschungsfeld mit Schwierigkeiten verbunden.
Dies gilt insbesondere für die empirische Konstruktion der Brückenannahmen in der Theorie rationalen Handelns. Um mit ihrer Hilfe Erklärungen
individuellen Handelns zu formulieren, müssen Handlungsalternativen und
Handlungsfolgen, ihre Nutzeneinschätzungen und perzipierten Auftritts-
wahrscheinlichkeiten gemessen und erhoben werden. Insofern ist dem Hinweis, daß die Anwendung von Rational Choice in natürlichen Situationen
vor einigen, nicht unerheblichen Problemen steht, ausdrücklich zuzustimmen. In den bekannten Lehrbüchern und Forschungsberichten werden die
einschlägigen Anwendungsprobleme ausführlich diskutiert, sie bieten aber
auch zahlreiche (direkte und weiterführende) Hinweise, um diese Probleme
in der Forschungspraxis produktiv zu bewältigen (vgl. Borg, Mohler [Hg.]
1994; Kelle [Hg.] 1995; Laatz 1993; Schnell, Hill, Esser 1992). Darüber
hinaus ist auf die praktischen Erfahrungen in den empirischen Sozialwissenschaften hinzuweisen, die inzwischen über eine beachtliche Tradition
und einen bemerkenswerten Einfallsreichtum verfügen, mit bekannten und
neuen Schwierigkeiten umzugehen.

5.2.2. Die Skalierung der Variablen und das Problem der Interaktionen

Von dem grundsätzlichen Problem der Erhebung und Spezifikation der Konzeptvariablen ist die Frage ihrer Skalierung zu unterscheiden. Hierüber gibt es in der anwendungsorientierten Forschungspraxis keine einheitlichen Vorstellungen. Dies betrifft sowohl die Operationalisierung der abhängigen als auch der unabhängigen Variablen. So werden die abhängigen Handlungsvariablen nicht nur als diskrete Alternativen betrachtet, sondern nicht selten metrisiert, d.h. als Kriterium wird in den empirischen Analysen die Häufigkeit bestimmter Handlungen in einem Handlungsbereich betrachtet. Damit wird einerseits eine mögliche Verletzung des Korrespondenzprinzips in Kauf genommen (vgl. Opp et al. 1984: 52). Andererseits wird u.U. das Problem der verbundenen Handlungen entschärft. Mitunter wird die Theorie rationalen Handelns auch als Dispositionstheorie verwendet. Das Explanandum besteht dann in der Wahrscheinlichkeit einer Handlungswahl (vgl. z.B. Roehl 1990: 110). Es findet sich aber auch die Variante, (über die Multiplikation der Variablenwerte) die Kombination von Handlungsrealisationen und Handlungsintentionen als abhängige Variable in die Analysen einzuführen (vgl. Opp, Roehl 1990: 237).[21]

Wie mehrfach herausgestellt, konzentrieren sich die vorliegenden empirischen Untersuchungen i.d.R. auf die Anwendung wert-erwartungstheoretischer Präzisierungen, die dem SEU-Ansatz entsprechen. In diesem Modell wird mit der Gewichtungsregel, der multiplikativen Verknüpfung von Wert- und Erwartungsvariablen, auf einfache Weise die gemäß der theoretischen Vorgaben intuitive Logik des Überlegensprozesses formal abgebildet. Die Überprüfung findet üblicherweise auf Basis von statistischen Methoden statt, die auf dem allgemeinen linearen Modell beruhen (vgl. Bortz 1985: 543ff.; Cohen, Cohen 1983; Urban 1982). Neben einfachen Produkt-Moment-Korrelationen ist auch der Einsatz multivariater Regressionsanalysen und Diskriminanzanalysen üblich.[22]

---

[21] Die Verwendung der Nutzentheorie als Dispositionstheorie läßt sich rechtfertigen, wenn man mit I. Ajzen und M. Fishbein annimmt, daß sich die Handlungsintentionen als die zentrale Handlungsdeterminante darstellen (vgl. Ajzen, Fishbein 1980; vgl. z.B. auch Krampen, Wünsche 1985; Einzelheiten hierzu in Kap. 7.1.1).

[22] Im Mittelpunkt steht für eine Stichprobe von Individuen die Analyse interindividueller Unterschiede von Erwartungen, Präferenzen und Handlungsweisen ('across subject analysis'). Die Korrelationsanalyse ermittelt einfache Zusammenhänge zwischen quantitativen und/oder dichotomen Variablen. Die Regres-

Einige Beispiele verdeutlichen die Praktiken: (1) In ihrer Untersuchung zur Bedeutung der Zentren von Wolfsburg nutzen O. Behn, J. Friedrichs und V. Kirchberg u.a. das SEU-Modell (1989: 123ff.; auch Wolf 1988: 32ff.). Abhängige Variablen sind die drei Handlungsalternativen 'Häufigkeit des Besuchs im Hauptzentrum von Wolfsburg', 'Häufigkeit des Besuchs im Subzentrum Fallerlsleben' und 'Häufigkeit des Besuchs im Subzentrum Detmerode'. Die Autoren vermuten folgenden Zusammenhang: Je höher der wahrgenommene Nettonutzen (SEU-Wert) eines Zentrumbesuchs ist, desto häufiger besuchen die Befragten dieses Zentrum (vgl. Behn, Friedrichs, Kirchberg 1989: 127). Der Nettonutzen beruht auf elf (in einem Pretest ermittelten) Handlungskonsequenzen, die mit einem Zentrenbesuch als relevante Ereignisfolgen verbunden sein können (z.B. 'in einem Zentrum Sonderangebote anzutreffen'). Die Überprüfung der Hypothese erfolgt unter Einbezug weiterer Kontrollvariablen mittels multivariater Regressionsanalysen.

(2) Th. Baumgärtnern betrachtet in seiner Untersuchung zu den Determinanten politischen Protests bei Landwirten in der Bundesrepublik Deutschland eine Gesamt-Protestskala, die sich aus neun verschiedenen Partizipationsformen zusammensetzt sowie zwei Likert-Skalen zur legalen und illegalen politischen Partizipation (als Protestaktionen wurden erfaßt: 'Wahlboykott', 'Aufbringen von Aufklebern an Autos und Schleppern', 'Beteiligung an einer Unterschriftensammlung', 'Teilnahme an einer genehmigten Demonstrationen', 'Aufhalten des Verkehrs oder Absperren von Grenzübergängen mit einer Demonstration', 'Beteiligung an Bürgerinitiativen oder Selbsthilfeorganisationen mit anderen Bauern', 'Beteiligung an einem Marktboykott', 'Weigerung, Raten, Rechnungen oder Steuern zu bezahlen', 'Besetzung von Ämtern und anderen öffentlichen Gebäuden'; vgl. Baumgärtner 1991: 44ff.). Die Überprüfung eines mit geeigneteten Anreizvariablen spezifizierten Produktsummenmodells erfolgt mittels Korrelations- und Regressionsanalysen.

(3) In einer, wenn nicht *der* grundlegenden Studie zumindest im deutschen Sprachraum zur empirischen Anwendung der Nutzentheorie in natürlichen Situationen betrachten K.-D. Opp, K. Burow-Auffarth, P. Hartmann, Th. von Witzleben, V. Pöhls und Th. Spitzley das Protestverhalten von Atomkraftgegnern (1984). Insgesamt wurden einunddreißig verschiedene Handlungsarten ermittelt (z.B. 'Unter-

---

sionsanalyse ist ein Auswertungsverfahren für quantitative abhängige Variablen und quantitative und/oder dichotome Prädiktoren. Die Diskriminanzanalyse wird bei nominalen (z.B. bei dichotomen) abhängigen Variablen angewendet. Die deterministische Beziehung im SEU-Ansatz (bzw. für Formalisierungen mit alternativen Gestaltungsvorschriften), nach der stets diejenige Alternative gewählt wird, für die der Nettonutzen ein Maximum ist, wird damit in einen stochastischen Zusammenhang überführt. Dabei sind regressionsbasierte Analysen korrelationsstatistischen Überprüfungen grundsätzlich vorzuziehen, da korrelative Zusammenhänge nicht kausal interpretiert werden können. Neuere Verfahren, hier sind vor allem die logistischen Modelle zu nennen (vgl. Maier, Weiss 1990; Urban 1993), haben sich noch nicht durchgesetzt, und werden daher auch in sozialwissenschaftlichen Anwendungen der Theorie rationalen Handelns bisher nur selten eingesetzt (vgl. als Ausnahmen Fuchs, Kühnel 1993; Kühnel 1993).

schriftenliste gegen AKWs unterschreiben', 'Mitarbeit bei einer Anti-AKW-Bürgerinitiative', 'Wahl einer Anti-AKW-Partei'). Ein Explanandum besteht in der einfachen Differenz von Aktivität und Inaktivität (dichotome Variable), wobei Aktivität nach dem im vorhergehenden Abschnitt skizzierten Vorgehen ermittelt wurde: Die Aktivität einer Person bezieht sich auf diejenige Protestalternative, die sie am häufigsten realisiert hat. Sie wird in Abhängigkeit der Differenz zwischen den jeweiligen Nettonutzen betrachtet, die in Anlehnung an A. Downs auch als Protestdifferential bezeichnet wird (vgl. Downs 1968: 38f.; Opp et al. 1984: 54). In die empirische Diskriminanzanalyse werden als Erklärungsvariablen die einzelnen Elemente des Protestdifferentials eingeführt (Gewichtungsmodell: siehe Kap. 4.2). Darüber hinaus werden unterschiedliche Verrechnungsvarianten zum SEU-Modell geprüft (so findet immer auch ein rein additives Modell Berücksichtigung, vgl. Opp et al. 1984: 67, das Vorgehen entspricht im einzelnen dem weiter unten vorgestellten 'Prinzip der gemischten Erklärung'). Als alternative abhängige Variablen werden u.a. betrachtet: (a) Ausmaß der Aktivität bei der ausgewählten Handlung, mit der Hypothese: "Je höher der Nettonutzen für diese ausgewählte Handlung - im Vergleich zum Nettonutzen für Inaktivität - ist, desto aktiver stuft sich der Befragte bei der ausgewählten Handlung ein" (Opp et al. 1984: 50); (b) Anzahl der insgesamt ausgeführten Protesthandlungen, mit der Hypothese: "Je größer der Nettonutzen bei der ausgewählten Handlung ist, desto mehr Arten von Protesthandlungen führt ein Befragter aus" (ebenda: 51). Die Autoren testen in diesem Zusammenhang auch die Variante eines multiplikativen Wichtungsmodells (ebenda: 189f.): Wenn die SEU-typische Annahme der Exponentenwerte von 1 aufgegeben wird und die Wert-mal-Erwartungsterme (u*p) multiplikativ auf die Anzahl der Protestaktivitäten (A) wirken, läßt sich das folgende Modell formulieren: $A = a_0 u_1^{b1} p_1^{b2} u_2^{c1} p_2^{c2} ...$ In diesem Modell wirken also *alle* Nutzen und Wahrscheinlichkeiten multiplikativ. Die Koeffizienten sind - unter der Annahme, daß auch der Fehlerterm multiplikativ wirkt - mittels der Regressionsanalyse zu schätzen, wenn man die Gleichung logarithmiert: $\log A^* = \log a_0 + b_1 \log u_1 + b_2 \log p_1 + c_1 \log u_2 + c_2 \log p_2 ...$ ($A^* =$ Vorhersagewert). In einer Nachfolgeuntersuchung testet W. Roehl darüber hinaus jedes p*u-Produkt einzeln auf seine Erklärungskraft für die von ihm betrachtete Skala von Prostestintentionen (Roehl 1990, mit weiteren Einzelheiten: Opp, Roehl 1990). Dieser Wert wird außerdem mit der Erklärungskraft der Einzelkomponenten (p und u) verglichen. Der Autor geht davon aus, daß nach dem SEU-Ansatz die Produktterme die Protestintentionen besser erklären sollen als die einzelnen Nutzen und Wahrscheinlichkeiten (vgl. Roehl 1990: 130).

Den Variationen in der Bestimmung der abhängigen Variablen entsprechen die Alternativen in der Skalierung der Items zur Nutzen- und Wahrscheinlichkeitsbewertung der Handlungskonsequenzen. Hierzu gibt es in der Forschungspraxis ebenfalls keine einheitlichen Vorgaben. Die Antwortkategorien werden im Fragebogen auf jeder Stufe oder nur an den Endpunkten verbal gekennzeichnet, den Ausprägungen werden bereits im Fragebogen oder nachträglich Werte zugewiesen, die Skalenbreite variiert i.d.R. zwischen drei- und siebenstufigen Vorgaben, mitunter erfolgt eine Transformation in

Rangreihen[23] und uni- und bipolare Skalierungen findet man sowohl für Präferenzen- als auch für Erwartungsvariablen. Die bipolare Skalierung der Wahrscheinlichkeiten widerspricht zwar auf dem ersten Blick der Intuition. Sie läßt sich aber begründen, da die i.d.R. vorgegebenen modal bedeutsamen Vorstellungen im Unterschied zu den tatsächlich bedeutsamen Vorstellungen von den Befragten nicht nur als unwahrscheinlich, sondern sogar als falsch betrachtet werden können. "[F]or this reason", stellen I. Ajzen und M. Fishbein fest, "it is essential to use a bipolar scale in order to assess the strenght of modal belief" (1980: 71). Die Variabilität der Skalierungen ist letztlich aber Ausdruck des zugrundeliegenden Skalenniveaus. Die Nutzen- und Wahrscheinlichkeitsmessungen sind keine fixierten Messungen auf Verhältnisskalenniveau; sie stehen bestenfalls auf der Stufe von Intervallskalen. Sie weisen daher einen willkürlichen Nullpunkt auf (die Vorgabe eines Nullpunktes auf einer Ratingskala ist nicht zu verwechseln mit dem tatsächlichen Ursprung auf einer Verhältnisskala, er dient - soweit in der Befragung vorgegeben - nur als psychologischer Anker für das abzugebende Urteil; vgl. hierzu Roberts 1985).

Diese Eigenschaften führen zum Problem der Interaktionen. Dabei ist zunächst noch einmal daran zu erinnern, daß die Produktregel des SEU-Modells und verwandter Ansätze wichtige inhaltliche Annahmen sind. Aber es ist fraglich, ob das übliche Vorgehen in den korrelations-, diskriminations- und regressionsstatistischen Analysen den Skalenniveaus der Variablen angemessen ist. Meiner Ansicht nach ist dies häufig nicht der Fall; die erzielten Ergebnisse sind daher nur mit Einschränkungen zu interpretieren.[24]

Auswertungen mit Korrelationen, Regressionen oder Diskriminanzanalysen setzen bekanntlich Variablen mit Intervallskalenniveau (bzw. dichotome Variablen) voraus. Ob diese Bedingung in der Forschungspraxis erfüllt wird,

---

[23] Beispielsweise ergibt sich in der oben zitierten Studie von Behn, Friedrichs und Kirchberg der Nutzenwert einer Handlungsfolge aus der Bewertung einer City-Eigenschaft auf einer Skala von -3 bis +3. Die Skalenwerte werden für die Analysen transformiert, indem die Konsequenzen für jeden Befragten in eine Rangreihe gebracht werden. Die den Rangplatz indizierenden Zahlenwerte 1 bis 11 sind für die Ermittlung der Nettonutzen diejenigen Nutzenwerte, die die Präferenzen numerisch abbilden (Behn, Friedrichs, Kirchberg 1989: 132).

[24] Vgl. als Ausnahme die Studie von Opp et al. (1984). Ihre Ergebnisse bestätigen z.T. die Theorie rationalen Handelns auf Grundlage der SEU-Formulierung. Die anderen, oben zitierten Arbeiten kommen bezüglich der vorgestellten Hypothesen zu einer negativen Einschätzung über die empirische Erklärungskraft. Über die Bedeutsamkeit dieser Ergebnisse ist allerdings aufgrund des zweifelhaften statistischen Vorgehens zu diskutieren.

läßt sich im Einzelfall sicherlich problematisieren. Oftmals dürften die als intervallskaliert betrachteten Variablen nur ordinales Skalenniveau besitzen. An dieser Stelle ist aber nicht die andauernde Debatte zur Nutzung korrelationsbasierter Methoden für ordinalskalierte Variablen fortzuführen (vgl. Borgatta, Bohrnstedt 1981; Johnson, Creech 1983; O'Brien 1985). Vielmehr soll auf die Abhängigkeit des Produkt-Moment-Korrelationskoeffizienten von Variablentransformationen hingewiesen werden.

Soweit es sich um einfache Variablen handelt, ist der Korrelationskoeffizient unter allen positiv linearen Transformationen ($X = \alpha X + \delta$; α, δ = Konstanten) der korrelierten Merkmale invariant und damit für intervallskalierte Variablen geeignet. Im Sonderfall ($\alpha = 1 \Rightarrow X + \delta$) wird lediglich der willkürliche Nullpunkt der Variable verschoben, bei der umfassenderen Transformation ($\alpha X + \delta$) wird auch die Skalengröße verändert. Beide Transformationen haben aber keinen Einfluß auf die bedeutsamen Skaleneigenschaften (Rangfolge und Abstände). Sie sind daher für Variablen mit Intervallskalenniveau erlaubt. Dies gilt jedoch nicht für den Fall, in dem eine der beiden Variablen eine Interaktionsvariable ist.

Die Probleme von Korrelationen mit Produktvariablen sind im amerikanischen Sprachraum bereits Anfang der siebziger Jahre von F. Schmidt skizziert worden (1973):[25] Variieren Mittelwerte oder Varianzen der Kom-

---

[25] Insbesondere von T. R. Mitchell ist zwar Kritik an den z.T. artifiziellen Transformationen Schmidts Kritik geübt worden, aber auch er erkennt die Problematik des Skalenniveaus schließlich an und fordert eine entsprechende Revision der Forschungspraxis (vgl. Mitchell 1974). Die Diskussion wurde im amerikanischen Sprachraum allerdings weitgehend eingestellt. Die Praxis wendet weiterhin ihre vom statistischen Standpunkt nicht bedeutsamen Modelle an (was Anfang der neunziger Jahre noch einmal von M. G. Evans scharf kritisiert wurde, vgl. Evans 1991). Im deutschen Sprachraum ist die Problematik des Skalenniveaus v.a. von B. Orth aufgenommen worden (1985a,b, 1986, 1987, 1988). Seine Problemsicht stimmt mit dem hier vertretenen Standpunkt überein. Hinsichtlich der daraus abzuleitenden Konsequenzen für die Forschungspraxis trifft dies allerdings nur zum Teil zu: Der zentrale Vorschlag von Orth zielt auf eine optimale Reskalierung der Variablen, die lediglich die prädiktive Kraft der Gleichungen maximiert ('maximaler invarianter Modellfit'; vgl. z.B. auch Doll, Ajzen, Madden 1991; Doll, Mentz 1992; Friedrichs, Stolle, Engelbrecht 1993: 10). Dagegen betrachte ich die Skalierungsgrößen im Anschluß an die in Abschnitt 4 vorgebrachten Überlegungen als theoretisch bedeutsame Alternativen zur Modellierung der individuellen Überlegensprozesse, wobei die Differenzen mit den üblichen Skalen nur eingeschränkt zu überprüfen sind (Einzelheiten weiter unten im Text). Meiner Ansicht nach überdeckt der Vorschlag einer optimalen Reskalierung die Konkurrenz alternativer Verrechnungsvarianten, die - nach den Vorgaben der Theorie rationalen Handelns - Unterschiede im individuellen Überlegeprozeß formal abbilden.

ponentenvariablen des Produktterms ändert sich auch die Stärke der Korrelation mit einer dritten Variable. So gilt für die Korrelation zwischen der Variable Y und dem Produkt der Variablen X und Z (im folgenden als 'XZ' bezeichnet, unter der Bedingung der multivariaten Normalverteilung; vgl. Bohrnstedt, Goldberger 1969):[26]

(a) $r_{y,xz} = cov(Y,XZ) / s_y \, s_{xz}$

wobei:

(b) $cov(Y,XZ) = \bar{Z} \, cov(Y,X) + \bar{X} \, cov(Y,Z)$

(c) $s_{xz}^2 = \bar{X}^2 s_z^2 + \bar{Z}^2 s_x^2 + 2 \, \bar{X} \, \bar{Z} \, cov(X,Z)$
$\qquad + s_x^2 s_z^2 + cov^2(X,Z)$

(d) $s_y^2 = \Sigma \, (Y - \bar{Y})^2 / n$

mit:

r $\quad$ = Produkt-Moment-Korrelationskoeffizient
cov $\quad$ = Kovarianz
s $\quad$ = Standardabweichung
s^2 $\quad$ = Varianz

Abb. 5-3: Produkt-Moment-Korrelationsanalyse mit einer Produktvariablen

Die Ableitungen zeigen, daß der Korrelationskoeffizient einer Produktvariable mit einer anderen Variable (hier Y) skalenabhängig ist. Zwar ist der Koeffizient unter positiv linearen Transformationen von Y invariant. Aber die Korrelation ist nicht invariant unter linearen Transformationen der Komponentenvariablen des Produktterms. Die Kovarianz nach Gleichung (b) und die Varianz der Interaktion nach Gleichung (c) ist direkt abhängig von den Mittelwerten und Varianzen der Komponenten (vgl. Abb. 5-3). Dabei verändern einfache Transformationen der Komponentenvariablen $(X + \delta)$ ihre Mittelwerte, bei komplexeren Transformationen $(\alpha X + \delta)$ variieren Mittelwerte und Varianzen. Die Gleichungen lassen erkennen, daß sich dann auch der Korrelationskoeffizient $(r_{y,xz})$ ändert.

---

[26] Entsprechend der bisherigen Notation ist aus Gründen der Übersichtlichkeit kein Personenindex eingetragen.

Daraus ergibt sich folgende Schlußfolgerung: Wenn Präferenzen und Erwartungen auf Intervallskalen gemessen werden - und dies ist in der angewandten Sozialforschung der Standardfall -, führen einfache Produkt-Moment-Korrelationen ihrer Produkte mit dritten Variablen zu Korrelationskoeffizienten, die grundsätzlich keinerlei Bedeutung haben. Es handelt sich daher nicht nur um ein Problem für methodische Puristen. Die Ergebnisse hängen vom willkürlichen Nullpunkt und der ebenso willkürlichen Intervallgröße der Komponentenvariablen ab. Inhaltliche Interpretationen sind ebenso beliebig. Das Beispiel in Tabelle 5-1 verdeutlicht diesen Sachverhalt auf drastische Weise. Mit den angebenen Transformationen $X2 = X1 - 4$ und $Z2 = Z1 + 2$ ändert sich der Koeffizient für die Korrelation von Y mit dem Produkt der usprünglichen und reskalierten X- und Z-Werte von -1 zu +1.

Y	X1	Z1	X1*Z1	X2	Z2	X2*Z2
1,00	3,00	5,50	16,50	-1,00	07,50	-7,50
2,25	4,00	3,50	14,00	0,00	00,00	00,00
3,00	5,00	2,50	12,50	1,00	04,50	04,50
4,00	7,00	1,50	10,50	3,00	10,50	10,50
4,75	9,00	1,00	09,00	5,00	15,00	15,00

Transformationen: $X2 = X1 - 4$ / $Z2 = Z1 + 2$
Korrelationen: $r(Y, X1*Z1) = -1,00$ / $r(Y, X2*Z2) = +1,00$

Tab. 5-1: Produkt-Moment-Korrelationen mit Produktvariablen

Interaktionen mit intervallskalierten Variablen sind nach meiner Einschätzung nur im Rahmen eines hierarchischen Modelltests mit multivariaten Regressionen bzw. Diskriminanzanalysen zu prüfen. Damit ist der im SEU-Modell behauptete multiplikative Zusammenhang zwischen den Wert- und Erwartungsvariablen lediglich einem mittelbaren Test zugänglich. Dies wird bei formaler Betrachtung einer einfachen, zum SEU-Modell äquivalenten Regressionsgleichung deutlich.

(e) $Y^* = b_0 + b_1 XZ$

Abb. 5-4:   Ein einfaches nutzentheoretisches Regressionsmodell

Dieses multiplikative Modell läßt sich von einem gemischten Modell, in dem die Interaktionsvariable *und* ihre Komponenten die Prädiktoren sind, nicht unterscheiden (vgl. Allison 1977; Cohen 1978; Stolzenberg 1980). Das von mir als 'Interaktionsmodell' bezeichnete additiv-multiplikative Modell zeigt Abbildung 5-5.

> **(f)** $Y^* = b_0 + b_1 XZ + b_2 X + b_3 Z$

Abb. 5-5: Das regressionsanalytische Interaktionsmodell

Die empirische Indifferenz von Gleichung (e) und (f) liegt in der Skalenabhängigkeit der Regressionskoeffizienten für die beiden Komponentenvariablen begründet. Dies folgt direkt aus der Skalenabhängigkeit der Kovarianz der Produktvariablen mit ihren Komponenten. Für das Regressionsmodell läßt der Effekt sich auf einfache Weise zeigen. Wird der Nullpunkt der Wahrscheinlichkeits- und Nutzenvariablen (X und Z) jeweils um eine beliebige Konstante (μ und τ) verschoben, ergibt sich:

> **(g)** $X' = X + \mu$
>
> **(h)** $Z' = Z + \tau$

Abb. 5-6: Nullpunkt-Variationen

Die transformierten Werte werden in Gleichung (f) eingesetzt:

> **(i)** $Y^* = b_0 + b_1 (X'-\mu)(Z'-\tau) + b_2 (X'-\mu) + b_3 (Z'-\tau)$
>
> Durch Ausmultiplizieren der Terme erhalten wir:
>
> **(j)** $Y^* = (b_0 - b_3\tau - b_3\mu + b_1\tau\mu) + b_1 X'Z' + (b_2 - b_1\tau) X' + (b_3 - b_1\mu) Z'$
>
> Die ursprünglichen Strukturparameter in Gleichung (f) ändern sich zu:
>
> **(k)** $b_2' = (b_2 - b_1\tau)$ und **(l)** $b_3' = (b_3 - b_1\mu)$
>
> Und für die Regressionskonstante gilt:
>
> **(m)** $b_0' = (b_0 - b_3\mu - b_3\tau + b_1\tau\mu)$

Abb. 5-7: Das Interaktionsmodell mit transformierten Variablen

Nur der Regressionskoeffizient des Produktterms bleibt konstant. Damit zeigen diese Gleichungen, daß durch eine einfache lineare Transformation der Komponentenvariablen das multiplikative Modell in ein Interaktionsmodell überführt werden kann. Umgekehrt läßt sich jedes gemischte Modell als ein multiplikatives Modell darstellen.[27]

Folgen wir dem multiplikativen Modell und setzen b2' und b3' gleich null, dann ergibt sich, daß $\tau = b2/b1$ und $\mu = b3/b1$. Das heißt, Interaktionen lassen sich für Variablen mit Intervallskalenniveau nur über Gleichung (f) testen (vgl. Abb. 5-5). Die empirischen Informationen können dann dazu genutzt werden, das scheinbar sparsamere multiplikative Modell nach Gleichung (e) zu schätzen (vgl. Abb. 5-4). Eine statistische Beurteilung des Interaktionseffektes ist ohne die angegebenen Transformationen der Komponentenvariablen mit Gleichung (e) nicht möglich. Hierzu sollte man vielmehr den Determinationskoeffizienten des Interaktionsmodells mit demjenigen eines einfachen additiven Modells vergleichen (vgl. Cohen 1978; Jaccard, Turrisi, Wan 1990: 24f.).[28] Abbildung 5-8 zeigt das additive Modell.

(n) $Y^* = b_0 + b_2 X + b_3 Z$

Abb. 5-8: Das additive Regressionsmodell

Es ist bekannt, daß der Determinationskoeffizient einer einfachen additiven Regression skaleninvariant ist.[29] Dies gilt auch für den Determinationskoeffizienten des Interaktionsmodells: Die Effekte der Variablen werden in Gleichung (j) aufgrund der linearen Transformationen von X und Z lediglich anders dargestellt als in Gleichung (f) (vgl. Abb. 5-5 und 5-7). Die vorhergesagten Werte des Kriteriums nach Gleichung (j) entsprechen damit den Vorhersagewerten nach Gleichung (f). Das bedeutet, der Determinationskoeffizient beider Gleichungen wird von linearen Transformationen der Komponentenvariablen nicht beeinflußt (vgl. Allison 1977; Arnold, Evans 1979).

---

[27] Die Regressionskoeffizienten der Komponentenvariablen in Gleichung (f) (b_2 und b_3) sind daher bedeutungslos. Ihre Interpretation ergibt sich über eine geeignete Umstellung der Gleichung bzw. über die Bildung partieller Ableitungen (vgl. z.B. Southwood 1978: 1163f.)

[28] In der Diskriminanzanalyse bezieht man sich entsprechend die quadrierte kanonische Korrelation.

[29] Die Konstanten μ und τ gehen lediglich in die Regressionskonstante ein.

Mit der Skaleninvarianz des Determinationskoeffizienten erhalten wir die Möglichkeit, zur statistischen Prüfung des Interaktionseffektes die Differenz der Erklärungskraft von Gleichung (f) und Gleichung (n) heranzuziehen (vgl. Abb. 5-5, 5-8). Je größer der Zuwachs im Determinationskoeffizienten bei Einführung der Produktvariable in das additive Modell ausfällt, desto bedeutender ist der Interaktionseffekt für die Abbildung des datengenerierenden Prozesses. Die Signifikanz des Produktterms ist mit dem F-Test zu prüfen (bei m, n-k-1 Freiheitgraden; vgl. Aiken, West 1991: 106):

(o) $F = (R_f^2 - R_n^2)(N-k-1) / (1 - R_f^2) m$

mit:

R_f^2 = Determinationskoeffizient des Interaktionsmodells
(Gleichung f, Abb. 5-5)

R_n^2 = Determinationskoeffizient des additiven Modells
(Gleichung n, Abb. 5-8)

N = Fallzahl

k = Zahl der unabhängigen Variablen im additiven Modell
(Gleichung n)

m = Zahl der zusätzlichen Prädiktoren in Gleichung f
gegenüber Gleichung n

Abb. 5-9: *Der F-Test zur statistischen Prüfung von Interaktionseffekten in Regressionsmodellen*

Die Ableitungen zeigen, daß Regressionen mit intervallskalierten Produktvariablen grundsätzlich zu Interaktions- bzw. gemischten Modellen führen. Die Frage nach dem korrekten Modell stellt sich daher aus meiner Sicht nicht. Es gibt keine empirische Basis, um multiplikative Modelle von gemischten Modellen zu unterscheiden. Reine Produkt(summen)modelle sind nicht zu testen. Deren Ergebnisse sind ohne die gezeigten Transformationen der Komponentenvariablen beliebig. Einfache Regressionen von Handlungsvariablen auf die Produktsummen von Präferenzen und Erwartungen führen daher zu keinen inhaltlich bedeutsamen Schätzungen (auch eine Bestätigung der Nutzenhypothesen nach dem SEU-Modell ist hier bedeutungslos, da Richtiges bekanntlich auch aus Falschem vorhergesagt werden kann).

Prüfungen von SEU-Nutzenhypothesen mit Variablen auf Intervallskalenniveau sind immer nur gegen das einfache additive Modell möglich. Das Vorliegen eines Interaktionseffekts läßt sich nur in der Weise testen, daß man eine Regressionsanalyse (bzw. Diskriminanzanalyse) mit dem Interaktionsterm, gebildet aus dem Produkt der Wert- und Erwartungsvariablen, und zusätzlich mit diesen Variablen, aus denen der Interaktionsterm besteht, als additiv wirkende Prädiktoren durchführt. Es ist das Prinzip der 'gemischten Erklärung' zu verwirklichen. Der hierarchische Modellvergleich ist ein effektiver Test auf Interaktionswirkungen. Insignifikante Interaktionen führen zur Widerlegung des Grundmodells. Tritt dieser Fall ein, lassen sich aufgrund inhaltlicher Erwägungen die Strukturparameter des additiven Modells interpretieren.

In einer Vielzahl, in anderer Hinsicht ausgezeichneten Untersuchungen mit wert-erwartungstheoretischer Orientierung findet das Problem der Interaktionen keine Berücksichtigung; vielleicht aufgrund der Meinung, daß es hier lediglich um auswertungstechnische und daher zu vernachlässigende Fragen geht. Daher kommt auch M. G. Evans zu der Schlußfolgerung: "Hence the literature is cluttered with suspect results that continue to be cited approvingly by subsequent authors and by studies that continue to use the suspect methods because 'they have always been done that way'" (1991: 13).

An dieser Stelle stellt sich natürlich die Frage, ob das Problem der Interaktionen mit geeigneten Mitteln eventuell zu umgehen oder aufzuheben ist. Grundsätzlich bestehen hierzu zwei Möglichkeiten: (a) Es wird eine Messung auf Verhältnisskalenniveau durchgeführt. (b) Man versucht, die theoretischen Überlegungen in einer anderen formalen Struktur abzubilden. Die naheliegende erstgenannte Variante führt zur Frage, ob eine Messung psychologischer Variablen auf Verhältnisskalenniveau überhaupt möglich ist. Dies wird man, wenn überhaupt, nur unter Vorbehalten zugestehen; ein Konsens in dieser Frage ist bisher jedenfalls nicht erreicht. Selbst in der Psychophysik kann man zu einer Messung auf Verhältnisskalenniveau nur durch aufwendige Verfahren gelangen, die über die Möglichkeiten der anwendungsorientierten Sozialforschung zur Zeit weit hinausreichen dürften (vgl. Krantz 1972; Orth 1982).[30]

---

[30] Man könnte hier an die Magnitude-Skalierung denken, jedoch führt diese Methode lediglich zu einer 'logarithmischen Intervallskala', wenn nicht strenge zusätzliche Annahmen eingeführt werden (vgl. Wegener [Hg.] 1982). In diesem Zusammenhang schlagen H.-R. Pfister und U. Konerding - im Anschluß an die entscheidungsanalytische Methode des 'willingness to pay' nach R. L. Keeney und H. Raiffa (1976) - vor, Bewertungen grundsätzlich über die Ermittlung von

Zu der zweitgenannten Möglichkeit läßt sich der Versuch zählen, eine alternative Abbildung von Wert-Erwartungsmodellen in die empirischen Untersuchungen einzuführen. Zu denken ist hier v.a. an aussagenlogische Verfahren als Grundlage für konfigurationsfrequenzanalytische bzw. prädiktionsanalytische Auswertungen der Konzeptvariablen (vgl. Krampen 1986; Kuhl 1983: 86ff.; zur Prädiktionsanalyse vgl. Hildebrandt, Laing, Rosenthal 1977). Streng genommen sind damit allerdings keine Aussagen über Handlungs*entscheidungen* möglich. Der Auswertungsaufwand fällt zudem erheblich aus, insbesondere bei einer größeren Zahl von handlungsleitenden Konsequenzenvariablen. Darüber hinaus ist der Informationsverlust hoch, da lediglich auf Basis des Nominalskalenniveaus gearbeitet wird. Daher ist auch eine detaillierte Analyse der kognitiven Repräsentationen, die Ansatzpunkte für die Ableitung praktischer Interventionsmaßnahmen bieten könnte, nicht möglich. Letztlich können mit diesem Verfahren lediglich Hinweise auf die (Un-)Gültigkeit der SEU-Kernthese (multiplikative Verknüpfung von Wert- und Erwartungsvariablen) ermittelt werden, was aber im Rahmen des hierarchischen Modelltests auf Grundlage von Regressions- und Diskriminanzanalysen gleichermaßen erreichbar ist.

Daher wird man die Arbeit mit den gewohnten Rating-Skalen und den üblichen Auswertungsverfahren fortsetzen. Die Problematik der intervallskalierten Rangordnung der Messungen sollte hierbei explizit Beachtung finden. Die empirischen Modellprüfungen sind nicht auf beliebige Korrelations- oder Regressionskoeffizienten zu stützen: Die inhaltliche Bedeutsamkeit der hieraus abgeleiteten Ergebnisse ist keiner direkten Beurteilung zugänglich.

Geldäquivalenten zu erheben (vgl. Pfister, Konerding 1996: 97). Abgesehen von der offenen Frage, ob mit einer solchen Messung tatsächlich Verhältnisskalenniveau erreicht wird, erscheint es zumindest problematisch, ob die Befragten in der Lage sind, alle möglichen Ereignisse (wie soziale Anerkennung, Schwangerschaft, etc.) in Geldeinheiten zu bemessen. Die von Pfister und Konerding ebenfalls angeregte Erhebung der Wahrscheinlichkeiten über die Formulierung von Lotterien dürfte an der Komplexität der Frageformulierung scheitern (ebenda: 96): Für eine Vielzahl von Handlungskonsequenzen überschreitet diese Variante die Möglichkeiten, die realistischerweise in einer Befragung außerhalb des Labors zu realisieren sind. Dennoch bieten sich hier vielleicht Möglichkeiten, das Problem der Interaktionen einer adäquateren Lösung zuzuführen. Daher sollten zu den Chancen der Umsetzung sowie zur Validität und Reliabilität derartiger Messungen weitere Untersuchungen durchgeführt werden.

5.2.3. Analytisch wahre Handlungserklärungen?

Die empirische Anwendung der Theorie rationalen Handelns setzt eine große Sorgfalt bei der Erhebung und Auswertung der Konzeptvariablen voraus. Eine produktive Auseinandersetzung mit den Problemen der empirischen Arbeit findet in der dominanten sozialwissenschaftlichen Lehre von Rational Choice, die in der Tradition des fiktionalen (instrumentalistischen) ökonomischen Modellbaus steht, allerdings kaum statt. Die ungeprüfte Vorab-Fixierung auf ausgewählte Elemente der Handlungssituation und spezifische Faktoren der Motivation und Selektion ist aber aus empirisch-erklärender Sicht kein Weg für eine gehaltvolle Erklärung individueller Handlungswahlen und daraus resultierender sozialer Phänomene. Gegen eine solche Vorgehensweise spricht allein schon die bekannte Gefahr der statistischen Fehlspezifikation. Wenn nur eine Klasse von Prädiktoren in die (regressionsbasierten) Vorhersagegleichungen aufgenommen wird, besteht die Möglichkeit, daß die Koeffizienten dieser Variablen verzerrt geschätzt und damit inhaltlich unangemessene Schlußfolgerungen gezogen werden (vgl. z.B. Arminger 1987: 298ff.). Zwar gibt der Einbezug weiterer Prädiktoren grundsätzlich keine Garantie für unverzerrte Schätzungen (vgl. mit Einzelheiten: Lieberson 1985). Aber wenn Vorstellungen über theoretisch bedeutsame Erklärungsvariablen vorliegen, sollte man diese auch in die Struktur- bzw. Regressions- oder Diskriminanzgleichungen aufnehmen. Die inhaltliche Bewertung einer Theorie hängt bei empirischen Anwendungen immer auch von den Einzelheiten der statistischen Modellierung ab.

Daher sind Einschränkungen, wie sie im Rahmen der Homo Oeconomicus- oder Sociologicus-Konzepte getroffen werden, dem empirisch-erklärenden Selbstverständis nicht angemessen: Die Art der Ziele, die von den Akteuren verfolgt werden, können sehr unterschiedlicher Art sein. Ebenfalls müssen die perzipierten Wahrscheinlichkeiten nicht den objektiven Gegebenheiten entsprechen. Es ist gerade Aufgabe des Forschers, wenn er von einer kognitiven Handlungstheorie ausgeht, diejenigen Kognitionen herauszufinden, die bei einer Entscheidung für das zu erklärende Handeln von Bedeutung sind.

Eines der häufig zitierten Standardargumente gegen diese Sichtweise besteht darin, wenn keine Beschränkung der Motivations- und Anreizstruktur erfolge, werde die Handlungstheorie tautologisch. Nachträglich lasse sich deshalb auch jedes individuelle Handeln als rational rekonstruieren (vgl. z.B. Grafstein 1995: 65; Kirchgässner 1988: 113, 1991: 39; Pies 1993: 99; Willems 1996: 145). Diese Ansicht ist nicht zutreffend. Allein die Möglichkeit, beliebige Präferenz- und Anreizmuster in das Konzept einzuführen, führt nicht zur Analytizität der Perspektive in der Theorie rationalen Handelns. Dies ist ein Punkt, der von Anfang an die sozialwissenschaftlichen Anwendungen von Rational Choice belastet hat (vgl. z.B. Downs 1968: 6f. i.V.m. 255ff. sowie die sich daran anschließende Debatte zum sog. 'Wahlparadox' in der ökonomischen Politiktheorie). Selbst Autoren, die explizit an einer 'adequate theoretical foundation for an integrated social science' interessiert sind, vertreten auch noch heute die Meinung, daß "the subjectivist version ... tend to make rational choice tautological" (Vanberg 1993: 108f. und 95).

Eine Tautologie liegt nur dann vor, wenn z.B. eine altruistische Präferenz ex post per definitionem angenommen wird, wenn jemand eine altruistische Handlung ausgeführt hat. Dieser Satz ist analytisch wahr und somit keiner empirischen Beurteilung zugänglich. Die Analytizität wird aufgegeben, wenn die Annahme der altruistischen Präferenz empirisch geprüft wird, wie auch M. M. Marini deutlich zum Ausdruck bringt: "If people are assumed to choose what they value, and if what they value is revealed only by what they choose, a theory of purposive action is inherently tautological. ... The theory becomes useful only when motivational assumptions are made about what people value" (1992: 29; vgl. auch Abel 1983: 160; Opp 1979b: 83, 1991a: 118f.). Es wäre tatsächlich fatal, in einem ersten Schritt von den beobachteten Handlungen auf die individuellen Motivationen zurückzuschließen, und die unterstellte Motivationsstruktur in einem zweiten Schritt als Erklärungsargument für die jeweiligen Handlungsweisen einzusetzen (vgl. Abb. 5-10).

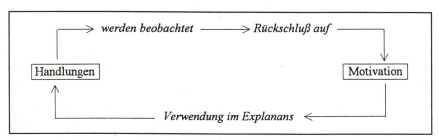

Abb. 5-10: Das Prinzip der analytisch wahren Handlungserklärung

Das Problem der Analytizität läßt sich letztlich auf eine unglückliche Äquivokation v.a in der ökonomischen Literatur zurückführen, die H. Werbik als die Vermischung von 'Vorsatz' und 'Zweck' einer Handlung identifiziert: "Unterscheidet man zwischen *Vorsatz* und *Zweck* in der Weise, daß von Vorsatz dann gesprochen wird, wenn der Akteur sich daran macht, einen bestimmten Sachverhalt herbeizuführen, während der Zweck derjenige Sachverhalt ist, der als Folge des Handlungsergebnisses tatsächlich eingetreten ist und der aufgrund seiner Übereinstimmung mit dem Vorsatz nachträglich zugeordnet wird, so wird deutlich: Die logisch unabhängige Feststellung von *Vorsätzen* und Handlungsergebnissen ist möglich, wenn der Betrachter den Prozeß der Handlungsvorbereitung des Akteurs verfolgen kann. Es ist aber unmöglich, *Zwecke* und Handlungsergebnisse logisch unabhängig voneinander festzustellen" (1978: 634).

Der Hinweis auf eine möglicherweise analytisch wahre Handlungserklärung kann die (ungeprüfte) Fixierung der Brückenannahmen im Rahmen der theoretischen Vorstellungen nicht begründen. Ad hoc-Spezifikationen mögen besonders dann naheliegen, wenn man der Meinung ist, daß Präferenzen nicht meßbar sind. Abgesehen von der Tatsache, daß diese Ansicht nicht zutrifft - gerade das Fragebogenverfahren bietet die Möglichkeit, die zirkuläre Argumentation zu vermeiden -, ist eine vielleicht unlautere Praxis aber kein Argument, bestimmte theoretisch relevante Faktoren aus einer Theorie auszuschließen. Insofern kommt man an der Allgemeinheit der Theorie rationalen Handelns nicht vorbei.

Häufig dürfte es gerade diese Allgemeinheit sein, die kritische Stimmen hervorruft: Ein genereller Ansatz würde nichts dazu beitragen, die sozialwissenschaftliche Forschung anzuleiten. Wie ist diese Position zu beurteilen? Nach meinem Verständnis geht es auch in den Sozialwissenschaften darum, empirische Phänomene zu *erklären.* Das Erklärungsziel wird insbesondere dann erreicht, wenn der Aussagenzusammenhang hinsichtlich der empirischen Daten und seiner logischen Struktur ein Maximum an Konsistenz aufweist. Dabei zeichnen sich allgemeine Theorien dadurch aus, daß sie ihren Geltungsbereich nicht auf einen bestimmten Ort oder Zeitpunkt oder Zeitraum beschränken.

Es sei nochmals betont, daß die Probleme, die bei der Prüfung 'abstrakter Hypothesen' auftauchen, hier in keiner in Frage gestellt werden. Vielmehr versuchen zahlreiche Sozialwissenschaftler, diesen Problemen in der Praxis der empirischen Forschung gerecht zu werden und, soweit es sich beim derzeitigen Wissensbestand anbietet, mit ihnen produktiv umzugehen. Der vorhergehende Abschnitt hat auf einige Möglichkeiten hingewiesen, wie man z.B. Erhebungs- und Methodenprobleme bei der empirischen Anwendung der Theorie rationalen Handelns in natürlichen Situationen handhaben kann.

Allgemeine Theorien setzen grundsätzlich die Erhebung von Randbedingungen voraus. Die notwendige Ermittlung von Anfangsbedingungen als eine i.d.R. raum-zeitlich lokalisierte Menge der in der Wenn-Komponente der Theorie enthaltenen Elemente kann man daher keinem Konzept vorwerfen. Eine (zu einem bestimmten Zeitpunkt adäquate) Erklärung ist gelungen, wenn die Anfangsbedingungen wie das Explanandum empirisch (gemäß des zu diesem Zeitpunkt vorliegenden Wissens) korrekt erhoben wurden und sich aus den Anfangsbedingungen und dem (Handlungs-) Gesetz der zu erklärende Sachverhalt zwingend ergibt. Die empirische Bestimmung von Anfangsbedingungen gehört daher zu den grundlegenden Anwendungsschritten in der empirischen Forschung, und nur wer diese umgeht, könnte behaupten, die A priori-Fixierung von Motivationen und Anreizbedingungen definiere ein voll ausformuliertes Handlungsmodell. Es zeichnet gerade Ad hoc-Erklärungen aus, daß sie das Vorliegen von Anfangsbedingungen nur annehmen, ohne dabei auf Daten zurückzugreifen, die mit nach derzeitigem Kenntnisstand zuverlässigen Methoden erhoben wurden (vgl. Opp 1995: 58ff.).

Die empirische Position impliziert in keiner Weise die Negation einer theoretischen Orientierung. Vielmehr wird eine problemadäquate Spezifikation der relevanten Anfangsbedingungen für die Theorie rationalen Handelns besonders dann gelingen, wenn man auf bewährte (sozial-) psychologische Einstellungs- bzw. Kognitionstheorien zurückgreifen kann. Auch für eine Erklärung sozialer Prozesse kann daher der Bezug auf theoretisch fundierte und empirisch konsistente Informationen über die Prozesse der individuellen Motivation, Wahrnehmung und Informationsverarbeitung von Nutzen sein, sei es, um diese Informationen für eine detaillierte Betrachtung der Individualebene in noch relativ ungeklärten Zusammenhängen zu nutzen, oder sei es, um mit diesen Kenntnissen eher generalisierende Brückenannahmen in stärker institutionalisierten Kontexten zu formulieren.

Nimmt man die handlungstheoretische Erklärung sozialer Tatbestände ernst, sollten beide Intentionen zu einer Öffnung der sozialwissenschaftlichen Forschung gegenüber den Ergebnissen und Theorien der kognitiven (Sozial-) Psychologie führen (vgl. Kunz 1996a: 167ff.; Simon 1985: 302). Daher wird die Theorie rationalen Handelns als allgemeine kognitive 'Handlungs-Entscheidungs-Theorie' auch nicht zu einer "Hermeneutik des Entscheidungsverhaltens", so das vor kurzem formulierte Fazit von R. Stichweh hinsichtlich der inhaltlichen Öffnung von Rational Choice (1995: 400). Dieser Schritt läßt sich vermeiden, wenn man zwischen Aspekten formaler und substantieller Rationalität strikt trennt, die Differenz von Brücken- und Kernannahmen voraussetzt, den Ansatz der empirischen Konsistenzprüfung zur Steuerung des Brückenproblems zum forschungsleitenden Prinzip macht und der Einsicht folgt, daß nur im Rahmen der handlungstheoretischen Konstrukte die soziale Situation mit Hilfe kognitions- und sozialpsychologischer Theorien zu modellieren ist.

Trotz des Bedarfs an ergänzenden Heuristiken und Theorien für eine handlungstheoretische Erklärung sozialer Prozesse, sind die Möglichkeiten hierfür kaum ausgelotet. Entsprechend dürftig fällt insgesamt der Forschungs-

stand aus (vgl. auch Kelle, Lüdemann 1995: 256; Tietzel 1988: 64; weiterführende Hinweise in Kap. 7 und 8). Vielfach dürfte es auch an Kenntnissen
über einschlägige Möglichkeiten fehlen, was aber nicht verwundert, wird
doch die Notwendigkeit einer solchen Strategie oftmals grundsätzlich abgestritten: Eine handlungstheoretische Erklärung nach Abbildung 4-1 würde
nur psychologische Interessen bedienen.

So bezeichnet zum Beispiel B. Westle (aus traditioneller politikwissenschaftlicher Sicht) in ihrem Übersichtsartikel zur politischen Partizipation in
den EU-Staaten den kognitiven Rational Choice-Ansatz als psychologisch
und daher soziologisch unergiebig (1994: 165). Sie wirft diesem Konzept
und namentlich K.-D. Opp und den von ihm initiierten nutzentheoretischen
Untersuchungen zum Protestverhalten vor, daß Variablen wie Alter, Ge-
schlecht, Gruppenmitgliedschaft oder ähnliche Sozialstrukturmerkmale
nicht berücksichtigt seien, obwohl diese Faktoren einen direkten Einfluß auf
das Auftreten politischer Partizipation ausüben würden.[31] Man kann diese
Sichtweise auf die Spitze treiben: Da Akteure nur aus Sozialisationserfah-
rungen bekannt sind, läßt sich das Problem der Transformation umgehen.
Rollenerwartungen sind kollektive Tatbestände und so läßt sich in funktio-
nalistischer Perspektive auf den Begriff des Handelns verzichten und lediglich kollektive Phänomene miteinander korrelieren.

Ähnlich argumentiert man im Rahmen ökonomischer Begründungszu-
sammenhänge, daß eine 'Psychologisierung' von Rational Choice an den
sozialwissenschaftlichen Erkenntnisinteressen, die ihr (angeblich analyti-
sches) Primat auf der kollektiven Ebene haben, vorbeigehe (vgl. z.B. Downs
1968: 7). In diesem Sinn stehen auch zahlreiche soziologische Vertreter der
individualistisch orientierten Erklärung sozialer Tatbestände einer ausformulierten kognitiven Handlungstheorie ablehnend bis skeptisch gegenüber.
Sie verweisen in der Tradition der ökonomischen Modellanalytik auf die
Gefahr der Überparametrisierung der individuellen Ebene (vgl. Coleman
1987; Esser 1991a; Gillessen, Mühlau 1994; Lindenberg 1984a). Hieraus
erklärt sich die v.a. und wiederholt von S. Lindenberg vorgebrachte Differenz zwischen sogenannten 'Individuell-1-Theorien', die ihr gesamtes Erkenntnisinteresse auf die individuelle Ebene konzentrieren, und 'Individu-
ell-2-Theorien', die mit Individuell-1-Theorien nur das theoretische Primat

---

[31] Vgl. mit ähnlicher Kritik, die dem üblichen und unhaltbaren Vorwurf des Atomismus in individualistischen Konzepten gleicht z.B. auch die Beiträge von T.
Hirschi (1986) oder M. Trapp (1986). Solche Kritiken übergehen die entscheidende Differenz zwischen Brücken- und Selektionsannahmen, Anfangsbedingungen und handlungstheoretischem Kern.

teilen sollen (vgl. z.B. Lindenberg 1985c: 250ff., 1990b: 736f.). Die Sozialwissenschaften hätten sich daher auf 'nicht-psychologische' Individuell-2-Theorien zu konzentrieren.

In dieser Eindeutigkeit erscheint eine solche Position zumindest aus zwei Gründen angreifbar: (a) Es ist keineswegs der Fall, daß im Rahmen von Individuell-2-Theorien ohne psychologische Annahmen gearbeitet wird. Sehr treffend ist hier immer noch die Charakterisierung der ökonomischen Theorie von G. Katona: "Traditional economics might be more accurately described as 'economics with mechanistic psychology' rather than as 'economics without psychology'" (1977: 6). (b) Darüber hinaus finden sich durchaus Beispiele, die auf die Fruchtbarkeit einer gegenseitigen Öffnung von Psychologie und Ökonomie bzw. Sozialwissenschaften hinweisen. Beispielsweise lassen sich aus der Verbindung von struktureller Perspektive (Änderungen in den institutionellen Arrangements) mit psychologischen Erkenntnissen ('the hidden costs of reward') auf Basis der Theorie rationalen Handelns theoretisch gehaltvolle und empirisch testbare Hypothesen zu dem Phänomen gesellschaftlich wirksamer Motivationsinduktionen entwickeln (vgl. Frey 1994).

Grundsätzlich ist gegen eine gegenüber der individuellen Ebene sehr ignoranten Formulierung, gegen ein ausgeprägtes Desinteresse an den individuellen Phänomenen einzuwenden, daß man weder eine empirische Regelmäßigkeit noch eine ungeprüfte Plausibilisierung für eine Erklärung individueller Kognitionen halten wird. Daher treffen auch die zitierten Einwände der 'traditionellen' Soziologie das Konzept der Theorie rationalen Handelns als allgemeine kognitive 'Handlungs-Entscheidungs-Theorie' nicht. Die eingeforderten sozialstrukturellen Bestimmungsgrößen individuellen Handelns wirken sich hier immer nur *indirekt* über die Nutzeneinschätzungen und Erwartungen von Handlungsfolgen auf die Handlungsvariationen aus. Und dieser Einfluß wird in keiner Weise bestritten: Die kognitiven Repräsentationen sind sozialen Ursprungs, sie sind das Resultat von sozialen Konstruktionsprozessen, d.h. sie sind sozial verankert.

Aber Kognitionen sind in diesem Konzept unter Angabe entsprechender Formations- und Selektionsregeln die erstrangigen Determinanten von Handlungswahlen. Und die Originalität dieser Sichtweise ist nicht besonders groß: Grundsätzlich ist nach derzeitigem Kenntnisstand hinzunehmen, daß nicht Normen oder damit indizierte Sozialstrukturen Handlungen vollziehen, sondern nur Akteure, die dafür ihre (in sozialen Beziehungen entwickelte und mit anderen Akteure geteilte) Gründe haben. Diese Perspektive dürfte auch kaum bestritten werden; vermeintlich konkurrierende Ansichten sind daher 'lediglich' auf eine ungeprüfte Verschränkung von Brücken- und

Selektionsthesen zurückzuführen, die einer Erklärung mit impliziten Gesetzen entspricht. So wird im Rahmen der Kausalanalyse von sozialstrukturellen Merkmalen und Handlungsvariablen der Zusammenhang zwischen sozialstrukturellen Merkmalen, Sozialisationsbedingungen, Lerngeschichten und bestimmten handlungsleitenden Einstellungsdimensionen nur angenommen, nicht aber explizit überprüft. Häufig sind die impliziten Mechanismen auch nicht expliziert, so daß ein grundlegendes Verständnis der festgestellten Korrelationen aussteht.

Dieses Vorgehen ist insofern zu kritisieren, weil beliebige implizite Erklärungen für das Auftreten eines Explanandums gegeben werden können (vgl. Stegmüller 1983: 144ff.). Außerdem übersieht man möglicherweise bestehende empirische Abhängigkeiten: Wenn bestimmte Einstellungen mit den Sozialstrukturmerkmalen nicht zusammenhängen, so dürfte man aufgrund einer geringen Korrelation zwischen Sozialstruktur und Handlung nicht behaupten, es gebe keinen Zusammenhang zwischen diesen Einstellungen und der Handlung. Eine Auflösung wird nur über die direkte Messung der eigentlichen Ursachen, wie sie die Theorie behauptet, zu erreichen sein, und diese Ursachen sind in einer handlungstheoretischen Erklärung - so der hier vertretene Ansatz - Präferenzen und Erwartungen bezüglich der Anreizbedingungen. Insofern gilt auch heute noch die bereits frühzeitig von A. Inkeles getroffene Feststellung: "Sociological research has suffered form the failure to use psychological theory and estabished knowledge about personality as an element in sociological analysis" (1963: 321).

Aus der Perspektive der empirischen Sozialwissenschaften soll eine Theorie "... eben nicht nur die Daten gut beschreiben, sondern auch den Wirkungszusammenhang, d.h. den datengenerierenden Prozeß erfassen" (Kühnel 1993: 177). Dies ist die kausalanalytische Sichtweise, die v.a. in der quantitativ orientierten empirischen Sozialforschung vorherrscht. Es ist daher aus Sicht der erklärenden Sozialwissenschaften grundsätzlich eine im konkreten Problemzusammenhang empirisch zu entscheidende Frage, ob individuelle Sonderaspekte keinen relevanten Effekt auf der Aggregatebene ausüben (die gegenteilige Meinung bezeichne ich im folgenden als 'Aggregationshypothese').

Ein treffliches Beispiel für die grundsätzliche empirische Problematik der 'Aggregationshypothese' bieten im Rahmen der statistischen Modellbildung die Kontext- bzw. Mehrebenenanalysen. Mit ihrer Hilfe lassen sich die Effekte von Individual- und Aggregatvariablen gemeinsam betrachten (vgl. Boyd, Iversen 1979; Bryk, Raudenbush 1992; Esser 1988). Die formale Struktur dieser Modellklasse zeigt, daß auf die Elaboration der mikrotheoretischen Basis i.d.R. nicht zu verzichten sein dürfte, um auf Makroebene valide Aussagen treffen zu können. Den Zusammenhang, in der Statistik auch als Problem des ökologischen Fehlschlusses bekannt, verdeutlicht ein einfaches Regressionsmodell mit Individualvariablen und unterschiedlichen, additiv wirkenden Kontextprädiktoren:[32]

(a) Mikromodell: $Y_{ik} = b_0 + b_1 X_{ik} + b_2 \bar{X}_k + b_3 Z_k + e_{ik}$

mit: Y_{ik} = Aktivität eines Individuums i im Kontext k (i = 1, 2, ... n), (k = 1, 2, ... 1), X_{ik} = Individualmerkmal, $X_k/$ = Kontextmerkmal ('compositional-type variable'), Z_k = Kontextmerkmal ('integral-type variable')

Das Makromodell ergibt sich aus der Aggregation der Variablen über die Mittelwertbildung:

(b) Makromodell: $\bar{Y}_k = b_0 + c \bar{X}_k + b_3 Z_k + \bar{e}_k$

mit: $c = b_1 + b_2$

Abb. 5-11: Kontextanalyse - 1

Hier zeigt sich, daß der auf der Aggregatebene ermittelte Effekt von $X_k/$ nur dann als Individualeffekt interpretiert werden darf, wenn b_2 gleich null wäre. Wenn lediglich die Schätzung auf der Makroebene zur Verfügung steht, dann kann nur eine begründete Vorstellung über die Handlungszusammenhänge auf der Mikroebene die inhaltliche Bedeutung der Koeffizientenschätzung erschließen.

Offensichtlich sind die empirischen Ergebnisse sehr vorsichtig zu interpretieren, wenn mit Hilfe von Makrodaten eine mikrotheoretisch formulierte Theorie geprüft wird. Und v.a. für technologische Eingriffe steht eine korrekte Interpretation des datengenerierenden Wirkungsgefüges nicht zur Disposition: "It is only by distinguishing genuine causes from noncausal associations - that is, by explaining the occurence of events - that intervention for the production of desired effects is possible" (Marini 1992: 32; vgl. u.v.a. auch Tietzel 1988: 65). M. M. Marini fährt fort: "Even if a misspecified model is demonstrated to have predictive power, one is interestes to determine why." Erklärte Varianz ist keinesfalls mit einer theoretisch adäquaten Erklärung gleichzusetzen. Die Vorgehensweise à la M. Friedman erinnert vielmehr an einen Akteur, der den durch Warnlämpchen angezeigten Motorschaden durch Auswechseln der Birnchen beikommen will (vgl. Friedman 1953b, hierzu noch Kap. 6). Für eine sinnvollere Therapie wird man nicht umhin können, sich tatsächlich mit dem Motor zu beschäftigen. Und entsprechend interessieren sich empirisch orientierte Sozialwissenschaftler in der Regel dafür, warum die Leute so handeln, wie sie handeln. Die Probleme werden noch deutlicher, wenn man bezüglich der vorausge-

---

[32] Der Übersichtlichkeit wegen sind an dieser Stelle keine Interaktionseffekte berücksichtigt. Zu den verschiedenen Klassen von Kontextmerkmalen vgl. die Hinweise bei L. H. Boyd und G. R. Iversen (1979: 57) sowie B. Stipak und C. Hensler (1982: 156f.).

henden Analyse für die Individualebene eine Kontextwirkung über die abhängige Variable annimmt (vgl. Boyd, Iversen 1979: 57):

(c) Mikromodell: $Y_{ik} = b_0 + b_1 X_{ik} + b_2 \bar{X}_k + b_3 Z_k + b_4 \bar{Y}_k + e_{ik}$

Das schätzbare Makromodell entspricht in der Spezifikation Gleichung (b) (wiederum ohne die Berücksichtigung von Interaktionseffekten):

(d) Makromodell: $\bar{Y}_k = d_0 + d_1 \bar{X}_k + d_2 Z_k + r_k$

Mittels geeigneter Umformungen ergeben sich folgende Koeffizienten:

$r_k = e_k / (1 - b_4); \quad d_0 = a / (1 - b_4); \quad d_1 = (b_1 + b_2) / (1 - b_4); \quad d_2 = b_3 / (1 - b_4)$

Abb. 5-12: Kontextanalyse - 2

Wird im Rahmen der Makrobetrachtung der Kontexteffekt des Kriteriums auf der Individualebene nicht berücksichtigt, kann dies sogar zur falschen Interpretation der Vorzeichen der geschätzten Effekte führen. Dies ist dann der Fall, wenn der Kontexteffekt des Kriteriums einen größeren Wert als 1 aufweist. Dabei ist es letztlich unerheblich, wieviele Individuen in der empirischen Analyse diesen Effekt generieren, wenn nur die Varianz dieses Prädiktors maximal ist.

Diese Beispiele legen die Einschätzung nahe, daß das makroorientierte Erkenntnisinteresse in den Sozialwissenschaften nicht dazu führen darf, eine ausreichende und d.h. empirisch konsistente Explikation der mikrotheoretischen Basis zu vernachlässigen. Genau hier sollten empirische Arbeiten ansetzen, die der Theorie rationalen Handelns in ihrer kognitiven Variante (auf Grundlage des RREE[E]MM-Konzepts) verpflichtet sind. Bisher liegen nur vergleichsweise wenige Untersuchungen vor, die eine allgemeine, v.a. hinsichtlich der individuellen Ausprägungen der substantiellen Rationalität a priori nicht eingeschränkte Version der Nutzentheorie verwenden und hierbei die Messung der gemäß der Theorie handlungsleitenden Variablen zum Prinzip machen. Ob sich daran in Zukunft etwas ändert, liegt auch in methodologischen Klärungen begründet. Angesprochen ist hier das mit der 'Aggregationshypothese' implizit verbundene Problem der Realistik und Abstraktheit handlungstheoretischer Grundannahmen im Rahmen der Modellierung sozialer Prozesse. Auf diese, v.a. unter erklärungstechnischen Gesichtspunkten zentrale Frage geht der folgende Abschnitt ein.

6. Diskussion: Zur Realistik und Abstraktheit der Annahmen in empirischen Erklärungen sozialen Handelns

Überblick: Die Komplexität der Wirklichkeit des Handelns legt es nahe, die Frage nach der Gegenstandheitsadäquanz aufzulösen und durch die Frage nach 'angemessener Abstraktion' zu ersetzen. Die Konsequenz ist das Primat der analytischen Modellbildung, d.h.: Die Anwendungen der Theorie rationalen Handelns als Kern der Modellierung sozialer Prozesse werden von einer instrumentalistischen Modellanalytik, wie sie traditionell in der Ökonomie propagiert wird, dominiert. Zugleich werden die Annahmen realistisch koloriert. Die Folge ist eine spezifische Ambivalenz von analytisch-instrumentellem Vorgehen und empirisch-erklärender Handlungsdeutung (Kap. 6.1). Zu diesem Mißverhältnis trägt eine zumindest mißverständliche Sichtweise über die notwendige empirische Konsistenz handlungstheoretischer Grundannahmen bei. Die Diskussion ist durch eine unbeabsichtigte Äquivokation von 'Abstraktheit' und 'Falschheit' gekennzeichnet. Dabei ist zu berücksichtigen, daß die Generalisierung der individuellen Nutzenfunktionen keine Einschränkung der Falsifikationsmöglichkeiten begründet. Vielmehr ist das Gegenteil der Fall. Die offensichtlichen Probleme erkenntnistheoretischer Art, wie die Frage nach einer endgültigen Wahrheit, lassen sich im Rahmen eines 'nicht-repräsentativen Realismus' behandeln, der die Bedeutung kontrollierter Erkenntnisbemühungen für intersubjektives Wissen herausstellt (Kap. 6.2).

6.1. Bedeutungsvariationen und Möglichkeiten der Falsifikation

Mit dem in der zuletzt skizzierten 'Aggregationshypothese' angelegten dauerhaften Verzicht auf die Messung der handlungsleitenden Variablen und die explizite Überprüfung der empirischen Konsistenz der grundlegenden Annahmen ist der Weg von Rational Choice in eine motivational bereinigte Entscheidungslogik vorgezeichnet, die in klarem Gegensatz zu dem hier vertretenen Ansatz steht: Es geht nicht mehr um die Erklärung des individuellen Handelns selbst, sondern nur noch um einen möglichen Beitrag für das Funktionieren sozialer Tatbestände. Auf beispielhafte Weise zeigt sich diese Orientierung im ökonomischen Denken. Die Entwicklung der ökonomischen Theorie über die Grenznutzenschule, die Einführung der Indifferenzkurvenmechanik zur modernen Spieltheorie beschreibt die Wendung zum Formalismus in allen Bereichen. Rationalität ist hier nur noch Ausdruck eines wissenschaftlichen Handlungsmusters, Prinzip einer in sich konsistenten wissenschaftlichen Rekonstruktion. Der Formalisierungsprozeß endet schließlich im analytischen Modellbau: Es geht um "pieces of pure logic, called 'models'", wie J. Niehans in einer treffenden Beschreibung der Forschungspraxis zusammenfaßt, "in which conclusions are drawn, more or less rigorously, from a number of assumptions or axioms" (Niehans 1981: 169).[1]

Aus solchen Modellen folgt hinsichtlich der Erkenntnis über die Realität erst einmal nichts; "there is hardly any serious effort to relate them to observations" (ebenda); wenn überhaupt, wird der empirische Bezug (induktiv) über Analogien hergestellt: Die Akteure handeln so, *als ob* sie den Bedingungen der Modellannahmen entsprechen. Ob diese Sätze überprüfte und bewährte Gesetzesannahmen oder realistische Anwendungsbedingungen enthalten, interessiert nicht: "The only common denominator I can think of is the use of some sort of optimizing model for economic agents as a basis for predicting their reaction to changes in the economic conditions ..." (Niehans 1981: 170). Die Folge ist, daß die Anwendung der ökonomischen Modelle und ihrer sozialwissenschaftlichen Korrelate auf die empirische Sachverhalte theoretisch weitgehend unkontrolliert erfolgt, aufgrund von Kriterien, die keiner kontrollierten Argumentation und Prüfung zugänglich sind: "[W]e believe them (die Modelle, VK) to be valid in a class of cases outside the model, though we cannot prove it" (ebenda: 173f.; ausführlich: Albert 1967; Arni 1989; Kliemt 1996; Kunz 1995, 1996a; Stanley 1985).

An dieser altbekannten Praxis der Ökonomen hat auch die Entwicklung selbst komplexer Instrumente zur Prüfung konstituiver Annahmen nichts geändert: "[I]t can hardly be denied that econometrics has not transformed economic doctries into testable (and perhaps tested) hypotheses" (Niehans 1981: 171). So bleibt die entscheidungslogische Richtung dominant: "In fact, few controversies were ever settled by econometric tests, and most economic doctrines continue to be purley logical propositions" (ebenda: 171f.). Erst die Formulierung daran angelehnter empirischer Sätze erlaubt den Einsatz des in Frage stehenden Modells zumindest für Prognosezwecke. Allerdings liegen für die Formulierung dieser Ableitungen keinerlei brauchbare Regeln vor. Mit der Wendung zur reinen Logik der Entscheidung fehlt die motivationspsychologische Grammatik, die den Kern des Explanans einer handlungstheoretischen *Erklärung* bildet.

---

[1] Die Verwendung des Modellbegriffs ist in den Sozialwissenschaften nicht eindeutig. Wenn Niehans von 'Modellen' spricht, sind damit keine empirischen Theorien gemeint, sondern Konstrukte, deren Überprüfungskriterien sich ausschließlich aus der Logik ableiten ('analytische Modelle'). Vgl. zum kritischen inhaltlichen Status des praktizierten Modellbaus in der Ökonomie die Arbeit von A. Kirman (1989).

Auf die Konsequenzen dieser Orientierung wurde bereits im Abschnitt 4.2 hingewiesen: Der Nutzen in der reinen entscheidungslogischen Orientierung ist kein Handlungsgrund. Die Nutzenfunktion dient hier nicht dazu, Handeln zu erklären, sondern zu beschreiben: Es wird die Kenntnis des Handelns vorausgesetzt, um die Nutzenfunktion zu bilden. Dann wird behauptet, daß die Handelnden auf eine Weise entscheiden, *als ob* sie eine Nutzenfunktion maximieren. Genau in dieser Sprachregelung liegt eine verdeckte explanative Orientierung begründet, die für zahlreiche Mißverständnisse mitverantwortlich sein dürfte.

Der Verlust an empirischen Bezug in der modellanalytischen Perspektive wird nun selten als ein Mangel der wissenschaftlichen Arbeit angesehen. Vielmehr wird - auch und v.a. von soziologischen Kritikern des Rational Choice-Ansatzes - die von vorneherein erfahrungsfremde Intention, die mit der Konstruktion und dem aktuellen Betrieb von Modellwelten verknüpft sei, herausgestellt. Gegen eine solche Vorgehensweise wäre tatsächlich wenig einzuwenden: Die Modelle kann der Vorwurf der Realitätsferne selbst nicht mehr treffen und häufig lenken sie erst den Blick auf relevante Fragestellungen (ohne daß sogenannte 'Hobbessche Ordnungsproblem' wären zentrale sozialtheoretische Fragen vielleicht gar nicht erkannt worden). Voraussetzung einer solchen Sichtweise ist aber, daß tatsächlich auf eine so eindeutige Weise zwischen analytischen und empirischen Fragen unterschieden wird. Und genau dies geschieht im Rahmen des neoklassischen Programms von Rational Choice nur in wenigen Fällen. In der Regel bemühen sich auch die Vertreter des Rational Choice-Modellbaus um einen Transfer ihrer Erkenntnisse auf empirische Sachverhalte, auch und gerade in Zeiten eines ökonomischen Imperialismus, der die Sozialtheorie der letzten Jahrzehnte entscheidend bereichert hat (vgl. z.B. die Hinweise bei Braun, Franzen 1995: 243ff.; Downs 1968: 32f., 289ff. oder McKenzie, Tullock 1984: 26f.). Aber es bleibt ungeklärt, wie man sich diese Transformationsleistung im einzelnen vorzustellen hat.[2] Die einzige Verbindung zwischen analytischer Modellwelt und empirischen Bedingungen liegt in der spezifisch ökonomischen Philosophie des 'Als ob' begründet, "die empiristische Erklärungs- und Prüfbarkeitsideale mit dem mathematischen Optimierungsapparat geradezu 'koste es, was es wolle' zu verbinden suchte", wie H. Kliemt zum Ausdruck bringt (1996: 88). Da ein derartig rigides Vorgehen weder optimal ist, noch üblichen erfahrungswissenschaftlichen Standards genügt, ziehen sich die Vertreter der 'Als-ob-Methodik' auf die bekannte

---

[2] M. Friedman spricht von der Ergiebigkeit einer "right scientific atmosphere" (1953b: 25). Es drängt sich die Frage auf, ob man die auch außerhalb von Chicago antreffen kann.

Position von M. Friedman zurück, für eine wissenschaftliche Prädiktion sei der empirische Gehalt der zugrundeliegenden Annahmen prinzipiell unerheblich (vgl. Friedman 1953b). Ein Modell sei erst dann zu verwerfen, wenn sich die Schlußfolgerungen als unzutreffend erwiesen haben und keinesfalls weil die Annahmen des Modells empirisch inkonsistent bzw. unrealistisch seien. Genau diese instrumentalistische Orientierung ist z.B. auch der Tenor in der Neuen Politischen Ökonomie. So schreibt A. Downs: "Theoretische Modelle soll man vor allem an der Genauigkeit ihrer Voraussagen, weniger am Realitätsgehalt ihrer Annahmen prüfen" (1968: 21); J. M. Buchanan behauptet, "[i]n order to analyse political processes in a manner that is even remotely similar to the methods of economic theory, great simplification and abstraction is required" (1962: 19); und N. Braun und A. Franzen legen für den Bereich der ökonomischen Soziologie dar, "daß sich auch aus sehr einfachen und unrealistischen Annahmen auf der Grundlage der RCT (Rational Choice-Theorie, VK) reichhaltige und keineswegs offensichtliche Schlußfolgerungen ableiten lassen" (1995: 246; vgl. z.B. auch Buchanan, Tullock 1962: 29).

Offensichtlich hat sich die zunächst nur in der Ökonomie dominierende methodologische Auffassung mit der Ausbreitung des ökonomischen Programms heute in vielen anderen (Wissenschafts-) Bereichen durchgesetzt, die eine individualistische Erklärung kollektiver Effekte anstreben. Der typische (traditionelle) Vertreter eines erklärenden Rational Choice-Ansatzes beharrt darauf, daß seine Modelle, obgleich sie unbestritten unrealistische, d.h. empirisch nicht zutreffende Annahmen beinhalten, dennoch erklärungsrelevant seien. Eine solche Auffassung kann man natürlich vertreten, aber es nicht mehr der Erklärungsbegriff, der üblicherweise in den Erfahrungswissenschaften verwendet wird. Und es ist nicht angemessen, sich durch die weite Verwendung des Erklärungsbegriffs den Status einer empirischen Erklärung nach dem D-N-Schema implizit anzueignen. Allerdings stehen die Proponenten des Rational Choice-Ansatzes mit ihrer Argumentation nicht allein. Ähnliche Auffassungen finden sich im Bereich der Psychologie (z.B. Herrmann 1979, 1983), bei einer Vielzahl von Vertretern des strukturell-individualistischen Ansatzes in der neueren Soziologie (bes. Coleman 1995a,b,c; Esser 1993; Lindenberg 1992) und - zur Rechtfertigung des Homo Sociologicus-Konzepts - in der traditionellen (politischen) Soziologie.

So schreibt R. Dahrendorf, unter Berufung auf die methodologische Autorität der Ökonomen, die von K. R. Popper begründet worden sei: "Es ist klar, daß die Annahme, alle Menschen verhielten sich stets rollengemäß, empirisch falsch ist. Es gibt kaum einen Menschen, der nicht mehr oder minder häufig gegen die Erwartungen verstößt, die sich an seine soziale Position knüpfen. Man könnte also schließen, daß alle soziologischen Theorien, insoweit sie mit dieser Annahme operieren, auf falschen Voraussetzungen beruhen. Tatsächlich wird dieser Schluß gelegentlich von solchen Laien und Wissenschaftlern gezogen, die die Logik der Forschung mißverstehen. Doch sind solche Mißverständnisse nicht eigentlich beunruhigend. Aus der ökonomischen Theorie ist die lange Diskussion darüber, ob das Modell des ständig Nutzen und Nachteil abwägenden *homo oeconomicus* ein realistisches Abbild des wirtschaftenden Menschen sei, heute eindeutig dahingehend entschieden worden, daß solcher Realismus ganz unnötig sei, solange die mit diesem Modell arbeitenden Theorien kräftige Erklärungen und brauchbare Prognosen liefern. Extreme Vertreter der modernen deduktiven Wissenschaftslogik - vor allem ihr Begründer K. R. Popper - drücken diesen Sachverhalt gelegentlich sogar so aus, daß eine Theorie desto besser sei, je weniger realistisch ihre Annahmen seien" (Dahrendorf 1977: 102; der Autor streitet die Nähe seiner Überlegungen zur Theorie rationalen Handelns, die er lediglich als Homo Oeconomicus-Konzept identifiziert, ab).

Auf diese Weise wird die Verwendung offensichtlich empirisch inkonsistenter Annahmen nicht mehr nur mit den (größtenteils inkorrekten) Hinweisen auf technische Unzulänglichkeiten und Unmöglichkeiten bei der Erhebung und Messung der Konzeptvariablen, die Gefahr analytisch wahrer Handlungserklärungen oder die Wirksamkeit der Nivellierung der Fehler im Aggregat begründet, sondern auch mit dem Verweis, daß man in der Wissenschaft sowieso nur mit unrealistischen bzw. abstrakten Annahmen arbeite und - so M. Friedman - auch nur arbeiten könne: "[T]he relation between the significance of a theory and the 'realism' of its 'assumptions' is almost the opposite of that suggested by the view under criticism. Truly important and significant hypotheses will be found to have 'assumptions' that are wildly inaccurate descriptive representations of reality" (Friedman 1953b: 14). Von Bedeutung ist, daß hier immer auch eine methodologische Position im Hintergrund steht, die falsifikationistische Züge nach den Regeln des kritischen Realismus trägt. So stellen N. Braun und A. Franzen unmißverständlich klar: "Gemeinsam ist den Anwendern der RCT (Rational Choice-Theorie, VK) die Überzeugung, daß dieser Ansatz besser als andere Ansätze in der Lage ist, den methodologischen Anforderungen des Falsifikationismus im Sinne Poppers (1976) gerecht zu werden" (Braun, Franzen 1995: 231; der Verweis auf Popper 1976 entspricht der in dieser Arbeit gegebenen Angabe: Popper 1984). Es wird also bei ausdrücklichem Bezug auf Friedman der Anspruch einer empirisch-erklärenden Wissenschaft aufrecht erhalten; es geht um die Frage nach "falsifizierbare[n] und daher akzeptable[n] Erklärungen auf der Grundlage der RCT", für die der Beitrag Friedmans "zumindest eine Teilantwort ... enthält" (Braun, Franzen 1995: 235). Auch Dahrendorf verbindet mit seinem Ansatz den Anspruch, "aus der Soziologie

... eine Erfahrungswissenschaft zu machen", wie H. Joas zusammenfaßt (1978: 18; vgl. hierzu auch die Hinweise bei Dahrendorf 1986b: 32, 1986c: 202, 1986d: 256 sowie die Darstellung bei Miebach 1984: insbes. 265ff.). Und selbstverständlich wird diese Orientierung von den zitierten Vertreten des strukturell-individualistischen Ansatzes geteilt.

Eine solche Position führt zu einer besonderen Vermischung analytisch-instrumentalistischer und empirisch-erklärender Positionen, die insbesondere - aber, wie gezeigt, nicht nur - die Rezeption ökonomischer Ansätze außerordentlich schwierig und mehrdeutig macht und von dem methodologischen Selbstbewußtsein, das die Autoren z.T. vermitteln, erheblich abweicht. Denn auch den 'Neoklassikern' erscheint in Anbetracht ihrer Interessen an den empirischen Prozessen ein bezugloses Argumentieren nicht möglich. Daher werden die grundlegenden Annahmen zugleich als "descriptions of a total reality of politics" betrachtet (Buchanan, zitiert nach Mansbridge 1990b: 21), so daß ad hoc zwischen einer handlungstheoretischen und rein entscheidungslogischen, analytischen Ebene gewechselt wird. Eine solche Vermengung realistischer Intentionen und instrumentalistischer Orientierungen findet man beispielhaft bei H. Esser und A. Downs.

Esser propagiert - ausdrücklich ausgehend vom deduktiv-nomologischen Ansatz - , daß "[f]ür den ersten Schritt der Modellierung ... *grundsätzlich* die einfachst denkbare Handlungstheorie gewählt werden soll", die er als den Ansatz der SEU-Nutzenmaximierung identifiziert (1993: 135). Zugleich versucht er aber dieses Konzept mit den Annahmen der Soziobiologie und Evolutionstheorie als realistisch zu begründen (1993: 207). Nutzenmaximierung hat hier also - erstens - eine instrumentelle Bedeutung und - zweitens - soll dieses 'Gesetz' auch empirisch gelten. Ähnlich argumentiert A. Downs. Er schreibt: "Wenn wir von rationalem Verhalten sprechen, meinen wir ... stets rationales Verhalten, dem primär eigennützige Absichten zugrunde liegt" (Downs 1968: 26). Aber er ergänzt: "In Wirklichkeit sind die Menschen nicht immer Egoisten, nicht einmal in der Politik" (ebenda: 27). Da man seiner Ansicht nach "theoretische Modelle ... vor allem an der Genauigkeit ihrer Voraussagen, weniger am Realitätsgehalt ihrer Annahmen prüfen [soll]" (ebenda: 21, mit Bezug auf Friedman 1953b), könnte er an dieser Stelle abbrechen und mit dem Beginn des analytischen Modellbaus einsetzen. Aber auch Downs ist um ein konsistentes Bild der erfahrbaren Wirklichkeit bemüht; so finden wir einige Absätze später: "Selbst in der Realwelt erfüllt *fast niemand* seine Funktion im Rahmen der Arbeitsteilung nur um dieser Aufgabe selbst willen. Vielmehr wird jede solche Funktion von jemandem erfüllt, der durch private Motive dazu bewogen wird, die logisch für seine Funktion irrelevant sind. Somit ist die Erfüllung sozialer Funktionen *gewöhnlich* ein Nebenprodukt des menschlichen Handelns, dessen Ziel private Ambitionen sind" (ebenda: 28, Hervorhebungen VK).

Begriffe wie 'fast', 'beinahe', 'gewöhnlich' usw. sollen offensichtlich den konsistenten Bezug zur erfahrbaren Wirklichkeit herstellen, was aber in dieser Form bestenfalls als Ad hoc-Strategie zu bezeichnen ist, die ein sehr schwaches Substitut für empirische Prüfungen darstellt. Dies scheint auch Downs zu beunruhigen; so schreibt er nach einigen Seiten, um sich gegenüber konkurrierenden Ansätzen abzugrenzen: "In unserer Studie beschreiben diese Regeln (seines Modells, VK) nur, was in der Gesellschaft *tatsächlich geschieht"* (1968: 31). Auf diese Weise kann man sich je nach Kritik auf erfahrungswissenschaftliche Kenntnis oder einen strengen methodischen Rationalitätsbegriff zurückziehen; ein nicht sehr überzeugendes Vorgehen, wie auch H. Kliemt in Bezug auf den neoklassischen Betrieb von Rational Choice im Rahmen spieltheoretischer Analysen nachdrücklich herausstellt: "Gängige Meinungen etwa über die mögliche Wirksamkeit innerer moralischer Begrenzungen kann man nicht einfach damit abtun, daß sie gegen die Spielregeln des Rational Choice-Ansatzes verstoßen. Es mag zwar gegen die Regeln der Kunst des Rational Choice-Ansatzes verstoßen, derartige Annahmen zu machen; es ist aber als solches überhaupt kein Argument gegen deren empirische Triftigkeit. Der Verzicht auf Freifahrerverhalten in der Bereitstellung von öffentlicher Gütern mag zwar auf die Wahl von - in realen payoffs - dominierten Strategien hinauslaufen und daher vom Standpunkt des strikten Rationalitätskonzeptes unplausibel scheinen, nicht jedoch im Lichte der vom empirischen 'Rationalverhalten' ausgehenden Überlegungen. Unliebsame Gegenbeispiele zu Rational Choice-Ansätzen durch Rückgriff auf den strengen Rationalitätsbegriff vom Tisch zu wischen, auf der anderen Seite jedoch gegen strenge spieltheoretisch argumentierende Kritiker der eigenen 'Erklärungen' das hohe Lied der verhaltenstheoretisch basierten Empirie zu singen, wann immer das letztere passend scheint, ist jedenfalls keine annehmbare Strategie" (Kliemt 1996: 100). In dem Maße jedenfalls, in dem die Autoren die analytische Ebene verlassen und ihre handlungstheoretischen Annahmen als Gegebenheiten mit empirischen Bezug darstellen, kann die Frage nach der Konsistenz hinsichtlich der empirischen Daten nicht mehr zurückgewiesen werden. Es erscheint daher angemessener, von vorneherein einen kognitiven Zugang zu wählen.

Die offensichtlichen Diskrepanzen zwischen erkenntnispraktischen Intentionen und methodologischen Orientierungen sind unbefriedigend, wenn man an Erklärungen sozialer Prozesse mittels allgemeiner Theorien interessiert ist. Die Differenzen lassen sich aber zu einem großen Teil auf eine unscharfe Interpretation hinsichtlich der Merkmale 'Realistik' und 'Abstraktheit' von Aussagen in theoretischen Zusammenhängen zurückführen und insoweit entschärfen. Die zwei wichtigsten Bedeutungsvarianten, die in diesem Kontext auftreten, sind: (a) Falschheit bzw. empirische Inkonsistenz und (b) Unvollständigkeit.[3] Die entscheidenden Differenzen, die mit diesen Begrifflichkeiten impliziert sind, werden selten explizit berücksichtigt. Vielmehr trifft man auf eine m.E. undifferenzierte Verwendung der Begriffe 'Realistik' oder 'Abstraktheit', die mit beiden Bedeutungsvariationen belegt ist. Die Arbeiten von M. Friedman und H. Esser (der hier v.a. auf die Überlegungen von S. Lindenberg rekurriert) sind für eine solche homonyme

---

[3] Weitere Interpretationen, die an dieser Stelle nur von untergeordneter Bedeutung sind, werden von M. Tietzel diskutiert (1981: 255ff.).

Verwendung prototypische und ob der Stellung ihrer Verfasser in den Wirtschafts- und Sozialwissenschaften einflußreiche Beispiele (vgl. Friedman 1953b; Esser 1993).[4] Aus den begrifflichen Unschärfen dürfte sich u.a. die Hinwendung zu einer instrumentalistischen Position mit ihrer erkenntnispraktischen Reduzierung auf einen möglichen Prognoseerfolg erklären, die empirisch-erklärenden Ansprüchen nicht gerecht wird.

Es wird hier nicht bestritten, daß die Entscheidung zwischen instrumentalistischen und empirisch-erklärenden Orientierungen letzlich eine 'persönliche Angelegenheit' ist. Wer Theorien lediglich als Instrumente zur Generierung von Prognosen ansieht, der braucht sich um die empirische Konsistenz seiner Annahmen nicht zu kümmern. Hier ist alles erlaubt. Dies erscheint als Erkenntnisprinzip absurd (auch der Kartenleser gibt Voraussagen), und vermutlich hat es kein Instrumentalist deshalb so deutlich gesagt. Wer aber neben dem Ziel, Prognosen zu erstellen, bestrebt ist, wissenschaftliche *Erklärungen* zu leisten, muß den Instrumentalismus verlassen, kommt es hier doch immer auch darauf an, zu wissen, wovon man etwas weiß (vgl. z.B. Blaug 1980: 112f.: "The only relevant test of the *validity* of hypothesis', Friedman tells us, 'is comparison of its prediction with experience.' But such a comparison may show that a particular theory predicts extremely accurately although the theory as such provides no explanation, in the sense of a causal mechanism, to account for prediction. Science, it might be argued, ought to do better than merely predict accurately"; für eine ausführlichere Diskussion zur Entwicklung im Selbstverständnis des ökonomischen Denkens vgl. Albert 1977; Kunz 1996a: Kap. 4 sowie Mirowski 1989; Schumpeter 1965a,b).

Wenn von Unrealistik der Annahmen die Rede ist, liegt die naheliegendste Interpretation in der empirischen Inkonsistenz der betreffenden Aussage. Voraussetzung ist natürlich, daß sie als empirische Annahme formuliert bzw. zu interpretieren ist. So verstehen auch Friedman und Esser unter unrealistischen Annahmen solche, die unter empirischen Gesichtspunkten als unzutreffend zu bezeichnen sind (Esser 1993: 133; Friedman 1953b: 14). In diesem Sinn können realistisch oder unrealistisch zunächst einmal die Annahmen über die Anfangsbedingungen einer Theorie bzw. eines Gesetzes sein. Dies betrifft auch die Anfangsbedingungen der Theorie rationalen Handelns als Kern einer individualistischen Erklärung kollektiver Tatbestände: Denn bei der Analyse sozialer oder politischer Prozesse geht es So-

---

4   Allerdings geht Esser weder auf Friedman ein, noch nimmt er auf die ausgiebige Kontroverse um seinen Traktat Bezug. Ich möchte an dieser Stelle hervorheben, daß die nachfolgende Diskussion zu den methodologischen Positionen dieser und anderer Autoren zwar kritisch angelegt ist, das Verdienst ihrer Arbeiten aber nicht in Frage gestellt wird. Das Gegenteil ist der Fall. Dies gilt insbesondere für die Arbeiten von H. Esser.

zialwissenschaftlern nicht um "abstraktes Handeln", sondern um Handeln "innerhalb sozialer Institutionen" (Buchanan 1971: 99), also um Handeln in kontingenten und variablen Konstellationen. Eine Erklärung sozialer Prozesse wird daher zunächst einmal mit der Repräsentation der jeweiligen handlungsrelevanten Bedingungskonstellation beginnen. Sie definiert die bekannte Logik der Situation (in der es um die Beziehung zwischen Situation und Akteur geht).

Die Brückenannahmen sind falsch, wenn der von ihnen - im Rahmen der theoretischen Vorgaben - behauptete Sachverhalt nicht vorliegt. Dies gilt grundsätzlich für idealtypische Prämissen. Wenn z.B. angenommen wird, daß die von den Akteuren wahrgenommenen Einflußchancen in Sozialverbänden den objektiven Bedingungen entsprechen, und dies ist in der erfahrbaren Wirklichkeit nicht der Fall, dann ist diese Annahme als unrealistisch, d.h. als empirisch inkonsistent zu bezeichnen. Man kann solche Annahmen in die Analyse einführen, aber es muß sich um empirische Annahmen handeln, die kritisierbar sind. Denn treffen sie nicht zu, ist eine wesentliche Adäquatheitsbedingung für deduktiv-nomologische Erklärungen verletzt. Desgleichen gilt für unzutreffende Gesetzesannahmen (und ihrer funktionalen Präzisierung) im Explanans. Auch hier führt die Aufgabe des Anspruchs, daß die Aussagen empirisch konsistent sind, zum Verlust einer zentralen Adäquatheitsbedingung. Wie beschrieben, tritt Friedman dafür ein, empirisch inkonsistente Gesetze und Situationsannahmen für Prognosezwecke zu verwenden. Dabei sei es zweckmäßig, davon auszugehen, *als ob* die unzutreffenden Annahmen wahr seien, zumindest solange die daraus abgeleiteten Prognosen eintreten würden (vgl. Friedman 1953b: 14).

Der Verweis auf die Brauchbarkeit und Unumgänglichkeit von offensichtlich falschen Annahmen, wie man ihn z.B. auch bei Buchanan und Esser explizit findet (vgl. Buchanan 1962: 19; Esser 1993: 120, 133) und bei Dahrendorf immer mitgedacht wird, kann lediglich Instrumentalisten zufriedenstellen. Und trotz erklärender Absichten sympathisiert z.B. Esser ausdrücklich mit einer solchen instrumentalistischen Position (vgl. Esser 1993: 39ff. und 121). Dieses ungeklärte Verhältnis, das bei Dahrendorf ebenso offensichtlich ist,[5] auch bei Buchanan und Friedman vorliegt und überhaupt ein Kennzeichen des Homo Oeconomicus- und Sociologicus-orientierten Modellbaus in den Sozialwissenschaften ist, führt letztlich zu

---

5   Dahrendorf bringt dies deutlich zum Ausdruck: "Homo sociologicus ist als ... empirisch beinahe *willkürliche* Konstruktion geradezu ... ein Ausdruck dafür, daß man *erklärungskräftige* Theorien des sozialen Wandels geben ... will" (1977: 104, Hervorhebungen VK).

einer nicht mehr problematisierten Vermischung von empirisch-erklärenden und analytisch-instrumentalistischen Intentionen, was manche Ungereimtheiten in den Argumentationsweisen erklären kann. Jedenfalls sind die gegebenen Hinweise für eine solche Orientierung nicht sehr überzeugend: So übergeht z.B. das von Esser angeführte Beispiel der notwendigen Modellvoraussetzungen bei der Regressionsanalyse die inzwischen außerordentlichen Möglichkeiten der Überprüfung dieser Annahmen. Daß diese in der Forschungspraxis oftmals nicht genutzt werden, mag einen traurig stimmen, aber als Königsweg den unumgänglichen Weg des Instrumentalismus zu propagieren, wird Sozialwissenschaftler, die mit dem nomologischen, und d.h. handlungstheoretischen Kern des strukturell-individualistischen Schemas die von Esser geforderte "richtige Erklärung" sozialer Tatbestände erreichen wollen, nicht zufriedenstellen (Esser 1993: 95). Wenn Theorien "notwendigerweise immer" oder "jederzeit falsch" sind, wie Esser oder Herrmann behaupten (Esser 1993: 133; Herrmann 1983: 97), dann bleibt es ohne weitergehende Überlegungen ein Rätsel, was es heißt, "dennoch korrekt zu erklären" (Esser 1993: 133).

Hier wird in der Tradition Friedmans eine wichtige Adäquatheitsbedingung für Erklärungen, die im übrigen auch von Esser als bedeutsam angesehen wird, aufgegeben (vgl. Esser 1993: 43). Es geht dann nur noch darum, zu zeigen, wie irgendwie ein Ereignis zustande gekommen ist, für die empirisch möglichen Mechanismen interessiert man sich nicht mehr. Die Frage 'warum ist etwas der Fall?' bleibt unbeantwortet. Man braucht sich natürlich weder für diese Frage noch für die zugehörigen Antworten zu interessieren, aber wenn sie interessieren, führt die instrumentalistische Wendung immer nur zu zufälligen Ergebnissen.

Die Begriffe 'Abstraktheit' und '(Un-)Realismus' werden nicht nur im Sinne der empirischen Inkonsistenz oder Falschheit von Annahmen interpretiert, sondern auch im dem Sinne gebraucht, daß man niemals eine totale Erklärung erzielen könne; eine erschöpfende Beschreibung der zu erklärenden Sachverhalte sei nicht erreichbar. In diesem Zusammenhang ist Friedman ausdrücklich zuzustimmen, "[a] theory or its 'assumptions' cannot possibly thoroughly 'realistic' in the immediate descriptive sense so often assigned to this term" (1953b: 32).

Friedman erläutert diese Position an einem Beispiel: "A completely 'realistic' theory of wheat market would have to include not only the conditions directly underlying the supply and demand for wheat but also the kind of coins or credit instruments used to make exchanges; the personal characteristics of wheat-traders such as the color of each trader's hair and eyes, his antecedens and education, the number of members of his family, their characteristics, antecedents, and education, etc.; the kind of soil on which the wheat was grown, its physical and chemical characteristics, the weather prevailing during the growing session; the personal characteristics of the farmers growing the wheat and of consumers who will ultimately use it; and so on indefinitely. Any attempt to move very far in reaching this kind of 'realism' is certain to render a theory utterly useless" (1953b: 32).

Ähnlich wie M. Friedman argumentiert H. Esser. Bei ihm findet sich der Verweis, "Theorien entsprechen nie der Realität" (1993: 51), für Erklärung und Prognose "sind sie sogar umso besser geeignet, je mehr sie von der kunterbunten Wirklichkeit *abstrahieren* und entsprechend *einfach* sind ... Theorien sind *keine* kleinen *Abbilder* der kompletten Wirklichkeit" (ebenda: 52). Daher kommt J. M. Buchanan zu dem bekannten Schluß, "great simplification and abstraction are required" (1962: 19), und Th. Herrmann betrachtet (psychologische) Konzepte als "nützliche Fiktionen" (1983: insbes. 97). In diesem Sinn ist wohl auch Friedman zu verstehen, wenn er feststellt, "in general, the more significant the theory, the more unrealistic the assumptions" (1953b: 14). Und Dahrendorf behauptet, Theorien seien umso besser, "je unrealistischer, nämlich stilisierender, bestimmter, eindeutiger ihre Annahmen sind" (1977: 104).

Die Frage stellt sich hier, wer jemals behauptet hat, die Konstruktion einer erklärenden Theorie habe ein Spiegelbild der Welt zum Ziel. Bekanntlich sind für bestimmte Fragestellungen immer nur bestimmte Merkmale der Wirklichkeit von Interesse (vgl. z.B. Narr 1972: 31). Aber darum geht es letztlich weder bei Friedman noch bei Esser und Buchanan und auch nicht bei Dahrendorf. Sie sind vielmehr auf die notwendige Abstraktheit bei der Konstruktion von Theorien aus, setzen dabei Abstraktheit und Falschheit gleich, und führen so dem offensichtlich unbedarften Realisten die Unsinnigkeit der Adäquatheitsbedingungen für Erklärungen vor: "Je einfacher ein Modell sein soll", schreibt Esser, "umso stärker *müssen* seine Annahmen von der 'Wirklichkeit' abstrahieren. Modelle sind in dieser Hinsicht notwendigerweise immer 'falsch'" (1993: 133). Und Friedman behauptet, "[e]ven the most extreme proponents of realistic assumptions are thus necessarily driven to reject their own criterion and to accept the test by prediction when they classify alternative assumptions as more or less realistic" (1953b: 33).

Die Wendung zur instrumentalistischen Modellanalytik liegt damit in einem "perfiden sprachlichen Trick" begründet: "Eine Äquivokation, die gleichzeitige Verwendung des sprachlichen Zeichens 'Abstraktheit' für 'Falschheit' und 'Vernachlässigung von Merkmalen' wird dazu benutzt, aus der Unumgänglichkeit des letzteren auch die Unumgänglichkeit falscher Annahmen zu 'folgern'" (Tietzel 1981: 254; vgl. z.B. auch Nagel 1963:

214). Die gegenwärtig heftig beworbene Methode der abnehmenden Abstraktion (vgl. Esser 1993: 133ff.; Lindenberg 1991, 1992), wie sie traditionell in der Ökonomie propagiert wird (vgl. z.B. Knight, in der Ausgabe von 1967: 8ff.; Bartling, Luzius 1983: 12), verdunkelt hier eher die notwendige Differenzierung als daß sie zur Aufklärung beiträgt. Denn abnehmende Abstraktion als "Problematisierung zu dem Zweck, die Theorie realistischer zu machen" (Lindenberg 1991: 49) kann vieles bedeuten. Zumindest bleibt die Frage offen, ob damit auf empirisch konsistente oder komplett beschreibende Theorien oder Erklärungen hingearbeitet werden soll. Ersteres ist in der empirischen Forschung eine grundsätzliche Orientierung, nimmt man das Ziel, Erklärungen anzubieten und Theorien zu formulieren, die soziale Tatbestände gemäß dem Hempel-Oppenheim-Schema erklären können, ernst; letzteres geht offensichtlich an dem Zweck der Erklärungsleistung, der Reduktion von Komplexität, vorbei. Aber man muß sehr sorgfältig differenzieren, von welchen Annahmen man in diesem Zusammenhang spricht.

Totale Erklärungen, die sich auf alle Merkmale eines Explanandums beziehen, sind bekanntlich unmöglich (vgl. Stegmüller 1983: 150). In diesem Sinn sind unrealistische Annahmen unumgänglich. Sie sind dann von schadloser Bedeutung, wenn sie sich auf Sachverhalte beziehen, die für eine Erklärung tatsächlich nicht relevant sind, zumindest nach gegebenem Wissensstand, z.B. die Augenfarbe des Chemikers im Experiment (unvollständige Erklärung Typ-1). Die vermeintlich falschen Annahmen sind hier nichts anderes als Annahmen über *vernachlässigbare* Sachverhalte, die aber der empirischen Prüfung zugänglich sind, worauf zum Beispiel A. Musgrave nachdrücklich verweist: "They are not necessarily 'descriptively false' for they do not assert that present factors are absent but rather that they are 'irrelevant for the phenomena to be explained'. The relevant question to ask of them is wether they are true (or 'descriptively realistic'): but we can only try to answer this question by examining the consequences of the theory in which they are embedded" (1981: 380).

Es geht auch und v.a. in der sozialwissenschaftlichen Forschungspraxis, die regelmäßig mit komplexen, kontingenten und notorisch variablen Tatbeständen konfrontiert ist, immer darum, sich der Komplexität der sich fortdauernd neu konstituierenden Problemsituationen anzunähern, deren kognitive Lösung angestrebt wird. Die Präzisierung ist dabei kein Selbstzweck, sondern ihr Grad ist problemabhängig zu bestimmen: Eine differenzierte Beschreibung der institutionellen Vorkehrungen in Parteien zur Steuerung von Widerspruch und Abwanderung der Mitglieder ist zwar für die Analyse der Parteiführung unersetzlich (v.a. im Hinblick auf Loyalitätschancen und -potentiale, vgl. Hirschman 1974: 65ff.), aber nach allen bisherigen Erkenntnissen für das Problem der Entwicklung von parteigebundenen Werbestrategien zur Stimmenmaximierung von vernachlässigbarer Bedeutung. Das Ziel liegt daher in der problemadäquaten Reduktion von Komplexität, diese wird in der Regel von bestimmten Eigenschaften der empirisch erfahrbaren Bedingungen abstrahieren, d.h. auch, bestimmte Bereiche als nicht problem- und analyserelevant ausschließen. Aber dieses Vorgehen wird als empirische Frage mit systematisch kontrollierbarem Ausgang, und das bedeutet mit revidierbaren Antworten, behandelt.

Zum Beispiel konzentriert sich A. O. Hirschman in seiner Analyse langfristiger Partizipationszyklen zur Kennzeichnung der privaten Sphäre auf Erfahrungen mit bestimmten Güterarten, die einen Wandel zum öffentlichen Engagement bewirken (1984). Es ist ein empirisches Problem, eine Frage, die mit den verfügbaren empirischen Analyseinstrumenten zu beantworten ist, ob ergänzende oder alternative Annahmen einen Erklärungsvorteil bieten. Und diese Frage ist grundsätzlich offen, Antworten bedürfen im Lichte der Entwicklung theoretischer Konzepte und empirischer Forschungsergebnisse einer andauernden Relativierung. Nach endgültigen Erkenntnissen wird hier keineswegs gefahndet, es geht immer um eine vorläufige Erkenntnis. Daher wird eine umfassendere und nach den vorliegenden Forschungsergebnissen adäquatere Erklärungsskizze zum Wandel des Partizipationsverhaltens u.a. auch auf Wohlfahrtsgewinne in der Entwicklung moderner Gesellschaften verweisen.

Insofern kommt im Vergleich zu den vernachlässigbaren Annahmen denjenigen Fällen zunächst einmal eine grundsätzlich andere Bedeutung zu, bei denen von vorneherein davon auszugehen ist, daß nicht berücksichtigte Sachverhalte einen kausalen Einfluß auf das Explanandum haben (unvollständige Erklärung Typ-2).[6] Ein Beispiel anhand der Theorie rationalen Handelns verdeutlicht diesen Sachverhalt: Gemäß des SEU-Konzepts sind alle Handlungskonsequenzen als relevante Anfangsbedingungen zu definieren, deren Erwartungswert von Null verschieden sind. Wenn eine dieser Anfangsbedingungen nicht erhoben worden ist, fehlen relevante Bedingungen für eine Erklärung individueller Handlungswahlen.

Aber man wird nicht in jedem Fall dieses Defizit als bedenklich einstufen. Beispielsweise läßt sich aus Sicht des Prinzips der abnehmenden Abstraktion auf den 'tradeoff' zwischen Realistik und Komplexität, Einfachheit und Erklärungskraft verweisen (vgl. Esser 1993: 134; Lindenberg 1991: 49ff.). Demnach wird es häufig vorkommen, daß manche Antecedensbedin-

---

[6] Vielleicht haben M. Friedman und H. Esser solche Annahmen im Blick gehabt. Sollte dies der Fall sein, dann haben sie versäumt, darauf hinzuweisen. Aber keinesfalls sind Theorien *notwendigerweise* empirisch inkonsistent.

gungen nur näherungsweise zutreffen, die Konklusionen aber dennoch empirisch eintreten (die Korrektheit der Theorie sei vorausgesetzt). Aber ohne eine Spezifikation der Bedingungen, unter denen dieser Sachverhalt systematisch eintritt, führt eine solche Sichtweise über die Beliebigkeit instrumenteller Annahmen nicht hinaus.

Hierzu ist es vielmehr notwendig, zusätzliche Annahmen einzuführen, und auf diese Weise die unvollständige Erklärung in eine vollständige Erklärung zu überführen. Im zitierten Beispiel der Nutzentheorie könnte eine solche Annahme lauten: "Alle anderen Anfangsbedingungen haben solche Belohnungs- und Erwartungswerte, daß die Rangfolge des Nettonutzens der Handlungsalternativen nicht beeinflußt wird" (Opp 1979b: 41). Damit gehört diese Annahme als empirische Hilfshypothese zum prüfbaren Gesamtzusammenhang der Theorie im konkreten Anwendungsfall. Man geht also davon aus, daß der Einfluß weiterer, nicht spezifizierter Faktoren prinzipiell für möglich gehalten wird, wobei man allerdings unterstellt, daß solche Faktoren im konkreten Anwendungsfall nicht wirksam sind. Sollte sich diese Annahme aber als unzutreffend herausstellen, ist die Erklärung des in Frage stehenden Ereignisses zu revidieren.

In dieser Perspektive ist z.B. die Standardannahme fixierter Präferenzen im neoklassischen Ansatz von Rational Choice kaum aufrecht zu erhalten. Präferenzen werden sich unter kontrollierten Prüfbedingungen nach allen bisherigen Erkenntnissen regelmäßig als bedeutsame Erklärungsvariablen für Handlungswahlen erweisen. Ein Blick auf die Anfangsbedingung, die aus Sicht der allgemeinen Nutzentheorie ansonsten gelten müßte, stellt dies klar: Alle Handlungskonsequenzen haben den gleichen Nutzenwert, so daß die Rangfolge der Nettonutzen nur von den Erwartungen über das Eintreten der Handlungskonsequenzen abhängt. Die allgemeine Nutzentheorie korrigiert hier als tiefere Theorie die neoklassische Variante, sofern diese als empirische Theorie gemeint ist.[7] Daher stellt die Berücksichtigung von Präferenzenvariablen in einer (ökonomisch orientierten) Erklärung auch keine unliebsame Ad hoc-Modifikation dar, sind sie doch Kernvariablen dieses Konzepts. Der Verweis auf die lediglich notwendige (implizite) "Mikrofundierung von Aggregatanalysen"

---

[7] Sie stellt die Bedingungen klar, unter denen die neoklassische Variante empirisch gilt: Die Annahme des Eigennutzes impliziert, daß die Variable Altruismus den Wert Null hat; die Annahme, daß Normen kein Bestandteil der Nutzenfunktion sind, bedeutet, daß von diesen Anfangsbedingungen abgesehen werden kann; aufgrund der Annahme der vollständigen Information erübrigen sich Bemühungen, Anfangsbedingungen über die subjektive Variabilität zu formulieren, usw. So kann man auch in der ökonomischen Perspektive auf Individualanalysen verzichten und lediglich Kollektivmerkmale miteinander korrelieren.

(Zintl 1991) übergeht den hier notwendigen Schritt und ist, wie ausführlich gezeigt, empirisch mit Vorbehalten zu betrachten (vgl. Kap. 5.2.3).[8]

Die Berücksichtigung idealisierter Annahmen im Erkenntnisprozeß sind das Surrogat einer unvollständigen Erklärung (vom Typ-2). Oftmals wird man zu Beginn der wissenschaflichen Arbeit an einer Problemstellung mit solchen Annahmen arbeiten. Aber es kann sich immer nur um heuristische Annahmen handeln, "a way of simplifying the logical development of the theory" (Musgrave 1981: 383). Heuristische Annahmen stellen nicht das Endstadium der Erklärung sozialer Prozesse oder allgemein der Theorieentwicklung dar, sondern sind ihr Anfangspunkt: Theorien bestehen zum Zeitpunkt ihrer Entstehung häufig nicht aus präzise formulierten Annahmen. Diese Unbestimmtheit läßt zunächst keine eindeutige Eingrenzung möglicher Determinanten des in Frage stehenden Explanandums und damit auch keine eindeutige Formulierung von Brückenannahmen zu. Aber stellt sich im Verlauf der wissenschaftlichen Arbeit die Bedeutung zunächst vernachlässigter Variablen oder die Inkonsistenz der Anfangsbedingungen heraus, so sind diese in die Erklärung aufzunehmen bzw. zu korrigieren. Es stehen auch dem Sozialwissenschaftler für jede Problemstellung angemessene statistische Methoden und Untersuchungsformen zur Verfügung, mit deren Hilfe bei Zweifeln und Kritik der Nachweis über die Irrelevanz bestimmter Sachverhalte zu führen ist.

Zeigt sich, daß die zunächst als "neglibility assumptions" geführten "heuristic assumptions" als "domain assumptions" einzustufen sind, so eine Kennzeichnung von A. Musgrave (1981: 378ff.), dann ist eine Theorie, die die entsprechenden Größen enthält, einer Theorie überlegen, in dem diese Variablen unberücksichtigt bleiben.[9] Damit ist die Unvollständigkeit einer

---

8   Die Notation von R. Zintl entstammt der Diskussion in den Wirtschaftswissenschaften zwischen Mikro- und Makroökonomen: Im Rahmen der 'Microeconomic Foundations of Macroeconomics' (Harcourt [Hg.] 1977, Weintraub 1977, 1979) geht es um die Möglichkeiten, über eine "Neo-Walrasianische Revolution" makroökonomische Effekte "Keynesianischen Typs" abzuleiten (Tietzel 1985: 121).

9   'Neglibility assumptions' führen zu unvollständigen Erklärungen vom Typ-1, 'domain assumptions' zu unvollständigen Erklärungen vom Typ-2. Es ist ein leidiges Problem v.a. in der ökonomischen Theorie, daß die erheblichen Differenzen zwischen 'neglibility, domain' und 'heuristic assumptions' häufig im Dunkeln bleiben, wie Musgrave auf beispielhafte Weise zum Ausdruck bringt: *"Assume that the budget is balanced* might be written 'Wether or not the budget is balanced makes no detectable difference to the phenomena being investigated' *(neglibility assumption)* or it might be written 'If the budget is balanced, then ...' *(domain assumption)* or it might be written 'Assume for the moment that the budget is balanced (we will relax this assumption shortly)' *(heuristic assumpti-*

Theorie immer vor dem Hintergrund des (sozial-) wissenschaftlichen Erkenntnisstandes zu betrachten: "Das Merkmal der Unvollständigkeit besteht nicht darin, daß eine Beziehung zwischen X und Y *tatsächlich* von weiteren Faktoren abhängig ist. Es besteht darin, daß man es *vermutet,* aber im Augenblick nicht imstande ist, eine vollständige Theorie zu formulieren. ... Bei der Entwicklung eines solchen Ansatzes sollte man allerdings das Ziel im Auge haben, zunehmend präzisere Postulate und größere Vollständigkeit zu erreichen" (Gadenne 1984: 45f.). Insofern ist die insbesondere von Ökonomen so sehr propagierte Methode der abnehmenden Abstraktion in erfahrungswissenschaftlicher Wendung nichts anderes als die Implikation eines konsequenten Fallibilismus.

Man sollte sich in diesem Zusammenhang vor Augen halten, daß sich idealtypische Prämissen in derselben Weise auswirken, wie unspezifizierte ceteribus paribus-Klauseln, d.h. wie die in der Wenn-Komponente enthaltene Einschränkung 'unter sonst gleichen Bedingungen', die die Konstanz der Randbedingungen behauptet. Zu einer solchen Hypothese - z.B.: wenn unter sonst gleichen Bedingungen die Partei XYZ ihren ideologischen Standpunkt verändert, dann sinkt ihr Stimmenanteil - läßt sich kein Gegenbeispiel finden. Diese Aussage ist nicht zu widerlegen, da ihre Proponenten im Zweifelsfall immer auf irgendwelche veränderten Bedingungen verweisen können.

Wie gesagt, es geht nicht um eine Vollständigkeit im Sinne der Abbildungstreue der Wirklichkeit, sondern um die Formulierung zutreffender Antecedensbedingungen sowie um die Integration der gemäß der Theorie kausalrelevanten Faktoren für das in Frage stehende Explanandum. Im Lichte der Theorie rationalen Handelns können z.B. sozialstrukturelle Variablen keine direkten Determinanten der Handlungswahlen sein; als kognitive Theorie weist sie diesen Merkmalen lediglich den Status von Hintergrundvariablen zu. Aber der Umstand, daß Motive nicht nur Handlungswahlen, sondern bereits die Wahrnehmung beeinflussen können (vgl. Elster 1989a: 31; Heckhausen 1989: 171f.; Kaufmann-Mall 1978: 96ff.; Lee 1977: 147; Weiner 1992: 362; Wiswede 1981: 89), muß in diesem Rahmen zum Thema theoretischer Erwägungen und empirischer Prüfungen gemacht werden, und dem kann nicht mit dem Verweis auf die besondere Bedeutung von 'Individuell-2-' gegenüber 'Individuell-1-Theorien' oder die angeblich nur notwendige 'Mikrofundierung von Aggregatanalysen' aus dem Weg gegangen werden. Der Hinweis auf lediglich mikrorelevante und daher für Makrointeres-

---

on). Misunderstanding, misguided criticism, and methodological controversy, could be alleviated if this rather prosaic recommendation were to be followed" (Musgrave 1981: 385f.).

sen vernachlässigbare Effekte ersetzt im Sinne eines konsequenten Kritizismus keine empirische Prüfung; es sei denn, solche Hinweise würden durch massive Belege empirischer Forschung gestützt. Aber es scheint doch vielmehr so, daß die vorliegenden Ergebnisse die hier vertretene Position stärken.

Es mag sein, daß manche der v.a. in der ökonomischen Theorie anzutreffenden unrealistischen Annahmen tatsächlich einmal als 'neglibility assumptions' galten. In Anbetracht der radikalen Entwicklung der empirischen Forschung in den Sozialwissenschaften sind sie aber heute als 'domain assumptions' zu qualifizieren: "[C]riticism may change the status of an assumption", betont Musgrave (1981: 385). "And this interesting thing is that this quite radical change in the theory may go unnoticed because the same form of words is used to express both assumptions. An economist who says 'assume the government has a balanced budget' may mean that any actual budget imbalance can be ignored because its effects on the phenomena he is investigating is negligible. But he *also* mean precisely the opposite: that budget imbalance would have significant effects, so that this theory only *apply* where such an imbalance does not exist" (ebenda: 381).

Hier würde die von einigen Vertretern einer individualistischen Erklärung sozialer Tatbestände so geschätzte Einfachheit einer Theorie nicht nur zu einer Ad hoc-Modifikation mit der Einschränkung des Geltungs- und Prüfbereichs führen, sondern eine solche schlichtweg inkonsistente Annahme ist überhaupt nicht anzuwenden: "If government never balance budgets, then a theory about what happens *if they do* cannot be tested", so faßt Musgrave diesen Gedanken in Bezug auf das zuvor zitierte Beispiel zusammen (1981: 382). Die Realistik der Annahmen ist selbstverständlich von Bedeutung. Die von Friedman, Buchanan, Dahrendorf und den gegenwärtigen Vertretern des Prinzips der abnehmenden Abstraktion suggerierte Wahl zwischen einfachen und unrealistischen oder komplizierten und empirisch konsistenten Ansätzen übergeht diesen entscheidenden Sachverhalt.

Im übrigen ist die Behauptung, daß ein empirisch konsistenter Aussagenzusammenhang grundsätzlich sehr kompliziert sei, mit einigen Fragezeichen zu versehen (vgl. Opp 1979a: 325). Mit Bezug auf eine handlungstheoretische Erklärung wäre zunächst einmal nachzuweisen, daß zur Erklärung individuellen Handeln immer eine Vielzahl an Randbedingungen von Bedeutung sind und daß diese Randbedingungen nur durch komplizierte Annahmen repräsentiert werden können. Ob dies der Fall ist, kann nur mit Hilfe empirischer Untersuchungen und nicht a priori entschieden werden. Dabei weisen die wenigen Analysen, die im Rahmen der Theorie rationalen Handelns überhaupt vorliegen, eher darauf hin, daß in vielen, sozialwissenschaftlich relevanten Situationen die Akteure i.d.R. nur wenige Handlungsalternativen wahrnehmen und auch nur relativ wenige Handlungskonsequenzen einen Nutzenwert haben (vgl. z.B. Opp et al. 1984; Opp, Roehl 1990). Eine deduktiv-nomologische Erklärung sozialer Tatbestände muß keineswegs die Einführung von i.d.S. unrealistischen Annahmen beinhalten (vgl. auch Ajzen, Fishbein 1980: 63f.).

Was mit unzutreffenden 'domain assumptions' über die erfahrbare Wirklichkeit auszusagen ist, bleibt ein Rätsel. Dabei sind nicht nur Esser, Lindenberg und Dahrendorf, was naheliegend ist, sondern letztlich auch Friedman und viele der ihm nahestehenden Ökonomen und Vertreter des Rational Choice-Ansatzes daran interessiert, empirische Prozesse zu erschließen. Es geht ihnen letztlich eben nicht "um einen inhaltsleeren Modellplatonismus der reinen Abstraktion, der vielleicht einen Mathematiker in Entzücken versetzen könnte, aber für die Soziologie für sich gesehen ganz uninteressant wäre" (Esser 1993: 137). Für diese Einschätzung spricht allein schon die Tatsache, daß man in den Sozialwissenschaften grundsätzlich vor der Aufgabe steht, zunächst einmal auf eine Deutung der Problemsituation hinzuarbeiten.

Die entsprechenden Annahmen können bekanntlich mehr oder weniger allgemein sein: "Im Grenzfall kann es sich um *singuläre Aussagen* handeln, die Merkmale einer einzelnen Person an einem bestimmten Ort und zu einer bestimmten Zeit beschreiben. Wenn z.B. erklärt werden soll, warum eine bestimmte Person eine Norm gebrochen hat, sind als Anfangsbedingungen Eigenschaften dieser Person - wobei diese Eigenschaften relationaler oder nicht-relationaler Art sein können - von Bedeutung. Die Anfangsbedingungen können jedoch auch Merkmale relativ großer Personengruppen sein und für relativ umfassende Raum-Zeitgebiete behauptet werden. So wäre es denkbar, daß bestimmte Nutzenfunktionen für Unternehmer seit dem Beginn der Industrialisierung bis heute als gleich behauptet werden. Es ist nicht ausgeschlossen, daß derartige Aussagen auch *Gesetzescharakter* annehmen" (Opp 1979b: 35).

Wie auch immer die Annahmen formuliert sind, i.d.R. dürfte für ihre Ableitung "ein dichtes Netz von beschreibendem Hintergrundwissen" benötigt werden (Esser 1993: 61). Es ist also keineswegs der Fall, daß die interpretative Dimension, die den Zugang zum Verständnis der sozialen Prozesse eröffnet, mit einer kausalen Erklärung nicht zu vereinbaren wäre. Im Gegenteil: Beide Aspekte bedingen sich in der empirischen Analyse sozialer Tatbestände.

Dieser Aspekt tritt besonders deutlich hervor, wenn man noch einmal auf die verfügbaren Alternativen im handlungstheoretischen Kern der Erklärung sozialer Prozesse blickt. Betrachten wir zunächst den situativen Ansatz, wie er insbesondere im Symbolischen Interaktionismus vertreten wird: Das zentrale Problem besteht hier darin, die handlungsrelevanten situativen Faktoren herauszuarbeiten. Dazu benötigt man eine Vorstellung über die Beziehung zwischen diesen Variablen und dem individuellen Handeln, über die in diesem konzeptionellen Rahmen aber kaum etwas zu erfahren ist. Dagegen sind die üblichen konkurrierenden Ansätze zu restringiert, um als allgemeine Grundlage einer individualistischen Erklärung sozialer Prozesse in Frage zu kommen (Homo Sociologicus- und Oeconomicus-Konzepte). Handeln in grundsätzlich kontingenten Problemsituationen ist damit nicht zu erklären. Ihre Vorab-Fixierung auf bestimmte Aspekte impliziert letztlich den Übersprung der in der Mehrebenenanalyse enthaltenen Differenz zwischen der Logik der Situation und der Logik der Selektion: Brückenannahmen und selektionsbestimmende Kerntheorie sind so ineinander geschoben, daß man sie häufig nicht mehr auseinanderhalten kann. Eine Problematisierung und eine der jeweiligen Problemstellung angemessene und insofern Interpretationen voraussetzende selektive Präzisierung ist damit nicht mehr möglich. Hierzu bedarf es vielmehr eines allgemeinen Ansatzes, der schließlich sicherstellen kann, daß man weiß, wovon man etwas weiß. Ein solcher Ansatz liegt mit der Theorie rationalen Handelns auf Grundlage des RREE[E]MM-Konzepts vor. Es handelt sich um ein sehr abstraktes (weil nicht von vornherein fixiertes), aber für die Erklärung von Handeln in unterschiedlichen Problemsituationen geeignetes Konzept.

Rationalität wird hier in dem Sinn unterstellt, daß Akteure folgenorientiert handeln, d.h. ausgehend von ihren Zielen und den von ihnen wahrgenommenen Restriktionen versuchen sie aus ihrer Situation das Beste zu machen. Es wird also lediglich eine subjektiv-formale Rationalität des Handelns angenommen (Kap. 4). Hinsichtlich der materialen Rationalität ist die Theorie offen; eine bestimmte Festlegung findet nicht statt. Gegenteilige Feststellungen sind zwar häufig anzutreffen, gehören aber, wie A. Heath schreibt, zu den "least excusable" von allen Fehlinterpretationen der Theorie (1976: 79): "Some theorists choose to define their terms in bizarre and ideosyncratic ways, but the theories are theirs, and they are entitled to formulate them as they will" (ebenda). Kritik am Rational Choice-Ansatz, der auf diese Weise Brücken- und Selektionsannahmen miteinander verquickt, ist daher gerechtfertigt, sie sollte aber nicht zur Ablehnung der gesamten Perspektive führen: Die von Heath angesprochenen Variationen haben mit einer Handlungslehre, die die empirische Modellierung sozialer Prozesse anleiten kann, nichts zu tun.

Hierbei reduziert die Mehrdimensionalität der Zielorientierung in spezifischen Handlungssituationen die Falsifizierbarkeit und damit den empirischen Gehalt der Theorie rationalen Handelns *nicht*. Vielmehr steigt mit dieser Konzeption die *Allgemeinheit* der Theorie, und d.h. ihr Informationsgehalt und damit die Möglichkeit ihrer Prüfung nimmt zu (vgl. Popper 1984: 85). Die Aussage A_1, 'alle Handlungen unterliegen dem Prinzip der (SEU-) Nutzenmaximierung', ist offensichtlich besser zu überprüfen als die

Aussage A_2: 'alle extrinsisch-materiell angeregten Handlungen unterliegen dem Prinzip der Nutzenmaximierung'. Die erstere Aussage hat einen weiteren Anwendungsbereich - sie schließt z.B. den kalkulierenden Mitteleinsatz auch für normen- oder altruistisch-orientiertes Handeln ein - und enthält daher mehr mit ihr unvereinbare Fälle als potentielle Falsifikatoren. A_1 ist daher leichter zu widerlegen als A_2; mit A_2 wird A_1 widerlegt, nicht aber umgekehrt. Betrachten wir in diesem Zusammenhang noch Aussage A_3: 'Alle Handlungen sind nutzenorientiert'. Hier zeigt das Kriterium der *Bestimmtheit,* daß dieser Satz im Vergleich zu A_1 weniger genau ist. Denn Nutzenmaximierung ist eine Teilklasse von Nutzenorientierung (Kap. 4.2) und schließt daher mehr Verbote ein. Insofern ist A_1 leichter falsifizierbar als A_3. Denn wird A_3 widerlegt, so ist davon auch A_1 betroffen, nicht aber umgekehrt.

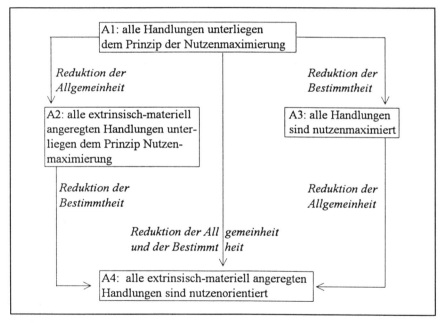

Abb. 6-1: Allgemeinheit und Bestimmtheit nutzentheoretischer Aussagen

Entsprechendes läßt sich auch für die Aussage A_4 ableiten, 'alle extrinsisch-materiell angeregten Handlungen sind nutzenorientiert' (vgl. Abb. 6-1): Von A_1 zu A_4 nimmt die Allgemeinheit und die Bestimmtheit ab, von A_2 zu A_4 sinkt die Bestimmtheit und von A_3 zu A_4 reduziert sich die Allgemeinheit.

Größerer Allgemeinheit und größerer Genauigkeit entspricht demnach ein größerer empirischer Gehalt, was die Prüfbarkeit der Aussagen hinsichtlich ihrer empirischen Konsistenz steigert. Die allgemeine Nutzentheorie ist daher allein schon unter dem Gesichtspunkt ihrer größeren (potentiellen) Erklärungskraft der neoklassischen Variante, die sich auf die eindimensionale Maximierung ökonomischer Vorteile konzentriert, vorzuziehen. Dadurch wird der Ansatz auch nicht analytisch, denn Handlungen, Präferenzen und Erwartungen können mit den Mitteln der empirischen Sozialforschung unabhängig voneinander erhoben werden (Kap. 5-2).

Eine Anwendung der Theorie rationalen Handelns in natürlichen Situationen setzt voraus, die einzelnen Komponenten der Theorie mit den Beschreibungen der Bedingungskonstellationen zu verknüpfen. Denn das Interesse richtet sich grundsätzlich darauf, Handeln in bestimmten Konstellationen und in Abhängigkeit gemachter Erfahrungen zu erklären: Worauf gründet sich das Handeln der Menschen in einem kontingenten und oftmals variablen Bedingungsgefüge? Fragen dieser Art sind zu beantworten, und dazu bedarf es zunächst einmal der Mühe, sich über die Ausgangslagen der Problemsituationen zu informieren.

6.2. Erfahrungswissenschaftliche Orientierungsprobleme und der nicht-repräsentative Realismus

Die erkenntnistheoretischen Probleme, die mit einer realistisch-empirischen Position verbunden sind, sollen hier keineswegs abgestritten werden. Insbesondere das Basisproblem - bereits die Wahrnehmung beruht auf Hypothesen - ist letztlich nicht aufzulösen (vgl. Stegmüller 1969: 308ff.), wenn vielleicht auch nicht von so großer Bedeutung, wie man in Anbetracht vorherrschender Problematisierungen annehmen könnte (vgl. Albert 1987: 55f., 99). Dennoch lassen sich bestimmte Auffassungen stets gegen kritische Argumente schützen, wenn dies beabsichtigt wird (vgl. Albert 1980). Aber die disziplinierende Erkenntnispraxis eines konsequenten Kritizismus weiß mit solchen Immunisierungsstrategien wenig anzufangen. Daher ist das zur Überprüfung von Theorien heranzuziehende System von Basissätzen auch nicht ein für allemal starr festgelegt. Die Prüfung einer Theorie wird in der Regel auf einen Variationsbereich akzeptierter Basissätze Bezug nehmen müssen (vgl. Stegmüller 1969: 341).

Insofern kann auch im Rahmen des empirisch-erklärenden Erkenntnisprogramms selbst immer nur ein beschränktes Wissen im Mittelpunkt stehen; ein Wissen, das ständig überprüft und in Frage gestellt wird. "Es liegt", wie Oswald Külpe bereits zu Beginn dieses Jahrhunderts formuliert hat, "in der Natur der Sache, daß ein Realismus, der in fortgesetzter Untersuchung und Arbeit von den Mängeln und Unvollkommenheiten der Wahrnehmung frei zu werden sich bestrebt, als ein *entwicklungsfähiger* und *-bedürftiger* Standpunkt anzusehen ist ..." (in der Ausgabe von 1913: 160). Die Verbindung erkenntnistheoretischer Fragen mit den Ergebnissen der empirischen Wissenschaften implizierte schon immer die Korrektur der jeweiligen Positionen. Letztlich liegt die Leistungsfähigkeit eines konsequenten Fallibilismus darin begründet, daß er empirische Erklärungsleistungen überhaupt erst möglich macht (vgl. Popper 1963: 136ff.).

Üblicherweise werden solche Überlegungen mit der insbesondere von K. R. Popper vertretenen Auffassung verknüpft, daß der Fortschritt der Wissenschaften in der zunehmenden Wahrheitsnähe ihrer Theorien begründet liegt. Diese Interpretation der Wissenschaftsgeschichte und Wissenschaftsentwicklung, die auch von den Vertretern einer erfahrungswissenschaftlichen Grundlegung des Rational Choice-Ansatzes explizit oder zumindest implizit geteilt wird (vgl. z.B. Albert 1977, 1987; Opp 1976, 1993), beruht auf mindestens drei fraglichen Voraussetzungen: (a) es gibt grundsätzlich einen *Grad* der Falschheit von Theorien, (b) die Korrespondenztheorie der Wahrheit ist anzuwenden sowie (c) der Endpunkt der wissenschaftlichen Erkenntnis ist sozial ungebunden.

zu a): Die Ansicht, es würde grundsätzlich einen Grad der Falschheit von konkurrierenden Theorien geben, mit dem die Differenz ihrer Wahrheitsnähe zu beurteilen ist, um daher die Wissenschaftsentwicklung als Annäherung an die Wahrheit interpretieren zu können, ist eine durchaus diskussionswürdige Auffassung. Ein kurzer Blick auf die Theorienentwicklung in den Naturwissenschaften verdeutlicht die Problematisierung: Die in der Wissenschaftslehre häufig betrachtete Entwicklung der physikalischen Theorien von Newton zu Einstein zeigt, daß in der Theorie von Newton alle (Teil-) Systeme der Welt über die Eigenschaft der Masse verfügen. Dagegen gibt es eine derartige Eigenschaft nach der Theorie Einsteins nicht (es handelt sich hier lediglich um eine Relation zwischen physikalischen Systemen und einem Bezugssystem).[10] Da eine falsche Annahme sich auf alle daraus abgeleiteten Konsequenzen überträgt, ist die Theorie Newtons vom Standpunkt der Einsteinschen Theorie nicht mehr oder weniger falsch sondern absolut falsch.

Auf diese Weise kann sich in der zukünftigen wissenschaftlichen Entwicklung ebenso herausstellen, daß der Wahrheitsgehalt der Theorie von

---

10 Dies ist das zentrale Beispiel, an denen Th. S. Kuhn und P. Feyerabend ihre These von der Inkommensurabilität von Theorien verdeutlichen (vgl. Feyerabend, in der Ausgabe von 1995; Kuhn, in der Ausgabe von 1993).

Einstein gleich Null ist. "So gesehen", faßt A. F. Chalmers zusammen, "scheitert der Versuch von Popper *falsche* Theorien durch die Gegenüberstellung ihres Wahrheits- und Falschheitsgehaltes zu vergleichen und dabei die Wissenschaft als eine Annäherung an die Wahrheit aufzufassen" (1989: 159). Aber auch aus den unter (b) und (c) genannten Gründen ist diese Vorstellung von Popper problematisch.

zu b): Als ein wesentliches Ergebnis der wissenschaftstheoretischen Diskussionen in den vergangenen Jahrzehnten ist die Position zu kennzeichnen, daß sich unabhängig von Theorien kein Zugang zur Realität ergibt. Über die Wirklichkeit, über die im Rahmen einer Theorie verhandelt wird und mit der die Theorie übereinstimmen sollte, läßt sich nur unter Verwendung der in der Theorie genutzten Begriffe etwas aussagen. Theorien können daher die Welt 'an sich' nicht beschreiben. So, wie sie wirklich ist, erfahren wir nur durch den Begriffsapperat der betreffenden Theorie. Wahrnehmungen sind daher grundsätzlich theoriegeleitet, und dies gilt selbst für experimentelle Beobachtungen, die mit größter Sorgfalt vorbereitet werden, muß man sich doch immer auf die Protokollierung bestimmter Beobachtungen konzentrieren und beschränken.

Das komplexe Zusammenspiel von Theorie und Wirklichkeit stellt jedes realistisch-empirische Forschungsprogramm vor weitreichende Herausforderungen: Die üblicherweise mit der realistischen Positition verbundene Korrespondenztheorie der Wahrheit ist vor diesem Hintergrund zumindest ein überdenkenswertes Kriterium wissenschaftlicher Arbeit. Da in der Wissenschaft die Theorie mit der Wahrnehmung einhergeht, ist die Idee der objektiven, absoluten Wahrheit, im Sinne der Korrespondenztheorie als "regulatives Prinzip aller Erkenntnisbemühungen" anzuwenden, so eine bekannte Formulierung von H. F. Spinner, in letzter Konsequenz nicht aufrecht zu erhalten (1974: 53). Für diese Einschätzung spricht auch die Tatsache, daß mit alternativen Theorien dieselben Tatbestände erklärt und vorhergesagt werden können; man denke z.B. an die unterschiedlichen Formulierungen der klassischen elektromagnetischen Theorie. In korrespondenztheoretischer Hinsicht sind die Differenzen kaum aufzulösen, steht man doch dann vor der Frage, ob die Realität wirklich aus elektromagnetischen Feldern oder in Form von distanzüberbrückenden Ladungen und Strömungen besteht, worauf es aber keine Antwort gibt (vgl. Chalmers 1989: 156f.; Roth 1995: 317ff.).

zu c): Aus der Korrespondenztheorie der Wahrheit folgt, daß in der Erkenntnis der 'objektiven' Wahrheit der Endpunkt wissenschaftlicher Bemühungen liegt. Wenn aber Theorien der menschlichen Einbildungskraft entstammen, ihre Überprüfung zugleich theorieabhängig ist, dann muß sich an irgendeinem Punkt gemäß der Korrespondenztheorie ein kognitives, soziales Produkt in ein nicht-kognitives, vor- oder nachsoziales Produkt verwandeln (vgl. Chalmers 1989: 157). Eine solche Transformationsannahme ist nicht gerade eine überzeugende Vorstellung. Es gibt zwar Dinge, die unter den gegebenen Umständen kaum zu bezweifeln sind, aber diese gegebenen Umstände können sich im Laufe der Zeit ändern (vgl. Roth 1995: 320).

Folgt man den in den Punkten (a), (b) und (c) vorgebrachten Überlegungen, steht man vor dem Dilemma, daß einerseits die rein realistische Betrachtung infolge der Theorieabhängigkeit aller Erkenntnis eher Kritik als Zustimmung hervorruft und andererseits die instrumentalistische Variante nicht als Alternative zu akzeptieren ist. Es stellt sich daher die Frage, wie vorzugehen ist, wenn das Ziel sozialwissenschaftlicher Bemühungen darin liegt, Theorien zu formulieren, die soziale Phänomene (deduktiv) nomologisch erklären sollen.

Ohne daß eine abschließende und endgültige Antwort an dieser Stelle zu formulieren wäre, eine zumindest für die Praxis der Sozialforschung akzeptable Lösung liegt meiner Ansicht nach in einer 'weichen' Interpretation der realistischen Auffassung (der hier bisher schon implizit gefolgt wurde). Damit ändert sich zunächst einmal an dem im traditionellen Realismus verankerten Weg der Wahrheits-*Feststellung* nichts. Weiterhin wird ein konsequenter Kritizismus verfolgt: Die Methoden der Wahrheitserkenntnis im klassischen Realismus entsprechen denjenigen der Wirklichkeitserkenntnis im weichen Realismus, der von Chalmers als 'nicht-repräsentativer Realismus' bezeichnet wird (1989: 161ff.; vgl. hierzu auch den 'neurobiologischen Konstruktivismus', wie er von G. Roth vertreten wird, 1995: 303ff.).

Als realistisch ist diese Perspektive insofern zu bezeichnen, als sie davon ausgeht, daß die Wirklichkeit unabhängig unserer Kenntnis über sie besteht: "Die Welt ist so wie sie ist, egal, was einzelne Individuen oder Gruppen von Individuen über sie denken mögen" (Chalmers 1989: 163). Diese Annahme ist eine logische Notwendigkeit: Die Wirklichkeit wird zwar im Gehirn erzeugt, aber die gesamten Annahmen über seine Funktionen sind unsinnig, "wenn ich nicht gleichzeitig annehme, daß es eine Realität gibt, in denen ein Gehirn existiert, auf das ich diese Aussagen beziehen kann" (Roth 1995: 321). Darüber hinaus beinhaltet der nicht-repräsentative Realismus die Annahme, daß Theorien wesentlich mehr leisten, als die instrumentalistische Auffassung impliziert: Einfache Mengenrelationen zwischen Ansammlungen von Beobachtungen können nicht das Ergebnis wissenschaftlicher Arbeit sein. Und schließlich geht der nicht-repräsentative Realismus konsequent darüber hinaus, was Instrumentalisten zumindest implizit als selbstverständlich unterstellen, sich aber bei kritischer Betrachtung als unhaltbar erweist: die strikte Trennung von beobachtbaren und theoretischen Entitäten (vgl. Kunz 1996a: 86ff.). Daher gibt es im Rahmen dieser Auffassung auch nicht das Problem der Instrumentalisten, daß Theorien zu neuartigen Voraussagen führen können.[11]

Der nicht-repräsentative Realismus schließt allerdings nicht die Korrespondenztheorie der Wahrheit ein. Hierin liegt das Merkmal der Nicht-Repräsentativität begründet. Theorien beschreiben demnach nicht Entitäten der Wirklichkeit, etwa Wellenfunktionen, wie in der Physik, oder soziale Produktionsfunktionen, wie in den Sozialwissenschaften (Kap. 7.2). "Wir können", so schreibt Chalmers, "zwar unsere Theorien im Hinblick auf das Ausmaß bewerten, in dem sie erfolgreich eine adäquate Auseinandersetzung mit der Welt leisten, jedoch dürfen wir nicht soweit gehen und als Kriterium das Ausmaß heranziehen, in dem eine Theorie die Welt so beschreibt, wie sie ist; ganz einfach deswegen, weil wir unabhängig von unseren Theorien keinen Zugang zur Wirklichkeit haben, der es uns erlauben würde, die Angemessenheit solcher Beschreibungen zu beurteilen" (1989: 164).

Eine solche Position geht also einher mit der zwar relativistischen, aber dem empirisch orientierten Wissenschaftsbetrieb meiner Ansicht nach gegenüber ehrlichen Auffassung, daß es kein absolutes Kriterium für die Beurteilung von Theorien gibt. Andererseits zieht man sich auch nicht auf eine rein instrumentalistische Argumentation und Arbeitsweise zurück, da die Theoriebeladenheit der Beobachtungsaussagen ausdrücklich anerkannt wird. Und auch von diesem Standpunkt des nicht-repräsentativen Realismusaus aus gesehen, ist es Sinn und Zweck jeder theoretischen Arbeit, einige Aspekte der Wirklichkeit in den Griff zu bekommen. Dabei bestimmt sich die Anwendbarkeit einer Theorie darüber, daß man sie allen möglichen Überprüfungen aussetzt, die empirische Konsistenz nicht nur der 'implications', sondern auch der 'assumptions' prüft, und daher die Theorie nicht von vornherein auf bestimmte Situationen festlegt. Es geht also auch im nicht-repräsentativen Realismus darum, einen Aussagenzusammenhang zu formulieren, der hinsichtlich seiner logischen Struktur *und* der empirischen Daten ein Maximum an Konsistenz aufweist. Insofern tritt an die Stelle

---

[11] Nach instrumentalistischer Auffassung werden mit 'Theorien' beobachtbare Entitäten miteinander in Beziehung gesetzt. Ein Konzept dient lediglich als mehr oder weniger geeignetes Instrument für die Verbindung bekannter Ereignismengen. Es muß den Instrumentalisten in Verlegenheit bringen, daß ausgerechnet ein solches, beinahe willkürlich zu wählendes Instrument zur Entdeckung neuer Arten beobachtbarer Phänomene führt.

'objektiven' Wissens 'intersubjektives' Wissen. Innerhalb dieser Auffassung ist es daher kein Widerspruch, die Konsistenz und den empirischen Bezug von theoretischen Annahmen einzufordern: "Wir können zum Beispiel ohne Rückgriff auf 'absolute' Wahrheit prüfen, ob eine Theorie konsistenter ist als eine andere, und zwar sowohl in Hinblick auf Messungen und Beobachtungen, als auch in Hinblick auf interne Stimmigkeit" (Roth 1995: 316). Die Relationen müssen sich zumindest so bewähren, wie sie in der Sprache der Theorie formuliert wurden. Natürlich braucht man sich für diese Fragen nicht zu interessieren, aber wenn sie interessieren, dann gehört die Übereinstimmung mit der erfahrbaren Wirklichkeit und die interne Konsistenz zu den zentralen Merkmalen einer erklärenden Theorie.

Wendet man diese Überlegungen auf die handlungstheoretische Diskussion an, dann sollte der traditionelle Ansatz in der Soziologie, der seinem Selbstverständnis nach allgemeine Erklärungen liefern soll, nicht nur in Gesellschaften mit hoher Programmbindung (z.B. Feudalgesellschaften) Erklärungsrelevanz aufweisen, sondern auch in moderen Gesellschaften mit ausgeprägtem Ligaturenverlust. Die i.d.R. geringe Erklärungskraft sozialstruktureller Variablen und die heftige Diskussion über die Beziehung zwischen Einstellungen, Handlungsabsichten und Handlungsrealisationen zeigt aber die Begrenztheit dieser Perspektive. Daher liegt die Einschätzung nahe, daß mit einfachen rollentheoretisch orientierten Konzepten eine erfolgreiche und adäquate Auseinandersetzung mit der heutigen Welt kaum zu erreichen ist. Aber die Bedeutung dieser Einschätzung ergibt sich erst im Lichte konkurrierender Ansätze, die eine weitergehendere Erklärung anbieten können. Genau dies leistet auch die neoklassische Variante der Ökonomie nicht. Wie der soziologische Ansatz erhebt dieses Konzept den Anspruch, über heuristische Funktionen hinauszugehen. Aber eine Nutzentheorie, die - wenn überhaupt - lediglich Handeln in (markt-) wirtschaftlichen Zusammenhängen erklären kann, erscheint als Grundlage der individualistischen Erklärung sozialer Prozesse wenig geeignet. Ein allgemeines Konzept, und dies ist hier gefordert, sollte z.B. auch altruistisches Handeln integrieren können. Damit wird für die Überprüfung der Nutzentheorie gefordert, daß der kalkulierende Mitteleinsatz im altruistischen Bereich nachzuweisen ist. Ein Scheitern sollte die Entwicklung neuer Theorien anregen.

Was also im nicht-repräsentativen Realismus zählt, ist, "daß die Spanne der Anwendbarkeit einer Theorie am besten im Lichte einer nachfolgenden Theorie ermittelt werden kann, die für die besagte Theorie eine noch weitergehendere Erklärung liefert" (Chalmers 1989: 165).[12] Für die Wissen-

---

[12] M. Tietzel gibt für diesen Zusammenhang ein schönes Beispiel: "Die amerikanischen Astronauten konnten mit begründeter Hoffnung auf sichere Rückkehr auf einer Flugbahn reisen, die mit Hilfe einer strenggenommen falschen Theorie berechnet wurde (gemeint ist Newtons Theorie, VK). Denn im Lichte einer bewährten und noch informationshaltigeren wissenschaftlichen Theorie ist prinzi-

schaftsentwicklung ist daher in erster Linie die Leistungsfähigkeit alternativer, ergänzender oder auch inkommensurabler Ansätze wichtig (vgl. Lakatos 1970).[13] Dabei ist diese Position in der hier vertretenen Perspektive für die üblichen Einwände des Instrumentalismus nicht anfällig. Denn für den Instrumentalismus sind Konzepte per definitionem nur Instrumente. Zum Beispiel, um noch einmal auf die Newtonsche Mechanik im Zusammenhang mit dem in der Wissenschaftslehre beliebten (und auch von M. Friedman bemühten) Billardspiel zurückzukommen, ist die Theorie Newtons unter instrumentalistischem Blickwinkel lediglich ein Hilfsmittel zur Berechnung von beobachtbaren Positionen und Geschwindigkeiten der Billardkugeln zu einem bestimmten Zeitpunkt aufgrund ihrer beobachtbaren Positionen und Geschwindigkeiten zu einem anderen Zeitpunkt. Hier interessiert nicht, ob es tatsächlich Mechanismen gibt, die das Verhalten der beobachtbaren Erscheinungen bewirken und daher hinter den Tatsachen stehen.

Nehmen wir an, eine solche Position wäre die logische Konsequenz aus einem in allen Punkten gescheiterten Realismus. Wie wäre dann aber zu erklären, warum sich eine Vielzahl von Physikern über beinahe zwei Jahrhunderte die Mühe gaben, durch Experimente die Aussagen der Newton-

---

piell erklärbar, daß für das *gegebene* Problem die falsche Theorie annähernd und hinreichend genaue Werte liefert. Für die alten Babylonier allerdings, die ohne theoretische Grundlage sehr erfolgreich astronomische Prognosen aufstellten, blieben diese erstaunlichen Erfolge ebenso unerklärlich wie die krassen Mißerfolge bei dem Versuch, die gleiche Extrapolationstechnik auch auf die Vorherberechnung von Erdbeben oder Heuschreckenplagen anzuwenden" (1985: 31f.). Der Grund ist leicht einsichtig: "Solange ein Trend stabil ist - und in einem statischen, zyklischen und praktisch geschlossenen System wie dem Sonnensystem ist er das eigentlich immer -, genügt auch ein logisch unvollständiges Prognoseargument (Fehlen eines allgemeinen Naturgesetzes) für den Erfolg von Prognosen" (ebenda: 29). Genau diese Stabilitätsbedingung gilt für gesellschaftliche Tatbestände, für komplexe, interdependente und rückgekoppelte Handlungszusammenhänge nicht.

13 Dies ergibt sich im übrigen auch aus der Anwendung der in Abschnitt 8 vorgestellten Überlegungen zur individuellen 'Muster'- und 'Taktikrationalität'. Eine der von I. Lakatos formulierten 'Methodologie von Forschungsprogrammen' ähnliche Position nimmt das strukturalistische Theorienkonzept nach J. Sneed und W. Stegmüller ein. Hier werden Theorien als mengentheoretische Prädikate ausgefaßt, die die übliche sprachliche Darstellung der Theorien und ihrer Konstrukte in mathematische Strukturen überführt ('non-statement view'; vgl. hierzu Druwe 1985: 27ff.). In der methodologischen Diskussion der Sozialwissenschaften spielt dieser Ansatz allerdings noch keine große Rolle. Es bedarf gesonderter Arbeiten, insbesondere mit angewandten wissenschaftstheoretischen Intentionen, dieses Konzept, das nicht nur an die wissenschaftstheoretische Kompetenz erhebliche Ansprüche stellt, in die hier geführte Diskussion einzubringen.

schen Theorie zu erhärten? Warum wurde die Gültigkeit der Theorie Newtons in immer neuen experimentellen Situationen überprüft? "Warum", fragt V. Gadenne, "werden Theorien, die sich *zu bestimmten Zwecken* als nützlich erwiesen haben, dennoch wieder in Frage gestellt? Warum stellt man ihnen Alternativen gegenüber, deren Interessantheit oft keineswegs auf ihrer Nützlichkeit zur Vorhersage und Kontrolle beruht, sondern darauf, daß sie eine ganz neue Antwort auf die Frage geben, was bestimmten Erscheinungen zugrunde liegt? Warum wird es als ein Problem angesehen, wenn zu einer erfolgreichen Theorie Tatsachen gefunden werden, die ihr widersprechen?" (Gadenne 1984: 170f.). Wenn Konzepte nur den instrumentalistischen Versuch darstellen, Behauptungen über das Verhältnis zwischen bestimmten beobachtbaren Ereignissen aufzustellen, wäre dieses Bemühen wohl kaum zu erklären.

Eine rein instrumentalistische Sicht wird den Gegebenheiten nicht gerecht. Andererseits läßt sich die Theorie von Newton auch nicht klassisch realistisch interpretieren, da sie aus Sicht der Theorie von Einstein mit der Realität eben nicht übereinstimmt. Daher kommt Chalmers zu dem Schluß, daß "[d]ie Theorie von Newton ... sich zwar nicht dadurch erklären [läßt], daß man auf die Übereinstimmung mit der Wirklichkeit verweist, dennoch muß man aber die jeweilige Anwendbarkeit auf die Wirklichkeit in einem wesentlich strengeren Sinne auffassen als dies im Instrumentalismus der Fall ist" (Chalmers 1989: 163).

Es scheint so, daß wissenschaftliche Erkenntnis keinesfalls in instrumentalistischer, aber auch nicht in traditioneller realistischer Perspektive betrieben werden kann. Dies führt unter realistischer Orientierung - denn es geht immer darum, einige Aspekte der Wirklichkeit in den Griff zu bekommen - zur Position des nicht-repräsentativen Realismus, der die Diskussionen und die Gegensätze um die erfahrungswissenschaftliche Fundierung des Rational Choice-Programms, wie sie auch von mir geführt und aufgespannt worden sind, entschärfen kann. Aber soweit dieser Ansatz ausschließlich instrumentalistisch interpretiert wird, kann man auch aus Sicht des nicht-repräsentativen Realismus dieser Praxis keinesfalls zustimmen.

Die Position des nicht-repräsentativen Realismus ist zugegebenermaßen weich und unterbestimmt, kommt aber den erkenntnistheoretischen Bedingungen und der Praxis der empirischen Forschung, so wie sie in den Naturwissenschaften seit Jahrhunderten und in den Sozialwissenschaften in neuerer Zeit ausgeübt wird, wahrscheinlich am nächsten. Hier geht es immer auch um die Entdeckung der Mechanismen, die möglicherweise den Erscheinungen zugrunde liegen.[14] Dafür interessiert man sich auch im Rahmen eines nicht-repräsentativen Realismus, der ja eine kognitiv unabhängige Existenz der Wirklichkeit nicht bestreitet. Lediglich eine direkte Abbildung dieser Realität wird in Zweifel gezogen. Theorien dienen daher der Wirklichkeitserkenntnis, und zwar ohne daß es ein absolutes Kriterium ihrer Beurteilung geben kann. Theorien sind insofern *immer* soziale Produkte. Die Auffassung, daß es einen Endpunkt einer sozial ungebundenen Erkenntnis geben könnte, wird hier abgelehnt. Der Weg des wissenschaftlichen Erkenntnisfortschritts besteht nicht in einer nomologisch zu interpretierenden Aufeinanderfolge von Theorien, die sich stets dichter an eine wahre Beschreibung dessen annähern, was die Realität wirklich und objektiv ist. Es kann daher durchaus unterschiedliche, aber im Hinblick auf ihre Erklärungsleistung gleichwertige Theorien geben.

Aber davon scheint man in den Sozialwissenschaften noch um einige Schritte entfernt zu sein. Ernsthafte Konkurrenten zum Rational Choice-Ansatz sind zur Zeit kaum in Sicht, wenn man auch nicht unbedingt der Meinung von W. H. Riker in der von ihm formulierten Strenge folgen muß, "social theory must have a psychological base and the only available base is the rational choice model" (1995: 40). Jedenfalls liegt hier eine allgemeine Theorie sozialen Handelns vor. Dies läßt es sinnvoll erscheinen, die Fruchtbarkeit dieses Ansatzes für die Erklärung individuellen Handelns und sozialer Prozesse in einer Weiterführung der konzeptionellen Diskussion intensiver auszuloten.

---

[14] R. Schnell, P. B. Hill und E. Esser weisen in diesem Zusammenhang zu Recht darauf hin, daß die Diskussion um den Wissenschaftsfortschritt zwar auch für die Sozialwissenschaften von großem Interesse ist, jedoch für ihre Praxis von eher geringer Relevanz: "Den Hintergrund dieser Diskussion bilden im wesentlichen die Theorien der Physik und ihre historische Abfolge. Diese Theorien zeigen aber alle (auch die 'frühen' von Kopernikus, Keppppler u.a.) einen unvergleichbar größeren Grad an Reife als die derzeitigen sozialwissenschaftlichen Theorien. Erstere waren und sind gekennzeichnet durch ihre hohe Allgemeinheit, logische Korrektheit und (daraus resultierend) der Möglichkeit der 'eindeutigen' Deduktion von singulären Ereignissen sowie deren exakte (auch quantitative) Prognose auf bestimmte Raum-Zeit-Stellen. Alle diese Merkmale treffen bestenfalls partiell auf sozialwissenschaftliche Theorien zu" (Schnell, Hill, Esser 1992: 114).

7. Instrumentalitätstheoretische Entwicklungen und die Idee der sozialen 'Produktionsfunktionen'

Elemente der differenzierten Modellierung kognitiver Repräsentationen und wirksamer Restriktionen im Rahmen der Theorie rationalen Handelns

Überblick: Unter der Bezeichnung 'Instrumentalitätstheorie' sind in der sozialpsychologischen Einstellungs- und Verhaltensforschung zentrale Varianten der Theorie rationalen Handelns formuliert worden. Eine besondere Rolle spielen die Überlegungen von I. Ajzen und M. Fishbein. Sie werden hier, angereichert mit einigen Variationen, unter der Notation 'Konzept der Handlungsveranlassung' zusammengefaßt (Kap. 7.1). Die Ausdrucksweise zielt auf die Bedeutung der von Ajzen und Fishbein lancierten Handlungsintentionen. Ihre explizite Einführung in die entscheidungstheoretische Analyse individueller Handlungswahlen führt zu einer besonderen Spezifikation der Transformationsbedingungen von Bewertungen und Erwartungen in Handeln. Hierbei wird in der Tradition von Kurt Lewin und Adam Smith die handlungsleitende Wirkung sozial-normativer Faktoren ausdrücklich herausgestellt. Die Erweiterung des Konzepts um schwierigkeitsbezogene Attribute bezüglich der Handlungsausführung und unabhängig sonstiger Einflußgrößen wirksame affektiv-emotionale Komponenten führt zu spezifischen Klassen von Anreizfaktoren, die auf Möglichkeiten unterschiedlicher Schwerpunktsetzungen verweisen und insofern erste strukturierte Ansatzpunkte für praktische Interventionsmaßnahmen bieten. Ungeklärt erscheint allerdings, wie sich Intentionen im Rahmen komplexer Handlungsprogramme darstellen: Handlungsergebnisse stehen i.d.R. nicht für sich, sondern sind im Rahmen instrumenteller Ketten mit übergeordneten Zielen verknüpft. Der Motivationsprozeß sollte daher grundsätzlich als ein mehrstufiger Energiefluß gedacht werden, der seine Basis in wohlbefindenskalkulierenden Grundantrieben findet (Kap. 7.2): Menschen handeln auf eine bestimmte Weise, weil sie sich dadurch ein größeres Wohlbefinden versprechen. Wohlbefinden wird durch die Befriedigung von biogenen und soziogenen Bedürfnissen erzielt. Diese organismischen und psychischen Bedingungsvariablen stellen Eigenschaften dar, die allen Menschen gemeinsam sind. Aber diese konstante Natur ist plastisch, sie verwirklicht sich erst durch die Einbindung in gesellschaftliche Zusammenhänge: Das Selbstinteresse an physischem und psychischem Wohlbefinden bedarf der 'sozialen Produktion', d.h. die Befriedigung der elementaren Bedürfnisse setzt Strukturierungen voraus. Daher sollten die Akteure in ihrem eigenen, wohlüberlegten Interesse die vorhandenen, 'objektiven' Möglichkeiten zur Realisierung ihrer grundlegenden Anliegen nutzen. Sie haben gewissermaßen sich selbst und darüber hinaus konkrete Verwirklichungspfade zum Ziel. Eine solche Sichtweise impliziert den analytischen Übergang von individuellen Nutzenkalkulationen zu sozialen 'Produktionsfunktionen'. Diese Elemente der sozialen Struktur sind als kontextgebundene Angebote der Selbstverwirklichung zu betrachten. Sie enthalten je nach sozialer Position und Lebenslagen variierende Belohnungsmuster, die zwar unter den Bedingungen der gesellschaftlichen Differenzierung, insbesondere aufgrund zunehmender Arbeitsteilung, sehr individuelle, dennoch in vielen Fällen typisierte Bindungen erzeugen.

Nach Klärung der grundsätzlichen methodischen und methodologischen Fragen sind nunmehr Entwicklungen zu diskutieren, die dazu beitragen können, die Anwendung der Theorie rationalen Handelns als sozialwissenschaftliche Handlungslehre und allgemeine Aktivitätstheorie zu begründen. Ein solches Konzept sollte nach der bisherigen Diskussion zentrale Aspekte 'traditioneller' soziologischer und ökonomischer Betrachtungsweisen beinhalten: Handeln ist selbstinteressiert und maximierend, gleichwohl aber an Normen und sozialen Bezugsgruppen orientiert; es verfolgt subjektive Belohnungswege, muß aber zugleich die Regeln bestimmter 'Belohnungsmilieus' oder '-instanzen' einhalten usw. Eine empirische Anwendung der Theorie rationalen Handelns hat diese, im RREE[E]MM-Konzept enthaltenen Vorgaben zu berücksichtigen.

Die Integrationsrichtung ist hierbei, dies sei ausdrücklich betont, eindeutig vorgegeben: Erst im Rahmen einer in ihren Grundzügen explizit entscheidungstheoretisch formulierten Handlungstheorie läßt sich im Rahmen der konzeptionellen Vorgaben der Anspruch der individualistischen Betrachtungsweise sozialer Prozesse einlösen. Wo z.B. lediglich mehr oder weniger sozialisationstheoretisch begründete Lerneffekte handlungsleitend sind, läßt sich die Beziehung von Zielen und Mitteln nicht mehr grundsätzlich problematisieren. Dieser Zusammenhang ist festgelegt, Kosten der Normbefolgung, die sich nicht auf die Normen selbst beziehen, spielen keine Rolle; ebensowenig findet sich hierfür eine ausdrückliche Regel im Rahmen des 'interpretativen Paradigmas'. Doch wer kann verschwenderisch mit seinen Ressourcen umgehen? Knappheiten, und seien es 'nur' diejenigen der affektiven Bindungen an Handlungsprogramme in Zeiten der Programmkonkurrenz, prägen das Handeln der Akteure (vgl. Hennen 1990, 1994; Lindenberg 1984b). Der Kosten- bzw. Restriktionsbegriff ist daher in empirischen Untersuchungen über die Lebenswelten der Akteure immer mitzudenken. Dies sind die Themen einer an Rational Choice orientierten Handlungslehre. Und Lerneffekte sind hier in ihrer Wirkung auf Präferenzen und Erwartungen zu betrachten. Daher ist in diesem konzeptionellen Rahmen Sozialisierung grundsätzlich kein Fremdkörper. Vielmehr ist sie ein wichtiges Verbindungsstück zwischen Gesellschaft und Individuum.[1]

---

[1] Damit werden die Ergebnisse, die mit den traditionellen soziologischen Ansätzen erzielt worden sind, in keiner Weise abgewertet. Hier soll lediglich auf die zum Teil selektive Lösung bestimmter handlungstheoretischer Grundannahmen hingewiesen werden und auf die Möglichkeiten, weiterführende Überlegungen im Rahmen der Theorie rationalen Handelns zu verwirklichen.

Das grundsätzliche Primat der rationalen Kalkulation impliziert in erfahrungswissenschaftlicher Diktion, an die explizite Formulierung im Homo Oeconomicus-Konzept anzuknüpfen, aber das einfache eindimensionale Nutzenmaximierungskalkül zu überwinden. Dieser Weg ist sowohl unter technischen als auch unter methodologischen Gesichtpunkten möglich. Die Diskussion in den vorhergehenden Abschnitten hat gezeigt, daß die Konzeptvariablen mit den Mitteln der Sozialforschung zu erheben und in empirische Anwendungen zu integrieren sind. Daher ist man auch weit davon entfernt, die Theorie rationalen Handelns ihrer empirischen Aussagekraft zu entledigen. Einer Anwendung von Rational Choice hinsichtlich der vielfältigen Variationen menschlicher Interessen steht unter diesen Gesichtspunkten nichts entgegen.[2]

Eine solche Orientierung darf aber nicht implizieren, das Selbstinteresse der Menschen zu vernachlässigen. Vielmehr sollte man - in Vorwegnahme der Überlegungen, die in Abschnitt 7.2 ausführlich behandelt werden - von der Vorstellung ausgehen, daß soziale Prozesse durch das diffuse Kalkül, sein eigenes Wohlbefinden zu verbessern, in Gang gehalten werden. Ohne diese Vorstellung könnte man z.B. überhaupt nicht erklären, wie egoistische und moralische Handlungsformen miteinander konkurrieren können; insofern erscheint in diesem Punkt - bei aller Plastizität - die Annahme einer konstanten menschlichen Natur berechtigt zu sein (vgl. Hennen 1990: 75). In der Minimalposition impliziert dies, daß z.B. Altruismus und Moral als 'Programme des Handelns' nur zu betreiben sind, wenn sie garantieren, daß die Bedürfnisse der Menschen, die für ihr Wohlbefinden verantwortlich sind, nicht mißachtet werden. Von elementarer Bedeutung ist, daß sich diese grundlegenden Ziele der Menschen immer nur im Rahmen 'sozialkontingenter Handlungspfade' verwirklichen lassen (Kap. 7.2).

Mit ähnlichen Annahmen hat man v.a. in spieltheoretischen Analysen die Einschränkung gezielt opportunistischen Verhaltens durch das Selbstinteresse in langfristige Beziehungen mit dem jeweiligen Interaktionspartner zu erklären versucht (vgl. Axelrod 1991; Schüssler 1990). Aber die Voraussetzungen, die einer solchen Modellierung zugrundeliegen, sind so umfangreich und spezifisch, "that they are at best a useful fiction in some modelling contexts, but even more doubtful as a basis for theorizing about a society that has yet to become a market society" (Lindenberg

---

[2] Dies gilt v.a. dann, wenn man den Maximierungsbegriff nicht allzu eng auslegt, sondern i.S. nutzenorientierten Handelns interpretiert (Kap. 4.2). Dann ist auch inbegriffen, was zum Beispiel R. J. Herrnstein und J. E. Mazur postuliert haben, nämlich daß sich Menschen nicht an marginalen, sondern an durchschnittlichen Kosten und Nutzen orientieren (1987: 46).

1992: 136). Warum die Arbeiter arbeiten und dabei Verträge einhalten (siehe Kap. 5.1), läßt sich auf diese Weise auch nicht erhellen. Zustimmend wird daher auch J. Hirshleifer von Lindenberg zitiert: "[F]rom the most primitive to the most advanced societies, a higher degree of cooperation takes place than can be explained as a merely pragmatic strategy for egoistic man" (Hirshleifer 1985: 55; Lindenberg 1992: 136). Neben langfristigen Kooperationsinteressen sind bekanntlich Normen die zentralen Stellgrößen, die opportunistische Handlungsweisen in Grenzen halten können. Wie mehrfach herausgestellt, ist dies ebenfalls eine sehr unattraktive Sichtweise, wenn man lediglich der Perspektive des 'normativen' oder 'interpretativen Paradigmas' folgt. Die Frage ist daher immer noch offen, wie kommt es zu dieser beinahe fraglosen Einhaltung von Verträgen, wenn man sinnvollerweise davon ausgeht, daß Menschen vor dem Hintergrund der notwendigen Bedienung ihrer Bedürfnislagen mit ihren Ressourcen sparsam umgehen? Man kann die Frage auf die Spitze treiben. Was veranlaßt eigentlich Menschen dazu, sich wie selbstverständlich an vorgegebene institutionelle Arrangements zu orientieren, wie kommt es zu dieser, "fast schon moralisch zu nennende[n], Bindung an die 'objektiv' vorgegebenen Erwartungen ohne größere Variation zwischen den Akteuren, die die gleiche soziale Position innehaben?", wie H. Esser formuliert (1995: 81f.). In anderen Worten: Was macht eigentlich die Logik der Situation unter handlungstheoretischem Blickwinkel aus?

Die Theorie rationalen Handelns ist zwar auf Basis subjektiver (kognitiver) Variablen formuliert, aber von einem 'sozialen Vakuum' war hier nie die Rede; auf die Bedeutung sozialer Konstruktionsprozesse für die Ausprägung der kognitiven Repräsentationen wurde vielmehr ausdrücklich hingewiesen (Kap. 4). Die maximierenden Grunddispositionen haben daher nicht nur eine subjektivistische Seite, sie sind auch in bestimmten, sozial präformierten Bahnen 'objektiv' verankert. Soziale 'Belohnungsmilieus' bestimmen als (sub-) systemtypische Einheiten über subjektive und individuelle Maße der Nutzenorientierung und eröffnen damit den Blick auf die Variation, Strukturierung und Dynamisierung der individuellen Motivationen. Ohne die Mehrstufigkeit individueller Antriebslagen auf Basis eines auf Maximierung angelegten Grundkalküls sind diese Prozesse aber nicht zu denken.

Diese Überlegungen führen im Hinblick auf die differenzierte Betrachtung des Zusammenhangs von handlungsleitenden Kognitionen und tatsächlichen Handlungswahlen zu sozialpsychologischen Ansätzen der empirischen Handlungserklärung und - darüber hinaus - zu kognitionspsychologischen Konzepten der individuellen Informationsverarbeitung. Auf letztere werde ich in Abschnitt 8 zurückkommen. Von Bedeutung sind an dieser Stelle die sogenannten 'instrumentalitätstheoretischen Ansätze'. Unter der Bezeichnung 'Instrumentalitätstheorie' sind in der sozialpsychologischen Einstellungs- und Verhaltensforschung Varianten der Theorie rationalen Handelns formuliert worden, die in ihrem Kern als Modifikationen der für die Anwendung der Theorie rationalen Handelns zur Zeit grundlegenden SEU-Modellierung zu betrachten sind.

Ihren Ausgangspunkt fanden diese Überlegungen in der (Re-) Analyse des Einstellungskonzepts, wobei zum erstenmal von H. Peak der Begriff der 'Instrumentalität' für subjektive Erwartungshaltungen bzw. Wahrscheinlichkeitszuschreibungen eingeführt wurde (Peak 1955; auch Rosenberg 1956). Demnach werden Einstellungen zu einem bestimmten Sachverhalt (Objekt oder Situation) als evaluative Orientierungen auf Grundlage kognitiver Prozesse interpretiert. Ob eine Einstellung positiv oder negativ ist, hängt davon ab, welche Attribute, d.h. Merkmale oder Konsequenzen, mit dem Einstellungsobjekt assoziiert werden. Sie sind mit dem Objekt mehr oder weniger intensiv verknüpft (Instrumentalität, auch 'beliefs') und werden mehr oder weniger positiv oder negativ bewertet. Man spricht in diesem Zusammenhang auch von 'Valenzen' oder 'Affektladungen' (bzw. 'evaluations'). Die Einstellung beruht damit auf einer mit der jeweiligen Instrumentalität gewichteten Summe der Valenzen der Attribute. Die Annäherung der Einstellungsforschung an die dominante entscheidungstheoretische Perspektive in Bezug auf die Gestaltungsannahme ist offensichtlich: Das instrumentalitätstheoretische Grundkonzept entspricht der Modellierung im SEU-Ansatz.

Die Peaksche Version der Wert-Erwartungstheorie zur Bestimmung der affektiven Wertgeladenheit von Einstellungen wurde in den sechziger Jahren von M. Fishbein fortgeführt, wobei nunmehr die handlungstheoretische Perspektive in den Vordergrund rückte (vgl. Fishbein 1963, 1967a,b).[3] Hieraus entwickelten sich zentrale Variationen des SEU-analogen instrumentalitätstheoretischen Grundkonzepts. Auf zwei, meiner Ansicht nach wichtige Entwicklungen möchte ich in den folgenden Abschnitten eingehen. Diese Ansätze zeigen u.a., daß Nutzenmaximierung immer auch Wege der sozialen Anerkenung und der sozialen Belohnung sucht, emotionale Qualitäten und Selbstkonzeptattribute eine wesentliche Rolle in der Handlungsfolgenallokation spielen und es die Folgen von Handlungsergebnissen sind, die Anreizwerte haben.[4] Damit wird eine bisher einseitig kognitiv konzipierte Theorie um affektiv-emotionale Komponenten angereichert, wobei das Primat kognitiver Prozesse aufrecht erhalten wird. Die Überlegungen lassen sich zu einem für die Modellierung sozialer Prozesse zentralen Ge-

---

[3] Nach Fishbein können auch Handlungen als Einstellungsobjekte betrachtet werden.

[4] In diesem Zusammenhang wird auch offensichtlich, worin u.a. das kritische Problem der Additivität der Nutzenbeträge von mehreren Handlungsfolgen begründet liegen könnte. Verletzungen dieser Annahme dürften für zahlreiche 'Anomalien' in entscheidungstheoretischen Analysen verantwortlich sein, die dem einfachen und üblichen SEU-Ansatz folgen.

danken entwickeln: Aus den maximierenden Grundkalkülen folgt die affektive Energetisierung sozialen Handelns, das in Spiegelung dieser Perspektive über soziale Gratifikationssysteme bedient wird. Damit werden zumindest die Grundlagen für eine theoretische Steuerung des Problems rationaler Regelbefolgung gelegt bzw. in verallgemeinerter Perspektive: des Problems der Kopplung von 'objektiver' Situationslogik und ihrer subjektiven Definition und zwar auf übersituativ gültiger Basis. Diese Sichtweise impliziert den analytischen Übergang von individuellen Nutzenkalkulationen zu sozialen 'Produktionsfunktionen' (vgl. Esser 1995; Lindenberg 1989).

Im Hintergrund dieser Überlegungen steht erkennbar die motivationstheoretische Perspektive von Kurt Lewin und die gesellschaftstheoretische Perspektive der *klassischen* Ökonomie. Ersterer führte bereits frühzeitig das Handeln auf instrumentelle Ketten im Motivationsprozeß zurück, letztere betonte den Aspekt ihrer sozialen Einbindung. Hierauf gründet sich die Idee, daß das Grundmotiv menschlichen Handelns auf die maximierende Sicherung des eigenen Überlebens zurückzuführen ist, oder - ich habe schon darauf verwiesen, und es ist im Hinblick auf die motivierende Funktion der eigenen (psychischen) Selbsterzeugung adäquater formuliert - des persönlichen Wohlbefindens. Dieses verbesserungsorientierte Kalkül ist zwar auf die eigene Person zentriert, schließt aber in der Verwirklichung notwendigerweise die Einbeziehung der Interessen anderer und die Orientierung an gesellschaftlichen Institutionen im Rahmen instrumenteller Handlungsketten ein.

Menschen sind insofern 'Egoisten', da sie das anthropologische Grundbedürfnis nach körperlicher Zuträglichkeit und bewußt erlebtem Wohlbefinden haben. Dies impliziert zunächst einmal das Selbstinteresse an der biologischen Funktion des eigenen Organismus. Hieraus ergibt sich die (Re-) Produktion physischen Wohlbefindens. Das psychische Wohlbefinden gründet sich auf die reflexive Natur des Menschen, die im Streben nach einem positiven und konsistenten Selbstbild verwirklicht ist.[5] Dieses Anliegen

---

5 Ein solches Selbstbild impliziert ein positives Selbstwertgefühl, das als Summe der positiven und negativen Bewertungen der einzelnen Vorstellungen einer Person über sich selbst zu betrachten ist. Ein Hinweis zum Diskussionsstand: Zwar zeichnen sich die unterschiedlichen Ansätze der psychologischen und soziologischen Selbstkonzeptforschung durch die gemeinsame Annahme aus, daß das Selbst oder die Identität grundsätzlich als etwas vom Individuum zu Verstehendes und zu Begreifendes zu behandeln ist (vgl. als Überblick: Yardley, Honess [Hg.] 1987), dennoch ist die hier vertretene Sichtweise nicht unumstritten: Insbesondere wird diskutiert, ob der Mensch primär daran interessiert ist, eine positive Selbstsicht zu generieren oder eher an einer realistischen, objektiven Einschätzung des Selbst (vgl. Stahlberg, Osnabrügge, Frey 1985). Eine differenzier-

führt dazu, daß die Menschen sich gegenüber der Umwelt durch Selbstdefinitionen auszeichnen wollen, was zugleich voraussetzt, daß diese Attribute auch von anderen zur Kenntnis genommen und anerkannt werden (vgl. hierzu Gollwitzer 1986; Wicklund, Gollwitzer 1982). Hierin liegt das v.a. von Adam Smith herausgehobene Interesse der Menschen nach sozialer Anerkennung begründet. Smith weist nachdrücklich darauf hin, daß die menschliche Reproduktion materielle Grundgüter *und* soziale Kooperation voraussetzt.

Aufgrund der Ablösung der menschlichen Verhaltenssteuerung von genetischen und instinktiven Fixierungen gehört die Sozialität des Menschen zu seinen zentralen Reproduktionsbedingungen (vgl. Esser 1993: 161ff.; Tajfel 1978). Der Mensch ist auf soziale Steuerung, d.h. auf soziale Anerkennung und Bestätigung und auf soziale Regulierung angewiesen, um die grundsätzliche Kontingenz der Handlungslagen überhaupt bewältigen und seine Identität stabilisieren zu können. Ohne soziale Einbindung, ohne dauerhafte und wechselseitige Interaktionsfolgen ist die Existenz der Menschen als konsistente und handlungsfähige psychische Systeme gefährdet. Verhaltensbestätigung ist insofern ein lebenswichtiges Gut und aufgrund der menschlichen Soziabilität als solches auch zu konsumieren: Der Mensch ist nicht nur auf soziale Steuerung angewiesen, sondern er ist aufgrund seiner evolutionären Entwicklungsgeschichte zur Aufnahme und dem Erhalt sozialer Beziehungen fähig. Die Sozialität des Menschen geht daher über die notwendigen Kooperationsbedingungen zur Sicherung der Produktion materieller Lebensnotwendigkeiten hinaus.

Warum also nicht für eine handlungstheoretische Modellierung sozialer Prozesse an diese altbekannten Vorgaben (nicht nur) der klassischen Ökonomen anknüpfen? Der klassischen Ökonomie als allgemeine Staats- und Gesellschaftslehre waren die Beschränkungen der Homo Oeconomicus- und Sociologicus-Konzepte, die heute die sozialwissenschaftliche Anwendung von Rational Choice restringieren, von Beginn an fremd. Für sozialwissenschafliche Erklärungen sind diese Ansätze sowohl in ihrer universellen als auch partialtheoretischen Interpretation ungeeignet. Sie sind auf die Verbindung zwischen Situation und Akteur in einer Weise fixiert, die die Formulierung bestimmter Brückenhypothesen erst gar nicht mehr zuläßt und damit bestimmte Elemente der sozialen Situation zwangsläufig ausblendet, z.B. die

---

te Betrachtung löst den scheinbaren Widerspruch auf: Eine feste Identitätsabsicht korrespondiert mit einer Realisierungsorientierung, die zu positiv gefärbten Selbsteinschätzungen führt. Geht es dagegen noch um die Frage, welche Identitätsziele gewählt werden sollen, impliziert dies eher eine Realitätsorientierung mit der Folge von realistischen Selbsteinschätzungen (vgl. Gollwitzer 1987). Da jeder Mensch über feste Identitätsabsichten verfügen dürfte, erscheint die Grundthese des Strebens nach einem positiven und konsistenten Selbstbild als angemessen.

Kosten normativ gesteuerten Handelns, die vielfältigen Möglichkeiten des Konsumnutzens oder die Rolle von Institutionen und Kooperation im Marktzusammenhang.

Solche Aspekte sind mit der neoklassischen Sicht aus dem Blickfeld eines auch für rein wirtschaftliche Prozesse viel zu eng formulierten Forschungsprogramms geraten; auch weil in diesem motivational und kognitiv rudimentären Rahmen die Eindimensionalität der Akteurskonfiguration vorausgesetzt wird. Dabei wird übersehen, daß Wirtschaftsakteure wie Unternehmungen, zumindest in subinternen Mehrebenenspielen ('multi-level-games') handeln. Daher ist die Vorstellung von der Unternehmung als lediglich technische Einheit wenig angemessen: Unternehmungen sind soziale Einheiten; die Beziehung zwischen Inputs und Outputs ist auch deshalb variabel. So stellt sich die vorgeblich eindeutig strukturierte Wettbewerbssituation anders dar: Unternehmungen sind i.d.R. gut beraten, bei ihren Mitarbeitern normative Bindungen zu mobilisieren, obwohl sie aus Gründen der Gewinnmaximierung eine tayloristische Arbeitsorganisation durchsetzen müßten, die solchen Identifikationsbemühungen aber diametral entgegensteht (vgl. Fox 1974). Solche Bedingungen lassen sich modellieren, wenn man nicht von vorneherein im motivationalen und institutionellen Vakuum operiert. Dann hätte sich auch nicht die (neoklassische) Vorstellung durchsetzen können, daß Marktwirtschaften als atomistische Sozialsysteme zu interpretieren sind. Die Fragen liegen hier auf der Hand: Entspricht diese Sichtweise den Gegebenheiten? Handelt es sich nicht vielmehr um eine Wirtschaftsstruktur, die netzwerkähnlich ist? Die Ergebnisse auch der historischen Organisationsforschung weisen eindeutig darauf hin: Konkurrenzwirtschaft ist "organizational economy" (Simon 1991: 28; vgl. hierzu auch Hollingsworth 1990; Mayntz 1992). Auch unter diesem Gesichtspunkt verliert die im Kapitel 5.1 zitierte heuristische Regel, zwischen Homo Sociologicus- und Homo Oeconomicus-analogen Situationen auf die beabsichtige Weise a priori zu unterscheiden, an Aussagekraft.

Die Perspektiven von Homo Oeconomicus und Sociologicus sind fehlgeleitet, weil sie nicht auf Basis eines allgemeinen Konzepts formuliert wurden, sondern vorweg die Logik der Situation festgelegt haben, ohne die grundlegenden Merkmale der jeweiligen Situation *und* der 'conditio humana' zu berücksichtigen. Da sie nicht auf ein allgemeines Konzept zurückgreifen, sind in diesen Ansätzen Behauptungen fixiert worden, die notwendigerweise immer nur Teile der handlungs*relevanten* Situationsbedingungen und grundlegenden menschlichen Eigenschaften herausgegriffen haben. Insofern mögen die Bemühungen der nachträglichen Rechtfertigung verständlich sein.

Die Unvollständigkeiten der Homo Oeconomicus- und Sociologicus-Konfigurationen sind vor dem Hintergrund der allgemeinen kognitiven Theorie rationalen Handelns in der Perspektive des RREE[E]MM-Konzepts eindeutig zu lokalisieren. Dieses Konzept enthält die zentralen Merkmale, die jede handlungstheoretische Analyse im vorgegebenen Rahmen unabhängig ihrer subsystemtypischen Anwendung oder fachlichen Zuordnung zu berücksichtigen hat (Kap. 2). Es ist nicht von ungefähr als die moderne Übersetzung des Programms der klassischen Ökonomen zu kennzeichnen: Diese legten ihren Analysen immer eine integrierte Theorie sozialen Handelns zugrunde. Daher spielten in ihren Untersuchungen zu den grundlegenden Mechanismen der Wirtschaftsentwicklung der Einfluß institutioneller Arrangements auf die individuellen Nutzenerwartungen und die sich daran anschließenden Prozesse der Motivationsinduktionen auch eine wichtige Rolle (vgl. Albert 1977; Kunz 1996a: 72ff.). Hier liegt die - gemäß der konzeptionellen Vorgaben - eigentlich selbstverständliche Annahme begründet, daß die infolge der spezifischen Reproduktionsbedingungen egoistisch veranlagte Natur des Menschen der Einbindung in soziale Institutionen grundsätzlich bedarf. Aber deren Regelungen bilden nur einen Ausschnitt aus den Handlungssituationen und nicht "- wie dann beim homo sociologicus der klassischen Soziologie - unmittelbare handlungsrelevante, internalisierte normative Imperative, denen die Akteure blind zu folgen hätten", wie H. Esser diese Position auf eindeutige Weise kennzeichnet (1993: 244).

Daher schließt die im RREE[E]MM-Konzept enthaltene Nutzenorientierung altruistische Handlungen, moralisches Bewußtsein, Kooperation oder Gemeinschaftsorientierung auch keineswegs aus. Die maximierende Rationalität impliziert durchaus nicht das Kalkül der opportunistischen Ausbeutung oder einen Egoismus darwinistischer Prägung (vgl. Campbell 1987). Andererseits setzen Moral und Altruismus die Regeln der rationalen Selektion auch nicht außer Kraft (vgl. Kunz 1996a: 142ff.; Ramb 1993: 1ff.).

Solche Überlegungen machen darauf aufmerksam, daß es auch aus ökonomischer Sicht nicht um die Frage gehen kann, ob kooperative Handlungsorientierungen präsent sind, sondern das Problem besteht darin, die Bedingungen zu analysieren, die in der Lage sind, diesen Orientierungsmustern vor dem Hintergrund der internen Funktionsbedingungen des menschlichen Organismus, nach dem die Verbesserung der individuellen Lage zentrales Motiv sein muß, Ausdruck zu geben. Das individuelle Maximierungsinteresse im gesellschaftlichen Verbund impliziert daher immer auch die Berücksichtigung der sozialen und institutionellen Vorgaben. Ohne diese Orientierung würden die Akteure den Erfolg ihrer Bemühungen von vornehrein gefährden.

Orientierungshilfen bekommen die Menschen in erster Linie von ihren Bezugspersonen. Bezugspersonen sind solche Personen oder auch Gruppen, mit denen sich die Akteure identifizieren und deren Erwartungen daher eine wesentliche Rolle für das persönliche Wohlbefinden spielen: Die Ergebnisse einschlägiger empirischer Studien weisen immer wieder darauf hin, daß die Rahmenbedingungen im engeren sozialen Umfeld für den Handlungsplan der Menschen eine wesentliche Rolle spielen (vgl. z.B. Campbell, Converse, Rodgers 1976; Scherer, Walbott, Summerfield 1986). Die für diesen Zusammenhang maßgebliche instrumentalitätstheoretische Variante zur Erklärung individueller Handlungswahlen haben M. Fishbein und I. Ajzen ins Spiel gebracht.

Ausgangspunkt ihrer Überlegungen ist die zuvor angedeutete, im Alltagsverständnis und in den Sozialwissenschaften weit verbreitete Idee, daß die Einstellungen von Personen deren Handlungen beeinflussen. Die Vorstellung erscheint vordergründig als trivial, was sie aber nicht ist: Die Vermutung eines engen Zusammenhangs zwischen Einstellungen und Handlungen ist seit langer Zeit und bis heute keineswegs unumstritten (vgl. Eckes, Six 1994; La Piere 1934; Tesser, Shaffer 1990; Wicker 1969; Upmeyer, Six 1989). Nach Ajzen und Fishbein beeinflussen Einstellungen das Handeln nur, wenn sich die Einstellungen auf das Handeln selbst beziehen (vgl. Ajzen, Fishbein 1980). Diese Einstellungen beruhen auf bedeutsamen Verhaltensvorstellungen und deren Bewertung. Zum anderen beeinflußt der erwähnte sozial-normative Faktor im Rahmen einer abwägenden Reflektion die Handlungsausführung. Damit ist die Verbindung zur entscheidungs- und nutzentheoretischen Perspektive hergestellt; die Sichtweise von Ajzen und Fishbein entspricht der bekannten Annahme, daß die Menschen die für sie verfügbaren Informationen systematisch verarbeiten und in ihrem Handeln dem subjektiv wahrgenommenen Nutzen folgen. Darüber hinaus betont Ajzen nunmehr den Aspekt der subjektiven Handlungsverfügbarkeit (1991). Er erweitert mit der Berücksichtigung schwierigkeitsbezogener Handlungsattribute die übliche wert-erwartungstheoretische Perspektive um eine wichtige Anreizklasse, die für allgemeine empirische Handlungserklärungen von grundsätzlichem Belang ist. Diese konzeptionellen Differenzierungen lenken zugleich den Blick auf die handlungsbestimmende Wirksamkeit besonderer affektiv-emotionaler Komponenten, deren Bedeutung im kognitiven Überlegensprozeß im Rahmen der Theorie rationalen Handelns bisher weitgehend vernachlässigt wurde.

Aufgrund der differenzierten Betrachtung der handlungsleitenden Kognitionen, ihrer Nähe zu entscheidungstheoretischen Konzepten und den umfangreichen Anleitungen zur empirischen Anwendung bieten die Überlegungen von Ajzen und Fishbein - v.a. wenn man auf die zahlreichen kritischen Stimmen gegenüber dem Rational Choice blickt - einen günstigen Ausgangspunkt, die Theorie rationalen Handelns als einen integrativen kognitiven Ansatz in der empirischen Forschung zu etablieren.

Weitere Argumente, die diese Sichtweise stützen und im folgenden ausführlicher diskutiert werden, sind: (1) Der Prozeß der Transformation von Bewertungen und Erwartungen in Handeln wird mit der Einführung der Handlungsintention unterbrochen. Der individuelle Überlegensprozeß wird somit differenzierter als in den üblichen entscheidungstheoretischen Konzepten aufgeschlüsselt und darüber hinaus stochastisch formuliert. Die empirische Forschungspraxis, die grundsätzlich einen nicht-deterministischen Zusammenhang zwischen Kognitionen und Handlungswahlen impliziert, erhält damit eine theoretische Fundierung. Darüber hinaus erschließt sich mit dieser Konzeptualisierung die Modellierung repetitiver Handlungsweisen (Einzelheiten hierzu in Kap. 8). (2) Die Auschlüsselung der handlungsleitenden Kognitionen läßt sich als Heuristik bei der Erfassung der modal salienten Kognitionen durch die Fragen eines Fragebogens nutzen. (3) Die Differenzierung öffnet darüber hinaus den Blick auf mögliche Abhängigkeitsverhältnisse der Anreizwerte untereinander und ermöglicht damit (4) die Formulierung zweckdienlicher Interventionsmaßnahmen. Der in den Ajzen-Fishbein-Konzepten z.T. inadäquaten Repräsentation des Überlegungsprozesses - es wird praktisch nur eine Handlungsalternative betrachtet - läßt sich durch eine differenzenorientierte Modellierung Rechnung tragen: Die Handlungswahl hängt nicht nur von der Motivationsstärke für die letztlich realisierte Handlung ab, sondern auch von den Motivationsstärken der ansonsten zur Disposition stehenden Alternativtätigkeiten.

7.1.   Das Konzept der Handlungsveranlassung

In den siebziger und achtziger Jahren stellten M. Fishbein und I. Ajzen zwei Varianten des instrumentalitätstheoretischen Grundkonzepts vor, die gegenwärtig zu ihren wesentlichen Differenzierungen gehören (vgl. Ajzen, Fishbein 1978, 1980: 68ff.; Ajzen 1985, 1991; Fishbein 1993). In der Literatur werden diese Konzepte als 'Theorie bedachten Handelns' und 'Theorie geplanten Handelns' bezeichnet.[6] Sie werden in der Sozialpsychologie sehr geschätzt (vgl. Eagly, Chaiken 1993: 168ff.; Frey, Stahlberg, Gollwitzer 1993; Tesser, Shaffer 1990: 489ff.), finden aber auch für dezidiert sozialwissenschaftliche Fragestellungen Anwendung (vgl. u.a. Bamberg, Schmidt 1994; Bierbrauer et al. 1987; Fishbein, Ajzen 1981; Fishbein, Middlestadt, Chung 1985; Echabe, Rovira, Garate 1988; Kühnel 1993; Muller 1978).

---

6   Für die Theorie bedachten Handelns finden sich auch die Kennzeichnungen 'Theorie durchdachten Handelns' und 'Theorie überlegten Handelns'. In englischsprachiger Notation spricht man von der 'theory of reasoned action' (Fishbein, Ajzen 1975). Die daran anschließende Theorie geplanter Handlungen wird hier als 'theory of planned behavior' bezeichnet. Der gemeinsame Ausgangspunkt liegt in Überlegungen, die Fishbein zur Dimensionierung des Einstellungskonstrukts angestellt hat (1967c). Die Theorie geplanter Handlungen wurde von Ajzen formuliert (1985, 1988, 1989, 1991).

Ausgangspunkt der Ajzen-Fishbein-Konzepte ist das Bild des rationalen, überlegt handelnden Menschen gemäß den Elementen des RREE[E]MM-Konzepts. Die Autoren selbst weisen ausdrücklich darauf hin, daß sie im Rahmen ihrer Überlegungen von der Rationalität der Akteure i.S. einer reflektierten Bewertung der Handlungsfolgen ausgehen: "Generally speaking, the theory is based on the assumption that human beings are usually quite rational und make systematic use of the information available to them. ... [W]e argue that people consider the implications of their actions before they decide to engage or not to engage in a given behavior. For this reason we refer to our approach as 'a theory of reasoned action'" (Ajzen, Fishbein 1980: 5; vgl. auch 1978: 408, Anm. 6 sowie Fishbein 1980; entsprechende Überlegungen gelten für die 'theory of planned behavior': Ajzen 1985).

Die zentrale Determinante der individuellen Handlungswahlen stellt in beiden Ansätzen die Handlungsintention dar. Daher werden die Überlegungen von Ajzen und Fishbein sowie weiterführende Variationen hier unter der Bezeichnung 'Konzept der Handlungsveranlassung' zusammengefaßt. Entscheidungspsychologisch entspricht die Handlungsintention einer hypothetischen Wahl; formal läßt sie sich als ein besonderes Entscheidungsgewicht interpretieren, dessen Ausprägung in der Theorie bedachten Handelns in Abhängigkeit der 'behavioralen Einstellung' und der 'subjektiven Norm' betrachtet wird.[7] Die behaviorale Einstellung ist nach den vorliegenden

---

7 Diese Begrifflichkeiten sind auf die bereits mehrfach erwähnte 'attitude-behavior'-Kontroverse zurückzuführen, an die Fishbein und Ajzen anschließen (vgl. z.B. Eckes, Six 1994; Upmeyer, Six 1989). In der Einstellungsforschung geht es zumeist um Einstellungen gegenüber Personen oder Objekten wie Parteien, Kernkraftwerke oder Genußmittel (siehe Kap. 4.1). Obwohl solche Einstellungen als "predispositions to behave" gekennzeichnet werden (Allport 1935), sind sie nach den Ergebnissen zahlreicher Analysen häufig nicht handlungsrelevant. Für eine direkte Erklärung individuellen Handelns durch Einstellungen kommt es demnach nicht darauf an, wie man ein Objekt, sondern wie man ein bestimmtes Handeln bewertet. Zum Beispiel sollte man nicht nach der Einstellung gegenüber Alkohol fragen, um seinen Konsum zu erklären, sondern nach der Einstellung zu diesem Handeln, das auf bestimmten Konsequenzenerwartungen beruht. Mit dieser Konzeption kommt es zu einer wesentlichen Annäherung der Einstellungs- an die Entscheidungsforschung, die mit der differenzentheoretischen Formulierung der Auswahlannahme ihren vorläufigen Abschluß gefunden hat (siehe unten: Abschnitt 7.1.3). Die subjektive Norm findet hier ausdrücklich Berücksichtigung, da es im Rahmen der einstellungstheoretischen Perspektive außer Frage steht, daß Menschen ihre Handlungen auch danach ausrichten, was andere von ihnen erwarten. Wenn das Korrespondenzprinzip eingehalten wird (Kap. 5.2.1), sind - so die (vielfach bestätigte) Hoffnung in diesem Forschungszusammenhang - Handlungen durch Einstellungen vorherzusagen. Die Ajzen-Fishbein-Konzepte liefern mit dieser Spezifikation eine explizite Erklärung für das Fehlen konsistenter Beziehungen zwischen traditionellen Maßen für Einstellungen und beobachtetem Handeln.

Beschreibungen als das Resultat der kognitiven Bilanzierung der Erwartungen über externale und nicht-soziale Handlungswirkungen konzipiert (vgl. z.B. Ajzen 1988: 120; 'utilitarian outcomes' nach Eagly, Chaiken 1993: 209). Die subjektive Norm repräsentiert die Ansprüche der sozialen Umwelt an das Handeln und entfaltet ihre Wirkung ebenfalls über persönliche Nutzeneinschätzungen. Sie läßt sich unter soziologischen Gesichtspunkten, die v.a. die erwarteten Reaktionen sanktionsbereiter Normenträger betreffen, zur 'sozialen Norm' erweitern (Einzelheiten in Abschnitt 7.1.3).

In der Theorie geplanten Handelns tritt nach Ajzen noch die subjektive Kontrolle über die Handlung als ein weiteres Prädiktorenbündel der Handlungsintention hinzu (vorausgegangen war eine entsprechende Kritik insbes. von A. E. Liska, 1984). Über den Gehalt dieser Komponente gibt es in der sozialpsychologischen Diskussion allerdings keine Übereinstimmung. Ich gehe davon aus, daß sich die Kontrollerwartungen auf die Einschätzungen der Akteure hinsichtlich interner und externer Ressourcen und Gelegenheitstrukturen beziehen (z.B. besondere persönliche Fähigkeiten wie Organisationstalent oder die Verfügbarkeit sozialer Netzwerke). Diese Variablen spielen eine wichtige Rolle für die Erklärung individueller Handlungsvariationen: Ressourcen und Gelegenheitsstrukturen ermöglichen in vielen Fällen erst Handeln (bzw. die Verwirklichung vorgegebener Handlungsalternativen), reduzieren zumindest aber die Kosten des Handelns.

Neben den bisher genannten Anreizvariablen wirken intrinsische Zustände. Sie sind hier als affektive Konsequenzen des Handelns zu betrachten (wie ein schlechtes Gewissen oder der Unterhaltungswert z.B. bei politischer Partizipation). Ihre handlungsleitende Wirksamkeit hat in der vorliegenden Literatur zur Theorie rationalen Handelns bislang kaum eine Rolle gespielt. Sie wurden zunächst von Ajzen und Fishbein teilweise mitberücksichtigt, in der weiteren Entwicklung der Konzepte von ihnen aber weitgehend vernachlässigt. Es besteht aus meiner Sicht allerdings kein Grund, Wirkungen, die dem 'Prinzip der internalen Handlungsfolgenallokation' unterliegen, a priori außer Acht zu lassen. Ich fasse diese Variablen unter der Bezeichnung 'affektive Einstellung (zur Handlung)' zusammen.

Wenn man zwischen den genannten Komponenten differenziert und darüber hinaus zwischen externalen Anreizen (deren Quelle die nicht-soziale oder soziale Umwelt darstellt) und internalen Anreizen (deren Quelle im Individuum liegt) unterscheidet, dann läßt sich in einem ersten Schritt folgende Determinantenmatrix der individuellen Handlungsintentionen ableiten (die Komponenten werden im folgenden detailliert erläutert):

	Wirksame externale Anreize	Wirksame internale Anreize
Behaviorale Einstellung	x	
Soziale Norm	x	
Subj. Handlungskontrolle	x	x
Affektive Einstellung		x

Tab. 7-1: Determinanten der Handlungsintention

Die üblichen Formalisierungen der Theorie rationalen Handelns enthalten keine besonderen Annahmen über den Prozeß der Transformation von Bewertungen und Erwartungen (als Inputvariablen) in Handeln (als Outputvariablen). Dies ändert sich im Rahmen des Konzepts der Handlungsveranlassung: Mit der Berücksichtigung der zwischen den elementaren Kognitionen und den endogenen Handlungsweisen intervenierenden Intentionen liegt zumindest ein Ansatz zur Strukturierung und Spezifizierung dieses Transformationsprozesses begründet. Die üblichen entscheidungstheoretischen Ansätze treffen dagegen keine explizite Entscheidung darüber, ob nur die Intention oder auch das tatsächliche Handeln erklärt werden soll. Es scheint aber häufig eher um die innere Bejahung für eine der Handlungsmöglichkeiten zu gehen (s.u.). Das Konzept der Handlungsveranlassung geht darüber hinaus und präzisiert die kausale Sequenz, indem Handlungsweisen als durch Intentionen verusacht bestimmt werden. Dies ist unter anwendungsorientierten Gesichtspunkten auch deshalb von zentraler Bedeutung, weil sich mit der differenzierten Konzeptualisierung des Entscheidungsprozesses die Möglichkeit bietet, automatisiertes Handeln zu modellieren, das auf den ersten Blick nicht im Rahmen einer theoretischen Orientierung zu begreifen ist, die primär auf die Wirksamkeit kontrollierter kognitiver Prozesse verweist (Einzelheiten hierzu in Kap. 8).[8]

Intentionen spiegeln den Grad der bewußten Entschlossenheit zu einem bestimmten Handeln wider. Ihre Einführung zeigt, daß die Theorie rationalen Handelns als allgemeine 'Handlungs-Entscheidungs-Theorie' die Berücksichtigung von persönlichen Ressourcen und Gelegenheitsstrukturen voraussetzt, wenn sie tatsächlich zur Erklärung sozialen *Handelns* dienen soll: Die Intentions-Realisations-Beziehung kann aufgrund mangelnder

---

[8] Ajzen und Fishbein stellen ausdrücklich klar, daß sie ihren Entwurf als kognitive Wert-Erwartungstheorie verstehen und daher alle anderen Variablen (sozio-demographische Faktoren, Persönlichkeitsmerkmale, Einstellungen zu Objekten) lediglich über die drei Prädiktoren der Handlungsintention wirken oder ihren Einfluß als Moderatoren auf die theorieimmanenten Beziehungen ausüben (vgl. Ajzen, Fishbein 1980: 82ff.).

persönlicher Kontrolle unterbrochen werden. Das heißt, Menschen können einer Handlungsalternative durchaus Wirksamkeit für die Verwirklichung bestimmter wertgeschätzter Handlungskonsequenzen zuschreiben, aber gleichzeitig davon überzeugt sein, daß ihnen die Realisation der Handlungsalternative aus grundsätzlichen oder situativ gegebenen Gründen verwehrt ist. In empirischen Analysen ist daher die prädiktive Kraft der Nutzenvariable (z.B. des SEU-Wertes) unter Kontrolle derartiger Variablen zu prüfen. Ein solches Vorgehen wird von Ajzen vorgeschlagen.

Darüber hinaus weisen Ajzen und Fishbein ausdrücklich auf die handlungsleitende Rolle sozial-normativer Faktoren hin. Ihre handlungssteuernde Wirkung wird zwar im allgemeinen Konzept der Theorie rationalen Handelns nicht ausgeschlossen, aber in der neoklassischen Variante weitestgehend vernachlässigt und in der soziologischen Version so stark überbewertet, daß andere Variablen unberücksichtigt bleiben. Insofern führen die Differenzierungen von Ajzen und Fishbein zu einer praxisorientierten Sozialwissenschaft, bietet doch erst die detaillierte Analyse der kognitiven Repräsentationen Ansatzpunkte für die Ableitung praktischer Interventionsmaßnahmen:[9] Es dürfte kaum etwas gegen die Ansicht sprechen, daß die Antwort auf die Frage nach der Beeinflussung individueller Handlungswahlen durch institutionelle Arrangements - die letztlich zentrale Frage der politischen Steuerung - vom empirisch begründeten Verständnis der Motivationen und Wahrnehmungen der relevanten Akteure abhängt. Daher kann man die Überlegungen von Ajzen und Fishbein auch als einen zentralen Versuch bewerten, die ökonomische und soziologische Perspektive im Rahmen eines empirisch prüfbaren theoretischen Aussagenzusammenhangs zu integrieren (vgl. hierzu auch Fishbein, Ajzen 1975: 305f.) und so den ko-

---

[9] Dies ist v.a. dann der Fall, wenn Panelstudien die empirische Grundlage bilden: Vgl. Arminger, Müller (1990); Liska et al. (1984); Wittenbraker, Gibbs, Kahle (1983). An dieser Stelle erscheint noch ein Zwischenhinweis nützlich: In der aktuellen Diskussion zu den Grundlagen und Entwicklungsmöglichkeiten von Rational Choice kommt der Frage nach der Berechtigung und Integration normorientierten Handelns - vor dem Hintergrund der angeblich gegensätzlichen Äußerungen von Adam Smith zu dieser Frage einmal als 'Das Adam Smith Problem' bezeichnet (so J. Viner, in der Ausgabe von 1966: 120) - ein zentraler Stellenwert zu (vgl. z.B. Elster 1991; Karlson 1992; Overbye 1995). Aus empirischer Sicht wird man dieser, an der Differenz des klassischen Homo Sociologicus und des neoklassischen Homo Oeconomicus orientierten Debatte manchmal mit Unverständnis begegnen. Dennoch kreist die Auseinandersetzung v.a. in der ökonomisch orientierten Literatur genau um dieses Problem; eine Auseinandersetzung, die häufig nur vor dem Hintergrund methodologischer Differenzen verständlich wird (siehe Kap. 6.1).

gnitiven Ansatz von Rational Choice in der empirischen Sozialforschung auch außerhalb der sozialpsychologischen Einstellungs- und Verhaltensforschung zu etablieren.

Aufgrund der expliziten Berücksichtigung der Erwartungen der sozialen Umwelt als handlungsleitendes Prädiktorenbündel wird in die Ajzen-Fishbein-Konzepte von manchen Autoren sogar die größte Hoffnung gesetzt, Kritiker des Rational Choice-Ansatzes, der oftmals nur mit der neoklassischen Variante der Ökonomie in Verbindung gebracht wird, zu überzeugen. Diese Kritiker insistieren vehement auf die Bedeutung 'soziologischer' Variablen: "The great value of the TORA model (theory of reasoned action, VK) is that it forces us to treat seriously those normative beliefs that the work of Hirschi and others has shown to be crucial in our field" (Tuck, Riley 1986: 166; vgl. i.d.S. auch Kashima, Gallois 1993: 212; Krampen 1987: 28; Reinekke 1991: 63). Wie auch immer man diese Einschätzung beurteilen möchte, die Ansätze von Ajzen und Fishbein beruhen zumindest auf einer differenzierten Betrachtung der individuellen Handlungsfolgenallokation. Sie lenken damit die Aufmerksamkeit auf die Frage nach dem relativen Erklärungsbeitrag bestimmter Anreizwerte; ohne Zweifel die mindeste Voraussetzung jeder praktischen Intervention in soziale Handlungsfelder (vgl. auch Fishbein, Ajzen 1975: 304f.).[10]

Diese Aspekte gewinnen an Bedeutung, wenn man berücksichtigt, daß sich mit der detaillierten und strukturierten Betrachtung der kognitiven Repräsentationen auch handlungsleitende Interaktionseffekte in der Verknüpfung der Nutzenerwartungen erschließen. Unter diesen Bedingungen besteht ein bestimmtes Abhängigkeitsverhältnis der Anreizwerte untereinander und die Unabhängigkeit der Einzelnutzenwerte ist nicht mehr gegeben, wie sie z.B. die einfache Formalisierung im Rahmen des SEU-Konzepts voraussetzt. Dieses kritische Problem der Additivität der Nutzenbeträge dürfte für zahlreiche 'Anomalien' in der Anwendung des SEU-Modells, das die empirische Forschungspraxis auf Grundlage der Theorie rationalen Handelns dominiert, verantwortlich sein und darüber hinaus den Blick auf einige soziale 'Pa-

---

10 Die Ajzen-Fishbein-Konzepte bleiben aber ansonsten inhaltlich ebenso unbestimmt wie z.B. das SEU-Konzept. Sie verdanken ihre Popularität auch den präzisen Vorschlägen zur Operationalisierung der Konzeptvariablen (ein Aspekt, der in theoretischen Arbeiten häufig vernachlässigt wird): "The power of the theory [TORA] arises from the precise measurement methods proposed for these two variables and from its capacity to *unpack* each particular variable in terms of the underlying beliefs", so nochmals M. Tuck und D. Riley über die Bedeutung dieses Konzepts für die empirische Forschung (1986: 161; vgl. auch Kühnel 1993: 28ff.). Kern der von Ajzen und Fishbein vertretenen Methodologie ist der Versuch, auf Basis des Korrespondenzprinzips (siehe Kap. 5.2.1) alle Konstrukte der Theorie(n) durch einfache Operationalisierungen empirisch zu erfassen. Sie formulieren dabei detaillierte Schritte zur Entwicklung eines Standardfragebogens (vgl. Ajzen, Fishbein 1980: bes. 264ff.). Bei Einhaltung des Korrespondenzprinzips können die Konzepte neben der Erklärung konkreter Handlungsweisen auch zur Analyse aggregierter Handlungskategorien dienen (wie etwa politische Partizipation).

radoxien' verstellen. Betrachten wir für eine Präzisierung dieser Überlegungen zunächst den Aufbau der Theorie geplanter Handlungen (auf die Theorie bedachter Handlungen gehe ich nicht mehr im einzelnen ein. Bis auf die Komponente der Kontrollerwartungen ist sie mit der Theorie geplanter Handlungen identisch).

7.1.1. Die Grundstruktur der Theorie geplanter Handlungen

Die Theorie geplanter Handlungen schließt an das Einstellungskonzept von H. Peak und G. J. Rosenberg und den in der Sozialpsychologie bekannten Ansatz von D. Dulany (1961, 1968, 'theory of propositional control') an und betrachtet in einem ersten Schritt, die Intention, eine Handlung auszuführen, in Abhängigkeit der drei zuvor genannten Komponenten 'behaviorale Einstellung', 'subjektiv empfundene Normen' (gegenüber bestimmten Handlungsweisen) sowie 'subjektive Handlungskontrolle' (über relevante Ressourcen und Gelegenheiten; vgl. Abb. 7-1).

$$H \sim HA = \beta_1(BE) + \beta_2(SN) + \beta_3(HK) + e$$

mit:

H	= Handlung (Realisation)
HA	= Handlungsabsicht (Intention)
BE	= Behaviorale Einstellung
SN	= Subjektive Norm
HK	= (Subjektive) Handlungskontrolle
β_1,β_2,β_3	= Empirisch zu bestimmende (Regressions-) Gewichte
e	= Fehlerterm

Abb. 7-1:   Die Theorie geplanter Handlungen - regressionsanalytische Darstellung des Grundmodells

Die Gewichte der drei Konstrukte, die die Stärke ihres Einflusses anzeigen, bilden ausdrücklich keine Einheitsmatrix (wie im SEU-Ansatz), sondern können situationsabhängig, aber auch über Handlungsweisen und Individuen variieren (vgl. Ajzen, Fishbein 1978: 410, 1980: 58f.).[11] Bei Einführung 'interindividueller Verbindungsannahmen' (Kap. 4.2) sind sie im Rahmen

---

[11] Damit steht dieser Ansatz den Überlegungen von H. Margolis nahe, der in seinem 'dual utility'-Ansatz zwischen 'S-Smith-' und 'G-Smith-Nutzen' unterscheidet ("man as private, self seeking individual; man as citizen and social being"; siehe Margolis 1982: X und 5).

einer 'across subject analysis' regressionsanalytisch zu bestimmen. Unter diesen Bedingungen ist noch ein Fehlerterm zu berücksichtigen.

Die Handlungsintention ist nach Ajzen und Fishbein diejenige Disposition, die mit der Realisierung einer Handlungsalternative am engsten verknüft ist. Sie läßt sich als subjektive Wahrscheinlichkeit aus der Sicht einer Person interpretieren, mit der diese annimmt, die zur Disposition stehende Option tatsächlich auszuführen (vgl. Fishbein, Ajzen 1975: 288). Es handelt sich also um einen explizit stochastisch formulierten Ansatz zur Erklärung von Handlungswahlen. Postuliert wird, daß mit zunehmenden Handlungsabsichten auch die Realisierungschancen der entsprechenden Handlungen steigen ('Realisierungsmotivation'). Die zitierten empirischen Anwendungen der Theorie rationalen Handelns, die grundsätzlich einen nicht-deterministischen Zusammenhang zwischen Kognitionen und Handlungswahlen spezifizieren (siehe Kap. 5.2), erhalten damit eine theoretische Basis.[12]

Eine solche Grundlegung betrifft auch das Konstrukt 'subjektive Handlungskontrolle'. Es mißt die Ansicht eines Akteurs, wie einfach oder schwierig die Ausführung der betreffenden Handlung sein wird. Damit lassen sich auch solche Handlungsweisen für die Analysen berücksichtigen, die bestimmte Fähigkeiten, das Eintreten günstiger Gelegenheiten oder die Kooperationsbereitschaft anderer Personen (z.B. bei der Wahl eines bestimmten Verhütungsmittels) unabdingbar voraussetzen. Dagegen beziehen sich die z.B. im SEU-Konzept als Restriktionen geführten Konsequenzenerwartungen praktisch immer nur auf die Wahrscheinlichkeiten, bestimmte Folgen zu verwirklichen *unter der Bedingung*, daß die entsprechende Handlung zur Disposition steht bzw. realisiert wird. Restriktionen, die sich auf den 'opportunity set' selbst beziehen, werden nicht explizit modelliert, wenn z.B. in Befragungen von vorgegebenen Handlungsalternativen ausgegangen und deren Nutzeneinschätzungen erhoben werden. Daher kann der Umstand eintreten, daß für eine bestimmte Handlungsalternative zwar ein hoher SEU-Wert ermittelt wurde (weil die Konsequenzen sehr positiv bewertet werden und die Wahrscheinlichkeiten, daß diese Konsequenzen unter der Bedingung eintreten, daß die Handlung ausgeführt wird, ebenfalls sehr hoch eingeschätzt werden), diesem SEU-Wert aber für die Erklärung der tatsächlichen Handlungswahl keine Bedeutung zukommt, weil der Befragte z.B. der Ansicht ist, daß er für die Wahrnehmung dieser Alternative über keine entsprechenden Fähigkeiten verfügt. Wenn zur Handlungsausführung interne (wie Fähigkeiten oder Wissen) oder externe Ressourcen (wie Geld) notwendig sind, spricht Ajzen auch von Handlungen, die nicht vollständig durch eine Person kontrollierbar sind (1991). Er knüpft damit an das Konzept der Selbstwirksamkeit von A. Bandura (1986), das

---

[12] Die Handlungsintention kann m.E. auch als 'gemischte Strategie' i.S. der Spieltheorie verstanden werden, die in Anbetracht der Unsicherheiten über das Verhalten der Umwelt die effizienteste Lösung impliziert.

Konzept der Handlungskontrolle von J. Kuhl (1983), dem 'context of opportunity' von V. T. Sarver (1983), der 'facilitating factors' von H. C. Triandis (1977) und dem Konzept der Ressourcen von A. E. Liska (1984) an. Vor diesem Hintergrund erklärt sich, daß einige sozialpsychologische Untersuchungen, in denen die Variable 'subjektive Kontrolle' berücksichtigt wurde, zu dem Ergebnis einer wesentlich verbesserten Handlungsvorhersage kamen (vgl. z.B. Ajzen 1988, 1989, 1991; Ajzen, Madden 1986; DeVellis, Blalock, Sandler 1990; Sparks, Hedderley, Shepherd 1992; White, Terry, Hogg 1994).

Die wahrgenommene Handlungskontrolle kann u.U. auch unvermittelt auf das Handeln wirken, d.h. ihr Effekt wird nicht über die kognizierte Intention geleitet. Von dieser Modellstruktur gehen z.B. Ajzen und T. J. Madden aus (1986; auch Ajzen 1991). Sie sind der Meinung, daß die tatsächliche Handlungskontrolle zu berücksichtigen ist. Diese sei zwar im Einzelfall sehr schwer zu ermitteln, aber man könne auf die subjektive Wahrnehmung zurückgreifen: Die Ausprägung dieser elementaren Variablen würde den 'objektiven' Gegebenheiten in den meisten Fällen weitgehend entsprechen. Ein direkter Effekt der Kontrollvariablen (HK) auf die Handlung (H) kann also modelliert werden, wenn die subjektiv wahrgenommene Handlungskontrolle der in einer Situation tatsächlich vorhandenen Handlungskontrolle sehr ähnlich ist. Für die Interpretation ist der empirische Konstruktzusammenhang ausdrücklich zu beachten: Die wahrgenommene Handlungskontrolle beeinflußt die Handlung in ihrer Funktion als Indikator für den Grad der tatsächlichen Handlungskontrolle, die nicht gemessen wird. Im statistischen Modell wirkt die wahrgenommene Handlungskontrolle damit sowohl als Determinante der Intention als auch des Handelns selbst (die direkte Beziehung zwischen der Kontrollvariablen und der Handlungsausführung ist lediglich vorhersagerelevant. Unter kausalanalytischen Gesichtspunkten stellt sie eine Scheinbeziehung dar, die sich deshalb ergibt, weil die objektive Kontrolle sowohl die Handlungsabsicht als auch die bedeutsamen Kontrollvorstellungen beeinflußt). Diese Erweiterungen und die damit verbundenen Probleme dürften Ajzen veranlaßt haben, den ursprünglich noch für die Theorie bedachten Handelns erhobenen Suffizienzanspruch für die Theorie geplanten Handelns nicht mehr aufrechtzuerhalten (vgl. Ajzen 1991). Im übrigen ist anzumerken, daß zumindest die subjektiven Einschätzungen vorhandener Ressourcen relativ leicht über sozio-demographische Indikatoren als indirekte und gleichsam objektive Maße für individuell verfügbare Ressourcen ergänzt werden können (vgl. Muller 1978, 1979; Opp, Roehl 1990).

Die drei Prädiktoren der Handlungsintention (behaviorale Einstellung, subjektive Norm, subjektive Handlungskontrolle) werden in einem zweiten Schritt analytisch aus SEU-typischen Produktsummen konstruiert. Die behaviorale Einstellung stellt in ökonomischer Diktion die neoklassische Komponente in der Theorie geplanten Handelns dar. Ihr liegen individuelle Überzeugungen über externale und nicht-soziale Handlungsfolgen zugrunde, die mit ihrer Valenz, d.h. ihrer Bewertung, gewichtet werden ('behavioral beliefs x outcome evaluations', vgl. Abb. 7-2). Zur abschließenden Quantifizierung der behavioralen Einstellung werden die Instrumentalitäten-Valenzen-Produkte über alle salienten Anreize aufsummiert: "By multiplying belief strenght and outcome evaluation, and summing the resulting products, we obtain an estimate of the attitude toward the behavior, an estimate based on the person's salient beliefs about the behavior" (Ajzen 1988: 120). Eine Person hat eine positive Einstellung zur Handlung, wenn sie glaubt, daß ihre Ausführung mit hoher (geringer) Wahrscheinlichkeit zu positiven (negativen) externalen Konsequenzen führt. Eine negative Einstellung stellt sich dann ein, wenn die Person glaubt, daß die Handlung mit hoher Wahrscheinlichkeit negative bzw. mit geringer Wahrscheinlichkeit positive externale Konsequenzen impliziert. Je negativer eine Handlung bewertet wird, d.h. je größer die wahrgenommenen Kosten, desto geringer ist die Handlungsintention ausgeprägt und desto unwahrscheinlicher ist daher die tatsächliche Ausführung.

$$BE = \Sigma_i\, I_i\, V_i$$

mit:

BE = Behaviorale Einstellung

I_i = Instrumentalität: Subjektive Annahmen über die externalen und nicht-sozialen Konsequenzen einer bestimmten Handlung in einer bestimmten Situation ($i = 1, 2, ...$)

V_i = Valenz der Handlungsfolge i

Abb. 7-2: Die behaviorale Einstellung

In der soziologischen Forschung gehört es zum Grundbestand des Wissens um soziale Tatbestände, daß Erwartungen der sozialen Umwelt ein wichtiger Anreiz für die Ausführung einer Handlung sind. Eine Vernachlässigung dieser Variablen aufgrund einer nicht-nachvollziehbaren, d.h. empirisch ungeprüften Entscheidung wäre nach diesen Vorstellungen abwegig. Die Theorie rationalen Handelns schließt daher nicht aus, daß derartige Erwartungen als Bestimmungsfaktoren des Handelns wirken. Sie modifiziert aber die Annahmen in der Soziologie i.d.R. dahingehend, daß soziale Normen v.a. dann Handeln beeinflussen, wenn die Akteure ihrer Bedeutung in einer bestimmten Handlungssituation eine gewisse Wahrscheinlichkeit zuschreiben und die (Nicht-) Befolgung mit Nutzen (bzw. Kosten) verbunden ist.

Ajzen und Fishbein machen diesen Punkt zu einem zentralen Bestandteil ihrer Überlegungen. Konsequenterweise entsprechen in ihrem Ansatz die Komponenten der subjektiven Norm den Variablen der behavioralen Einstellung, d.h. sie sind ebenfalls als Überzeugungen bzw. Instrumentalitäten und Valenzen konzipiert. Es handelt sich um Überzeugungen darüber, inwieweit Bezugspersonen aus Sicht des Akteurs der in Frage stehenden Handlung zustimmen oder sie ablehnen würden. Bezugspersonen sind solche Personen oder auch Gruppen, mit denen sich die Akteure identifizieren und deren Meinung daher für sie wichtig ist (die bedeutsamen Personen oder Gruppen können Ehepartner, Lebensgefährten, Familienmitglieder, Kollegen, im Zweifelsfall aber auch die ganze Gesellschaft sein: Ajzen, Fishbein 1978: 408; Fishbein, Ajzen 1975: 302).

Die Akteure wissen vielleicht um die Meinung der Bezugspersonen, aber diese kann ihnen weitgehend gleichgültig sein, d.h. die Meinung der Bezugspersonen über das Handeln weist für sie keinen Nutzen auf. Die Nutzenbewertung wird in der Theorie geplanten Handelns über die Bereitschaft bzw. Motivation, sich nach den vermuteten Erwartungen der Bezugspersonen zu richten, abgebildet. Die Verknüpfung zwischen diesen Bewertungen und den Überzeugungen erfolgt wiederum multiplikativ ('motivation to comply x normative beliefs', vgl. Abb. 7-3). Die Produkte werden über alle bedeutsamen Bezugspersonen aufsummiert. Je geringer die Einwilligungsbereitschaft ist und/oder je weniger die Bezugspersonen die Handlung aus Sicht des Handelnden wertschätzen, desto unwahrscheinlicher ist die Ausführung der entsprechenden Handlung.[13]

$$SN = \Sigma_j \; B_j \; M_j$$

mit:

SN = Subjektive Norm
B_j = Subjektive Vermutungen über die normativen Erwartungen der Bezugsperson/-gruppe j in einer bestimmten Situation (j = 1, 2, ...)
M_j = Einwilligungsbereitschaft im Hinblick auf die normativen Erwartungen der Bezugsperson/-gruppe j

Abb. 7-3: Die subjektive Norm

---

[13] P. W. Miniard und J. B. Cohen kritisieren in diesem Zusammenhang, daß im Rahmen der von Ajzen und Fishbein vorgeschlagenen Operationalisierung eines unipolaren Ratings die Möglichkeit einer negativen Motivation ausgeschlossen wird (1981). Diese Kritik erscheint als ungerechtfertigt: Ajzen und Fishbein weisen ausdrücklich darauf hin, daß sie hier lediglich 'positive' Referenzpersonen im Blick haben. Es ist daher sehr unwahrscheinlich, daß jemand das Gegenteil von dem will, was solche Bezugspersonen seiner Ansicht nach erwarten (vgl. Ajzen, Fishbein 1980: 75, insbes. Anm. 8).

Betrachtet man die behaviorale Einstellung und die subjektive Norm gemeinsam als Prädiktoren, dann behauptet dieser Ansatz z.B. für die Handlung 'Benutzung des Öffentlichen Personennahverkehrs zur Erreichung des Arbeitsplatzes', daß diese von einer Person am ehesten dann vollzogen wird, wenn (a) diese Nutzung ihrer Ansicht nach mit großer Wahrscheinlichkeit zu positiv bewerteten externalen Konsequenzen führt (z.B. Sicherheit, Zuverlässigkeit, keine Parkplatzsuche) und/oder mit geringer Wahrscheinlichkeit zu negativen Folgen (z.B. Verspätung, Umweltbelastung) sowie (b) die Familie, die Freunde und Kollegen es sehr positiv bewerten, wenn der Öffentliche Personennahverkehr von der betreffenden Person benutzt wird, und diese in diesem Fall auch bereit ist bzw. es wichtig findet, den Erwartungen der Bezugspersonen entsprechend zu handeln.

Auch die subjektive Handlungskontrolle ist über kognitive Variablen im Rahmen eines Produktsummenmodells definiert (vgl. Ajzen 1989: 252f.). Es handelt sich zunächst einmal um die Wahrnehmung des Ausmaßes der Anwesenheit oder Abwesenheit von notwendigen Ressourcen und günstigen Umständen (Gelegenheitsstrukturen). Die Vorstellungen spiegeln damit subjektive Instrumentalitätsschätzungen bezüglich des Vorliegens entsprechender Kontrollfaktoren wider. Sie werden - analog zur behavioralen Einstellung und zur subjektiven Norm - multiplikativ mit einer Valenzgröße verknüpft, die als wahrgenommene Erleichterungen bezeichnet werden ('control beliefs x perceived facilitation', vgl. Abb. 7-4).

$$HK = \Sigma_k R_k E_k$$

mit:

HK = (Subjektive) Handlungskontrolle
R_k = Subjektive Wahrnehmung verfügbarer Ressourcen und Gelegenheiten für eine bestimmte Handlung ($k = 1, 2, ...$)
E_k = Bewertung der Erleichterung (oder Erschwerung) hinsichtlich des Kontrollfaktors k

Abb. 7-4: Die subjektive Handlungskontrolle

Bezüglich des oben zitierten Beispiels 'Benutzung des Öffentlichen Personennahverkehrs' wäre also z.B. noch zu erheben, ob eine Haltestelle in erreichbarer Nähe liegt (bzw. wie sicher sich die Akteure darüber sind), wie weit der gesundheitliche Zustand den Weg zur Haltestelle erlaubt, ob ein PKW als Alternative zur Verfügung steht oder die zusätzlichen Aufwendungen für eine Karte des ÖPNV zu leisten sind, etc. und wie diese Faktoren hinsichtlich der Erleichterung oder Erschwerung der Handlungsdurchführung bewertet werden.

Unter ökonomischen Gesichtspunkten vermindert das Vorhandensein der Ressourcen- und Gelegenheitsfaktoren die Kosten des Handelns. Es lassen sich zumindest vier Bereiche derartiger Anreizkomponenten unterscheiden (vgl. auch Opp, Roehl 1990: 22ff.):

(1) Zeitliche Ressourcen als external wirksame Anreize: Dies sind die Kosten der Zeit, die für die entsprechende Handlung aufgewendet werden müssen. Wenn z.B. die Nutzung des ÖPNV mit einem vergleichsweise hohen zeitlichen Aufwand verbunden ist und man zugleich in Beruf, Familie und Freizeit sehr stark eingebunden ist, verzichtet man auf relativ viel Nutzen, wenn vom ÖPNV Gebrauch gemacht wird (Opportunitäts- oder Alternativkosten).

(2) Materielle Ressourcen als external wirksame Anreize: Damit sind v.a. die vorhandenen finanziellen Ressourcen angesprochen. Die Verfügbarkeit ausreichender Mittel erleichtert die Möglichkeit auch aufwendiger (teurer) Handlungen und reduziert damit indirekt die Kosten dieses Handelns.

(3) Gelegenheitsstrukturen als external wirksame Anreize: Gelegenheitsstrukturen wie die Erreichbarkeit einer Haltestelle vermindern ebenfalls die Kosten des Handelns: Zum Beispiel können die Kosten der Organisation und Koordination von Fahrgemeinschaften zur Haltestelle entfallen. Neben Infrastruktureinrichtungen bilden insbesondere noch Institutionen und soziale Netzwerke wichtige Gelegenheitsstrukturen des Handelns, die im Rahmen sozialwissenschaftlicher Untersuchungen regelmäßig von Bedeutung sein dürften.

(4) Persönliche Ressourcen als internal wirksame Anreize: Damit sind die Fähigkeiten und Kenntnisse angesprochen, die eine bestimmte Handlung relativ leicht machen, d.h. ihre Kosten vermindern. Wenn die Akteure z.B. 'Organisationstalent' haben, dürfte es ihnen leicht fallen, eine vielleicht notwendige Fahrgemeinschaft zu initiieren, um die Haltestelle zu erreichen. In diesem Sinn verfügen die Akteure über spezifische Ressourcen, die es für sie weniger kostspielig macht, sich zu engagieren bzw. entsprechend zu handeln.

7.1.2. Hinweise zur empirischen Anwendung

Abbildung 7-5 zeigt eine graphische Darstellung der vollständig spezifizierten Theorie geplanten Handelns. Zwischen den unabhängigen Konstruktvariablen bestehen korrelative Beziehungen, die nicht weiter interpretiert werden. Die Variablen wirken - bis auf einen möglichen direkten Effekt der Handlungskontrolle - nur vermittelt über die Handlungsintention auf das tatsächliche Handeln und sind analytisch aus der Aufsummierung der jeweiligen Produkte gebildet.

Die funktionalen Beziehungen zwischen den unabhängigen Konstruktvariablen und den abhängigen Handlungsvariablen werden i.d.R. korrelationsstatistisch bzw. regressionsanalytisch überprüft. Dabei erkennt die empirische Forschungspraxis in vielen Fällen die analytische Beziehung zwischen den Konstruktvariablen und ihren Komponenten nicht an. Es finden sich in zahlreichen Untersuchungen Angaben über korrelative Beziehungen zwischen den Produktsummen und direkten Messungen der Konstruktvariablen, die als kausaler Zusammenhang zwischen beiden Größen gedeutet werden (die direkten Messungen beruhen auf einfachen Rating-Skalen; vgl. z.B. Ajzen, Fishbein 1980).[14] Dieses Vorgehen, das auch die üblichen graphischen Darstellungen der Theorie nahelegen, ist formal aus meiner Sicht den Vorgaben nicht angemessen. Und die Variante, lediglich die direkten Messungen zu verwenden, "necessarily limits the applicability of the findings to any subsequent attempts at interventions" (Manstead, Parker 1995: 84; vgl. auch Reinecke 1991: 70).

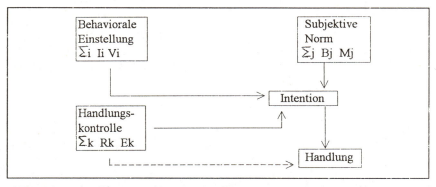

Abb. 7-5: Die Theorie geplanter Handlungen - graphische Darstellung des Gesamtkonzepts

Unter informations- und erhebungstechnischen Gesichtspunkten erscheint mir eine alternative Lösung denkbar. Die ungleichen Messungen können auch als Ausdruck unterschiedlicher Aktivierungsprozesse während der Befragung interpretiert werden: Die direkte Messung der Konstruktvariablen beruht auf einer eher spontanen Reaktion, die indirekte Messung über die einzelnen Kognitionen geht von einem eher sorgfältigen, in (schriftlichen) Befragungen i.d.R. zeitlich nicht limitierten Antwortverhalten aus. Beide Messungen können daher als manifeste Indikatoren der jeweils zugrundeliegenden latenten Dimension betrachtet werden. Diese latente Dimension ist kognitiv repräsentiert und wird über unterschiedliche Stimuli während der Befragung gemessen, um möglichst nahe an den 'wahren' Wert zu kommen (eine solche Perspektive kann sich auf die informationstheoretischen Arbeiten von R. E. Petty, J.

---

14 Ajzen und Fishbein gehen davon aus, daß die Produktsummen auf die direkten Messungen wirken (1980: 100). H. DeVries und G. J. Kok schlagen den umgekehrten Weg vor und finden damit eine bessere Vorhersage der Handlungsintention (1986). R. Schwarzer folgert daraus wiederum die Revisionsbedürftigkeit der Theorie (1992: 9). Die Lösung liegt meiner Ansicht nach in einer informations- und meßtheoretisch angeleiteten Reformulierung, wie sie weiter unten im Text skizziert wird.

T. Cacioppo, R. H. Fazio, T. D. Wilson u.a. stützen: vgl. Fazio 1986, 1990; Petty, Cacioppo 1981; Wilson, Dunn 1984; Wilson et al. 1984, 1989; auch Hastie, Park 1986). In dieser Perspektive sind die Beziehungen zwischen den Indikatoren, die auf Produktsummen und direkten Messungen beruhen, als Relationen im 'äußeren' statistischen Meßmodell zu konzeptualisieren (d.h. nicht wie üblich als korrelative bzw. kausale Beziehungen im 'inneren' Modell). Die Variablen 'behaviorale Einstellung', 'subjektive Norm' und 'Handlungskontrolle' werden damit explizit als latente Konstrukte behandelt, die über jeweils zwei, auf unterschiedlichen Meßkonzepten beruhende Indikatoren gemessen werden (die mitunter anzutreffende Einführung weiterer Indikatoren zur direkten Messung ist hier über hierarchische Faktorenanalysen möglich).

Sieht man von diesem Vorschlag und der einfachen Indikatorisierung der exogenen Konstruktvariablen an dieser Stelle ab, bedarf es zumindest der Messung folgender Variablen, um die Theorie geplanten Handelns anzuwenden:

- *Behaviorale Einstellung:* Es sind die kognitiven Repräsentationen in bezug auf mögliche externale (nicht-soziale) Konsequenzen und die Bewertung dieser Konsequenzen zu erheben. Das Vorgehen entspricht der in den Kapiteln 4.2 und 5.2 skizzierten empirischen Spezifikation: Die Personen der Untersuchungsgruppe werden nach der subjektiven Wahrscheinlichkeit gefragt, mit der sie die (modal salienten) Folgen bei der Ausführung einer Handlungsalternative erwarten ('wenn ich bei der nächsten Bundestagswahl wählen gehe, verringert sich sehr wahrscheinlich / sehr unwahrscheinlich meine Steuerbelastung') und für wie gut oder schlecht (bzw. für wie wichtig oder unwichtig) sie das Auftreten der Handlungsfolgen halten ('eine Reduzierung der Steuerbelastung finde ich sehr schlecht / sehr gut). Aus den Komponenten läßt sich das beschriebene Instrumentalitäten-Valenzen-Konstrukt berechnen.

- *Subjektive Norm:* Es sind die beiden Komponenten 'normative Überzeugungen' und 'die Motivation, bedeutsamen Bezugspersonen zu folgen', zu erheben. Die Personen werden gefragt, ob bestimmte Bezugspersonen (wie Familienmitglieder, Freunde, Kollegen, etc.) erwarten, daß sie die entsprechende Handlung ausführen ('mein Partner findet, ich sollte / sollte nicht wählen gehen'). Darüber hinaus ist jede Person nach der Bereitschaft zu fragen, mit der sie das, was diese für sie wichtigen Menschen von ihr erwarten, auch tatsächlich tun würde ('ich möchte gar nicht / auf jeden Fall das tun, was mein Partner von mir erwartet' oder 'mir liegt sehr viel / gar nichts daran, das zu tun, was mein Partner für gut hält'). Um den Erhebungsaufwand zu reduzieren, können die Personen auch gebeten werden, für zwei oder drei von ihnen frei zu nennende Bezugspersonen die entsprechenden Angaben zu leisten.

- *Subjektive Handlungskontrolle:* In Anbetracht der relativ unklaren Präzisierung von Ajzen gibt es bisher keinen Konsens in der Operationalisierung dieses Konstrukts. Die meisten Analysen, die diese Konzeptvariable einbeziehen, beschränken sich auf eine direkte Messung der perzipierten Handlungskontrolle: Es wird nachgefragt, wie einfach oder schwierig die Ausführung einer Handlung (z.B. die Stimmabgabe bei der nächsten Bundestagswahl) sein wird. Folgt man dem üblichen Vorgehen, sind aber in erster Linie die beiden Komponenten 'Kontrollvorstellungen' und 'wahrgenommene Erleichterungen' zu erfassen. Die Kontrollvorstellungen können über eine Antwortskala mit den Endpunkten 'extrem wahrscheinlich' und 'extrem unwahrscheinlich' gemessen werden; die wahrgenommenen Erleichterungen entsprechend mit den Polen sehr erleichternd und sehr erschwerend: Es wird gefragt, für wie wahrscheinlich oder unwahrscheinlich es die Personen halten, daß die genannten Kontrollfaktoren vorliegen und wie sehr es diese Kontrollfaktoren erleichtern oder erschweren, die Handlung tatsächlich zu realisieren.

- *Die Intention, eine Handlung auszuführen:* Es ist zu erheben, für wie wahrscheinlich es eine Person hält, daß sie das nächste Mal die entsprechende Handlungsalternative ausführt. Die Vorgabe besteht i.d.R. in einer mehrstufigen Skala von sehr wahrscheinlich bis sehr unwahrscheinlich ('ich werde bei der nächsten Bundestagswahl sehr unwahrscheinlich / sehr wahrscheinlich wählen gehen'). Diese einfache Wahrscheinlichkeitsinterpretation hat bei verschiedenen Autoren allerdings Kritik ausgelöst, da die motivationale Natur der Intentionen, d.h. ihr Antriebscharakter, hierin eine Unterbewertung erfahren würde (vgl. Gollwitzer 1993; Warshaw, Davis 1985). Zumindest wird der Transformationsprozeß der Input- in die Output-Variablen (s.o.) mit dieser Notation nur rudimentär beschrieben. Auch Fishbein scheint diesem Aspekt Rechnung tragen zu wollen und interpretiert nunmehr die Handlungsabsicht ausdrücklich als Motivation, eine konkrete Handlung auszuführen (vgl. Fishbein, Stasson 1990: 178). Und nach Ajzen sind Intentionen derzeit "indicators of how hard people are willing to try, of how much of an effort they are planning to exert" (Ajzen 1991: 181). Wie auch immer die Interpretation ausfällt, die daraus abgeleiteten Skalen zur Messung der Handlungsintention ('will', 'try', 'want', 'intend') repräsentieren i.d.R. einen gemeinsamen Faktor, so daß die angedeuteten Differenzen für die Forschungspraxis von nur untergeordneter Bedeutung sind (vgl. Stasson, Fishbein 1990) bzw. die Einführung einer latenten Variable in die Strukturgleichungen ermöglichen. Zentral bleibt die Annahme, daß die Handlungsabsicht nach Auffassung von Ajzen und Fishbein die einzige und unmittelbare (kognitive) Determinante einer Handlung ist (vgl. Ajzen, Fishbein 1980: 41; Fishbein, Ajzen 1975: 369). Der enge Zusammenhang gilt aber nur für die Absicht unmittelbar vor der Ausführung einer Handlung. Die Intentions-Handlungs-Korrelationen werden mit einem Anwachsen des Zeitintervalls geringer, da die Wahrscheinlichkeit steigt, daß zwischenzeitlich auftretende Ereignisse zu einer Änderung der Handlungsabsicht führen (vgl. Ajzen, Fishbein 1980: 104ff.). Wenn die Messungen von Intentionen und der Ausführung der Handlungen einen größeren Zeitraum abdecken, kann es sinnvoll sein, verschiedene Szenarien möglicher intervenierender Ereignisse zu berücksichtigen (vgl. Ajzen, Fishbein 1980: 48f., z.B.: 'ich habe die Absicht bei der nächsten Bundestagswahl wählen zu gehen, sofern es nicht regnet').

- *Die tatsächliche Handlung:* Diese wird entweder direkt beobachtet oder über Angaben der Befragten erfaßt (Handlungsbericht). Die Messungen sollten nach Ajzen und Fishbein auf jeden Fall dem Korrespondenzprinzip folgen, d.h. Handlungsabsicht und Handlung sind hinsichtlich der Art und Spezifität der Handlung, des Handlungsziels, des Kontextes und des Zeitrahmens übereinstimmend zu operationalisieren (siehe Kap. 5.2.1; diese Forderung gilt selbstverständlich auch für die übrigen Konzeptvariablen).

Bei einer empirischen Anwendung dieses einfachen Konzepts der Handlungsveranlassung werden die Abhängigkeiten zwischen den Konzeptvariablen i.d.R. mit dem allgemeinen linearen Modell statistisch untersucht. Die errechneten Regressionskoeffizienten sind als Schätzungen der Gewichte der Einstellungs-, normativen und Kontrollkomponente (β_1, β_2, β_3) für die Handlungsintention zu interpretieren (siehe Abb. 7-1). Ebenfalls ist die Korrelation zwischen Intention und tatsächlicher Handlung zu ermitteln. Nur selten wird darauf hingewiesen, daß sich auch die für die Aggregation der Komponentenvariablen zentrale (multiplikative) Gestaltungsannahme als empirische Frage behandeln läßt: Möglicherweise sind einfache additive Formationsregeln von größerer Erklärungskraft. Insbesondere für die Variable 'subjektive Norm' wird mitunter ein unabhängiger Einfluß der Komponenten 'motivation to comply' und 'normative beliefs' vermutet (vgl. Miniard, Cohen 1981; Vallerand et al. 1992). Eine solche Modellierung entspricht einer bekannten Hypothese in der 'traditionellen' Soziologie: Dort wird behauptet, daß allein die Tatsache, daß Erwartungen von Bezugspersonen vorliegen, für deren Befolgung von Bedeutung ist. Solche Fragen sind aber nur zu beantworten, wenn das Problem der Interaktionen Berücksichtigung findet (Kap. 5.2.2). Dies ist auch in diesem Zusammenhang häufig nicht der Fall. Die eindeutigen Skalenvorgaben, die sich bei Ajzen und Fishbein finden (1980: 62ff.), sind jedoch nicht als Argumente zu betrachten, die das niedrige Meßniveau der empfohlenen siebenstufigen Rating-Skalen aufheben könnten.

Ein Problem besonderer Art stellt für empirische Anwendungen die Konzentration auf eine einzelne Handlung dar. Soweit nicht explizit Opportunitätskosten im Rahmen der Handlungskontrolle eingeführt werden - und dies ist im Zusammenhang der Ajzen-Fishbein-Konzepte bisher kaum der Fall gewesen -, ist die Vernachlässigung weiterer Handlungsalternativen in der Abbildung des Überlegensprozesses zweifellos kritisch zu betrachten. Die implizit enthaltene Annahme, daß diese einen Gewichtungsfaktor von null aufweisen, ist i.d.R. nicht angemessen und dürfte auch für die mitunter geringe Korrelation von Handlungsintentionen und -realisationen mitverantwortlich sein. Die Bindung an eine Handlung wird immer auch von vorhandenen Alternativen beeinflußt; die Handlungswahl hängt nicht nur von der Motivationsstärke für die letztlich realisierte Handlung ab, sondern auch von den Motivationsstärken der ansonsten zur Disposition stehenden Alternativtätigkeiten.

Für eine - im Rahmen der theoretischen Vorgaben - adäquatere Modellierung der kognitiven Prozesse der Überlegung und Abwägung zwischen konkurrierenden Handlungsweisen bietet sich die Möglichkeit an, Differenzenwerte in die empirischen Analysen einzuführen. Demnach sind für jede der in Betracht gezogenen Handlungsalternativen die Indikatoren getrennt zu erheben. Aus den jeweiligen Meßwerten sind die Konzeptvariablen (behaviorale Einstellung, Intention, etc.) zu kreieren und die entsprechenden Differenzen zu bilden. Die Wahl einer bestimmten Handlungsweise wird so über die behavioralen, normativen und ressourcenbezogenen Einstellungen zu allen Handlungsmöglichkeiten vorhergesagt. Die Selektionsregel besteht konsequenterweise darin, daß diejenige Handlung realisiert wird, die die größte Intention aufweist. Die Auswahlannahme folgt damit dem klassischen entscheidungstheoretischen Prinzip, daß der Selektion einer Handlung eine Optimierung zugrunde liegt. Auf diese Weise nähert sich das Konzept der Handlungsveranlassung nach Ajzen und Fishbein sehr stark der Modellierungspraxis im Rahmen des SEU-Konzepts an, in dem die Opportunitätskosten einer Handlungsalternative von vorneherein systematisch mit der Handlungsmotivation verbunden sind (da prinzipiell jede Handlungswahl eine Wahlsituation darstellt - nämlich zwischen Ausführen und Nicht-Ausführen - lassen sich Differenzenwerte grundsätzlich verwenden. Allerdings ist auch dieses Vorgehen bisher kaum praktiziert worden. Als Ausnahmen vgl. Ajzen, Fishbein 1980: 113ff.; Bamberg, Lüdemann 1996; Jaccard 1981; Jaccard, Becker 1985; Jaccard et al. 1990; Konerding et al. 1995; Manstead, Proffit, Smart 1983. Für die Bildung von Differenzenwerten in Wahlsituationen mit mehr als zwei Handlungsalternativen vgl. Davidson, Morrison 1983; Petty, Cacioppo 1981: 199; Richard, van der Pligt, de Vries 1995).

7.1.3. Defizite und Variationen

Die Ajzen-Fishbein-Konzepte gehören zu den wenigen Ansätzen, die auf Grundlage der allgemeinen Theorie rationalen Handelns explizit den Effekten der sozialen Strukturierung individuellen Handelns Rechnung tragen. Zum Beispiel sind in der kaum mehr zu überschauenden Literatur zur Theorie kollektiven Handelns nach M. Olson solche Anreize bisher weitgehend vernachlässigt worden. Allein dieser Sachverhalt dürfte den Bezug auf das Konzept der Handlungsveranlassung rechtfertigen. Die subjektive Norm stellt eine wesentliche Komponente für die Erklärung individueller Handlungswahlen im sozialen Feld auf Grundlage der Theorie rationalen Handelns dar (siehe hierzu auch Eagly, Chaiken 1993: 175f.). Unter modelltechnischen Gesichtspunkten erscheint die Einführung an dieser Stelle allerdings nicht zwingend (unter bestimmten inhaltlichen Bedingungen aber notwendig, s.u.). Grundsätzlich läßt sich die subjektive Norm auch als Teil der behavioralen Einstellung interpretieren: In der Perspektive des instrumentalitätstheoretischen Grundkonzepts können die normativen Erwartungen der Bezugspersonen als unsichere Konsequenzen konzeptualisiert werden, so daß die Konformitätsbereitschaft den subjektiven Bewertungen (Valenzen) entspricht und die Bezugsgruppenwahrnehmung den perzipierten Erwartungen (bzw. den Instrumentalitäten). Zudem könnte man den Einfluß der subjektiven Norm m.E. auch als eine behaviorale Konsequenz, z.B. den entsprechenden Bezugspersonen eine Freude zu bereiten bzw. sie nicht zu enttäuschen, modellieren (vgl. Miniard, Cohen 1981). Ebenfalls lassen sich Aspekte der Handlungskontrolle als Teil der Einstellung zum Handeln betrachten (z.B. können Organisationskosten aufgrund mangelnder unterstützender Netzwerke als spezifische Handlungsfolgen gelten).

Gegen eine letztlich undifferenzierte Vereinheitlichung der Folgenmatrix spricht, daß Ajzen und Fishbein mit der voneinander unabhängigen Konzeptualisierung der behavioralen, normativen und ressourcenbezogenen Kognitionen diesen Elementen offensichtlich eine - zumindest bei Bildung der Handlungsabsicht - tlw. eigenständige Existenz im psychischen System zusprechen. Darüber hinaus hat S. Kühnel in seiner strukturalistischen Rekonstruktion der Ajzen-Fishbein-Konzepte formale Unterschiede herausgestellt, die die Differenzierung der Konzeptvariablen ebenfalls begründen könnten (1993: 47ff.).[15] Der Autor macht außerdem zu Recht auf die Tatsache aufmerksam, daß die drei Komponenten i.S. einer Heuristik bei der Erfassung der modal bedeutsamen Vorstellungen durch die Fragen eines Fragebogens zu nutzen sind (ebenda: 74f.). Die Differenzierung ermöglicht zumindest auf der Beobachtungsebene die Orientierung in komplexen Interaktionsfeldern, indem mehrere Klassen von Sachverhalten festgelegt wer-

---

[15] Aufgrund der formalen Voraussetzungen möchte ich an dieser Stelle nicht auf Einzelheiten eingehen und es bei diesem Hinweis belassen. Im strukturalistischen Theorienkonzept nach J. Sneed und W. Stegmüller werden, wie in Kapitel 6.2 bereits angemerkt, Theorien als mengentheoretische Prädikate ausgefaßt, die die übliche sprachliche Darstellung der Theorien und ihrer Konstrukte in mathematische Strukturen überführt.

den, nach denen im Rahmen der Feldforschung zu suchen ist. Dies erscheint mir in Anbetracht der anhaltenden Diskussion um die Steuerung des Brükkenproblems bereits als ein wichtiges Element dieses konzeptionellen Entwurfs, v.a. wenn man die Vielzahl an sozio-psychologischen Handlungsdeterminanten betrachtet, die in der einschlägigen Diskussion diskutiert werden.

Darüber hinaus ist nochmals auf die Bedeutung einer differenzierten Analyse kognitiver Repräsentationen für die Formulierung praktischer Interventionsmaßnahmen hinzuweisen (vgl. hierzu z.B. die Ableitungen für eine gesundheitsrelevante persuasive Kommunikation bei Fishbein, Middlestadt 1989; Fishbein et al. 1995 oder Lavoie, Godin 1991). Vor allem aber legt die Konzeption von Ajzen und Fishbein auf exemplarische Weise offen, daß Folgen der sozialen Strukturierung und Bestätigung a priori nicht zu vernachlässigen sind. Damit dürfte das (im ökonomischen und soziologischen Paradigma gleichermaßen anzutreffende) Mißverständnis auch formal bereinigt sein, daß im Rahmen einer nutzentheoretischen Modellierung individueller Handlungswahlen Aspekte der handlungssteuernden Wirksamkeit von sozial-normativen Faktoren nicht zu betrachten seien. Vielmehr wird ausdrücklich klargestellt, daß die Orientierung an der Maximierung des subjektiven Nutzens immer auch Wege der sozialen Anerkennung Belohnung sucht.

Hier setzt zugleich eine (konstruktive) Kritik an den Konzepten von Ajzen und Fishbein an, die auch die Frage nach der besonderen inhaltlichen Bedeutung ihrer Strukturierung der Anreizfaktoren beantworten wird: Die Spezifikationen von Ajzen und Fishbein hinsichtlich der handlungsleitenden Wirkung sozialer Normierung sind unvollständig bzw. bedürfen zumindest aus soziologischer Sicht noch der Präzisierung. Normative Anreize werden lediglich über die Erwartungen der sozialen Umwelt bezüglich des eigenen Handelns abgebildet, kognitive Repräsentationen hinsichtlich der hier als 'soziale Handlungsnormen' und 'soziale Reaktionen' bezeichneten externalen Anreize sowie 'persönlicher Normen' als interne Anreize bleiben außer Betracht.

Soziale Handlungsnormen spiegeln die Wahrnehmung des Akteurs über das *Handeln* der Bezugspersonen selbst wider, das unabhängig bestehender Erwartungshaltungen zu gleichem Handeln motivieren kann, um z.B. die Zugehörigkeit zur Bezugsgruppe zu sichern oder zu demonstrieren (vgl. z.B. das auf diese Weise induzierte Rauchverhalten in Jugendgruppen; hierzu: Kashima, Gallois 1993: 214). Sollte dieser Fall eintreten, erfaßt die Variable 'Handlungsnorm' besondere Aspekte der sozialen Strukturierung individuellen Handelns, die in der Ajzen-Fishbein-Komponente so nicht enthalten sind (da der ursprünglich für die Theorie bedachten Handelns vertretene Suffizienzanspruch von Ajzen heute nicht mehr aufrecht erhalten wird, steht der Integration weiterer Variablen auch konzeptionell nichts entgegen, vgl. Ajzen 1991).

Eine bedeutendere Rolle als Erwartungen und Handlungsweisen von Bezugspersonen dürften in alltäglichen Handlungssituationen die direkten Reaktionen der sozialen Umwelt spielen. Dieser Aspekt ist in der subjektiven Norm nach Ajzen und Fishbein möglicherweise implizit enthalten, aber die explizite Formulierung in nutzentheoretischer Diktion erscheint hinsichtlich seiner hervorgehobenen Bedeutung in soziologischen Ansätzen angebracht. Es lassen sich positive Reaktionen (Nutzen) und negative Reaktionen (Kosten) unterscheiden. Zu den positiven Reaktionen zählen insbesondere positive Sanktionen wie Zuwendung oder Respekt. Ihre Anreizwirkung läßt sich - wenn man den üblichen Vorgaben von Ajzen und Fishbein folgt - über ein Instrumentalitäten-Valenzen-Produktsummenmodell spezifizieren: Je positiver diese Elemente bewertet werden und je sicherer sie erwartet werden, desto stärker ist die entsprechende Handlungsabsicht ausgeprägt. Negative Reaktionen enthalten Sanktionen wie Maßregelungen, Kontaktabbruch oder u.U. polizeiliche Maßnahmen. Sie vermindern die Handlungstendenz, je negativer sie bewertet und je sicherer sie erwartet werden.

Die hier als 'persönliche Norm' bezeichnete Variable führt noch einen Schritt weiter: Sie geht über die Modellierung des sozialen Umgebungsdrucks hinaus und thematisiert die innere Verpflichtung zu einem bestimmten Handeln. Sie reflektiert die persönliche Einschätzung über die Richtigkeit einer Handlung.

Die Annahme, daß internalisierte Normen die Entscheidungen der Akteure beeinflussen, gehört in der Soziologie ebenfalls zu einer der grundlegenden Handlungshypothesen (Kap. 5.1). In der ökonomisch orientierten Literatur zur Theorie rationalen Handelns findet dieser handlungsleitende Anreizaspekt dagegen kaum eine Berücksichtigung. Dabei spielt er sicherlich eine Rolle für Handlungsweisen, mit deren Erklärung sich auch Ökonomen beschäftigen. Ein immer noch aktuelles Beispiel bieten ökonomische Demokratiemodelle, die auf der Grundlage des Homo Oeoconomicus-Konzepts operieren (vgl. Downs 1968). Die Vernachlässigung der für diesen Zusammenhang als 'persönliche Wahlnorm' zu spezifizierenden normativen Verpflichtungen führt hier zu einem modellintern nicht mehr auflösbaren Widerspruch: Die von Downs unterstellten external-materiellen Handlungsanreize und die Annahme der unverzerrten Situationswahrnehmung (die subjektiven Instrumentalitäten entsprechen den objektiv gegebenen Einflußmöglichkeiten) führen zu der Feststellung, daß es keine Demokratie gibt, weil keiner zu Wahl geht (der einzelne Wähler hat mit seiner Stimme kaum einen Einfluß auf den Wahlausgang). Verläßt

198

man aber die Ebene der 'Schreibtisch-Ökonomie' (Brandes 1985) und interessiert sich im Rahmen der theoretischen Vorgaben für die Lebenswelten der Menschen, versucht ihre Kognitionen zu messen und zu erheben, erhält man zumindest Hinweise auf eine mögliche Auflösung. So haben in Deutschland ca. siebzig Prozent der Bevölkerung die Wahlnorm stark oder sehr stark internalisiert, was zu einem wesentlichen Teil das Phänomen der hohen Wahlbeteiligung (mit-) erklären dürfte (vgl. Tab. 7-2).[16] Das Wahlparadox in der ökonomischen Theorie erscheint lediglich als Ausdruck einer unter empirischen Gesichtspunkten ungerechtfertigten A priori-Fixierung und damit als ausschließlich modellimpliziert.

Internalisierung der Wahlnorm	Anteil der Bevölke- rung (%) West	Anteil der Bevölkerung (%) Ost
stark, sehr stark	76,7	70,1
mittelmäßig	13,9	13,9
gering, sehr gering	9,5	15,9

Tab. 7-2: Internalisierung der Wahlnorm in Deutschland - West und Ost 1994

Der Nutzen aus der Stimmabgabe resultiert in Anbetracht dieser Daten sicherlich nicht nur aus wirtschaftlichen Vorteilen der Regierungsauswahl (so Downs 1968: 7), sondern eben auch aus "[t]he satisfaction of complying with the ethic of voting, which if the citizen is at all socialized into the democtratic tradition, is significant ... The satisfaction from affirming allegiance to the political system: for many people this is the main rationale for voting ... The satisfaction of deciding, going to polls, and so on. These items are usually regarded as costs, but for those who enjoy the act of informing themselves for the decision, these supposed costs are actually benefits ..." (Riker, Ordeshook 1973: 63; vgl. z.B. auch Elster 1986c: 24).[17]

---

16 Quelle der Angaben: DFG-Studie 'Politische Einstellungen und politische Partizipation im vereinten Deutschland' (gemäß Prof. O. W. Gabriel und A. Vetter, M.A. Ihnen ist für die Möglichkeit zu danken, die Daten zitieren zu können).

17 Die Wahrscheinlichkeit, daß ein solcher Nutzen beim Wahlgang eintritt, ist sehr hoch, da der eigene Beitrag hierfür Voraussetzung ist. Ähnliche Überlegungen liegen auch der Zyklen-Partizipations-Theorie von A. O. Hirschman, eines Ökonomen, der weit über die Grenzen seines Faches hinausblickt und hinauswirkt, zugrunde (1984). Zur Erklärung massenhaften Partipipationsverhaltens führt er eine erweiterte Kostenheuristik ein, die u.a. auch psychische Kosten beinhaltet bzw. auf den Eigenwert der Partizipationshandlungen verweist (vgl. Hirschman 1984: 99). Ein Trittbrettfahrer würde demnach nicht nur der Allgemeinheit, sondern in erster Linie sich selbst schädigen. Die konzeptionell den Überlegungen von Hirschman, Riker und Ordeshook nahestehende Lösung von Downs widerspricht den von ihm gesetzten und in neoklassischer Perspektive formulierten Ausgangsprämissen (vgl. Downs 1968: 262 i.V.m. 1968: 7). Alternative Lösungen des Wahlparadox lassen sich u.a. mit Bezug auf die Übertragung von Kontroll- bzw. Handlungsrechten formulieren (vgl. Coleman 1995a: 375ff. i.V.m. 56ff.).

Das ursprüngliche Konzept von Fishbein sah die persönlichen Norm- oder Moralvorstellungen von Individuen als Prädiktor ihrer Handlungswahlen noch vor (vgl. Fishbein 1967c). Ajzen und Fishbein haben diese Größe intrinsischer Motivation später vernachlässigt, weil sie ihrer Meinung nach mit den Intentionen konfundiert sei (vgl. Fishbein, Ajzen 1975: 305f., 1978: 408f., Anm. 7). Dennoch konnten einige Studien die prädiktive Kraft der persönlichen normativen Verpflichtung unter Kontrolle der originären Konzeptvariablen nachweisen (vgl. z.B. Boyd, Wandersman 1991; Gorsuch, Ortberg 1983; Manstead, Parker 1995; Zuckerman, Reis 1978). Hier werden offensichtlich Aspekte ins Spiel gebracht, die über die bestehenden Effekte der exogenen Variablen in den Grundkonzepten hinausgehen. Entsprechend weisen Ajzen und Fishbein darauf hin, daß dieser Teil ihrer Ansätze durchaus noch für weitere Entwicklungen offen ist.[18] Die persönlichen normativen Vorstellungen sollten daher als Determinante der Handlungsabsicht immer mitberücksichtigt werden: Wenn von der Internalisierung einer Norm die Rede ist, dann bedeutet dies in nutzentheoretischer Diktion, daß die Befolgung dieser Norm mit positivem intrinsischen oder mentalen Nutzen und die Nicht-Befolgung mit negativem Nutzen, d.h. intrinsischen bzw. mentalen Kosten, verbunden ist.[19]

Es handelt sich also um spezifische internale Anreizfaktoren. Ihre handlungsleitende Wirkung läßt sich, wie eingangs dieses Abschnitts (7.1) herausgestellt, im Rahmen einer besonderen Klasse antizipierter kognitiver Handlungskonsequenzen betrachten. Die damit implizierten 'intrinsischen Variablen' können analog zu den Produktsummen der behavioralen Einstellung, der subjektiven Norm und der subjektiven Handlungskontrolle die Komponenten der persönlichen Norm bilden (ebenfalls im Rahmen modal salienter Kognitionen). Zum Beispiel kann die Nichteinhaltung

---

[18] So stellen die Autoren ausdrücklich klar, "[m]any questions ... remain with respect to the normative component in our theory. ... [W]e are not all certain that the measure of subjective norm proposed in this book is the best way of directly assessing perceived social pressure to perform or not to perform a behavior. Although we are convinced that perceived social pressure must be taken into account in order to explain social behavior, alternative ways of assessing that pressure might be developed" (vgl. Ajzen, Fishbein 1980: 246).

[19] Auch Ajzen prüft nunmehr den Einfluß internalisierter Normen, die er explizit als "feelings of moral obligation or responsibility to perform, or refuse to perform, a certain behavior" beschreibt (1991: 298). Vgl. hierzu auch die Operationalisierungsvorschläge von L. Beck und I. Ajzen bezüglich der Handlungsoption 'Betrug bei Klausuren': "(1) 'I would *not* feel guilty if I cheated on a test or exam, *true - false.*' (2) 'Cheating on a test or exam goes against my principles, *likely - unlikely.*' (3) 'It would be morally wrong for me to cheat on a test or exam, *likely - unlikely.*'" (Beck, Ajzen 1991: 293).

einer Norm als eine verinnerlichte, internalisierte Menge von sozialen Handlungsregeln zu einem schlechten Gewissen führen, d.h. die psychische Internalisierung der bestehenden Wertsysteme zieht Schuldgefühle bei Nichterfüllung nach sich, die den betroffenen Personen einen Schaden zufügen (daher von ihnen negativ bewertet und mit einer gewissen Eintrittswahrscheinlichkeit erwartet werden). Moralisches Handeln impliziert im Gegenzug ein gutes Gewissen, das belohnend wirkt. Internalisierte normative Standards begründen so die Bilanzierung affektiver Konsequenzen im Hinblick auf ihre Einhaltung oder Nicht-Einhaltung. Auch Altruismus oder stark prosoziales Verhalten können auf diese Weise mit einer Nutzenkomponente verknüpft sein. So läßt sich die Bereitschaft zur Hilfe auf eine negativen Stimmung (wie Traurigkeit) zurückführen, die das Leid einer anderen Person hervorruft und die durch Hilfeleistung gemindert werden kann (vgl. Cialdini et al. 1987). Die interne, handlungssteuernde 'Leidenserfahrung' hängt im einzelnen vom Ausmaß der Perspektivenübernahme ab. Darunter lassen sich subsummieren: die Wahrnehmungsperspektive (betrifft das Nachvollziehen der Wahrnehmung der anderen Person), die sozial-kognitive Perspektive (betrifft das Hineinversetzen in die Gedanken und Intentionen der anderen Person) sowie die affektive Perspektive i.e.S. (betrifft das Erkennen der Gefühle der anderen Person) (vgl. Bierhoff 1993: 116; ausführlich: Underwood, Moore 1982). Auf ähnliche Weise wird auch im Rahmen der sogenannten 'Regret-Theorie' argumentiert, eine besonders in der Ökonomie diskutierte Variante des SEU-Konzepts (vgl. Loomes, Sudgen 1982, 1983, 1987): Der Nutzen der Handlungsfolgen wird hier nicht mehr unabhängig für jede Handlungsalternative bestimmt, sondern hängt vom Wert der jeweils nicht in Betracht gezogenen Alternative ab. Daher werden Nutzenzuschläge ('rejoicing') oder Nutzenabschläge ('regret') für jede Handlungsfolge hinzugefügt. Die Annahme besteht darin, daß die Menschen motiviert sind, Zustände zu vermeiden, die 'regretful' sind (vgl. auch Richard, van der Pligt, de Vries 1995). Daher werden z.B. auch finanzielle Verluste bei geschäftlichen Transaktionen in Kauf genommen (vgl. Bell 1982). In diesem Sinn sind 'regret' u.ä. Variablen nichts anderes als antizipierte Konsequenzen im Hinblick auf die affektiven Folgen der Einhaltung oder Nicht-Einhaltung internalisierter moralischer Standards bei Realisation des relevanten Handelns.

Die explizite Einbindung internaler Faktoren affektiven Erlebens aufgrund persönlicher moralischer Standards in den Anwendungszusammenhang der Theorie rationalen Handelns macht die Bewertung 'psychischer' Variablen zu elementaren Bestandteilen der handlungsleitenden Konsequenzenmatrix.[20] Ihre Wirkung im Überlegensprozeß bezüglich der Handlungsfolgen-

---

[20] Es gibt eine Tendenz, in diesem Rahmen auch die Wirkung von Selbstbildern, Identitätsabsichten, Selbstkonzepten bzw. des Selbstwertgefühls sowie vergangener Handlungshäufigkeiten zu betrachten (zu ersterem: u.a. Biddle, Bank, Slavings 1987; Charng, Piliavin, Callero 1988; Granberg, Holmberg 1990; zu letzterem: v.a. Bentler, Speckart 1979, 1981; Echabe, Rovira, Garate 1988; Fredericks; Dossett 1983; Mittal 1988). Prinzipiell ist ein solches Vorgehen möglich. Dennoch bestehen aus meiner Sicht einige Einwände, die zumindest konzeptionell alternative Sichtweisen nahelegen: Selbstkonzept-Variablen und die

allokation wird häufig auch als 'intrinsische Motivation' bezeichnet, während man ansonsten von 'extrinsischer Motivation' spricht. Aus traditioneller konsequentionalistischer Sicht führt diese Sichtweise (auch aus den bekannten Gründen) regelmäßig zu Kritik. Hier wird zumindest übersehen, daß keineswegs immer auf eindeutige Weise zu klären ist, "where an act leaves off and its consequences begin. If you break a promise, one consequence will be that you have broken a promise, and the wrongness of promise breaking could be taken as a bad feature of this consequence. ... So an evaluation of the consequences of promise-breaking could take account of wrongness the promise-breaking itself" (Broome 1991: 123f.). Hier wird angedeutet, daß auch psychische Zustände einer Rationalitätsbeurteilung unterliegen können, zumindest geraten sie in die Reichweite rationaler Überlegensprozesse. J. Broome fährt daher konsequenterweise fort: "In this way, the intrinsic value of acts could be absorbed into teleology" (ebenda: 124). Es ist der Anreizwert psychischer Handlungsfolgen, der hier wirksam ist. Insofern repräsentieren moralische Überzeugungen und antizipierte

---

Ajzen-Fishbein-Komponenten befinden sich auf einem unterschiedlichen Abstraktionsniveau. Selbstkonzepte wirken aufgrund ihrer abstrakten Veranlagung nicht direkt auf die Handlungsintention; deren Ausbildung setzt nach meinem Verständnis immer eine Aktivierung spezifischer Konsequenzenerwartungen voraus. Selbstkonzepte bzw. das Streben nach einem positiven Selbstwertgefühl sind als ein Leitprinzip zu betrachten, das die einzelnen Motivationen durchdringt und daher keinen direkten Effekt auf die Handlungsintention aufweist, solange die relevanten Folgen im Modell enthalten sind: Identitätsabsichten spezifizieren übergeordnete, langfristige Ziele und sind deshalb nie als endgültig zu erledigende Zielintentionen zu betrachten (vgl. Gollwitzer 1987: 179; i.d.S. auch Sparks, Shepherd 1992: 390). Empirisch nachgewiesene Effekte weisen hier v.a. auf die Vernachlässigung direkter affektiver Zustände in der Handlungsfolgenallokation hin. Diese Charakterisierung bedeutet nicht, daß Selbstkonzepte unwichtige Größen im Rahmen der Handlungsregulation darstellen. Sie sind vielmehr unter dem Gesichtspunkt der individuellen 'Selbstproduktion' in ihrer energetisierenden Funktion für die handlungsleitenden Effekte der spezifischen kognitiven Variablen von elementarer Bedeutung. Sie können in dieser Perspektive aber nicht als gleichberechtigte Einflußgrößen auf die konkrete Handlungsabsicht behandelt werden. Die Modellierung ihres energetisierenden Einflusses insbesondere für den Betrieb komplexer Handlungsprogramme läßt sich im Rahmen einer mehrstufig ausdifferenzierten Instrumentalitätstheorie leisten (Einzelheiten in Kap. 7.2). Derartige Möglichkeiten bestehen nicht für die oben genannte Variable 'vergangene Handlungshäufigkeit'. Es ist nicht geklärt, welche *Erklärungsleistung* solche Prädiktoren erbringen. Meiner Ansicht nach zeigen signifikante Effekte lediglich Spezifikationsfehler im Gleichungssystem an (vgl. so auch Bamberg, Lüdemann 1996: 33; Beck, Ajzen 1991: 290; Eagly, Chaiken 1993: 181; Ronis et al. 1989: 221). Zur ausführlichen Erklärung der Variation habitueller Verrichtungen siehe Kap. 8.1.

affektive Zustände hinsichtlich ihrer Verletzung den Einfluß der persönlichen Norm auf das Handeln der Menschen. Aber es liegt auf der Hand, daß nicht nur internalisierte moralische Standards die handlungsleitende Wirkung antizipierter affektiver Zustände auslösen. Die motivationalen Effekte von Variablen wie Schuld, Scham oder 'regret' implizieren nur einen Teil des grundlegenden 'Prinzips der internalen Handlungsfolgenallokation'.[21]

Allgemein geht es hier um emotionale Reaktionen, die sich auf das direkte Erleben nach oder während der Handlungsausführung beziehen. Es handelt sich um antizipierte emotionale Zustandserlebnisse unabhängig weiterer materieller oder sozialer Auswirkungen, die daher als ein besonderer und in der Literatur zur Theorie rationalen Handelns bisher weitgehend vernachlässigter Teil der handlungsleitenden Matrix der Anreizwerte zu charakterisieren sind: Lediglich H. C. Triandis und K.-D. Opp et al. berücksichtigen im Rahmen ihrer theoretischen Überlegungen von vorneherein Affektgrößen, die Triandis als "the particular configuration of emotions [that] becomes activated at the thought of the behavior" bezeichnet (1977: 16). Entsprechend finden sich in den empirischen Untersuchungen von K.-D. Opp et al. Variablen, die auf den Unterhaltungs- und Katharsis-Wert politischer Partizpation zielen (vgl. Opp et al. 1984: 117; Opp, Roehl 1990: 23).[22]

Solche emotionalen Qualitäten im Handlungs- und Entscheidungsprozeß werden im Rahmen eines entscheidungstheoretischen Zugangs traditionell außer acht gelassen. Diese Ansätze behandeln die Wahlentscheidungen der Menschen als einen Vorgang, der auf der systematischen Verarbeitung der verfügbaren Informationen beruht. Evaluative Einschätzungen beziehen sich hier lediglich auf Zuschreibungen hinsichtlich externaler Umstände; affektive Reaktionen, die an das psychische Erleben während und nach Realisation des relevanten Handelns anschließen, bleiben weitgehend unberücksichtigt.

---

[21] Die gegenteilige Notation 'external' sollte nicht dahingehend mißverstanden werden, daß Handlungsintentionen als durch äußere Faktoren verursacht betrachtet werden. Die Theorie rationalen Handelns stellt zwar besonders in ihrer ökonomischen Tradition die Bedeutung externaler Faktoren als Handlungsgründe besonders heraus, Handlungsintentionen werden aber immer nur über die entsprechenden kognitiven Repräsentationen, also internal verursacht. Aufgrund der internalen Veranlassung muß jede *erklärende* Handlungstheorie die *subjektive* Definition der Situation berücksichtigen (ausführlich hierzu und in Abgrenzung zur ökonomischen Mainstream-Variante: Kunz 1996a).

[22] Zu dem Sachverhalt, daß Menschen ihre Gefühle auch strategisch einsetzen, vgl. die Arbeiten von G. Ainslie (1992), J. Hirshleifer (1987), R. H. Frank (1988) oder R. Lazarus (1975).

Handlungsbereitschaften hängen aber auch von direkten emotionalen Bindungen der Akteure an entsprechende Handlungen ab, so daß die Bewertung von handlungsinduzierten Vor- und Nachteilen bezüglich externaler Folgen vor dem Hintergrund des individuellen Präferenzensystems nur einen Ausschnitt aus dem Spektrum möglicher affektiver Beziehungen abbildet.

Es ist zwar nicht ausgeschlossen, daß die antizipierten affektiven Zustände sich als Teil der evaluativen Komponenten der behavioralen Einstellung, der subjektiven Norm, der Handlungsnorm oder der sozialen Reaktionen darstellen, aber ich meine, man sollte dies im Rahmen der theoretischen Vorgaben grundsätzlich als empirische Frage behandeln. Auch in der traditionellen Einstellungsforschung (die sich auf allgemeine Einstellungen gegenüber *Objekten* konzentriert) gibt es einige Hinweise auf die ähnlich veranlagte Differenz von "evaluative responses of the cognitive type" und "evaluative responses of the affective type", die "feelings, moods, emotions, and sympathetic nervous system activity" beinhalten, "that people experience in relation to attitude objects" (Eagly, Chaiken 1993: 11; vgl. u.a. auch Breckler, Wiggins 1989). In dieser Perspektive bilden Bewertungen ('evaluation') und Emotionen ('affect') zwei konzeptionell unterschiedliche Dimensionen. Affektive Effekte beziehen sich in der handlungstheoretischen Analyse also auf antizipierte emotionale Zustände, die sich auf das Erleben während und nach Zeigen des relevanten Handelns beziehen, und die als mehr oder weniger angenehm empfunden und mehr oder weniger wahrscheinlich beurteilt werden. Der Theorie rationalen Handelns entziehen sich daher keineswegs Phänomene, die auf die Kontrolle eigenen Erlebens bezug nehmen (vgl. hierzu auch die anregende Darstellung bei J. S. Coleman 1995b: 238ff.).

In einer der wenigen empirischen Studien, die solchen Variablen im übergeordneten Rahmen der Theorie rationalen Handelns explizit zur Erklärung individuellen Handelns Rechnung getragen haben, konnten A. S. R. Manstead und D. Parker z.B. den substantiellen Einfluß antizipierter Emotionen wie 'freudige Erregung', 'Nervosität' oder 'Angst' auf die Alternative 'zu schnelles Fahren' nachweisen (1995). Und die Studie von R. Richard, J. van der Pligt und N. de Vries dokumentiert im Rahmen der Ajzen-Fishbein-Konzepte den signifikanten Einfluß der perzipierten internalen Zustände 'Ärger', 'Bedauern' und 'Gespanntheit' für die Erklärung von AIDS-präventiven Handlungsweisen (1995). In einer Studie mit B. L. Driver trennt auch Ajzen zwischen "affective and instrumental attitudes toward specific leisure activities" und findet für diese Differenz ebenfalls eine klare Bestätigung (Ajzen, Driver 1992: 212, 222). Experimentelle Belege für einfache Spielsituationen legen J. Doll, M. Mentz und B. Orth vor (1991). Diese empirischen Analysen zeigen, daß die antizipierten emotionalen Zustände eine wichtige Motivationsvariable darstellen. Sie sollten daher als eine zentrale Prädiktorenklasse der Handlungsintention in das jeweilige Gleichungssystem integriert werden (vgl. auch die oben zitierten Arbeiten von Opp et al., z.B. 1984). Im übrigen sind solche Variablen auch im Marktzusammenhang von Bedeutung, wird doch das alltägliche Wählen zunehmend durch den bloßen Erlebniswert der verfügbaren Alternativen motiviert (vgl. Schulze 1992).

204

Wenn man im definierten Sinn affektiv von behavioral begründeten Anreizwerten unterscheidet sowie unter der Variable 'soziale Norm' die subjektive Norm nach Ajzen und Fishbein, die sozialen Handlungsnormen und die antizipierten Reaktionen sanktionsbereiter Mitakteure zusammenfaßt, erhalten wir eine differenzierte instrumentalitätstheoretische Funktion, die auf den Erwartungen und Valenzen von mehreren, in sich gegliederten Komponenten beruht. Diese Komponenten sind Ausdruck der antizipierten Konsequenzen des Handelns, die im Überlegensprozeß in Erwägung gezogen und nach ihrer Wünschbarkeit und Eintrittswahrscheinlichkeit evaluiert und bilanziert werden. Es handelt sich um kognitive Repräsentationen hinsichtlich internaler psychischer Zustände (wie Scham, freudige Erregung oder ein gutes Gewissen), um normativ-orientierte Kognitionen (gemäß der subjektiven Norm, der Handlungsnorm und der antizipierten sozialen Reaktionen) und i.e.S. handlungszielbezogene Kognitionen (gemäß der behavioralen Einstellung). Erstere begründen, wie gesagt, eine intrinsische Motivation, die beiden letzteren lassen Handlungen als extrinsisch motiviert erscheinen. Hinzu kann die Überzeugung treten, in einer Situation über handlungsrelevante Ressourcen (und Gelegenheiten) verfügen zu können. Betrachtet man diese Komponenten als eigenständige Prädiktorenbündel läßt sich ihr relativer Erklärungsbeitrag für die individuellen Handlungswahlen z.B. in Abhängigkeit bestimmter Situationsbedingungen *empirisch* analysieren.[23]

Eine besondere Variante dieser Überlegungen zeigt die graphische Darstellung in Abbildung 7-6. Hierbei wird unterstellt, daß die einzelnen Produktvariablen - gekennzeichnet als bedeutsame Kognitionen und Vorstellungen - separate Repräsentationen der jeweiligen Komponente sind, die damit den Vorgaben von Ajzen und Fishbein entsprechend als eindimensionale Konstruktvariablen konzipiert sind. Im Unterschied zu der üblichen Praxis, einen ungewichteten Index aus den einzelnen Produkten zu bilden, wird in dem gezeigten Modell das Gewicht der Indikatoren empirisch ermittelt und auf dieser Grundlage die jeweilige Konzeptvariable als latente Variable definiert (latente behaviorale, Norm-, Kontroll- und Affektkomponente).[24] Darüber hinaus ist auch die Handlungsintention als latente Variable

---

23 So kann man nach den Überlegungen von H. Tajfel vermuten, daß sich die Akteure in ihren Handlungsabsichten und -realisationen nach dem Handeln und den Erwartungen anderer Personen an das eigene Handeln v.a. dann richten, wenn sie als Teil einer sozialen Gruppe mit hoher Kommunikationsdichte handeln (wie dies z.B. häufig im Rahmen der unkonventionellen politischen Partizipation der Fall ist; vgl. Tajfel 1978; zu letzterem u.a. Opp 1990b).

24 Zur Vermeidung von Mißverständnissen sei ausdrücklich hervorgehoben, daß es sich hierbei um latente Konstruktvariablen ohne eigenen Indikator handelt, die

konzeptualisiert, die - gemäß den Hinweisen im vorhergehenden Kapitel - über unterschiedliche Skalen gemessen wird ('will', 'try', 'want', 'intend': Stasson, Fishbein 1990). Im Gegensatz zu den Meßvariablen der erklärenden Konzeptvariablen werden die Indikatoren hier aber nicht als Ursachen der latenten Größe, sondern wie in der Meßtheorie üblich als ihre Folgen betrachtet. Ein solches Strukturmodell ist in der statistischen Literatur als MIMIC-Modell bekannt ('multiple indicators multiple causes') und kann im Rahmen von Strukturgleichungsprogrammen nach dem LISREL- oder Bentler-Weeks-Ansatz empirisch umgesetzt werden.[25]

---

auf einer gewichteten Summe der Produktvariablen beruhen. Weil ein eigener Indikator fehlt, muß aus Identifikationsgründen jeweils ein (unstandardisierter) Pfad einer Ursachenvariable auf 1 und der Fehler der latenten Variablen auf 0 gesetzt werden. In Abbildung 7-6 sind die endogenen latenten Variablen in der Notation des LISREL-Ansatzes als eta-Variablen bezeichnet, ihre Fehler als zeta; die Fehler der Indikatoren der Intention und Realisation (y-Variablen) als epsilon-Variablen. Um die Übersichtlichkeit zu wahren, sind ksi- und delta-Variablen nicht explizit genannt: Die Ursachenindikatoren werden mit auf 1 festgelegten Parametern mit den (im LISREL-Modell exogenen) ksi-Variablen verknüpft, die damit einen Fehler (delta) von 0 aufweisen. Es handelt sich damit um meßfehlerfrei erfaßte Konstruktvariablen; im Zweifelsfall können die Parameter aber auch variiert werden (Sensitivitätsanalyse). Die Darstellung in Abbildung 7-6 ist v.a. im Hinblick auf mögliche Interaktionswirkungen entworfen (s.u. im Text); u.U. ist auch eine vereinfachte Formulierung mit lediglich drei Komponenten denkbar: die 'subjektive Handlungskontrolle', die 'generalisierte Einstellung zur Handlung' und die 'normative Orientierung zur Handlung', jeweils unter Einbezug der vorgestellten externalen Komponenten *und* den hier besprochenen internalen Zuständen: Die normative Orientierung zur Handlung enthält auch selbstinduzierte Belohnungen und Bestrafungen aufgrund internalisierter moralischer Standards, die generalisierte Einstellung zur Handlung beruht auch auf Überzeugungen über sonstige emotionale Zustände.

[25] Auf diese Weise läßt sich für jede Indikatorvariable der totale Effekt auf die Handlungsrealisation berechnen. Hierbei ist das Problem der Interaktionen entsprechend den Überlegungen in Kap. 5.2.2 zu behandeln. Mittels einfacher Spezifikationstests ist es in diesem Rahmen auch möglich, das Vorliegen direkter, nicht über die jeweilige Konstruktvariable geleiteter Wirkungen der Ursachenindikatoren auf die Handlungsintention zu prüfen ('Lagrange-Multiplier'- und 'Wald'-Tests). - Der LISREL-Ansatz geht in erster Linie auf die Arbeiten von K. G. Jöreskog (1973) und D. E. Wiley (1973) zurück. Vor allem von P. M. Bentler und D. G. Weeks stammt das gleichnamige Modell (1980). Mit der Möglichkeit, Mehrindikatormodelle über die Konstruktion latenter Variablen in die Strukturgleichungen einzuführen, lassen sich im Rahmen der entsprechenden Programme die Parameterschätzungen insbesondere von unsystematischen Meßfehlern bereinigen. Darüber hinaus sind ein Test des Gesamtmodells und damit einfache Prüfungen auf bestimmte Spezifikationsfehler möglich. Allerdings sind diese Möglichkeiten in empirischen Anwendungen der Theorie rationalen Handelns bisher nur selten genutzt worden.

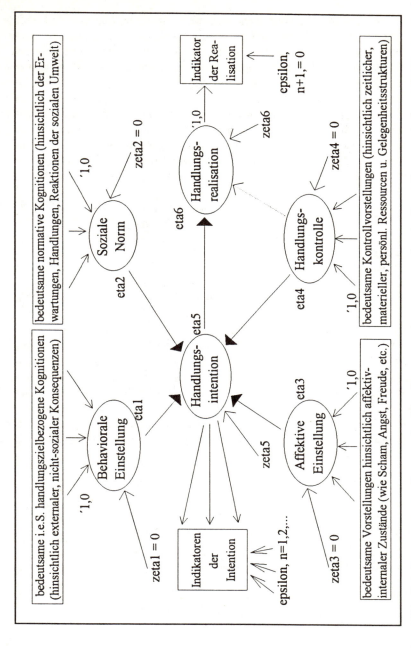

Abb. 7-6: Ein erweitertes Konzept der Handlungsveranlassung - graphische Darstellung nach dem LISREL-Ansatz

Die Möglichkeit der Analyse relativer Effektstärken besteht generell aber auch dann, wenn den empirischen Untersuchungen durchgängig ein Gewichtungsmodell zugrundegelegt wird, in das jeder Anreizwert getrennt eingeht. Grundlegende Bedeutung gewinnt eine solche Ausdifferenzierung also v.a. unter der Bedingung, daß sich die einzelnen Arten von Anreizen nicht additiv zueinander verhalten.[26] Und genau dieser Sachverhalt kann für die Differenz von affektiv, normativ und behavioral bestimmten Variablen (im def. Sinn) sowie ressourcenbezogenen Kognitionen zutreffen. Es können spezifische Interaktionswirkungen vorliegen, die aufgrund der üblichen monistischen Konstruktion der Nutzenfunktion im SEU-Konzept, das die Anwendung der Theorie rationalen Handelns in den Sozialwissenschaften bisher dominiert, kaum berücksichtigt worden sind.

Eine erste mögliche Interaktionswirkung betrifft den Einfluß der subjektiven Handlungskontrolle: In der formulierten Eindeutigkeit dürfte die Beziehung zur Handlungsintention häufig nur für insgesamt positiv bewertete Handlungsweisen gelten. Das Vorhandensein z.B. von persönlichen Ressourcen wird hier *verstärkend* wirken. Dagegen werden selbst umfangreiche Ressourcen und günstige Gelegenheiten nicht dazu motivieren, Handlungen mit einem hohen negativen Nutzen auszuführen (vgl. Eagly, Chaiken 1993: 189).[27]

Eine zweite Interaktionswirkung, auf die hier hinzuweisen ist, kann sich in dem moderierenden Einfluß der normativen Komponente v.a. auf die handlungsleitenden Effekte der behavioral bestimmten Anreizwerte zeigen. Insbesondere für neuartige Situationen liegt die Vermutung nahe, daß sich z.B. materielle Anreize besonders dann auf die Handlungsintentionen und damit indirekt auf die Handlungswahlen auswirken, wenn die Akteure eine aus ihrer Sicht angemessene soziale Unterstützung bzw. ausgeprägte Erwartungshaltung ihrer sozialen Umgebung perzipieren (vgl. Grube, Morgan 1990; auch Kashima, Gallois 1993; Liska 1984).

---

[26] Die pragmatische Bedeutung ist hiervon natürlich nicht berührt. Vielmehr ist das Gegenteil der Fall. Erst die ausdrückliche Berücksichtigung internaler Faktoren affektiven Erlebens stellt klar, daß in explorativen Voruntersuchungen mit freien Erhebungsformaten (zur Bestimmung der modal salienten Kognitionen) auch nach diesen Komponenten zu fragen ist, und dies auf eine spezifische Weise: Die üblichen Abfragen scheinen von Angaben bezüglich emotionaler Zustände eher abzulenken (vgl. die Hinweise bei Manstead, Parker 1995: 90).

[27] In einer ersten Version der Theorie geplanten Handelns wurde von Ajzen ein solcher Interaktionseffekt noch explizit berücksichtigt (1985). Der Autor behandelt diese Wirkung heute als eine ausschließlich empirische Frage (vgl. z.B. Beck, Ajzen 1991: 288).

Eine dritte und für die Analyse und Steuerung sozialer Prozesse wichtigere Interaktionswirkung betrifft den moderierenden Einfluß externaler Anreize auf die handlungsleitende Wirkung intrinsischer Motivation. Von Interesse ist diese Differenzierung v.a., wenn Vorzeichenunterschiede auftreten, die gegenläufige Motivationsprozesse abbilden: Ein besonders in der experimentellen Motivationspsychologie diskutierter und dort auch immer wieder bestätigter Sachverhalt besteht in der Korrumpierung intrinsischen Nutzens durch materielle Belohnungen ('the hidden costs of reward': Deci, Ryan 1985; Lepper, Green [Hg.] 1978; McGraw 1978): Werden materielle, insbesondere finanzielle Prämien für Leistungen gegeben, die man aufgrund eigener, v.a. moralischer Überzeugungen unentgeltlich erbringt oder erbracht hätte, so sind sie geeignet, die vorhandene intrinsische Motivation zu schwächen. Das Phänomen gleicht dem bekannten Abwertungsprinzip von H. H. Kelley: Je mehr externale Zielzustände eine Person wahrnimmt, umso stärker wird die Attribution einer intrinsisch motivierten Handlung zugunsten einer extrinsisch motivierten herabgesetzt (vgl. Kelley 1971; 'downvaluation effects' nach Kelman 1981: 69).

Eine solche Konstellation kann sogar dazu führen, daß externale Bekräftigungen die handlungsleitende Wirkung psychischer Zustände ruinieren. Dieser Interaktionseffekt sei an einem Beispiel erläutert: Wenn es keine materiellen Belohnungen gibt und nur eine intrinsische Motivation vorliegt, hängt die Handlungstendenz (HT_i) lediglich vom intrinsischen Nutzen (Variable I_i) mit der Effektstärke ß ab: $HT_i = ß[I_i]$. Kommen externale Bekräftigungen (mit dem extrinsischer Nutzen E_i) hinzu, können sie die Handlungstendenz verstärken ($\alpha[E_i]$), jedoch nur solange kein negativer Interaktionseffekt ($-\delta[E_i * I_i]$) vorliegt: $HT_i = \alpha[E_i] + ß[I_i] - \delta[E_i * I_i]$.[28] Ein Interaktionseffekt impliziert, daß die handlungsleitende Bedeutung der intrinsisch begründeten Motivationskomponente nicht mehr nur von ihrem eigenen Effekt abhängt, sondern auch von der extrinsischen Motivationskomponente, wie die Umstellung der Gleichung deutlich zeigt: $HT_i = \alpha[E_i] + (ß - \delta[E_i]) * [I_i]$. Wenn eine negative Interaktionswirkung vorliegt, bedeutet dies: Je größer der extrinsische Anreizwert ausfällt, umso geringer ist der Einfluß der intrinsischen Motivation auf die HT.

Für die Theorie rationalen Handelns ist die Wechselwirkung von intrinsisch und extrinsisch begründeten Anreizwerten insofern von besonderem Interes-

---

28 Die Variablen in nutzentheoretischer Definition: E_i = extrinsisch begründeter Anreizwert: Summe der Nutzenindices u aller externalen Ergebnisse h der Handlungsalternative i, jede mit der entsprechenden Auftrittswahrscheinlichkeit p gewichtet ($\Sigma_h p_{ih} u_h$; h = 1, 2, 3, ...). I_i = intrinsisch begründeter Anreizwert: Summe der Nutzenindices u aller psychischen Ergebnisse l der Handlungsalternative i, jede mit der entsprechenden Auftrittswahrscheinlichkeit p gewichtet ($\Sigma_l p_{il} u_l$; l = 1, 2, 3, ...). α, ß, δ = Gewichtungsfaktoren.

se, da sie das dominierende Konzept der Gestaltungsannahme, die additive monistische Nutzenfunktion, eindeutig in Frage stellt. Der Unterschied zwischen beiden Motivationsarten ist also nicht nur eine rein akademische Angelegenheit (vgl. auch Heckhausen 1989: 461ff.). Allerdings liegen bisher kaum Versuche vor, die traditionelle Additivitätsfunktion, die eine einfache Substitutionsbeziehung der Nutzenquanten impliziert, zu korrigieren. Dieser Umstand dürfte auch darauf zurückzuführen sein, daß in der dominanten neoklassischen (ökonomischen) Orientierung von Rational Choice solche Effekte aus dem Blickfeld geraten sind: In einer von kognitiven Elementen bereinigten Entscheidungslehre spielt die Differenzierung motivationstheoretischer Aspekte von vornherein keine Rolle. Werden solche Effekte aber thematisiert, stellen sich zahlreiche Fragen, so auch hinsichtlich der (politischen) Steuerung einer anreizinduzierten Handlungsänderung.

Die Institutionalisierung materieller Anreize ist nicht nur deshalb problematisch, weil das damit induzierte Handeln der Steuerungsadressaten nach Einstellung der extrinsischen Anreize i.d.R. wieder zur Ausgangslage zurückfällt und deshalb ein dauerhaftes Regime externaler Bekräftigung notwendig macht. Darüber hinaus werden solche Programme auch von Akteuren in Anspruch genommen, die bereits auf die beabsichtigte Art und Weise (aufgrund ihrer intrinsischen Motivation) handeln. Nach den bisherigen Überlegungen kann die Wahrnehmung externaler Ziele zu korrumpierenden Wirkungen führen, die die Steuerungsabsicht möglicherweise konterkarieren. Zumindest ist nicht auszuschließen, daß die unterstützten Leistungen in einer schlechteren Qualität als zuvor erbracht werden (vgl. hierzu Johnson 1982; Titmuss 1970).

So erschließt sich das bekannte Phänomen des 'crowding out' privater Hilfsmaßnahmen bei staatlichen Beihilfezahlungen. Hedonistisch-extrinsische Kalküle werden erst durch ein spezifisches Angebot an materiellen Belohnungen, an erreichbaren 'utilitarian outcomes', freigesetzt (Eagly, Chaiken 1993: 209). Es werden soziale Verhältnisse produziert, die den auf diese Weise extrinsisch begründeten Motivationen zunehmende Akzeptanz verschaffen, die moralisch induzierte Motivationen entwerten und damit ihre handlungsleitende Wirkung erheblich reduzieren.[29] In der Terminologie des methodologischen Individualismus heißt dies: Institutionen prägen Tauschbeziehungen, verändern durch Eingriffe in bestehende Strukturen die Logik der Situation und wirken damit auf die Variabilität der relevanten

---

[29] In diesem Zusammenhang betont zum Beispiel R. Sudgen, daß die meisten Menschen nur dann bereit sind, sozialen Regeln aufgrund moralischer Überzeugungen zu befolgen, wenn feststeht, daß ein großer Anteil von anderen Personen ebenfalls diese Bereitschaft hat (1986: 173; ausführlich: van Lange, Liebrand 1991).

Motivationen, die ihrerseits spezifische Selektionen induzieren und damit eine neue Form der Kollektivität erzeugen. Soziale Strukturen und Prozesse sind die Konsequenzen und zugleich die Bedingungen individuellen Handelns, hierin liegt die "verschränkte Differenz von Handlung und Struktur" begründet (Kunz 1996a: 25), hieraus folgt die unausweichliche Dynamisierung allen sozialen Geschehens. Verändernde Eingriffe in Sozialstrukturen und Interaktionsfelder zerstören vorhandene Antizipationen, lassen neue Erwartungen entstehen und provozieren alternative Kalkulationen.

Die Akteure nehmen die Verhältnisse nicht als gegeben hin, sondern gehen mit ihnen auf kreative Art und Weise um. Diese im grundlegenden RREE[E]MM-Konzept ausdrücklich enthaltene Idee weist zwar deutlich auf den umfassenden Anspruch dieser handlungstheoretischen Perspektive hin, dennoch bleiben für die erklärende Modellierung sozialer Prozesse an dieser Stelle wichtige konzeptionelle Fragen offen: Die bisher skizzierten Konzepte - vom einfachen SEU-Nutzenansatz bis zur Theorie geplanten Handelns - sind primär auf die Erklärung (der Auswahl) von Einzelhandlungen anzuwenden. Im sozialen Feld geht es aber i.d.R. um Handlungssequenzen; z.B. ist die Intention, eine Prüfung zu bestehen, mit einem ganzen Programm an vorausgehenden Handlungen verbunden, die darüber hinaus nicht ohne weiteres zur Disposition stehen. Die Verwirklichung solcher Absichten impliziert die fortgesetzte Akkumulation entsprechender Faktoren und d.h.: Nicht der Nutzen für jede einzelne Stunde des Lernens wird erwogen, sondern für das übergeordnete Ziel, das vielleicht in einem akademischen Leben besteht (vgl. Marcia 1980).

Die entscheidungstheoretischen Ansätze vernachlässigen weitgehend die Frage, wie sich Intentionen im Rahmen komplexer und in sozialen Handlungspfaden gebundener Handlungsprogramme zu bestimmten Handlungen verhalten. Instrumentelle Zusammenhänge werden nicht weiter thematisiert. Daher wird auch nicht geklärt, wie sich das soziale Feld auf die Präferenzen und Erwartungen der Akteure strukturierend auswirkt: Was bringt eigentlich Menschen dazu, normativen Handlungsmustern je nach sozialer Lage und Gruppenzugehörigkeit oftmals beinahe fraglos zu folgen und dabei jeden zunächst einmal erfolgversprechend erscheinenden Opportunismus zurückzustellen? Wie erklärt sich die häufig emotionale Bindung des Handelns an 'objektive' Strukturen ohne besondere Variationen zwischen den Akteuren gleicher sozialer Position, die sicherlich nicht nur darin begründet liegt, weil es die gemeinsamen Freunde erwarten oder diese genauso handeln. Worin liegt also die Kopplung von 'objektiver' Situationslogik und den subjektiven Definitionen eigentlich begründet? Natürlich liegt der Hinweis auf moralische Antriebslagen nahe und darauf wurde bisher und besonders auch in diesem Abschnitt ausdrücklich hingewiesen. Ihre Existenz wird auch in keiner Weise in Frage gestellt. Aber diese Antriebslagen sind zerbrechlich, in 'großen' gesellschaftlichen Zusammenhängen fallen sie zudem häufig kaum auf, und worauf sich ihre Konkurrenz zu opportunistischen Motivationen eigentlich gründet, bleibt letztlich ungeklärt.

Implizit ist damit die Frage aufgeworfen, ob grundsätzlich ein *unabhängig* vom egozentrierten Motivsystem wirksames moralisches oder altruistisches Motivsystem existiert. Die Modellierung der Interaktionswirkungen hat auf die schwache Basis einer solchen Annahme bereits hingewiesen. Sie ist darüber hinaus experimentell in der Motivationspsychologie bisher nicht bestätigt worden (vgl. Bierhoff 1993: 118ff.). Auch die soziobiologische Perspektive legt, wenn man ihr folgen will, durch die Orientierung am Fortpflanzungserfolg, wie sie das Konzept der Gesamtfitness beinhaltet, ebenfalls eine übergeordnete einheitliche Motivlage nahe (vgl. Elworthy 1993: 113ff.; Vogel 1989: 16ff.; Voland 1993: 21ff.; Wickler, Seibt 1991: 47ff.).

Die handlungstheoretische Analyse sozialer Prozesse bedarf einer adäquaten Modellierung menschlicher Antriebslagen, die auch erklären können, was die Akteure eigentlich veranlaßt, institutionalisierte, '(sub-) systemtypische' Handlungsprogramme in der oftmals zu beobachtenden Fraglosigkeit zu verfolgen, aber auch zu boykottieren oder eventuell aufzugeben. Ohne den ausdrücklichen Hinweis auf eine energetisierende Grundlage, die das Wechselspiel der Motivationen tragen könnte, sind diese Verhältnisse nicht nachzuvollziehen.

Die Antworten auf diese und ähnliche Fragen finden sich in einer Fortführung der Überlegungen insbesondere zu den Wirkungen der internalen Handlungsfolgenallokation: Es geht um eine Ausdifferenzierung des instrumentalitätstheoretischen Grundkonzepts, die den Gedanken der individuellen 'Selbstproduktion' unter dem Blickwinkel seiner handlungsregulierenden und energetisierenden Eigenschaften in den Mittelpunkt stellt. Demnach besteht das Grundmotiv menschlichen Handelns in der Sicherstellung des eigenen Überlebens, das aber - aufgrund der tradigenetischen Evolution des Menschen - auch die Erfüllung grundlegender psychischer Bedürfnislagen einschließen kann (und muß). Menschen sind daher darauf aus, ihre allgemeine Lage zu verbessern. Ihre Bedürfnisse nach physischer *und* psychischer (Re-) Produktion finden ihren Ausdruck in dem handlungsleitenden Imperativ der individuellen Wohlbefindensmehrung. Menschliches Handeln folgt der maximierenden Sicherung dieses Anliegens. Hierin liegt einerseits die Energetisierung des Handelns begründet, das aber in der Verwirklichung der sozialen Einbindung notwendigerweise bedarf. Daher führt - andererseits - die individuelle Wohlbefindensmaximierung auch zur Nutzung institutioneller Arrangements und zur Orientierung an den Interessen anderer. In

212

anderen Worten: Es geht um instrumentelle Verknüpfungen zum persönlichen (psycho-biologischen) Wohlbefinden im Rahmen sozialkontingenter Handlungspfade. Die nachfolgenden Abschnitte beschäftigen sich mit den Grundlagen und Folgen dieser Voraussetzungen individuellen Handelns und sozialer Arrangements.

7.2. Der sozial-kognitive Ansatz: Sozialkontingente Handlungspfade

Handlungen sind üblicherweise in Handlungsprogramme eingebunden. Der einfache 'act-individualism' des Rational Choice-Programms ist daher - in den Worten von N. Rowe - durch einen 'rule-individualism' zu ergänzen (1989). Dieser erweiterte Zugriff trägt sehr wesentlich dazu bei, "to reinstate the economic perspective as a serious contender for being a general theory of social science", wie Rowe zu Recht herausstellt (ebenda: 13). In dieser Perspektive sind - in einem ersten Schritt - auf der Ebene von Handlungsfolgen und Erwartungen mehrere, ineinander verschachtelte Dimensionen zu unterscheiden. Die wert-erwartungstheoretische Modellierung führt zu einem Ansatz, der in sozialpsychologischen Anwendungen häufig mit dem Begriff 'Instrumentalitätstheorie' gleichgesetzt wird. Die Überlegungen sind von besonderem konzeptionellem Interesse, da sie die Idee eines mehrstufigen Motivationsprozesses implizieren. Denn es sind die Folgen von Handlungsergebnissen, die Anreizwerte haben ('multiple act individualism'). Der Ansatz läßt sich dahingehend entwickeln, daß aus (wohlbefindens-) maximierenden Grundkalkülen die affektive Energetisierung sozialen Handelns folgt, das in Umkehrung dieser Perspektive über soziale Gratifikationssysteme bedient wird.

Die Grundvorstellung schließt an die Ergebnis-Folgen-Differenz im Motivationsprozeß nach J. B. Rotter und V. H. Vroom an (vgl. Rotter 1955; Vroom 1964; auch Galbraith, Cummings 1967; Raynor 1969). Verallgemeinert man den Ansatz zu einer mehrstufigen Handlungslehre, läßt sich zwischen Ausgängen (Handlungsfolgen) erster, zweiter bis n-ter Ordnung unterscheiden. Diese verschiedenen Ausgänge sind hierarchisch strukturiert und bedingen sich nach ihrer Instrumentalität für den (i.d.R. zeitlich) folgenden Ausgang. Zum Beispiel sind Handlungsfolgen zweiter Ordnung solche Ereignisse, für die ein Ausgang erster Ordnung instrumentelle Bedeutung hat. Ihre Valenz bestimmt deshalb die Valenz des ersten Ausgangs. Das zweistufige instrumentalitätstheoretische Grundkonzept stellt sich unter Berücksichtigung der Kontrollerwartungen graphisch wie folgt dar (auf eine detaillierte Aufschlüsselung der Konsequenzenmatrizen kann an dieser Stelle verzichtet werden):

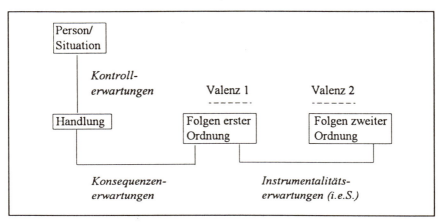

Abb. 7-7: *Die zweistufige Instrumentalitätstheorie - graphische Darstellung*

Die Dimensionalisierung der Handlungsfolgen strukturiert die Ebene der subjektiven Bewertungen und spezifiziert den Erwartungsbegriff: 'Instrumentalität' bezeichnet hier die (subjektiven) Annahmen über Zusammenhänge zwischen Ergebnissen erster Ordnung und daraus resultierenden Folgen. Die Verallgemeinerung der Sequenzen auf mehrere ineinandergeschachtelter Handlungsschritte führt zu einem 'kontingenten Handlungspfad' (nach K. Lewin), in dem das Erreichen eines bestimmten Zielzustandes Voraussetzung dafür ist, daß ein weiteres Handlungsergebnis erzielt werden kann.

In empirischen Untersuchungen sind solche differenzierten Wert-Erwartungskonzepte (mit Variationen) bisher v.a. in den Bereichen der Leistungsmotivationsforschung sowie der Arbeits- und Gesundheitspsychologie verwendet worden (vgl. z.B. Heckhausen 1989; Schwarzer 1992; Vroom 1964). Ein Beispiel aus dem letztgenannten Forschungszusammenhang verdeutlicht die Konzeption: Eine Person strebt die Steigerung der körperlichen Leistungsfähigkeit und eine gute Figur an (vielleicht aufgrund des Bedürfnisses nach sozialer Anerkennung, s.u.). Hierzu müssen Ergebnisse (erster Ordnung) erzielt werden, die die Wahrscheinlichkeit der Oberziele erhöhen, z.B. Reduzierung des Körpergewichts, Stärkung der Muskulatur oder die Funktionsverbesserung des Herz-Kreislaufsystems. Diese Ergebnisse sind instrumentell für die angestrebten Ziele der zweiten Stufe. Daher werden die entsprechenden Kognitionen als Instrumentalitätserwartungen bezeichnet. Um die Ausgänge erster Ordnung zu erreichen, müssen bestimmte, wirksame Handlungen ausgeführt werden, z.B. regelmäßige Sportaktivitäten. Die Konsequenzerwartung ist der (übliche) Ausdruck der Wahrscheinlichkeit, mit der eine Person glaubt, durch Einsatz der ihr zur Verfügung stehenden Mittel das erwünschte Ergebnis bewirken zu können. Die Kontrollerwartungen beziehen sich auf den situations- und/oder personspezifischen Handlungsspielraum: Es könnte z.B. sein, daß bestimmte Handlungsmöglichkeiten aufgrund körperlicher Behinderung nicht gegeben sind. Glaubt daher eine Person, daß bestimmte Ergebnisse auf einer ersten Stufe für bestimmte Folgen auf einer zweiten Stufe instrumentell sind, bewertet sie diese Handlungsfolgen hoch, und glaubt sie darüber hinaus, daß bestimmte Handlungen zu den erwünschten Ergebnissen führen, dann wird diese Person die entsprechenden Handlungen ausführen, wenn sie über die hiefür maßgeblichen Möglichkeiten verfügt (für weitere Differenzierungen der Erwartungskonstrukte vgl. v.a. die Arbeiten von H. Heckhausen, z.B. 1977).

Mit der Unterscheidung von Ausgängen unterschiedlicher Ordnung wird herausgestellt, daß Handlungsergebnisse i.d.R. nicht für sich stehen, sondern mit einem übergeordneten Ziel mit hohem Anreizwert verknüpft sind. Die Valenz dieser antizipierten Handlungsfolgen energetisiert daher die Handlung. Es ist der hier zentrale Gedanke, daß es die (häufig zeitlich) gestaffelten Folgen von Handlungsergebnissen sind, die Anreizwerte haben. Die Ziele der handelnden Akteure sind üblicherweise nicht auf das unmittelbare Handlungsergebnis beschränkt. Dieses ist vielmehr instrumentell für eine ganze Reihe von erwünschten Oberzielen, die auch und v.a. eine Veränderung eigener Fähigkeiten oder Eigenschaften beinhalten: "Nicht für jede einzelne Klavierstunde wird der Nutzen erwogen, nicht nur für das Ziel späterer Virtuosität, sondern für den Selbstentwurf eines Menschen, der sich als Pianist sehen möchte" (Hennen 1994: 159).[30] Solche komplexen Handlungsstrategien sind sozial verankert und als vollständig kalkulierte Handlungsvektoren zu betrachten, als Sequenzen von Einzelhandlungen, die von den Akteuren zu kognitiven Einheiten zusammengefaßt und mit einem konstanten Nutzenprodukt belegt werden (vgl. Gollwitzer 1987: 178ff.; Hill,

---

[30] Wenn die Handlungsziele hierarchisch organisiert sind, ist die Additivitätsfunktion bei der Berechnung des (Netto-) Nutzens im SEU-Ansatz (und vergleichbaren Konzeptionen) u.U. eine unangemessene Verknüpfung. In empirischen Analysen können die zu schätzenden Parameter konfundiert sein, wenn der instrumentelle Zusammenhang bei der Frage nach den subjektiven Einschätzungen der Konsequenzenerwartungen vernachlässigt wird (zu weiteren Elementen einer 'Handlungs-Programm-Theorie' vgl. das TOTE-[Test-Operate-Text-Exit]-Konzept von Miller, Galanter und Pribram 1960; den arbeitspsychologischen Ansatz von Hacker 1973, die Kontrolltheorie von Carver und Scheier 1981 [auch Scheier, Carver 1988] oder den in Kapitel 9 abschließend skizzierten integrativen Ansatz von Beach und Mitchell 1987).

Schnell 1990: 38ff.; Schwarzer 1992: 12f.). Selbstmodelle beruhen insofern auf einer geordneten Menge von Erwartungen, was man dahingehend interpretieren kann, daß sich das 'Selbst' über die Gesamtheit solcher bewährten und gespeicherten Handlungsvektoren definiert (vgl. Heckhausen 1989: 494). Die eigenen kognitiven Repräsentationen hierüber führen i.d.S. zum individuellen Selbstkonzept. Selbstkonzepte sind insbesondere auf soziale Wertschätzung angewiesen, wobei sich aus der Bewertung der Erwartungsmuster mit persönlichen Maßstäben ("possible selves" nach Markus, Nurius 1986) das Selbstwertgefühl ableiten läßt (vgl. Frey, Benning 1983: 149). Die Akteure haben damit erstens sich selbst und - zweitens - konkrete 'Erfüllungswege' zum Ziel. Diese Verwirklichungspfade sind aber nicht (nur) als individuelle Dispositionen zu verstehen, sondern als systematisch (re-)produzierte Eigenschaften sozialer Beziehungen, denen sich die Akteure nicht beliebig entziehen können. Die Definition der Situation findet zwar ihre Grundlage im subjektiven Perzeptionsmechanismus, der eine interne Repräsentation der jeweiligen Handlungssituation erzeugt, gleichwohl steht sie nur in begrenztem Maße im Einflußbereich des einzelnen Akteurs: "Wahrscheinlich läßt sich fast immer eine 'Definition der Situation' finden, doch diejenigen, die sich in der Situation befinden, *schaffen* gewöhnlich nicht diese Definition ...; gewöhnlich stellen sie lediglich ganz richtig fest, was für sie die Situation sein sollte, und verhalten sich entsprechend" (Goffman 1977: 9). Handlungsumstände sind Randbedingungen individueller Handlungskalküle, die zugleich Handeln ermöglichen. Unter diesen Voraussetzungen ist der Motivationsprozeß als ein mehrstufiger Energiefluß zu betrachten, der das individuelle Maximierungsinteresse mit sozialkulturellen Regeln verbindet. Hierin liegt die Basis, um Rational Choice enger als bisher mit der Strukturperspektive zu verbinden und auf diese Weise als allgemeine sozialwissenschaftliche Handlungslehre zu etablieren.

Die Präzisierung dieser Vorstellung ist einfach und sei in Vorausnahme dessen, was im weiteren noch detailliert erarbeitet wird, kurz skizziert: Ausgangspunkt ist die häufig vertretene Vorstellung, daß sich das individuelle Maximierungsinteresse auf das Fundamentalziel der Wohlbefindenssteigerung richtet. Menschen unterlassen oder führen Aktivitäten aus, wenn sie sich eine Verbesserung ihrer Lage versprechen, um dadurch ein größeres Wohlbefinden zu erreichen. Wohlbefinden ist daher das letzte Glied in der Kette instrumenteller Verknüpfungen und wird durch die Befriedigung von Bedürfnissen erzielt. Von Bedeutung ist die soziale Anbindung: Bedürfnisse lassen sich nur im sozialen Verbund realisieren. Dies entspricht dem analytischen Übergang von Nutzenfunktionen zu 'sozialen Produktionsfunktionen', wie er von S. Lindenberg und H. Esser für die sozialwissenschaftliche

Forschung vorgestellt worden ist (s.u.) und implizit auch in der - insbesondere von den Überlegungen E. Eriksons inspirierten - psychologischen Selbstkonzeptforschung geteilt wird (vgl. Erikson 1956): "Für jede gesellschaftlich definierte Identität", führt zum Beispiel P. M. Gollwitzer aus, "existiert eine Vielzahl verschiedener Indikatoren. Diese reichen von den der Identität zugehörigen Handlungen und ihren Ergebnissen, über den Besitz relevanter ´Werkzeuge´, bis hin zu den typischen Statussymbolen. Die Verwirklichung von Identitätsabsichten impliziert folglich die fortgesetzte Akkumulation dieser Indikatoren" (1987: 178).[31]

Wenn wir der Einfachheit und Übersichtlichkeit wegen von einer ausführlichen Sequenzierung des Handlungspfades absehen, können wir zwischen zwei Ebenen von Ausgängen unterscheiden: Die Ausgänge erster Ordnung sind die Verknüpfungen des Handelns mit bestimmten Handlungsfolgen. Deren Valenz (oder Nutzen) ist eine Funktion ihrer Instrumentalität für die Befriedigung von Bedürfnissen (in deren direkten Abhängigkeit das Wohlbefinden steht), und diese Bedürfnisbefriedigung stellt Ausgänge zweiter Ordnung dar. Formalisiert läßt sich das Konzept wie folgt darstellen:[32]

(a) $HT_i = \Sigma (E_{ij} V_j)$ / **(b)** $V_j = \Sigma (I_{jk} B_k)$

mit:

HT_i = Tendenz für Handlung i (i = 1, 2, ... n);

E_{ij} = subjektive Erwartung, daß der Handlung i das Ereignis j folgt (j = 1, 2, ... m);

V_j = Valenz des Ereignisses j;

I_{jk} = subjektive Instrumentalität des Ereignisses j für die Befriedigung des Bedürfnisses k (k = 1, 2, ... l);

B_k = Valenz des Bedürfnisses k

Wenn man in die erste Gleichung (a) die rechte Seite der zweiten Gleichung (b) zur Bestimmung der Valenz einsetzt, erhält man das grundlegende instrumentalitätstheoretische Konzept zur Erklärung von Handlungsintentionen:

(c) $HT_i = \Sigma (E_{ij} \Sigma (I_{jk} B_k))$

Abb. 7-8: Eine einfache Formalisierung der (zweistufigen) Instrumentalitätstheorie

---

[31] Vgl. hierzu auch die in der ökonomisch orientierten Literatur mitunter geführte Diskussion über die Differenz und Vereinbarkeit von kurz- und langfristiger Rationalität (z.B. Ainslie 1992; Loewenstein, Elster [Hg.] 1992; Strotz 1956).

[32] Weil es der Übersichtlichkeit dient und sich an der Argumentation nichts ändert, sind die Kontrollerwartungen nicht explizit genannt.

Wenn die grundlegenden Bedürfnisse sich nicht ändern und für alle Menschen gleichermaßen wichtig sind ('anthropologische Universalien'), erscheint die Variable B_k als Konstante, und es sind in einem bestimmten Sinn tatsächlich nur die äußeren Bedingungen, unter denen die Bedürfnisse zu realisieren sind, die für die Handlungen der Menschen verantwortlich sind (vgl. Stigler, Becker 1977): Die elementaren materiellen, technischen und organisatorischen Möglichkeiten, auf denen die instrumentellen Verknüpfungen zur Bedürfnisbefriedigung beruhen, sind kulturell und institutionell definiert. Die Präferenzen der Menschen sind insofern Ausdruck der kulturellen Definition und strukturell vorgegebener Knappheiten. Dieser kontingente Zusammenhang ist theoretisch von außerordentlicher Bedeutung, darf aber gleichwohl nicht mit einem strukturellen Determinismus gleichgesetzt werden: Neue Handlungsmuster kommen ins Spiel, wenn sie ein Mehr an Bedürfnisbefriedigung versprechen, und moderne Gesellschaften locken mit einer Vielzahl solcher Verheißungen. Der Beliebigkeit sind aber, wie gesagt, Grenzen gesetzt: Bedürfnisse sind immer nur unter bestimmten gesellschaftlichen Umständen und zumeist in Abhängigkeit bestimmter Lebenslagen zu realisieren, die damit die Vorlieben der Menschen zumindest in einen 'sozialen Produktionskorridor' einbinden.

Mit dieser Ausdrucksweise ist gezielt eine besondere Sichtweise angesprochen, zeigt sich doch in der gespiegelten Perspektive des instrumentellen Zusammenhangs die produktionsanaloge Steuerung des Energie- und Motivationsflusses: Die Bedürfnisbefriedigung (Output) ist eine (komplexe) Funktion des Handelns als geschickter (effizienter) Einsatz situational verfügbarer Ressourcen (Inputs). Unter diesem Blickwinkel kann man die vorgestellte Beziehung auf eine besondere ökonomische Weise auch dahingehend interpretieren, daß es letztlich nur eine Nutzenfunktion für alle Menschen gibt, aber unterschiedliche (verschachtelte) 'Produktionsfunktionen' für das individuelle Wohlbefinden (vgl. Lindenberg 1989; auch Esser 1995; sowie in psychologischer Diktion hinsichtlich der Identitätsfindung Gollwitzer 1987): Die instrumentellen Ziele (Güter) dienen als 'Produktionsfaktoren' der fundamentalen Ziele (Bedürfnisse); jedes Handlungsergebnis steht in einem zumindest mittelbaren Zusammenhang zu den grundlegenden Bedürfnissen der Wohlbefindenserzeugung. Die Menschen unterscheiden sich in ihren Möglichkeiten und Fähigkeiten zur Produktion ihrer 'elementaren Freuden'. Sie entwickeln daher spezifische Interessen an den für sie zentralen 'Produktionsfaktoren'.

Der Unterschied zum neoklassischen ökonomischen Ansatz und zur traditionellen soziologischen Perspektive ist damit klar benannt: Während im ersten Fall persönliche Vorlieben nicht weiter thematisiert und als gegeben vorausgesetzt werden, im zweiten Fall Einstellungen nur als Ergebnisse früherer Sozialisierung, ohne jedwede Kalkulation die jeweilige Handlungssituation strukturieren, sind hier instrumentelle Ziele "unter den gegebenen Restriktionen der Situation *rational* mit höheren Zielen verbunden" (Lindenberg 1990a: 272): Wenn die Bedienung der grundlegenden Bedürfnisse 'produziert' werden muß, dann sind situationale Ziele auch als Bestandteil eines rationalen Wahlprozesses zu betrachten; sie sind als Instrumente für die 'Produktion' des Wohlbefindens und d.h. der Bedürfnisse zu wählen. Diese Perspektive korrespondiert mit den in der psychologischen Forschung lange Zeit und bis heute vernachlässigten Überlegungen von E. Erikson, der die persönliche Identität als eine Größe interpretiert, die von den Individuen bewußt gewählt und hergestellt werden muß (1956).

Da der Handelnde in diesem Rahmen als 'Produzent' von Nutzen, Lust, Befriedigung oder, wie hier als Ausgangspunkt gewählt, von Wohlbefinden, angesehen wird, läßt sich prinzipiell die ökonomische Produktionstheorie auf ihn anwenden. Die Produktionstheorie dient in ihrer Grundfassung der Analyse der Nachfrage von Unternehmen nach Faktorinputs und ihrer effizienten Umsetzung in bestimmte Mengen eines produzierten Gutes. Die typische Frage lautet: "Wenn man über eine bestimmte Menge an Arbeit, eine bestimmte Menge an Boden und bestimmte, gegebene Mengen anderer Faktoren verfügt, wie etwa Maschinen oder Rohstoffe, wie groß ist dann die Ausbringungsmenge eines bestimmten Gutes, die sich erzielen läßt" (Samuelson, Nordhaus 1987: 247)? Es geht also um die Frage, wie können Unternehmen ein bestimmtes Produkt (wie Strom oder Computer) möglichst kostengünstig und ertragreich herstellen. Die Antwort hängt vom 'technologischen' Wissen ab: Je nach verwendetem Produktionsverfahren kommt es zu unterschiedlichen Produktionsmengen, die bei gebenen Faktorinputs zu erreichen sind. Diesen Zusammenhang, der Inputs und Outputs miteinander verknüpft, bezeichnet man in der Ökonomie als 'Produktionsfunktionen': "Die Produktionsfunktion stellt die technische Beziehung dar, die die maximale Produktionsmenge angibt, die sich mit Hilfe jedes einzelnen und mit jeder möglichen Kombination gegebener Inputs (oder Produktionsverfahren) erzielen läßt" (Samuelson, Nordhaus 1987: 247). Eine Produktionsfunktion steht demnach für eine Beziehung, der sich entnehmen läßt, welche Ausbringung (angesichts der zu einem bestimmten Zeitpunkt gegebenen technischen Möglichkeiten) maximal mit Hilfe jeweils gegebener Inputs zu erreichen ist. Daher können unterschiedliche Produktionsfunktionen im Hinblick auf ihre Effizienz bewertet werden: Je höher der Ertrag bei gegebenem Input ausfällt, desto höher ist die Effizienz einer Produktionsfunktion. Eine Produktionsfunktion, die bei gleichem Faktoreinsatz mehr an Output erbringt, verwendet also die effizientere Technologie. Daraus folgt auch, daß sich die Produktion ausweiten läßt, wenn man die Effizienz der Produktionsfunktion steigert. Letztlich hängt die tatsächliche Ausbringungsmenge aber auch von der Menge der eingesetzten Produktionsfaktoren ab; diese ist wiederum von ihrem Preis und dem zur Verfügung stehenden Kapital abhängig.

Auf ähnliche Weise geht es in der verallgemeinerten produktionstechnischen Analyse jeglichen Handelns um diejenigen Inputs, die ein Akteur einsetzen kann, um den Grad zu erhöhen, in dem er seine Ziele erreicht (grundlegend: Becker 1965). Werden diese Ziele über das bedürfnisgesteuerte Wohlbefinden konkretisiert (und eine derartige Präzisierung erscheint als der in diesem Zusammenhang einzig erfolgversprechende Weg; vgl. Rosenberg 1992: 166ff.), besteht Handeln in dieser Sichtweise in der 'Produktion' von Gütern, die der Stabilisierung und Verbesserung der individuellen Lage und damit der physischen und psychischen (Re-) Produktion des Organismus (seines 'Wohlbefindens') zuträglich sind (Produktionsfunktionen als abgeleitete Nutzenfunktionen). Der Verbrauch von Ressourcen zum Zwecke der Erhöhung des Grades der Zielerreichung bzw. des Wohlbefindens stellen Produktionskosten dar.

'Soziale Produktionsfunktionen' sind unter diesem Gesichtspunkt nichts anderes als eine Verbindung von sozialer und natürlicher Umwelt mit den universellen Bedürfnissen des menschlichen Organismus, die sein Wohlbefinden garantieren. Dabei steht dieser Zusammenhang aufgrund kultureller bzw. institutioneller Umstände in bestimmten Teilen nicht zur Disposition des einzelnen Akteurs. Soziale Regeln legen den effektiven Umgang mit den persönlichen Ressourcen fest, sie entlasten die eigene Reproduktion und daher liegt es im originären Interesse der Menschen, solche Regeln nicht nur zur Vermeidung unangenehmer Konsequenzen, sondern zur Verwirklichung der 'eigentlichen' Ziele, der Bedienung der grundlegenden Bedürfnisse, zu beachten. Existieren darüber hinaus nur wenige der für alle Menschen gleichermaßen gültigen Parameter, die das Wohlbefinden bedienen, und typische instrumentelle Ketten mit weitgehend festgelegten Handlungsfolgen für bestimmte soziale Zusammenhänge, dann lassen sich diese Funktionen als die grundlegenden Elemente der sozialen Struktur betrachten: Es sind nicht nur die technischen Möglichkeiten, sondern auch die bekannten subsystemischen Zusammenhänge, die über die relative 'Produktivität' der Aktivitäten hinsichtlich der Bedürfnisbefriedigung entscheiden. Akteure, die die Spiele, an denen sie teilhaben, nicht verlieren wollen, tun gut daran, sich an diesen Bedingungen zu orientieren. Auf diese Weise üben soziale Institutionen einen (im statistischen Wortsinn) moderierenden Einfluß auf die instrumentellen Sequenzen im Handlungspfad aus und ermöglichen - in Spiegelung der Perspektive - zugleich die Verwirklichung der grundlegenden menschlichen Bedürfnisse. Hervorzuheben ist auch die zweiseitige interne Strukturierung dieses Vorgangs: Der 'Produktionsprozeß' verbraucht im Rahmen der Energetisierung menschlichen Handelns fundamentale Güter, um instrumentelle Güter herzustellen, die wiederum (sozial gesteuert) zur Befriedigung der fundamentalen Bedürfnisse beitragen.

Die Verwirklichung und Maximierung der fundamentalen Orientierungen ist selten auf einfache Weise möglich. Biogene Bedürfnisse mag man noch direkt befriedigen können: Ein bohrendes Hungergefühl läßt sich relativ leicht durch die Beschaffung von Essen beseitigen; doch wie voraussetzungsreich ist selbst ein solch einfacher Vorgang: Man benötigt das Wissen, welche Dinge zu welcher Gelegenheit an welchem Ort zu kaufen sind, Geld ist auch erforderlich, hierfür muß man i.d.R. arbeiten, etc. Und um wieviel schwieriger sind soziale Bedürfnisse zu realisieren: Fast immer sind Umwege zu gehen und Belohnungen aufzuschieben. Ohne die Vorstellung, daß sich Menschen auf soziale 'Produktionsfunktionen' einlassen, ist dieser Vorgang kaum nachzuvollziehen. Diese Verknüpfungen erklären zugleich die virtuosen Fertigkeiten der Akteure im Umgang miteinander und den ihnen 'gegenüberstehenden' Institutionen, ist doch individuelle Bedürfnisbefriedigung häufig nur als ein Nebenprodukt der sozialen Struktur zu erreichen: Wer als Richter direkt sein Grundbedürfnis nach sozialer Wertschätzung maximiert (und daher die Regeln der Rechtsprechung verletzt), wird vom Dienst suspendiert. Wertschätzung erlangt man, in dem man die vorgegebenen Belohnungswege einhält, und die meisten Menschen wissen dies auch, denn: Exklusivität ist kostenreich.

Bei aller berechtigten Kritik am ökonomischen Programm, insbesondere an seinem Mainstream-Betrieb, es ist das zentrale Verdienst dieser sozialwissenschaftlichen Perspektive, dieses Grundprinzip der sozialen Interaktion eindeutig benannt zu haben (vgl. Kunz 1996a: 213): Gesellschaft ist das (mitunter sehr indirekte) Ergebnis der Tatsache, daß Menschen Belohnungskontingenzen füreinander festlegen. In der Generalisierung der Anreizwerte und ihrer (durchaus auch sanktionierten) Bindung an das Handeln vieler liegt die Struktur einer Gesellschaft begründet. Daher ist in dieser Perspektive Sozialisierung auch kein Fremdkörper, sondern ein zentrales Element für die Verknüpfung von Kultur und rationaler Wahl: Zahlreiche kontingente Handlungspfade werden gezielt beigebracht und erlernt.

Diese Idee, das Handeln der Menschen auf instrumentelle Ketten zurückzuführen, findet sich bereits bei K. Lewin, auf dessen Arbeiten (u.a.) die moderne Motivationspsychologie beruht (1926a,b). Sie entspricht darüber hinaus der 'Psycho-Logik', die H. Klages, G. Franz und W. Herbert als Ausgangspunkt ihrer Überlegungen betrachten, aber unter handlungstheoretischen Gesichtspunkten nicht weiter spezifizieren: "Als Orientierungsrahmen für individuelles Handeln dient dem einzelnen eine Strategie der Maximierung von Wertverwirklichung und Bedürfnisbefriedigung innerhalb seiner faktischen oder wahrgenommenen Spielräume. Wenn keine konditional programmierten Entscheidungen anstehen und Individuen bewußt oder unbewußt über Handlungsalternativen entscheiden, wird somit eine 'Wertverwirklichungs- oder Bedürfnisbefriedigungsrationalität' handlungsleitend" (1987: 41).

Auch die klassischen Ökonomen legten, wie in der Einführung zu Kapitel 7 herausgestellt, ihren Konzepten i.d.R. einen mehrstufigen Motivationsprozeß zugrunde, nach dem Güter nicht um ihrer selbst willen gewünscht werden, sondern wegen bestimmter Leistungen, die von ihnen erwartet werden (v.a. J. Bentham, in der Ausgabe von 1970; A. Marshall, in der Ausgabe von 1925; A. Smith, in den Ausgaben von 1993 und 1994). Ebenfalls sind in der neueren Literatur solche Vorstellungen weit verbreitet: J. M. Keynes betrachtet zum Beispiel die Geldnachfrage in Abhängigkeit vorsorgender Motive (in der Ausgabe von 1952). G. J. Stigler analysiert den Konsum von Lebensmittelgütern im Hinblick auf die Befriedigung des Nahrungsbedürfnisses (1945). Und K. Lancaster sowie vor allem G. S. Becker entwickeln diese Überlegungen zu einer umfassenden Theorie der 'Haushalts-Produktionsfunktionen' (Becker 1965; Lancaster 1966). Aktualisiert und auf bestimmte Weise sozialwissenschaftlich interpretiert wurden diese Gedanken im Rahmen des zitierten Konzepts der 'sozialen Produktionsfunktionen' von S. Lindenberg und - auf der von Lindenberg gelegten Grundlage - von H. Esser, an deren Überlegungen ich hier anschließe (Lindenberg 1989; Esser 1995).[33] Ähnliche Vorstellungen finden

---

[33] Im Unterschied zu Lindenberg und Esser wird allerdings eine wesentlich vorsichtigere Position zur Bedürfnisableitung eingenommen und das 'Streben nach Wohlbefinden' als allgemeine Grundkategorie eingeführt: Mein Ausgangspunkt liegt in der instrumentalitätstheoretisch orientierten Ableitung einer energetisierenden Grundlage für das Handeln der Menschen, die hier erst die Voraussetzung für die Idee der sozialen 'Produktionsfunktionen' abgibt. Darüber hinaus interpretiere ich diesen Ansatz hinsichtlich logischer Ableitungsmöglichkeiten und direkter sozialstruktureller Verankerungen mit großen Vorbehalten: Das Konzept dient zwar sehr dem Verständnis des Zusammenhangs von Kultur und rationaler Wahl, ersetzt aber keinesfalls empirische Untersuchungen in konkreten Handlungszusammenhängen (wie die Erhebung und Analyse spezifischer Handlungsweisen) und insbesondere *nicht* die empirische Ermittlung der Anfangsbedingungen für die Anwendung der Theorie rationalen Handelns in natürlichen Situationen (dies gilt hier v.a. für die faktische Zielstruktur der Akteure). Nach meiner Einschätzung handelt es sich bei der 'Theorie sozialer Produktionsfunktionen' um einen Orientierungsrahmen, der der Formulierung von Brükkenannahmen dienlich sein kann. Damit befinde ich mich in dieser Hinsicht im klaren Gegensatz zu Lindenberg, der hier in der Hoffnung auf rein deduktive Ableitungen den alten und gescheiterten Gedanken der ökonomischen Modellanalytik für die Soziologie wiederaufleben läßt. In diesem Zusammenhang scheint der Erklärungsbegriff von Lindenberg nicht mehr dem üblichen Verständnis im empirisch-analytischen Wissenschaftsansatz zu entsprechen. Im übrigen weist auch seine in unterschiedlichen Notationen wiederholte Rede der Nutzentheorie als ein 'leerer Sack' (z.B. 1981a: 26) auf manche Mißverständnisse hin: Leer ist die Theorie dahingehend, daß keine Angaben zu den Anfangsbedingungen vorliegen. Konkrete Anfangsbedingungen sind aber grundsätzlich keine Bestandteile einer allgemeinen Theorie (Kap. 4.1). Schließlich scheint Lindenberg die Zahl und Ausprägung der Grundbedürfnisse noch als offene Frage zu behandeln, die darüber hinaus zu Widersprüchen führt (so wird 'Verlustvermeidung' einmal als Fundamentalgut [1990a: 272], ein anderes Mal als instrumentelles [und daher untergeordnetes] Hauptziel interpretiert [1992b: 140]). Diese un-

sich auch bei M. Hennen und Th. Rein; ihre Ausführungen regen die Formulierung einer allgemeinen sozialwissenschaftlichen Motivationstheorie an (Hennen 1990, 1994; Hennen, Rein 1994). Wie auch immer die Spezifikation ausfällt, die Existenz übergeordneter Handlungsziele erklärt, daß bestimmte Handlungsweisen häufig zusammen auftreten und offensichtlich funktional für die Verwirklichung dieser Ziele sind. Und es ist das Vorhandensein funktionaler Äquivalente, das die Stabilität einer Gesellschaft begründet (vgl. Merton 1968b: 73ff.).

Zwei Beispiele sollen in diese Überlegungen weiter einführen: Nehmen wir an, das psychische Wohlbefinden des einzelnen würde u.a. vom Bedürfnis nach sozialem Ansehen und sozialer Geltung abhängen (dieser Zusammenhang ist empirisch gut bestätigt, vgl. z.B. Campbell, Converse, Rodgers 1976; Scherer, Walbott, Summerfield 1986). Soziale Anerkennung ist jedenfalls als ein wesentlicher Faktor zur Wahrnehmung und Stabilisierung der personalen Identität und den Schutz und die Erhöhung des Selbstwertgefühls zu betrachten (vgl. z.B. Argyle 1988). In der Interpretation als anthropologische Universalie heißt dies: Alle Menschen wollen zu allen Zeiten Ansehen und Geltung erreichen (vgl. z.B. Murray 1952). Geltung erreicht man nicht als solche, sondern im sozialen Verbund, vor allem durch sozialen Status. Status läßt sich *in* modernen Industriegesellschaften als eine zentrale Folge von Einkommen betrachten. Einkommen ist meist wiederum ein primäres Handlungsergebnis von Erwerbstätigkeit. Oder betrachten wir das beliebte Beispiel des Hochschullehrers: Soziale Wertschätzung erreicht man *in* diesem institutionellen Zusammenhang nicht durch irgendwelche Leistungen, sondern durch gute Lehre und hervorragende Forschungsarbeiten. So führt das Schreiben eines innovativen und originellen Aufsatzes über die Theorie des Parteienwettbewerbs (in englischer Sprache) sehr wahrscheinlich zu der Möglichkeit der Veröffentlichung in der 'American Political Science Review', mit der Folge, daß der Autor mit großer Sicherheit das erhalten wird, was ihn primär interessiert: Soziales Ansehen.

Der instrumentelle Zusammenhang verbindet also das Bedürfnis nach Ansehen und Geltung (bzw. dessen Befriedigung) als Folge zweiter Ordnung mit der Aktivität 'Veröffentlichung'. 'Veröffentlichung' selbst kann in weitere Ketten eingebunden sein; man benötigt wissenschaftliche Literatur und muß Aufwendungen für Schreibmaterial oder Hard- und Software betreiben. Spätestens an dieser Stelle kommen

---

geklärten Fragen werden den von ihm formulierten Ansprüchen an deduktive Ableitungen von vorneherein nicht gerecht; hier muß zumindest die konsistente und erschöpfende Ableitung konkreter Handlungsziele gewährleistet sein. Aber Kritik ist mitunter einfach zu formulieren. So können diese kritischen Bemerkungen die grundsätzliche Ergiebigkeit der Überlegungen von Lindenberg nicht mindern.

Knappheiten und damit Wahlzwänge ins Spiel: Aufgrund der grundsätzlichen Limitation von Ressourcen müssen Menschen überlegen, wie sie ihre knappen Mittel so einsetzen, daß hierbei eine Steigerung ihres Wohlbefindens herauskommt. Es ist nicht möglich, die Gesamtheit gegebener Bedürfnisse vollständig zu realisieren; schon B. Mandeville konnte zeigen, "daß die soziale Natur des Menschen lediglich auf eben diesen beiden Faktoren beruht: der großen Zahl seiner Bedürfnisse und den fortwährenden Hindernissen, die sich ihrer Befriedigung entgegenstehen" (in der Ausgabe von 1980: 374).

Änderungen in den gesellschaftlichen Konventionen und institutionellen Arrangements führen daher zu den so oft als wundersam betrachteten gleichförmigen Änderungen bei den Aktivitäten der Menschen: "Wenn niemand Wissenschaft für attraktiv hält, ist auch nicht mit sozialer Anerkennung für wissenschaftliche Betätigung zu rechnen" (Hennen, Springer 1996: 33), mit der Konsequenz, daß andere Handlungszusammenhänge an Bedeutung gewinnen. Wird z.B. Status nicht mehr primär über Einkommen, sondern vor allem durch Ehre erreicht, gewinnen gegenüber Erwerbstätigkeit diejenigen Aktivitäten an Bedeutung, die mit dieser Handlungsfolge mit großer Wahrscheinlichkeit verknüpft sind. Die dominanten situationalen Ziele der Menschen ändern sich, wenn die instrumentellen Zusammenhänge variiert werden, wie auch dieses Beispiel verdeutlicht: Verliert die soziale Bestätigung, die sich durch Kindererziehung erzielen läßt, für junge Frauen zunehmend an Bedeutung, werden sie Handlungen vorziehen, die in der Gesellschaft eine stärkere instrumentelle Verknüpfung mit dem Bedürfnis nach Geltung aufweisen (z.B. Erwerbstätigkeit, so daß sich das in Kap. 5.1 skizzierte Dilemma, warum arbeiten die Arbeiter, für diese soziale Gruppe auflöst und dies mit Hilfe einer theoretischen Anleitung).

Eine Änderung in den gesellschaftlichen Arrangements verändert die Restriktionen und damit die relativen Preise der Handlungen und strukturell vorgegebenen Handlungsfolgen und führt, wenn sie von den Akteuren wahrgenommen wird, zu veränderten Erwartungsmustern und damit zu einer Variation der instrumentellen Zusammenhänge zur Bedürfnisbefriedigung. Daher sieht es oft so aus, daß die Menschen ihre Einstellungen ändern oder neue Präferenzen ausbilden. Solange die Valenz der Handlungsfolgen über den instrumentellen Zusammenhang zur Wohlbefindensmehrung durch Bedürfnisbefriedigung beschrieben werden kann, ist dies nicht der Fall. Die grundlegenden Bedürfnisse bleiben immer gleich. Lediglich die instrumentellen Relationen haben sich nach dieser Konzeption geändert. Allerdings sind die Voraussetzungen der sich daran anschließenden Substitutionseffekte im Rahmen der Analyse sozialer Prozesse (außerhalb des engeren Bereichs der Wirtschaftswissenschaften) bisher kaum entschlüsselt worden.

Für die empirische Analyse sozialer Prozesse geht es nach diesen Überlegungen v.a. darum, daß die individuellen Aktivitäten daraufhin untersucht werden, welche Folgen sie für die Realisation der grundlegenden Bedürfnisse haben bzw. in welchem grundlegenden Zusammenhang sie zur 'Produktion' des Wohlbefindens stehen. Voraussetzung ist allerdings, daß die elementaren anthropologischen Universalien und die zentralen instrumentellen Ketten in einer Gesellschaft hinsichtlich ihrer Allokation zu spezifizieren sind. Und dies wird im Einzelfall durchaus mit erheblichen Schwierigkeiten verbunden sein (unabhängig der Bedürfnisfrage: Wie viele unterschiedliche Handlungen führen eigentlich zu Status in modernen Gesellschaften?). Dennoch liegt in der Idee, das individuelle Maximierungsinteresse (Wohlbefindenssteigerung durch Bedürfnisbefriedigung) mit sozial-kulturellen Regeln zu verbinden, der zentrale Grundgedanke, Rational Choice auf einem zumindest konzeptionell vielversprechenden Weg aus der Umklammerung von neoklassischem Homo Oeconomicus und klassischem Homo Sociologicus herauszuführen, und auf diese Weise auch auf die Strukturanalyse von Gesellschaft anzuwenden. Nach einer kurzen Präzisierung des Konzepts des Wohlbefindens und seinem Zusammenhang zur Bedürfnisbefriedigung werde ich auf diesen Aspekt ausführlicher eingehen.

7.2.1. Das Streben nach Wohlbefinden

Das Handeln der Menschen setzt eine energetisierende Grundlage voraus. Die mehrstufige Instrumentalitätstheorie weist nachdrücklich auf diese Bedingung hin. Die Konzepte der subjektiven Nutzenerwartung, des bedachten und geplanten Handelns haben diesen Aspekt höchstens implizit mitgedacht. Sie können daher wesentliche Phänomene individueller Selektionsleistungen und gesellschaftlicher Tatbestände nicht ohne weiteres erklären. Die im Hinblick auf motivationale Prozesse der physischen und psychischen (Re-) Produktion des Menschen grundlegende Annahme läßt sich dahingehend spezifizieren, daß der einzelne nach Wohlbefinden strebt. Diese Grundhaltung schließt den permanenten Wunsch der Menschen, ihre Lage zu wahren und zu verbessern, ein. Sie ist von zentraler Bedeutung für das Verständnis individueller Interessen in konkreten Handlungszusammenhängen und damit für die Analyse sozialer Prozesse: Es ist das Selbstinteresse der Menschen nach Stützungs- und Verbesserungschancen des Wohlbefindens zu suchen, das Handlungen und damit soziale Prozesse in Gang hält.

Was zum Wohlbefinden beiträgt, ist grundsätzlich an die internen Funktionserfordernisse des Organismus gebunden. Insofern impliziert die Orientierung am persönlichen Wohlbefinden zunächst einmal, daß Menschen ihr eigenes physisches Überleben sichern. Im Hinblick auf psychische Reproduktionsbedingungen tritt die motivierende Funktion der Wahrnehmung und Stabilisierung personaler Identität i.S. eines positiven und konsistenten Selbstbildes hinzu. Die hierfür und zur Sicherung der materiellen Lebensumstände notwendigen Bedingungen der sozialen Wechselwirkungen zeigen, daß die invariante Disposition des Menschen, ihr Selbstinteresse am eigenen Wohlbefinden, immer der 'sozialen Produktion' bedarf. Hinsichtlich der psychischen Dispositionen finden sich häufig auch alternative Wendungen, so die Kategorie 'Glück', die v.a. als Leitbegriff in philosophischen Reflexionen über Wohlbefinden fungiert (vgl. Hinske 1986; Höffe 1978; Tatarkiewitz 1984), oder der nicht selten in empirischen Untersuchungen verwendete Ausdruck 'Lebenszufriedenheit' (vgl. als Überblick Abele, Becker [Hg.] 1991a; Strack, Argyle, Schwarz [Hg.] 1991; Weiss 1980). Diese Bezeichnungen können hier als äquivalent betrachtet werden: Wohlbefinden wird als eine Grundbefindlichkeit verstanden, die auf Aspekte der physischen Lebenssicherung und Wahrung und Entwicklung der personalen Identität i.S. eines positiven Selbstwertgefühls verweist, und insofern Elemente des allgemeinen Glücklichseins bzw. der allgemeinen Lebenszufriedenheit enthält (vgl. auch J. Elster, der in "hapiness or welfare" das "ultimate good" sieht, 1986d: 97; vgl. für die im einzelnen sehr facettenreiche Diskussion zu den konzeptionellen Grundlagen des Wohlbefindens in der empirischen Forschung z.B. Veenhoven 1991).

Das Streben nach Wohlbefinden begründet als Grundantrieb die Motivation in einer bestimmten Handlungssituation (in Wechselwirkung mit ihren Elementen). Die für das Wohlbefinden verantwortlichen Bedürfnisse stellen im Rahmen ihrer Befriedigung eine Art energetisierender Trägerschicht dar, mit der auch verschachtelte und sozial vermittelte Handlungsketten betrieben werden können; ein Gedanke, der in Variationen sehr bekannt ist: Bereits Adam Smith sah menschliches Handeln in der Suche nach Verbesserungchancen der Lebensverhältnisse begründet (vgl. Krüsselberg 1984: 187). Max Weber nennt die Verwirklichung von Lebenschancen als handlungsleitendes Element (vgl. Hennen, Springer 1996: 24). Und in utilitaristischer Perspektive läßt sich ebenfalls von einer fundamentalen Lust-Unlust-Skalierung sprechen, die der affektiven Energetisierung des Handelns dient (vgl. Bentham, in der Ausgabe von 1970: 11). Die Nähe solcher Vorstellungen zur psychoanalytischen Sicht sind offenkundig: Auch aus dieser Perspektive verfügt der Mensch über einen angeboren Lust-Unlust-Mechanismus, "dem bereits beim Neugeborenen eine elementare verhaltenssteuernde Funktion im Sinne der Einschätzung biologisch nützlicher und schädlicher Reizbedingungen zukommt" (P. Becker 1991b: 41; ausführlich: Brenner 1980). Dieser Mechanismus bildet als wohlbefindenskalkulierender Grundantrieb (das 'Es' nach Freud) die Grundlage für komplexere Formen der Anpassung an restriktive Umweltbedingungen, die über kognitive Prozesse vermittelt werden (das 'Ich' nach Freud, in der Ausgabe von 1972: 67f.).[34] Auf ähnliche Weise unterscheidet J. S. Coleman zwischen einem 'Objektselbst', das eine mehr oder weniger große Befriedigung empfindet, und einem 'Handlungsselbst', das im Dienst des Objektselbst steht und versucht, ihm Befriedigung zu verschaffen (1995b: 238ff.).

Rationales Handeln bedeutet i.d.S., daß die Menschen ihren Handlungsspielraum abschätzen können und unter Berücksichtigung der Handlungsbeschränkungen immer mehr von dem wählen werden, was sie vor dem Hintergrund ihrer psycho-biologischen Funktionsbedingungen, der Erfordernisse des Überlebens und der reflexiven Selbsterzeugung, wünschen, als weniger. Hierin liegt die schon vertraute Konstruktion der strukturellen Selektion begründet. Sie findet, dies sei noch einmal hervorgehoben, ihre Grundlage in der gleichförmigen Natur des Menschen, d.h. in der hier vertretenen Perspektive: Menschen handeln auf eine bestimmte Art und Weise, weil sie sich dadurch ein größeres Wohlbefinden versprechen. Das Ziel jedweden Handelns besteht in der Herstellung von Wohlbefinden bzw. in der Vermeidung seines Verlustes; es besteht "a general human impulse to maximize one's sense of wellbeing", wie A. Campbell formuliert (1981: 23). Menschen wollen die Spiele, an denen sie beteiligt sind, daher nicht verlieren. Sie entwickeln ein permanentes Interesse, ihre Lage zu stabilisieren und zu verbessern, um sich möglichst umfassend und möglichst immer wohlzufühlen (vgl. P. Becker 1991a: 9).

7.2.2. Wohlbefinden und Bedürfnisbefriedigung

Wohlbefinden wird durch die Befriedigung von biogenen und soziogenen Bedürfnissen erzielt. Bedürfnisse sind als unspezifische Antriebslagen des Handelns zu betrachten (vgl. Schneider, Schmalt 1981: 24). Sie stellen Eigenschaften dar, die allen Menschen weitgehend gemeinsam sind (wenn man einen größeren, entwicklungsgeschichtlich begründeten Zeitraum zugrundelegt). Hierunter fallen zunächst einmal physiologisch begründete Faktoren, die der notwendigen Überlebensfunktion des Organismus dienlich sind: Erfordernisse an Nahrung, Flüssigkeit, Sauerstoff, das Vermeiden schmerzhafter Reize und ähnliches gehören hierzu. Die zugrundeliegenden Mechanismen sind im Laufe der natürlichen Evolution entstanden. Daher ist für diese Bedürfnisklasse eine genetische Basis zu vermuten. Für soziogene

---

[34] Insofern vermag das Verhältnis zwischen Sozialwissenschaft und Psychoanalyse von weitaus weniger Differenzen geprägt sein, als man auf den ersten Blick vermuten könnte.

Bedürfnisse wird eine solche Annahme i.d.R. nicht getroffen und auf Aspekte wirksamer Sozialität im Rahmen der kulturellen Evolution verwiesen. Allerdings weisen neuere Forschungen in Biochemie und Hirnphysiologie auf die frühzeitig von G. W. Allport und H. A. Murray vorgebrachte Möglichkeit hin, daß auch solche motivational wirksamen Elemente als neuropsychische Einheiten zu betrachten sind, die ihre biochemische Grundlage in bestimmten Neurotransmittern finden (vgl. Allport 1937; Murray 1938).

Der Versuch einer Präzisierung führt zu der Frage, von wie vielen und welchen Bedürfnissen auszugehen ist. Unter vergleichenden Gesichtspunkten schließt sich darüber hinaus noch die Frage an, welchen Bedürfniskomponenten die größte Bedeutung zur Wohlbefindenserzeugung zukommt. Eine Lösung dieses Problems setzt aber die Klärung des ersteren voraus: Das Grundproblem der Bedürfnisklassifikation ist logisch vorgeordnet, und dieses ist bis heute sehr umstritten. Eine endgültige Aufklärung ist auch nicht zu erwarten, da sich eine definitive Liste von biogenen und soziogenen Bedürfnissen nicht formulieren läßt: Weder die natürliche noch die kulturelle Evolution kann als abgeschlossen betrachtet werden. Die Voraussetzung der zeitunabhängigen Konstanz der Bedürfnisorientierung ist daher immer relativ zur Menschheitsgeschichte zu betrachten; Bedürfnisse durchschreiten im Rahmen der menschlichen Entwicklung unterschiedliche Phasen.

Die Probleme der Bedürfnisableitung sind altbekannt und immer wieder aktualisiert. Bereits die klassischen Ökonomen gaben vor, daß die grundlegenden Bedürfnisse, die der Mensch zu befriedigen trachtet, in ihrer Zahl begrenzt sind. J. Bentham spricht beispielsweise von fünfzehn elementaren Freuden, die sich in den elementaren Leiden spiegeln (in der Ausgabe von 1970). Folgt man den Überlegungen von A. Smith sind soziale Wertschätzung und physisches Wohlbefinden als die primären sozio- und biogenen Bedürfnisse einzuschätzen (in den Ausgaben von 1993 und 1994). A. Marshall stellt hingegen die zentrale Bedeutung von Unterscheidung und Auszeichnung heraus (in der Ausgabe von 1925). S. Lindenberg, der in diesem Zusammenhang von Fundamentalgütern spricht, schließt gegenwärtig an die Unterscheidung von A. Smith an (1984b, 1991) und nennt darüber hinaus Verlustvermeidung und Einkommen als weitere potentielle Hauptmaximanden (1990a, 1990b, 1991) und verweist noch auf die Möglichkeit, die Idee der Lebensperspektive zu integrieren (1992c: 303, Anmerkung 6). H. Esser wiederum möchte nur Adam Smith folgen (1995).[35] Und G. S. Becker läßt sich erst gar nicht auf eine Präzisierung ein

---

[35] Die von Esser und Lindenberg favorisierte Einteilung der sog. 'Fundamentalgüter' in physisches Wohlergehen und soziale Wertschätzung führt zu vermeidbaren logischen Inkonsistenzen: Es dürfte konkrete, von den Akteuren in ihrem spezifischen Handeln verfolgte Ziele geben, die in keiner instrumentellen Beziehung zu diesen beiden Grundbedürfnissen stehen. Wenn man aber ein solches Zielsystem

(1965). Prominent ist i.d.Z. noch die Unterscheidung von W. I. Thomas, der auf vier superiore Wünsche hinweist: 'das Verlangen nach neuem Erleben', 'das Verlangen nach Sicherheit', 'das Verlangen nach Erwiderung' und 'das Verlangen nach Anerkennung' (in der Ausgabe von 1965: 163ff.). Auch in der psychologischen Motivationsforschung - auf die im übrigen keiner der zuvor genannten Autoren aktueller Arbeiten direkt Bezug nimmt - sind zahlreiche Klassifikationen von Bedürfnissen bzw. Motiven vorgeschlagen worden. Diese Listen erscheinen häufig als willkürlich (vgl. den Überblick bei Heckhausen 1989: 58ff.). Die Unbestimmtheit und offensichtlichen Schwierigkeiten der Bedürfnispräzisierung haben bereits A. H. Maslow zu dem Hinweis veranlaßt, daß dem Aufstellen solcher Bedürfnislisten prinzipiell kein Erfolg beschieden sein dürfte: "We should give up the attempt once and for all to make atomic lists of drives or needs. For several different reasons such lists are theoretically unsound. ... Too many of the listings that we now have available have combined indiscriminately needs at various levels of magnification. With such a confusion it is understandable that some lists should contain three or four needs and others contain hundreds of needs. If we wished, we could have such a list of drives contain anywhere from one to million drives, depending entirely on the specificity of analysis" (Maslow 1954: 70f.).

Maslow wendet sich zwar gegen Bedürfnisklassifikationen, was ihn aber nicht davon abhält, einen eigenen Vorschlag vorzulegen. Sein Konzept stellt einen der bekanntesten Versuche dar, elementare Bedürfnisklassen mit Universalien-Charakter zu spezifizieren. Aus zwei Gründen ist der Ansatz von Maslow auch in den Sozialwissenschaften sehr populär geworden. Es werden erstens nicht unzählige Einzelbedürfnisse aufgezählt, sondern zentrale Bedürfnisklassen benannt, die zudem - zweitens - in eine wertbezogene Hierarchie nach ihrer Rolle in der Persönlichkeitsentwicklung geordnet werden (vgl. Maslow 1954: 90ff.).

Die Hierarchie der Bedürfnisse geht von physiologischen Bedürfnissen (Nahrung, Kleidung) über Bedürfnisse nach physischer Sicherheit und Bedürfnisse nach sozialer Bindung, Anerkennung und Geltung bis zu Bedürfnissen der Selbstachtung und intellektuellen Selbstbestimmung. Nach dem Prinzip der relativen Vorrangigkeit in der Bedürfnisanregung kommen die höherrangigen Belange ('growth needs') erst zum Zuge, nachdem die Bedürfnisse auf den unteren Hierarchieniveaus ('deficiency needs') befriedigt wurden (der Grundgedanke von Klassifikation entspricht damit der Konzeption der ökonomischen Grenznutzennutzentheorie; ansonsten wäre nicht nachzuvollziehen, wie eine vollständige Befriedigung auf einer bestimmten

---

konstruiert, sollte die vollständige Subsumtion möglich sein (soweit man die Bedürfnisbestimmung für sinnvoll hält, löst die Einführung eines 'Bedürfnisses zu Sein' dieses Problem, s.u.).

Bedürfnisebene zu erzielen wäre). Allerdings muß ein vorübergehender Verlust des akzeptablen Befriedigungsniveaus für niedere Bedürfnisse nicht bedeuten, daß die Verfolgung höherer Bedürfnisse abgebrochen oder blokkiert wird. Auch Maslow sieht, daß Menschen ihre Bedürfnisse auf jeder Ebene nur teilweise befriedigen (1954: 100f.), eine Erklärung liefert er hierfür aber nicht.

Für die 'Durchmischung' der Bedürfnisbefriedigung können Effekte veranwortlich gemacht werden, die als das 'Prinzip der funktionellen Autonomie' bekannt geworden sind (Allport 1935).[36] Berücksichtigt man darüber hinaus noch die unabweisbaren Kosten der Bedürfnisbefriedigung, die Elastizität der Nachfrage und mögliche Substitutionseffekte verliert die Vorstellung einer strengen hierarchischen Anordnung der Bedürfnisklassen noch mehr an Überzeugungskraft, zumal auch Teile der internen Strukturierung als zweifelhaft erscheinen: Ob das Bedürfnis nach Geltung eher ein Grundbedürfnis darstellt als das Bedürfnis nach intellektueller Befriedigung darf durchaus als offene Frage behandelt werden.

Einige dieser Kritikpunkte haben E. Allardt zu einem dreiwertigen Bedürfnissystem geführt, das sich zwar an den Kategorien Maslows orientiert, aber die Vorstellung einer niveaufixierten Klassenstruktur aufgibt und darüber hinaus zu der bekannten Präzisierung des Wohlbefindens durch die Weltgesundheitsorganisation (WHO) kompatibel ist (vgl. Allardt 1976: 230ff.; auch Campbell 1981: 221ff.).[37] Demnach können wir als zentrale Parameter des Wohlbefindens folgende Bedürfnisklassen unterscheiden: das 'Bedürfnis zu Haben', das 'Bedürfnis nach Beziehungen' und das 'Bedürfnis zu Sein'. Das 'Bedürfnis zu Haben' läßt sich als primär biogenes Bedürfnis interpretieren: Es bezieht sich auf die materiellen Lebensnotwendigkeiten, die zum physischen Wohlbefinden beitragen. Das 'Bedürfnis nach Beziehungen' und das 'Bedürfnis zu Sein' sind soziogene Bedürfnisse. Ersteres verweist auf das grundlegende Bedürfnis der Menschen nach Sozialität ('sich geliebt und

---

[36] Nach diesem Prinzip entwickeln sich niedere Bedürfnisse zu autonomen, gleichrangigen Bedürfnissen, wenn sie über einen bestimmten Zeitraum die zentraleren Bedürfnisse befriedigen.

[37] Die WHO interpretiert Gesundheit als Synonym für universelles Wohlbefinden und untergliedert dieses in die drei Komponenten 'physisches', 'psychisches' und 'soziales Wohlbefinden': "Gesundheit wird als ein Zustand des völligen körperlichen, seelischen und sozialen Wohlbefindens und nicht nur als Abwesenheit von Krankheit und Gebrechen gesehen" (WHO, im Jahr 1946, vgl. z.B. Vogt 1993: 46; exemplarisch die Informationsschrift der Deutschen Angestellten-Krankenkasse: DAK 1996). Auch in dieser Perspektive erscheint Wohlbefinden als ein Konstrukt, das mehrere Komponenten enthält, die aber gemeinsam und fortwährend, über Zeit- und Situationswechsel hinweg, bedient werden müssen.

gebraucht fühlen', soziales Wohlbefinden) -, letzteres impliziert die Zufriedenheit mit dem 'Selbst' und führt damit zu den Konstrukten Selbstverwirklichung, Selbsterfüllung und Selbstachtung (psychisches Wohlbefinden i.e.S.).

Die Befriedigung der Bedürfnisse erlebt der Organismus in verschiedenen Graden der Zuträglichkeit (für sein Wohlbefinden). Insofern lassen sich aufgrund der vorgeschlagenen Differenzierung drei Arten von Nutzen bestimmen, die Individuen (auf unterschiedliche Weise) 'produzieren' können: biologischer, repräsentativer und selbstbezogener Nutzen. Ersterer erklärt sich hier von selbst, die beiden letzteren Kategorien entsprechen einer Unterscheidung, die von M. L. Richins vorgeschlagen worden ist (1994): Repräsentativer Nutzen ergibt sich aus dem Bedürfnis nach sozialer Integration; "[z]ur menschlichen Reproduktion gehört die Sicherstellung der materiellen Bedingungen des Überlebens genauso wie die fortwährende Lösung des Problems der Weltoffenheit und des Eingehens von 'gesellschaftlichen Verhältnissen'", wie zum Beispiel H. Esser in Anspielung an A. Smith, K. Marx und G. H. Mead erklärt (1993: 243). Selbstbezogener Nutzen entsteht aus dem Streben nach Selbstvervollkommnung, nach Erhaltung und Verbesserung des eigenen Selbstkonzepts i.S. eines geschützten und gesteigerten Selbstwertgefühls: Die Selbstrepräsentationen der Menschen werden konfrontiert mit erwünschten oder unerwünschten Endzuständen, die H. Markus und P. Nurius als "possible selves" bezeichnen (1986). Die Diskrepanz zwischen diesen Zuständen führen zu verschiedenen Arten von Unbehagen; ein Mißverhältnis zwischen dem realen und idealen 'Selbst' z.B. zu Depression, zwischen dem realen und dem 'Sollte-Selbst' zu Angst (vgl. hierzu Higgins, Klein, Strauman 1985). Wie auch immer die handlungsleitende Funktion des Selbstkonzepts modelliert wird, die grundlegende Annahme besteht darin, daß Menschen darum bemüht sind, ein konsistentes und positiv bewertetes Selbstbild aufzubauen und einen negativen Selbstwert, der eine Beeinträchtigung des Wohlbefindens impliziert, zu vermeiden. Es handelt sich im Rahmen instrumenteller Verknüpfungen um antizipierte (End-) Zielzustände mit hohem Anreizgehalt, die den aktuellen Motivationszustand vor dem Hintergrund erhoffter oder befürchteter Selbstverwirklichungen begründen. Handlungen werden daher ausgeführt, weil sie die Menschen zu dem machen, was sie sein wollen. In diesem Sinn schreibt auch B. R. Schlenker Selbstkonzepten eine energetisierende Funktion zu und spricht von "desired selves" (1985b; vgl. auch Gollwitzer 1987; Snyder 1992).

Wenn man eine derartige Spezifikation der Bedürfnisse überhaupt für erfolgversprechend hält - und dieser Weg ist nicht unumstritten (vgl. Heckhausen 1989) -, läßt sich aus Sicht der Theorie der sozialen Identität nach H. Tajfel (z.B. 1978) das Verlangen nach Sozialität als eines der zentralen Mittel betrachten, die zur Realisierung des 'Bedürfnisses zu Sein' (i.S. der positiven Selbstproduktion im Lebensplan durch Selbsterfüllung in der Realisierung der eigenen angelegten Möglichkeiten und Fähigkeiten) dienen können: "[w]ir sind, was wir sind, durch unser Verhältnis zu anderen"

(Mead, in der Ausgabe von 1995: 430). Das Wissen um die personale Identität, die Identifizierung des Selbst, ist zu einem großen Teil Folge vermittelter Fremdbewertungen und zugleich Voraussetzung des Vermögens von Empathie und Sympathie (vgl. Gollwitzer 1987; Frey, Benning 1983; Tajfel, Turner 1979; Vogel 1992: 214; Wicklund, Gollwitzer 1982). Soziale Identität kann daher als eine Art interner Unterkategorie des vermuteten grundlegenden Bedürfnisses nach einem geschützten und positiven Selbstkonzept betrachtet werden. Aus dieser Perspektive ist also einer zweiwertigen Strukturierung der Bedürfnislagen der Vorzug zu geben.

Mit der Identifizierung der beiden zentralen Bedingungsparameter 'Bedürfnis zu Haben' und 'Bedürfnis zu Sein' steht die Klassifikation vordergründig der bekannten Konzeption von R. Inglehart nahe (1977, 1990), ohne allerdings dessen Annahme einer Dimension mit zwei gegensätzlichen Polen vorauszusetzen: Der Mensch dürfte aus lebensnotwendigen Gründen immer an der gemeinsamen und fortwährenden Realisation der beiden Grundbedürfnisse interessiert sein.

Grundsätzlich ist gegen die Konzeption von Maslow und Inglehart einzuwenden, daß die höhere Nachfrage nach einem Bedürfnis nicht die Hierarchie der Befriedigungsgrade begründen kann. Selbst wenn man davon ausgeht, daß für Menschen das 'Bedürfnis zu Haben' eine größere Bedeutung besitzt als das 'Bedürfnis zu Sein', läßt sich daraus nicht ableiten, daß für das 'Bedürfnis zu Haben' ein höherer Befriedigungsgrad anzunehmen ist als für das 'Bedürfnis zu Sein' (vgl. i.d.S. Maslow 1954: 100f.). Gemäß den Regeln der strukturellen Selektion hängt das Ausmaß der Bedürfnisbefriedigung immer auch von den relativen Preisen geeigneter Mittel ab (anschaulich hierzu: McKenzie, Tullock 1984: 64ff.).

Allerdings kann von einer allgemein akzeptierten Strukturierung menschlicher Bedürfnisse und ihrer Wohlbefindenseffekte bisher nicht die Rede sein. Der Forschungsstand stellt sich sehr uneinheitlich dar; die Zusammenhänge haben häufig einen weitgehend spekulativen Charakter; H. Heckhausen spricht sogar davon, daß solche Konzepte im Rahmen motivationstheoretischer Betrachtungen allmählich den "Charakter von Fossilien" annehmen würden (Heckhausen 1989: 467). Diese Einschätzung erscheint allerdings als überzogen, wird man doch unabhängig der gegebenen Schwierigkeiten zur Zeit davon ausgehen, daß aufgrund der inneren Funktionsbedingungen des Organismus das Handeln der Menschen psycho-biologische Bedingungsvariablen einschließt. Und hierzu gehören sicherlich physiologische Reproduktionsbedürfnisse und auch anthropologische Grundbedürfnisse nach Selbsterfüllung: Die bisherigen (einschlägigen) Untersuchungen belegen zumindest die Annahme, daß ein globales Bedürfnis besteht, den Selbstwert zu schützen bzw. zu erhöhen und daß Identitätsziele systematisch gewählt und entwickelt werden (vgl. Frey, Benning 1983; Marcia 1980). Von Bedeutung ist, daß Wohlbefinden und Bedürfnisbefriedigung in einem unmittelbaren Zusammenhang stehen: Das Fundamentalziel 'Steigerung des Wohlbefindens' wird dann erzielt, wenn möglichst alle Grundbedürfnisse verwirklicht werden.

7.2.3. Sozialstruktur, Kultur und rationale Wahl: Die Erzeugung des Wohlbefindens im sozialen Verbund

Handlungen und damit soziales Leben setzen organismische und psychische Bedingungsvariablen voraus. Die Sozialwissenschaften haben lange Zeit diesen Aspekt der Energetisierung vernachlässigt, doch "[w]elches äußerliche Geschehen auch immer wir als gesellschaftlich bezeichnen, es wäre ein Marionettenspiel, nicht begreiflicher und nicht bedeutungsvoller als das Ineinanderrinnen der Wolken oder das Durcheinanderwachsen der Baumzweige, wenn wir nicht ganz selbstverständlich seelische Motivierungen, Gefühle, Gedanken, Bedürfnisse, nicht nur als Träger jener Äußerlichkeiten, sondern als ihr Wesentliches und uns eigentlich allein Interessierendes erkennten" (Simmel, in der Ausgabe von 1992: 35). Letztere Einlassung muß man nicht teilen - sie wird auch von G. Simmel relativiert -, aber die Ebene der psycho-organismischen Trägerschicht sollte Berücksichtigung finden, um auch die beobachtbaren Unterschiede im Handeln erklären zu können.

Die Befriedigung der biogenen und soziogenen Bedürfnisse zum Zwecke der Steigerung des Wohlbefindens ist grundsätzlich nur mittelbar möglich, sagt doch die Existenz von Bedürfnissen noch nichts über ihre handelnde Verwirklichung aus. Diese bedarf der Person-Umwelt-Interaktion, was immer auch die Antizipation von primären Handlungsfolgen impliziert: Ohne den gezielten Austausch mit der Umwelt gibt es keine Bedürfnisbefriedigung. Was Gegenstand dieses Austausches ist, konkretisiert sich in einer kulturgebundenen Unterschiedlichkeit. Zum Beispiel wird das Bedürfnis nach Flüssigkeit in bestimmten Gegenden in erster Linie mit 'Trollinger' als Instrument bedient.[38]

Bedürfnisse sind nach der hier vertretenen Konzeption allgemeine und unspezifische Antriebsenergien, deren Befriedigung und Realisation in ihrer konkreten Ausprägung niemals angeboren, sondern erworben und daher sozial gebunden ist. "Das Ich, die Persönlichkeit, bildet sich sich in Wechselbeziehungen mit dem Ich anderer

---

[38] Regionalspezifische Faktoren sind nicht immer allgemein bekannt: Trollinger ist eine bestimmte Weinsorte, die insbesondere in Baden-Württemberg verbreitet ist.

sowie mit den Erzeugnissen und Dingen seiner Umwelt", wie K. R. Popper anmerkt (in Popper, Eccles 1996: 76). In diesem Sinn verweist auch S. Freud darauf, daß die Lustorientierung der Ergänzung um das 'Realitätsprinzip' bedarf, da eine ausschließlich Orientierung am Lustprinzip für den Menschen gefährlich wäre (in der Ausgabe von 1963). Daher gibt es institutionalisierte Mittel und deren Existenz "defines, regulates und controls the acceptable modes of reaching out for these goals" (Merton 1968b: 133).

Die Idee des gesellschaftlich gebundenen Affekthaushalts gehört zu den Kernelementen sozialwissenschaftlichen Wissens um soziale Tatbestände, in den Worten von N. Elias: [v]ieles von dem, was damals Lust erregte, erregt heute Unlust" (in der Ausgabe von 1993: 282). Menschen sind in ihren allgemeinen Dispositionen nicht lebensfähig, sie bedürfen der Anbindung an kulturelle Regeln, um sich überhaupt verwirklichen zu können. So ist das 'Bedürfnis zu Haben' nicht als solches zu befriedigen, sondern erst im Rahmen der sozialen Spezifikation. Hierin liegt die zentrale Bedeutung der Handlungsleitung und -ermöglichung der sozialen Ebene begründet, wie sie im Entwurf des RREE[E]MM-Konzepts herausgestellt wird (Kap. 2). Die vorsozialen Antriebsenergien sind auf die Verwirklichung im Rahmen der (variablen) kulturellen Handlungsregulation angewiesen. Es handelt sich unter dem Blickwinkel der individuellen Selbsterzeugung um sozial vermittelte Reproduktionsfunktionen, in anderen Worten: Wohlbefinden wird erst im sozialen Verbund 'produziert'. In dieser Formulierung kommt die in der Motivationspsychologie v.a. von E. C. Tolman frühzeitig vertretene Vorstellung zum Ausdruck, "that all we really get are very powerful instrumental values connected by many and relatively strongly acquired belief lassos to a wide variety of ultimate, basic gratifications. If the basic needs could be satisfied without the activities involved in these so-called new needs, the latter would drop out" (1952: 398).

Die sozial-kulturelle Verankerung der Bedürfnisbefriedigung, die soziale Steuerung der Wohlbefindensmehrung, erschließt zugleich die kontextuelle Variation von Handlungslogiken: Wenn niemand die Bundesliga für attraktiv hält, ist auch nicht mit sozialer Anerkennung für die sportliche Betätigung in diesem Bereich zu rechnen. Bestimmte Arten von instrumentellen Zielen zur Wohlbefindensmehrung durch Bedürfnisbefriedigung gelten je nach Handlungsbereich als angemessen und wirkungsvoll, andere dagegen als unangemessen und ineffizient (vgl. Esser 1990: 238). Und gerade als Teilnehmer in einer modernen Massengesellschaft mit ihren hohen öffentlichkeitswirksamen Akzeptanzvoraussetzungen kann es sozial sehr kostenreich sein, weltfremd zu sein. Zum Beispiel ist es als Richter sehr ungeschickt, die juristischen Normen in der Urteilsfindung zu verletzen, wenn man soziale Wertschätzung erlangen will, um sein 'Bedürfnis zu Sein' zu befriedigen. Man bekommt die Befriedigung vielmehr dadurch, daß man sein Verlangen nicht direkt maximiert, sondern die Umwege über die soziale Struktur einhält. Daher weiß man auch, daß der Aspekt der Normverletzung Geltung und Ansehen in Kreisen verspricht, die gewöhnlichen Verbrechensorganisationen zugehörig sind. Allerdings ist anzunehmen, daß der Zugewinn an Ansehen mit zunehmender Zahl der Normvergehen geringer ausfallen wird, d.h. die 'Produktionseffizienz' dieses Faktors nimmt ab (eine typische Annahme in der ökonomischen Produktionstheorie). Abbildung 7-9 stellt diese Verhältnisse dar: Die unterschiedliche Krümmung der Kurvenverläufe spiegelt den instrumentellen Zusammenhang für bestimmte Mengen des Faktors 'Regel- und Normverletzung' wider, die beiden Hälften repräsentieren die dominanten Produktions- und Belohnungsmilieus. Sie legen den 'objektiven' Sinn einer Situation fest. Die Menschen wollen so etwas gerne vergessen. Aber sie wissen es in der Regel längst. Was Anerkennung und Wohlbefinden in dem einen Sinnzusammenhang bringt, bedeutet in der anderen Sinnsphäre einen Verlust.

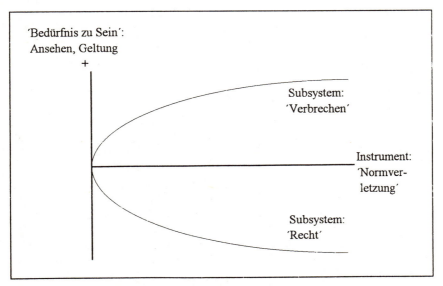

Abb. 7-9: Milieubestimmte Bedürfnisbefriedigung

Ähnliche Gedanken findet man auch bei T. Parsons im Rahmen seines Systems der 'pattern variables' (vgl. Parsons 1952; Parsons, Bales, Shils 1953: 172ff.). In werterwartungstheoretischer Perspektive würde man, wie eingangs herausgestellt, davon sprechen, daß jeder Mensch für bestimmte Situationen ein großes Erfahrungsrepertoire über Anreizwerte, Konsequenzenerwartungen und Instrumentalitäten besitzt. Insofern sind Rollen auf der Ebene des Sozialsystems als kulturelle, sozial generalisierte Erwartungsmuster zu betrachten, die zur notwendigen Strukturierung des Handelns beitragen. Daher wird man aus soziologischer Sicht auf den Rollenbegriff nicht verzichten wollen, aber man sollte die in dieser Begrifflichkeit enthaltene einseitige Betonung invarianter und fixierter instrumenteller Verknüpfungen beachten und - soweit Knappheiten und relative Preise ins Spiel kommen (und dies ist grundsätzlich der Fall) - die Tatsache der fehlenden Ausformulierung der nomologischen Basis nicht übergehen (vgl. Esser 1993: 232ff.; Kunz 1996a: 66f.). Darüber hinaus stellt sich die Frage, wie die psychische Energie des Bedürfnisstrebens nach erfolgter Internalisierung der Rollenerwartungen ihre handlungsleitende Wirkung überhaupt noch entfalten soll. Daher läßt sich in diesem Rahmen auch nicht erklären, wie es zu der beinahe selbstverständlichen Fraglosigkeit der Bindung an bestimmte Rollenmuster kommt und der beinahe ebenso fraglosen Abwahl, wenn sich die Verhältnisse ändern.

Menschen sind ohne Zweifel findig und kreativ, sie versuchen durchaus auch "diejenige Situation herzustellen oder aufzufinden, in der sie die Befriedigung ihrer Bedürfnisse erwarten" (Kuhl 1983: 115); aber bei allen Variationsmöglichkeiten sind es die sozialen Regeln, die die situationsspezifische Effizienz der 'Wohlbefindensproduktion' steuern. Die Akteure sollten daher den Sinn einer Situation möglichst gut erkennen, wenn sie die Mittel zur Bedürfnisbefriedigung erlangen wollen. So wird für jeden Akteur "[d]ie Beachtung der sozialen Regeln ... eine Angelegenheit, die in *seinem* eigenen Interesse liegt" (Esser 1995: 90). Darum also arbeiten die Arbeiter.
    Eindeutig zu lokalisierende Subsysteme beruhen auf bekannten, vergleichsweise festgelegten instrumentellen Verknüpfungen zur Erzeugung von Wohlbefinden mit generalisierten Anreizwerten, die in ihrer Mehrzahl aus einer langen sozial-kulturellen Evolution hervorgegangen sind. Häufig sind es Verfügungsnormen, die für die gesellschaftliche Steuerung der 'Selbstproduktion' von Bedeutung sind: Sie legen die relativen Preise dadurch fest, daß bestimmte Ressourcen nicht in besonderer Weise genutzt werden dürfen ('property rights'; vgl. Demsetz 1967). Aufgrund der institutionellen Vorgaben wissen hier die handelnden Akteure und ihre Interaktionspartner, wie sie ihre primären Instrumente zur Wohlbefindenssteigerung und Bedürfnisbefriedigung maximieren können. Sie werden daher ein Verhalten vermeiden, das genau das Gegenteil bewirkt (sind aber, wie gesagt, nicht darauf fixiert: Wer in der globalen Wissenschaft Reputation erlangt, bedarf nur noch in eingeschränktem Maße des Ansehens im lokalen Tennisverein; "[n]eue Handlungsmuster werden deshalb akzeptiert", wie M. Hennen in utilitaristischer Perspektive schreibt, "weil die ... Lust-Unlustbewer-

tungen die Situation mit Attraktivitätschancen für die Lebensführung und Lebensbewältigung besetzen; 1990: 75). Die Kalkulationen im Rahmen des verbesserungsorientierten Grundantriebs erklären, daß die Akteure in ihrem eigenen Interesse die vorhandenen, quasi-objektiven Möglichkeiten für ein bestimmtes Handeln nutzen und damit (weil sich die Bedürfnisse in der nächsten Generation i.d.R. auch mit Abweichungen bedienen lassen: in Variationen) wieder reproduzieren. Normorientiertes und kooperatives Handeln findet hier seine motivationale Grundlage. Denn fehlt die Regelorientierung und/oder das Erfahrungswissen, sind die Akteure in Gefahr, Opfer ihrer eigenen Phantasie zu werden. Wirklichkeitsferne ist zwangsläufig mit Enttäuschungen verbunden und daher für den einzelnen ein teurer Luxus.

Im allgemeinen wollen die Menschen die Spiele, an denen sie beteiligt sind, nicht verlieren, geraten sie doch ansonsten in Gefahr, den Organismus mit seinen psycho-biologischen Bedürfnissen zu blockieren. Sie werden sich daher auch solche Ziele setzen, die die Möglichkeit, erfolgreich zu sein, nicht von vorneherein als aussichtslos erscheinen läßt (vgl. Lewin et al. 1944: 335). Auf diesen Zusammenhang hat wiederholt vor allem J. W. Atkinson im Rahmen seiner Forschungen zu den Bedingungen und Folgen der Leistungsmotivation hingewiesen: Nach den Annahmen der (SEU-kompatiblen) Risikowahltheorie wird sich selbst ein leistungsorientierter Akteur kaum um eine Aufgabe bemühen, die so schwierig ist, daß praktisch keine Erfolgsaussichten für ihre Bewältigung bestehen (vgl. Atkinson 1957, 1964).

Darüber hinaus vermitteln die 'offenen', gut strukturierten Ketten instrumenteller Zusammenhänge auch dem Außenstehenden oder Einsteiger in spezifische Sinnsysteme, daß es durchaus sehr nützlich sein kann, auch einmal unangenehme, das Wohlbefinden unmittelbar vermindernde Tätigkeiten zu verrichten: Handelnde leben nicht in einem zeitlichen Vakuum, Handlungen sind, so ja auch der Ausgangspunkt der bisherigen Überlegungen, in Handlungsprogramme eingebunden, in denen die einzelnen Handlungen in einem Abhängigkeitsverhältnis untereinander stehen. Die Wahl von unangenehmen Aktivitäten dient so der Ermöglichung von angenehmen Handlungen, so daß die Handlungsbilanz im Hinblick auf die Möglichkeiten der Wohlbefindenssteigerung wieder positiv ausfällt (vgl. Abb. 7-10; nach Elster 1986d: 105; Ramb 1993: 4). Und es ist ihre Valenz, die das Handeln auf einer früheren Stufe energetisiert. Hervorzuheben ist daher auch die zweiseitige interne Strukturierung dieses Vorgangs: Das 'Produktionsgeschehen' verbraucht im Rahmen der Energetisierung menschlichen Handelns fundamentale Güter, um instrumentelle Güter herzustellen, die wiederum zur Befriedigung der fundamentalen Bedürfnisse beitragen.

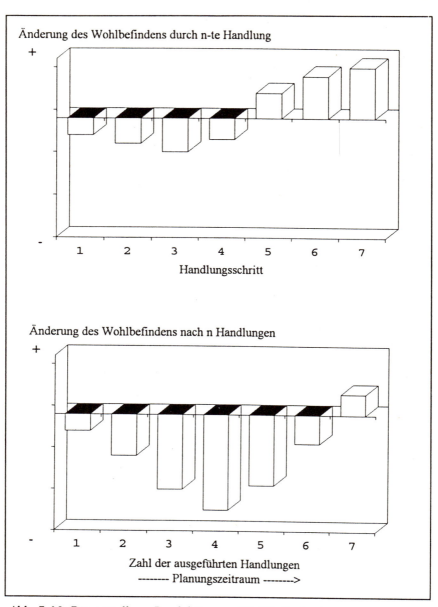

Änderung des Wohlbefindens durch n-te Handlung

Handlungsschritt

Änderung des Wohlbefindens nach n Handlungen

Zahl der ausgeführten Handlungen
-------- Planungszeitraum -------->

Abb. 7-10: Die mittelbare Produktion von Wohlbefinden in Handlungsprogrammen

Insbesondere anspruchsvolle Programme verlangen Investitionen und zeitlichen Gratifikationsaufschub, die aber aufgrund ihrer Hierarchisierung im Handlungsplan mit dem verbesserungskalkulierenden Grundantrieb vereinbar sind bzw. erst hierin ihre motivationale Grundlage finden. Das Beispiel aufwendiger Bildungskarrieren verdeutlicht den Sachverhalt: Um sein Studium erfolgreich abzuschließen, muß man eine ganze Menge sehr unangenehmer Aktivitäten ertragen und ausführen. In Anbetracht der Zerbrechlichkeit derartiger Motivationslagen dürfte der Belohnungsaufschub aber i.d.R. durch zusätzliche, kurzfristig wirksame Anreize gestützt werden. Handlungen, die sich erst in Zukunft auszahlen, erlangen so einen Vorteil gegenüber anderen in der Gegenwart (insbesondere durch generalisierte Austauschmedien wie Macht oder Geld induziert, vgl. Hennen, Springer 1996: 33).

Es ist offenkundig, daß in den grundlegenden Kalkülen der Zeithorizont des einzelnen eine zentrale Rolle spielt. Der einzelne handelt mit dem Ziel, in einem von ihm überschauten Zeitraum eine Verbesserung seiner Lage und damit seines Wohlbefindens zu erreichen. Die Diskontrate wird aber häufig sozial gestützt, da anspruchsvolle Formen menschlichen Handelns unauflösbar im kulturellen Verbund programmgebunden sind. Insofern repräsentieren elaborierte Handlungsprogramme bewährte Muster des Handlungsvollzugs, derer sich die Akteure bedienen können. Von Bedeutung ist die Generalisierungsfähigkeit dieser Perspektive: Jede, das Wohlbefinden steigernde Befriedigung der biogenen und soziogenen Bedürfnisse setzt das Wissen über die Instrumente, mittels derer die Realisation erfolgreich ist, voraus.

Dieses Wissen ist sozial vermittelt, mehr oder weniger sicher und zumeist in aufwendigen Lernprozessen beigebracht: Nach der stellvertretenden Verstärkung im Rahmen des Lernens am Modell ('observational learning') behalten die Akteure diejenigen Modelle einer Situation im Gedächtnis, gemäß denen das Handeln anderer Akteure in hohem Maße belohnt wird und die ihnen daher als besonders nützlich erscheinen (vgl. Bandura 1971b). Dies gilt insbesondere für Modelle mit hohem Prestige und hoher Problemlösungskompetenz. Die erfolgreichen Modelle werden daher nachgeahmt oder aktiviert, wenn sich die Situation auf ähnliche Weise wiederholt. 'Kollektives' Instrumentalwissen entsteht, wenn gleichförmige Sozialisationsbedingungen und Sozialisationstechniken die Wirksamkeit der jeweiligen Verstärkerwirkungen generalisieren. "Normative training is thus training in which goal should be dominant in a situation", wie S. Lindenberg herausstellt (1992c: 298).

Insofern begründet der Sozialisationsprozeß die Kompetenzen, um mit den elementaren instrumentellen Ketten zur Erzeugung von Wohlbefinden im sozialen Verbund auf rationale Weise, d.h. effektiv, umzugehen. Neben den Möglichkeiten zur (normativen) Selbstverpflichtung, d.h. auch einmal einen Schritt zurückgehen zu können, um zwei Schritte voranzukommen - vgl. hierzu insbesondere die Arbeiten von Th. C. Schelling (1984, 1992) und G. Ainslie (1992: insbes. 130ff.) -, sind hier vor allem noch Aspekte des 'human' und 'cultural capital' relevant (kulturelle Kompetenzen zielen auf die Fähigkeit, kulturelle Phänomene anzuwenden oder in Rechnung zu stellen, die eine Verhaltensregulierung durch Symbole erzeugen. Hierzu gehört z.B. die Sprache, die ein Regelwerk für die Verständigung vorgibt, so daß das Handeln vieler miteinander koordiniert werden kann). Menschen erleben sich daher auch als verändernde und entwickelnde Wesen. Inwieweit sie in ihr eigenes 'Kapital' investieren, ist selbst Gegenstand des ökonomischen, rationalen Kalküls. Der Investitionsaufwand hängt ab von den damit verbundenen Kosten, von der Erwartung, ob man das Wissen in der Zukunft nutzen kann, von der Intensität, mit der man zusätzliches Kapital benötigt, und - wie beschrieben - von den Möglichkeiten, auf Erfahrungen von Dritten rekurrieren zu können. Auch hieraus erklärt sich, daß nur wenige Akteure die üblichen Regeln der Bedürfnisbefriedigung verlassen (und auf sehr außergewöhnliche Instrumente umsteigen).

Diese Überlegungen weisen auch darauf hin, daß eine radikale Änderung der gesellschaftlichen Umstände, unter denen die Bedürfnisse erfüllt und das Wohlbefinden bedient werden muß, dazu führen wird, daß die Akteure sich den neuen instrumentellen Bedingungsreihen ohne langwierige Internalisierungsprozesse anpassen (vgl. z.B. die die Diskreditierung kommunistischer Kaderorientierungen im Transformationsprozeß Osteuropas). Bereits Maslow hat hervorgehoben, daß Bedürfnisse als Push- und Pullfaktoren wirken (1954): Das Handeln wird nicht nur von innen angetrieben ('pushed'), sondern auch von Befriedigungsmöglichkeiten angezogen ('pulled'). Menschen orientieren sich hinsichtlich der Erzeugung und Mehrung ihres Wohlbefindens an den jeweils gegeben Umweltbedingungen. Daher entwickeln sie auch ein starkes Interesse an denjenigen Mitteln, die besonders effizient ihre Bedürfnisse befriedigen und insofern besonders wichtig für ihr physisches und psychisches Wohlbefinden sind. Diese Sichtweise korrespondiert mit einschlägigen Überlegungen im Rahmen des sozio-ökologischen Ansatzes zur Identitätsbildung, nach denen es nicht nur die Reaktionen der Mitmenschen sind, die die persönliche Identität bestimmen, "sondern auch die materiellen Objekte, mit denen wir uns umgeben, und die Umwelten, die 'opportunity structures', in die wir eingebettet sind" (Gollwitzer 1987: 176). So bestimmen diese in vielen Fällen selbstgewählten Strukturen die Qualität der individuellen Lebensform: Der Beruf, 'geliebte' Lebensgewohnheiten, religiöse und politische Überzeugungen, Geld und Vermögen, alle möglichen Arten von Symbolen können eine solche Nähe zu den vitalen inneren Funktionsbedingungen aufweisen, "obwohl man die Symbole weder essen noch von ihnen geliebt werden kann" (Esser 1995: 97). Diese Güter sind also 'an sich' wertlos, aber sie erlauben in dem gegebenen Rahmen die primär wichtigen Ziele zu erreichen. Eine gesellschaftliche Entwertung oder allgemeine Verknappung solcher wichtigen strukturellen und kulturellen 'Produktionsfaktoren' kann daher zu einer kollektiv gleichförmigen Änderung der instrumentellen Pfade durch die handelnden Personen führen, ohne daß eine aufwendige Sozialisierung hierfür Voraussetzung wäre.[39] Insofern handelt es sich lediglich um eine Variation der Idee, daß die handlungstheoretische Modellierung sozialer Prozesse die Änderungen in den Restriktionen berücksichtigen muß.

In einer generalisierenden Sichtweise machen diese Überlegungen nochmals auf die Bedeutung der instrumentellen Ketten zur Allokation von Wohlbefinden als Kern einer 'objektiven' Strukturierung der Situation und damit des Handelns aufmerksam. Vor allem S. Lindenberg hat herausgestellt, daß die Unterschiede zwischen den Sozialverbänden und innerhalb einer Gesellschaft in erster Linie auf die Mittel zurückzuführen sind, über die die Akteure zur Realisierung ihrer grundlegenden Bedürfnisse verfügen (z.B. 1989). Diese Mittel variieren mit der Ressourcenausstattung der Akteure, d.h. vor allem mit ihrer sozialen Position, also mit der Zugehörigkeit zu sozialen Gruppen. Je nach Lebenslage und sozialer Position können die Akteure unterschiedliche Instrumente nutzen, um ihre Bedürfnisse zu realisieren. So erklärt sich "die Bindung an die 'objektiv' vorgegebenen Erwartungen ohne größere Variationen zwischen den Akteuren, die die gleiche soziale Position innehaben" (Esser 1995: 82); so erklären sich die so unterschiedlichen Interessen zwischen den Gruppen; so erklärt sich der kollektive Wandel von Interessen ohne besondere Abstimmung untereinander; in anderen Worten: Die soziale Position strukturiert und moderiert die instrumentellen Verknüpfungen. Hieraus läßt sich eine nach Lindenberg zentrale Regel struktureller Gesellschaftsanalyse ableiten: Untersuche die sozialstrukturel-

---

[39] Aufgrund der menschlichen Funktionsbedingungen läßt sich daraus das nachhaltige Bestreben der Akteure ableiten, sich v.a. auf den Erwerb der zur materiellen und physischen Existenzsicherung benötigten Ressourcen zu konzentrieren, wenn diese knapp werden.

len Umstände, unter denen eine Person systematisch ihre grundlegenden Bedürfnisse bedienen kann (1991: 60).

Der Grundgedanke ist auf einfache Weise am Beispiel der Vorgehensweise von A. Smith in seinem Werk 'Wohlstand der Nationen' zu verdeutlichen (vgl. Lindenberg 1981a: 31, nach Smith, in der Ausgabe von 1993). Smith geht davon aus, daß in modernen, arbeitsteilig organisierten Volkswirtschaften Arbeit und Boden sowie Kapital die Grundlage des Produzierens und damit zumindest auch physischen Wohlbefindens der Gesellschaftsmitglieder sind. Die Verfügbarkeit über diese Ressourcenkomponenten sind jeweils in einer bestimmten sozialen Klasse zu verorten, Smith unterscheidet zwischen Arbeitern, Landbesitzern und Unternehmern. Die Chance, daß die einzelnen Akteure ihr physisches Wohlbefinden steigern konnten, war v.a. dann gegeben, wenn sie als Arbeiter nach höherem Lohn, als Landbesitzer nach möglichst hoher Rente und als Unternehmer nach Profit strebten. Da diese instrumentell begründeten Interessen miteinander in einer Wechselbeziehung stehen, lassen sich auf dieser Grundlage auch Klassenkonflikte vorhersagen. Umwälzungen (wie in den osteuropäischen Ländern) können zu einer Neudefinition der instrumentellen Verknüpfungen führen, die wiederum eine neue Gesellschaftsgliederung implizieren.

Soziale 'Produktionsfunktionen' sind i.d.S. die Grundlage der sozialen, institutionellen und kulturellen Struktur einer Gesellschaft. Hierin liegt eine elementare sozialwissenschaftliche Sicht auf gesellschaftliche Verhältnisse begründet, die auch aus der psychologischen Perspektive zu begründen ist. Die gegliederten Belohnungskontingenzen unterstützen die immer auch zweiseitige Strukturierung der personalen bzw. sozialen Identität: Menschen gewinnen ihr soziales Selbst sowohl durch Anpassung an andere als auch durch Differenzierung von anderen (vgl. z.B. Brewer 1991; Brown 1992). Mit Hilfe sozialer 'Produktionsfunktionen' bzw. der für sie relevanten Mittel (und der durch ihren Einsatz kategorisierten Reaktionsmuster) ist auf einfache Weise sowohl die Zugehörigkeit als auch die Abgrenzung zu bestimmten Bezugsgruppen zu demonstrieren,[40] wobei der glaubhafte Modus von

---

[40] Vgl. hierzu beispielhaft die Untersuchungen von R. J. Brown (1978) oder S. Skevington (1981). Es handelt sich i.S. H. Tajfels um die Herstellung positiver Distinktheit (Hg., 1978). Insbesondere relationale Intergruppenvergleiche tragen zur Selbstwertschätzung bei: Da sich ein Teil der personalen Identität aus Gruppenbindungen definiert, gibt es eine Präferenz, die 'Eigengruppen' im Vergleich mit anderen Gruppen eher positiv als negativ zu sehen (vgl. hierzu auch den Ansatz von W. B. Swann, der in seiner 'self verification theory' beschreibt, wie die Menschen ihre Selbsteinschätzungen stützen, indem sie sich als Gesprächspartner nur solche Mitakteure aussuchen, von denen sie wissen, daß sie ihnen nicht widersprechen [1983], oder vgl. auch die Überlegungen von A. Tesser und J. Campbell, die in ihrem Konzept der 'self-evaluation maintenance' Strategien analysieren, wie man z.B. durch einen wettbewerbsorientierten sozialen Ver-

Bedeutung ist: Es geht nicht nur um die in den Augen anderer adäquaten Mittel und Kompetenzen, sondern auch darum, die sich daran anknüpfenden Interessen zugeschrieben zu bekommen (vgl. Gollwitzer 1986). Verweigert das soziale Umfeld die Anerkennung erworbener Identitätsindikatoren, kann dies sogar zu Identitätskrisen führen ('imposter'-Phänomen: Harvey; Katz 1986). Daher läßt sich aus dem zitierten Beispiel nach A. Smith auch entnehmen, daß die Absicherung und Verstärkung von bestimmten instrumentellen Ketten im Interesse derjenigen liegen dürfte, die aufgrund der ihnen zur Verfügung stehenden und gesellschaftlich bedeutsamen Mittel die entsprechenden Valenzen ausbilden können. Man kann das häufig erstaunliche Engagement der Akteure in ihren Handlungszusammenhängen nur zu gut verstehen. Und das selbstinszenierte 'Outing' ist nichts anderes als der gezielte Wechsel auf konkurrierende 'Produktionsfunktionen'. Menschen versuchen im Rahmen ihrer Möglichkeiten immer auch diejenigen Situationen herzustellen, in denen sie die ihr Wohlbefinden maximieren können.

In dieser Hinsicht ist die Eindeutigkeit und Generalisierungsfähigkeit der von Lindenberg herausgehobenen Strukturperspektive zu relativieren und stärker auf den Prozeß und die Wirkungen subjektiver Handlungsrahmungen einzugehen (hierzu im Detail: Kap. 8). Hierauf weisen im übrigen auch die Ergebnisse der empirischen Sozialforschung hin. Die sozialen Regeln, die die situationsspezifische Effizienz der instrumentellen Handlungspfade steuern, verlieren in vielen Bereichen an Bindungskraft, tradierte Strukturen lösen sich auf und das Interesse der Eltern, sich in der Erziehung ihrer Kinder (als Training im Umgang mit Normen und institutionellen Restriktionen) zu engagieren, nimmt ab. Dieser, für sich zunächst einmal erstaunliche Sachverhalt läßt sich erklären, wenn man in der Terminologie der Produktionstheorie nach den Gründen der Erziehung fragt: Was motiviert Eltern eigentlich dazu, in die Erziehung (als Output) zahlreiche Ressourcen (wie Zeit, liebevolle Aufwendungen, etc.) zu investieren? Aus dieser Perspektive antwortet M. M. Marini (die hier gestellten Fragen entsprechen der zweiten in Kap. 3 genannten Teilfrage von Coleman 1990: 35, 1995a: 311): "In advanced industrial societies it is the nonmaterial benefits of children to parents that are likely to motivate investment in parenting. These nonmaterial benefits include love, respect, companionship, stimulation, and the sense of meaning and fulfillment that comes vicariously through the achievements of children and the link they provide to posterity. All of these nonmaterial benefits are enhanced when social norms and values are internalized in child-

---

gleich Urteile über eigene Selbstaspekte bildet [1983]). Auch empirische Forschungsarbeiten stützen die Vermutung, daß die Gelegenheit, Diskriminierung zwischen Gruppen zu betreiben, indirekt zu einem erhöhten Selbstwert führt (vgl. z.B. Lemyre, Smith 1985; Oakes, Turner 1980). Aufgrund des vermuteten Grundbedürfnisses nach einem positiven Selbstkonzept folgt daraus die Steigerung des Wohlbefindens.

ren. Internalization of norms and values in children also has the short-term benefit of making life easier for parents because children who become increasingly self-regulating in a way that is approved of by parents require less parental control" (Marini 1992: 39). Die Variationen der elterlichen Investitionen in den Erziehungsprozeß erklärt Marini mit vier Mechanismen (vgl. Marini 1992: 39f.):

(1) Der Mechanismus der externen Kontrolle: Je weniger die Eltern Kontrolle über die (soziale, berufliche, etc.) Zukunft ihrer Kinder haben, desto wichtiger wird die Internalisierung von Normen für die Zukunft der Kinder, d.h. zugleich für die Realisierung der in der zitierten Basishypothese genannten Nutzenargumente.

(2) Der Mechanismus des sozialen Kontextes: "The more heterogeneous the society and the lower the degree of normative and value consensus, the more likely that socializing influences outside the family will not be congruent with the messages communicated by parents" (Marini 1992: 40). Dann wären aber die "nonmaterial benefits" kaum zu erlangen.

(3) Der Mechanismus alternativer Belohnungswege: "If parents have other sources of support and satisfaction that compete with their children for their interest and time, parents will be less dependent on child outcomes for the satisfaction of their own needs and will therefore invest less to secure child outcomes that serve their interests" (Marini 1992: 40).

(4) Der Mechanismus der Interaktionsfrequenz: "If a parent is distant from the child as a result of divorce or other factors that interfere with a close relationship, there will be little incentive to invest in the child because the outcome is of little consequence to the parent. In fact, to the extent that such investment is seen as benefitting an estranged spouse, there will be a disincentive to invest in the socialization of that spouse's children" (Marini 1992: 40).

Vergleicht man diese Zusammenhänge mit den Gegebenheiten in vorindustriellen Gesellschaften (in denen in erster Linie materielle Güter bzw. Versorgungsleistungen die Erziehungsbemühungen belohnten), dann läßt sich auf diese Weise zeigen, unter welchen Bedingungen sich die hier relevanten Teile der Kultur ändern bzw. geändert haben (vgl. Lindenberg 1990a: 276): Grundsätzlich ist es für Eltern heute weniger wichtig, daß ihre Kinder das aus ihrer Sicht Richtige wählen, da die Sozialversicherung auf jeden Fall ihre physische Existenz sichert. Darüber hinaus lösen sich viele Probleme durch den Wohlfahrtsgewinn moderner Gesellschaften: Wenn es den meisten Familienmitgliedern möglich ist, sich in ein eigenes Zimmer zurückzuziehen, treten bestimmte Formen negativer, das Wohlbefinden beeinträchtigende, Externalitäten erst gar nicht auf, die nur durch sozialisierende Bemühungen zu lösen wären. Und schließlich bekommen Eltern auch weniger Unterstützung durch ihr Umfeld für eine strikte Erziehung, wenn die Unterweisung in der Befolgung sozialer Normen allgemein an Bedeutung verliert (vgl. den Effekt der 'sozialen Norm' nach Ajzen und Fishbein: Kap. 7.1.1). Das Interesse der Eltern, in den Erziehungsprozeß zu investieren, nimmt daher ab, so daß die Schlußfolgerung naheliegt, daß sich die instrumentellen Verknüpfungen im Rahmen der 'Produktionsfunktionen' besonders in differenzierten und individualisierten Gesellschaften vielleicht variantenreicher darstellen, als man dies ohne empirische Untersuchungen vermuten würde; man denke nur an die variierenden Instrumente für das 'Bedürfnis nach Beziehungen', die gerade 'in' sind. Je mehr die Möglichkeiten expandieren, desto aktiver sind die Individuen selbst z.B. an der Entstehung sozialer Milieus beteiligt (vgl. Schulze 1993: 177ff.). Auch wenn solche eher ideosynkratischen Effekte sicherlich in Abhängigkeit des Lebenszyklus betrachtet werden können, sollte man die Betonung des strukturellen Elements im Rahmen der hier vorgebrachten Überlegungen nicht zu weit treiben; Normen oder Institutionen entfalten häufig ihre Wirkung v.a. unter dem Gesichtspunkt des Angebots von Handlungsorientierungen. Die Sozialwissenschaften werden daher auch nicht außer Kraft gesetzt; es ändert sich lediglich der handlungstheoretische Status situativer Gegebenheiten: Von einschränkenden werden sie zu ermöglichenden Bedingungen. Insofern ist die Logik der Situation immer auch kontingent.

Vor diesem Hintergrund sollten Intentionen einer eigenständigen Variation der Handlungspfade nicht von vorneherein ausgeschlossen werden, zumal die Wohlfahrt des einzelnen nicht nur von der effizienten Nutzung der Welt, sondern auch von der "erfolgreichen Erschließung der Welt" abhängen kann (Kirsch 1993: 183). Daher ist nicht nur die Quantität und Qualität der nutzbaren Ressourcen von Bedeutung. Vielmehr ist auch die 'Qualität' des sie nutzenden Menschen zu berücksichtigen; "if a thing is to be useful, it must be not only of an availing nature, but in availing hands", wie J. Ruskin schreibt (zitiert bei G. Kirsch 1993: 184; vgl. hierzu auch Coleman 1995b: 251f.). Auch M. Csikszentmihalyi hebt (in kritischer Auseinandersetzung mit dem 'Lustprinzip') hervor, "[d]ie Befriedigung von Grundbedürfnissen mag eine Voraussetzung für das Erleben von Freude sein, verschafft aber selber noch kein Gefühl der Erfüllung. Wir müssen ständig wachsen, neue Fähigkeiten entwickeln und neue Herausforderungen annehmen, um ein Selbstkonzept als voll funktionierendes menschliches Leben aufrechterhalten zu können" (1985: 226). Daher verweist auch P. M. Gollwitzer darauf, daß "Personen mit Identitätsabsichten ... Sisyphusarbeit leisten [müssen]: Um von sich behaupten zu können, die erstrebte Identität zu besitzen, müssen sie relevante Indikatoren erwerben. Indem sie dies tun, eröffnen sich aber ständig neue Möglichkeiten. Diese Möglichkeiten müssen genützt werden, um weiterhin von sich behaupten zu können, diese Identität zu besitzen" (1987: 179). Insofern hängt das persönliche Selbstwertgefühl grundsätzlich vom wahrgenommenen Grad der Einzigartigkeit ab (vgl. Snyder, Fromkin 1980).

Aber diese Einzigartigkeit - und dies ist der hier entscheidende Gedanke - wird nicht um jeden Preis verfolgt, kann sich auf Dauer nur im Rahmen bewährter Reaktionsmuster einstellen und ist immer auch vom sozialen Umfeld abhängig. Die Welt ist eben nicht einfach eine große Bühne, wie die populären Verheißungen nach Individualität oder 'wirklicher Selbstbestimmung' glauben machen wollen. Soziales Leben korrigiert die falsche Definition der Situation im Zweifelsfall sehr schnell; auch das Theater bedarf der akzeptierten Deutung ("[o]b man nun ein Theater oder eine Flugzeugfabrik auf die Beine stellen will, man muß für Parkplätze und Garderoben sorgen, und das sollten wirkliche Parkplätze und Garderoben sein, für die man auch eine wirkliche Diebstahlversicherung abschließen sollte": Goffman 1977: 9). So sind es unzweifelhaft die 'objektiven' Vorgaben der Situation, die in vielen Fällen lediglich eine moderate Variation in Abhängigkeit bestimmter Lebenslagen und sozialer Positionen zulassen und damit die typisierte Strukturierung durch die Akteure implizieren (Gesellschaft hat Geschichte, in deren Verlauf bestimmte "Identitätstypen" entstehen, "die im individuellen Fall erkennbar sind": Berger, Luckmann 1980: 185). Auch methodologisch ist diese Voraussetzung von Bedeutung: Der Betrieb der Sozialwissenschaften ist nur vor dem Hintergrund der für viele Akteure gleichartigen Handlungsbedingungen zu denken. Und die Akteure wissen i.d.R., daß es gerade die strukturellen Opportunitäten, die institutionellen Regeln und signifikanten Symbole sind, die es ihnen ermöglichen, ihre eigentliche Ziele, ihre Bedürfnisse und damit ihr Wohlbefinden, effizient zu bedienen. "Was dann nach außen so aussieht wie eine brave oder durch Sanktionen erzwungene Befolgung sozialer Normen, ist tatsächlich oft nichts anderes als die intelligente Umsetzung der eigenen Intentionen in ein situationsgerechtes und im Prinzip intelligent-absichtvolles, mithin: sinnhaftes, Handeln" (Esser 1995: 95). Die Wirkung sozialer Regeln und institutioneller Beschränkungen im Handeln der Menschen ist daher kein Ausdruck von 'Zwangswahlen' (Kap. 5.1), sondern unmittelbare Folge ihrer rationalen Kompetenz.

Wie auch immer die Akteure ihre Kompetenzen nutzen, an den Gedanken einer 'objektiven' Gliederung der Situation und der dadurch erzeugten Rahmung des Handelns, kommt man prinzipiell nicht vorbei. Jedes Handeln bedarf vorausgehender Strukturierungen, die rationale Wahl kann nicht nur als eine eindimensionale, punktuelle Nutzenmaximierung verstanden werden. In den komplexen gesellschaftlichen Interaktionsfeldern würde das Maximieren auf alle denkbaren Alternativen die Funktionsbedingungen des Organismus sogar in Frage stellen. Menschen handeln daher nicht in jeder Einzelsituation im Hinblick auf alle möglichen Varianten optimierend, sondern immer nur unter den Bedingungen, die ihrem Leben die notwendige Struktur und Kohärenz geben. Daher ist immer auch ein grundlegendes Verständnis der gleichförmigen instrumentellen Verknüpfungen im sozialen Verbund, der 'sozialen Produktionsfunktionen' nach S. Lindenberg und H. Esser, gefragt. Sie bilden die Grundlage für den untrennbaren Zusammenhang von subjektiver Identität und gesellschaftlicher Wirklichkeit: "Ist sie (die persönliche Identität, VK) erst einmal geformt, so wird sie wiederum durch gesellschaftliche Beziehungen bewahrt, verändert oder sogar neu geformt. Die gesellschaftlichen Prozesse, durch die sie geformt und bewahrt wird, sind durch die Gesellschaftsstruktur determiniert. Umgekehrt reagiert Identität, die durch das Zusammenwirken von Organismus, individuellem Bewußtsein und Gesellschaftsstruktur produziert wird, auf die vorhandene Struktur, bewahrt sie, verändert sie oder formt sie sogar neu" (Berger, Luckmann 1980: 185).

Diese Sichtweise hat im übrigen folgenreiche Implikationen: Es wird - in Abgrenzung zu einer weit verbreiteten Vorstellung in der Sozialphilosophie - ausdrücklich dargelegt, daß die subjektive Definition der Situation sozial vermittelt ist, kollektive Gerechtigkeitsvorstellungen sich daher auch nicht im interpretativen Vakuum entwickeln lassen und insofern soziale Normierung nicht absolut zu fundieren ist (die Natur ist moralisch indifferent, darüber läßt sich in keiner Weise hinwegsehen, vgl. Vogel 1989). Die Einführung eines unbedingten Bezugsrahmens, einer exogen bestimmten Ordnung, geht weit hinter das Programm der klassischen Ökonomen zurück (vgl. Albert 1977; Kunz 1996a: 71ff.). Aber es ist (auch aufgrund der unentschiedenen Fragen zur Bedürfnisstrukturierung) noch nicht befriedigend genug geklärt, wie für empirische Untersuchungen diese instrumentellen Ketten in Anbetracht gesellschaftlicher Differenzierungsprozesse und der zunehmenden Kreuzung sozialer Kreise generell zu spezifizieren sind. Insofern handelt es sich bei dem Ansatz der sozialen 'Produktionsfunktionen' eher um einen konzeptionellen Rahmen, der im Einzelfall der theoretischen Stützung und Ausdifferenzierung bedarf und keinesfalls empirische Analysen ersetzen kann (vgl. Abb. 7-11, nach Lindenberg 1992c: 293).[41]

---

[41] Vielleicht sollte man auch weniger mißverständlich, wie eingangs herausgestellt, grundsätzlich von einem sozialen 'Produktionskorridor' sprechen. Für eine erklärungskräftige Theorie muß präzise angegeben und erfahrungswissenschaftlich begründet werden, welche Bedürfnisse es sind, um deren wirksame Befriedigung es hier geht. Die Diskussion zum Wohlbefinden bietet hierfür zahlreiche Anknüpfungspunkte. Im übrigen stellt sich selbst bei einer überzeugenden Lösung des Spezifikationsproblems der Hauptmaximanden in den 'Produktionsfunktionen' noch die Frage, ob nicht unterschiedliche Wertorientierungen für funktional äquivalente 'Produktionswege' zu berücksichtigen sind (vgl. hierzu auch Hechter 1994; Kelle, Lüdemann 1995). Ohne weitergehende empirische Untersuchungen wird es hier keine Lösungen geben; die Hoffnung (von Lindenberg und Esser geteilt), lediglich aus der Perspektive des externen Beobachters aufgrund deduktiver Analysen, unabhängig empirischer Erhebungen, zu Erkenntnissen zu kommen, wird sich - und dies gilt für jeden Ansatz, der lediglich der modellanalytischen Tradition der Ökonomie verpflichtet ist - auch in diesem Zusammenhang kaum erfüllen (vgl. Kunz 1996a: 196ff.). Die Angabe von instrumentellen Hauptzielen (wie Status, Affekt oder Bestätigung: Lindenberg 1984b: 175) löst dieses Problem im übrigen nicht: Welche spezifischen Handlungsweisen in einem konkreten Zusammenhang ausgeführt werden, läßt sich daraus auch nicht ablesen; dieses Problem bleibt für spezifische Untersuchungsprobleme eine Frage *empirischer* Analysen. Grundsätzlich wird man davon ausgehen können, je konkreter die Fragestellung, desto niedriger wird man in der Hierarchie der 'Produktionsmittel' sein und desto mehr empirische Arbeit ist notwendig. Für empirische Untersuchungen zu den Grundlagen und Folgen individuellen Handelns in den konkreten gesellschaftlichen Problembereichen bieten Ansätze, wie diejenigen von Ajzen und Fishbein oder die in Kapitel 7.1.3 diskutierten Variationen ihrer Konzepte, die derzeit besten (oder am wenigsten schlechten) Möglichkeiten.

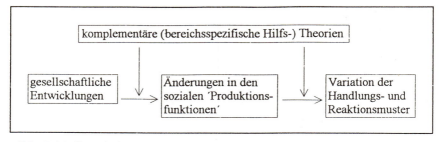

Abb. 7-11: Soziale 'Produktionsfunktionen' als konzeptioneller Rahmen für die Analyse gesellschaftlicher Strukturen

Wir wollen daher die Diskussion an dieser Stelle abbrechen und lediglich noch einmal darauf hinweisen, daß sich das Handeln der Akteure als rationaler Umgang mit ihren Ressourcen zur Steigerung des persönlichen Wohlbefindens betrachten läßt. Dieser Zusammenhang stellt insofern den Grund des Handelns dar, ohne die Absicht der Wohlbefindenssteigerung gibt es keinen Anlaß zu handeln. Die bekannten instrumentellen Verknüpfungen (die 'Produktionsfunktionen') ermöglichen dagegen die Handlungsorientierung: Ohne Instrumentalwissen bleibt unklar, welche Faktoren auf welche Weise zur Bedienung der Bedürfnisse, den zentralen Parametern des Wohlbefindens, dienen können (vgl. hierzu auch Hennen, Rein 1994: 221ff.; Kirsch 1993: 181).

Insofern strukturieren und ermöglichen sozial verankerte, für bestimmte soziale Arrangements typische und i.d.S. (sub-) systemspezifische instrumentelle Ketten Vorgänge. Sie stellen in subjektiver Spiegelung Ordnungsparameter zur Steuerung der affektiven Energien dar. Sie machen Erwartungen möglich, sie sind *Angebote* für das menschliche Handeln, die daher auch erst in ihrem Vollzug dem Handelnden Restriktionen auferlegen; in den Worten von Sigmund Freud: "Das Objekt des Triebes ist dasjenige, an welchem oder durch welches der Trieb sein Ziel erreichen kann. Es ist das variabelste am Trieb, nicht ursprünglich mit ihm verknüpft, sondern ihm nur infolge seiner Eignung zur Ermöglichung der Befriedigung zugeordnet" (in der Ausgabe von 1954: 214). Und in dem Maße, wie die Realisation der Bedürfnisse über die Aneignung von Instrumentalwissen erfolgt und diese Wissensaneignung nicht kostenlos ist, wird auch dieser Zusammenhang zum Gegenstand des rationalen Kalküls.

Diese Überlegungen stellen letztlich nur Variationen des Grundprinzips einer Handlungslehre dar, die - im Gegensatz zur 'reinen' Entscheidungstheorie im Rahmen des ökonomischen Imperialismus - von einer motivational (und mehrstufig) begründeten Steuerung menschlichen Handelns ausgeht. So finden sich ähnliche Gedanken bei vielen Sozialwissenschaftlern, z.B. auch bei E. Durkheim. In Anbetracht des an ihm immer wieder herangetragenen Kollektivismusvorwurfs, der hier aber nicht zu klären ist, mag dies überraschen. Er verweist ausdrücklich auf die zentrale Bedeutung menschlicher Grundkonstanten, die sich aber in einer kulturgebundenen Unterschiedlichkeit konkretisieren: "Doch würde man unseren Gedankengang absonderlich mißverstehen, wenn man aus den vorhergehenden Ausführungen den Schluß ziehen wollte, daß die Soziologie nach unserer Auffassung vom Menschen und seinen Fähigkeiten abstrahieren soll oder auch nur kann. Es ist im Gegenteil klar, daß die allgemeinen Eigenschaften der menschlichen Natur an der Wechselwirkung, aus der sich das soziale Leben ergibt, teilhaben. Allein sie rufen es weder hervor, noch geben sie ihm eine besondere Form, sie tun nichts, als es zu ermöglichen" (Durkheim, in der Ausgabe von 1995: 189). Mit diesen Überlegungen betont Durkheim die Zweiseitigkeit, die jeder handlungstheoretischen Modellierung sozialer Prozesse immanent ist: Handlungswahlen beruhen zwar im Rahmen ihrer affektiven Energetisierung auf der menschlichen Natur als interne Ressource; diese muß aber mit Kultur als externer Ressource verbunden werden (vgl. Hennen 1990).[42] In diesem Sinn verweist (u.v.a.) auch E. Goffman darauf, wenn "Individuen eine universelle menschliche Natur" haben, man "eher daran denken [muß], daß Gesellschaften überall, wenn sie Gesellschaften sind, ihre Mitglieder dazu bringen müssen, selbstregulierend an sozialen Beziehungen teilzunehmen" (1991: 52).

Das Wissen um die notwendigen Instrumente zur Wohlbefindenssteigerung, zur Befriedigung der grundlegenden biogenen und soziogenen Bedürfnisse und damit zur Verbesserung der eigenen Lage, ist aus der Perspektive des sozialen Verbundes Ausdruck der Logik der Situation nach Abbildung 5-1. Insofern stellen instrumentelle Ketten häufig eine eigenständige Realität dar (vgl. Lindenberg 1992c: 291), die zwar die Struktur einer Gesellschaft festlegen, aber zumindest der andauernden kollektiven Generalisierung durch Bindungsvorgänge bedürfen. Der Bestand übergeordneter sinngebender Handlungsorientierungen setzt immer die handelnde Bestätigung voraus. Ohne sozial generalisierte Anreizwerte verlieren die instrumentellen Zusammenhänge ihre handlungsleitende Wirkung. Erkennbar sind hier moderne Gesellschaften von Betriebsproblemen betroffen.

---

[42] Damit stellt sich natürlich die Frage, ob Durkheim tatsächlich als der Kulturdeterminist zu betrachten ist, wie die üblichen Abgrenzungen nahelegen.

8. Prozesse der individuellen Informationsverarbeitung und das Problem habituellen Handelns

Grundlagen individueller Muster- und Taktikrationalität

Überblick: Die Theorie rationalen Handelns und ihre instrumentalitätstheoretischen Varianten sind nach den üblichen Vorstellungen für die Erklärung von Handlungsweisen konzipiert, bei denen der Einfluß kontrollierter kognitiver Prozesse maximal ist. Die Annahme, daß eine Vielzahl alltäglicher Handlungsweisen auf der Grundlage habitualisierter Kalküle des automatischen Prozessierens beruhen, läßt sich aber nach den vorherigen Überlegungen zur Strukturbindung des Handelns nicht hintergehen, wenn auch die kognitionspsychologischen Grundlagen bisher zu kurz gekommen sind: Situative Hinweisanreize werden selektiv, gesteuert durch spontane Aufmerksamkeitsprozesse, verarbeitet. In diesem Zusammenhang spielen allgemeine, kognitiv leicht zugängliche Einstellungen im Rahmen einer gedächtnisgestützten und kontextabhängigen 'Mustererkennung' eine zentrale Rolle (Kap. 8.1): Individuenspezifische Erfahrungsprozesse implizieren, daß zwischen situativen Reizkonfigurationen und Langzeitgedächtnisinhalten selektive Assoziationen gelernt werden. Eine spätere Perzeption der Reizkonfigurationen aktiviert dann die im Langzeitgedächtnis gespeicherten Attribute und Einstellungsinhalte automatisch. Diese wirken als ein Filter, der es ermöglicht, die Vielzahl an Anreizen und Informationen in einer Handlungssituation auf einfache Weise nach ihrer jeweiligen Bedeutung einzuteilen. Solche kognitiven Muster können als subjektive Repräsentationen der in sozialen 'Produktionsfunktionen' gespeicherten Handlungspfade verstanden werden. Von Bedeutung ist, daß die Auswahl und Interpretation von Informationen nach kognitiv leicht zugänglichen Mustern eine einstellungskonsistente Wahrnehmung der Situation implizieren und damit eine gleichsam automatische Selektion des Handelns auslösen können. Diese Prozesse stehen auf den ersten Blick im Widerspruch zu den Annahmen der Theorie rationalen Handelns. Sie beinhalten allerdings weder eine eingeschränkte Anwendbarkeit der Theorie in natürlichen Situationen noch ihre Widerlegung: Erstens setzt eine Handlungsausführung immer die Aktivierung spezifischer Kognitionen hinsichtlich dieses Handelns voraus. Automatisch aktivierte Einstellungen, die v.a. die Realisation alltäglicher Handlungsweisen steuern, können daher in Befragungen grundsätzlich 'rekognitiviert' werden, wobei mit dem Bezug auf das Konzept der Handlungsveranlassung die konditionale Wirkung von 'habits' auf die Tiefe des Informationsverarbeitungsprozesses explizit zu modellieren ist. Und - zweitens - steht hinter jeder Routine stets ein zu kontrollierter kognitiver Reflexion befähigter Akteur, so daß automatisierte Prozesse der Wahrnehmung und Informationsverarbeitung als spezielle Anwendungsfälle der Theorie rationalen Handelns zu betrachten sind: Es geht im Rahmen der individuellen Überlegensprozesse immer auch um 'Muster'- und 'Taktikrationalität' hinsichtlich der Informationsverarbeitung bei den einzelnen Akteuren. Daher kann auch automatisches Prozessieren, die Wahl 'passender' Situationsmuster oder das 'framing' von komplexen Situationen hinsichtlich dominierender Leitziele mit der Theorie rationalen Handelns erklärt werden, ohne daß der Kern dieser Theorie besonders variiert werden müßte. Die Zusammenhänge gewinnen an Schärfe, wenn Beiträge der neueren sozialpsychologischen Einstellungstheorie herangezogen werden. Sie bieten für die Modellierung dieser Prozesse wichtige Orientierungshypothesen, und ihre Integration in die Theorie rationalen Handelns ist deshalb möglich, weil die hier verwendete Theorie nicht a priori auf bestimmte Annahmen fixiert ist. Die theoretischen Grundlagen einer solchen Perspektive sind allerdings umstritten (Kap. 8.2): Im Rahmen der aktuellen Gehirnforschung und Kognitionspsychologie werden zwei sehr unterschiedliche Ansichten vertreten, die aber in beiden Fällen zeigen, daß die Annahme zweier verschiedener Typen von Informationsprozessen bei den einzelnen Akteuren - eines rasch und automatisiert verlaufenden und eines langsam und sehr bewußt kontrollierten - vereinbar und mit Hilfe der Theorie der rationalen Wahl erklärbar sind. In diesem Zusammenhang ermöglicht die Einführung der Kompetenz-Performanz-Dichotomie aus der kognitiven Linguistik nach N. Chomsky die Schließung der Diskussion zwischen Vertretern der entscheidungslogischen und kognitiven Perspektive im Rational Choice-Ansatz.

Die Problematisierung von Bindungs- und Geltungswirkungen sozialer Strukturen sollte nicht dahingehend mißverstanden werden, daß die instrumentellen Verknüpfungen im Rahmen sozialer 'Produktionsfunktionen' aus dem Dienst zu nehmen wären. Sie enthalten je nach sozialer Position und Lebenslagen variierende Belohnungsmuster, die zwar unter den Bedingungen der gesellschaftlichen Differenzierung, insbesondere aufgrund zunehmender Arbeitsteilung, sehr individuelle, dennoch in vielen Fällen typisierte Bindungen erzeugen. Insofern ist ihr theoretischer Status weiterhin von zentraler Bedeutung: Die vorgegebenen instrumentellen Ketten begründen die Beziehungen zwischen den 'objektiven' Merkmalen einer Situation und ihrer subjektiven Interpretationen durch die Handlungssubjekte. Sie sind als zentrale Bestandteile eines 'objektiven' Rahmens für die subjektive Definition der Situation durch die Akteure zu betrachten. Sie machen darauf aufmerksam, daß Handeln nicht immer der Maximierung im Hinblick auf alle denkbaren Alternativen folgen wird, sondern kognitiven 'Musterprozessen' unterliegt. Diese Perspektive ist nunmehr zu vertiefen: Erstens fehlen noch die konzeptionellen kognitionspsychologischen Annahmen, die die skizzierten Überlegungen für die individuelle Ebene verstärkt absichern könnten. Und dieser Bezug ist auch deshalb von Bedeutung, weil - zweitens - der Einfluß von kognitiven Mustern die kontrollierte zweckrationale Kalkulation derart beeinflussen kann, daß diese aufgehoben wird und der Realisation selektiver Zielprioritäten im Rahmen eines automatischen Prozessierens weicht. Dies betrifft v.a. habitualisiertes Handeln, und eine Vielzahl von Aktivitäten, die Sozialwissenschaftler i.d.R. interessieren, sind als repetitive Handlungsweisen zu betrachten (z.B. im Umweltschutz- oder Gesundheitsbereich). Daraus erklärt sich, daß das Interesse an der phänomenologischen Tradition und den Arbeiten der neueren Kognitionspsychologie auch in der Literatur zur Theorie rationalen Handelns auflebt. Denn die *Taktik* der 'rationalen' Informationsverarbeitung steht hier zur Disposition: Es ist keineswegs ausgemacht, daß der alltägliche Überlegensprozeß so reflektiert und kontrolliert verläuft, wie im Rahmen der Theorie rationalen Handelns üblicherweise angenommen wird. Hier klafft offensichtlich eine Lücke und es stellt sich die Frage ihrer Schließung.

Die Antwort muß, wenn sie methodologisch adäquat berücksichtigt werden soll, in Form eines *erklärenden* Zusammenhangs gebracht werden. Wenn dieser mit dem grundlegenden Handlungsprinzip der Nutzenorientierung direkt vereinbar sein soll, liegt es nahe, die Prozesse der selektiven Wahrnehmung und der unterschiedlichen Tiefe der Informationsverarbeitung ausgehend von diesem Prinzip zu modellieren. Dies bedeutet, daß z.B. die individuelle Variation der Informationsverarbeitung, der Prozeß im 'innerlichen Handlungssystem', von der Anwendung der Theorie rationalen Handelns selber hergeleitet wird. Der Kern dieser Perspektive liegt damit in einer Mehrdimensionalität des Rationalitätsbegriffes begründet: Es geht im Rahmen der individuellen Überlegensprozesse immer auch um 'Muster'- und 'Taktikrationalität' bei den einzelnen Personen. Erstere impliziert die Frage nach der 'richtigen' Situationsdeutung und begründet so die rationale Wahl einer 'passenden' Definition der Situation, letztere führt im Rahmen selegierter Begrenzungen (i.S. eines dominierenden Handlungsmusters) zur 'intelligenten' Differenzierung der Kalküle in der individuellen Informationsverarbeitung: "Das Zähneputzen heute morgen war nicht irrational, weil es aus Gewohnheit und nicht aus Überlegungen über Zahnhygiene geschah" (Watkins 1972: 353). W. Stegmüller spricht hier von unbewußt-rationalem Handeln (1983: 474). Er weist damit auf die Rationalität auch habitueller Verrichtungen auf Grundlage einer gleichsam automatischen Kalkulation hin; ein Aspekt der sich vertiefen und auch formalisieren läßt.

8.1. Musterung, automatisierte Überlegensprozesse und repetitives Handeln

Handlungsintentionen werden ausgebildet und Entscheidungen 'gemacht'. Sie werden produziert von Akteuren, die von einem Modell der Handlungs- und Entscheidungssituation ausgehen. Die Annahme, daß die Handlungssubjekte über ein bestimmtes Modell der Situation verfügen, ermöglicht die Modellierung der mentalen Vorgänge. In der Theorie rationalen Handelns werden diese über die kognitive Bilanzierung der Handlungsalternativen hinsichtlich ihrer Handlungskonsequenzen und deren Evaluierung abgebildet. Die hiermit üblicherweise induzierte Bedeutung einer tiefen Informationsverarbeitung bzw. kontrollierter kognitiver Prozesse zeigt sich im Konzept der Handlungsveranlassung besonders deutlich: Jede Handlung wird hier ausdrücklich in Abhängigkeit einer vermittelnden Intention betrachtet, deren Ausbildung nach meiner Interpretation ohne reflexive und vertiefte Prozesse der Überlegung nicht zu denken ist. Eine solche Modellierung der Abwägungssituation ist aber nur insoweit erklärungsrelevant, wie man zeigen kann, daß sie zu den vorhandenen Daten nicht im Widerspruch steht und insofern empirische Konsistenz aufweist. Und genau hier läßt sich ein Problem sehen: Der üblichen Sichtweise im Rahmen der Theorie rationalen Handelns steht die Beobachtung entgegen, daß Handeln in vielen Fällen der automatischen Reflexion im Rahmen habitualisierter Routinen folgt; "not all social behavior is deliberative or reasoned", wie zum Beispiel R. H. Fazio, der sich mit diesen Prozessen intensiv auseinandergesetzt hat, feststellt (1990: 78).[1] Solche Routinehandlungen sind oftmals Ausdruck einer 'Auferlegtheit' der Handlungssituation, der Wirkung von sozialen 'Produktionsfunktionen', die ihre subjektive, handlungsleitende Grundlage in kognitiven 'Musterprozessen' bei den Akteuren findet.

Was ist mit 'Musterung' gemeint? Der Handelnde in einer spezifischen Handlungssituation steht vor dem Problem, eine Vielzahl an Anreizen und Informationen zu verarbeiten. Davon ist i.d.R. nur ein Bruchteil für sein konkretes Handeln relevant. Die Person wird sich daher zunächst um eine

---

[1]   Vgl. ausführlich Ch. Camic (1986) oder D. L. Ronis, J. F. Yates und J. P. Krischt (1989); beispielsweise auch D. P. Schwab, J. D. Olian-Gottlieb und H. G. Heneman: "[T]here is a nagging suspicion that expectancy theory over intellectualizes the cognitive processes people go through when choosing alternative actions" (1979: 146); oder B. Fischhoff, B. Goitein und Z. Shapira: "The story of behavioral decision theory has been provided by (the theory's, VK) remarkable ability to hang on despite mounting doubts about its descriptive competence" (1983: 185).

grundlegende Definition der Situation bemühen: Die Situation wird unter bestimmten Gesichtspunkten 'gerahmt'. Dieser Prozeß sei als individuen-spezifische 'Musterung' bzw. 'Mustererkennung' bezeichnet: Es geht hier um die Aktivierung eines bestimmten grundlegenden kognitiven Musters der Situation bei den einzelnen Akteuren. Solche Schemata können als "cognitive structures of organized prior knowledge, abstracted from experience with specific instances" betrachtet werden, die insbesondere Vorstellungen über situationstypische Mittel enthalten, mit denen die grundlegenden Bedürfnisse zu befriedigen sind (Fiske, Linville 1980: 543). Insofern stellen sie subjektive Repräsentationen struktureller Vorgaben, wie der 'objektiven' sozialen 'Produktionsfunktionen', dar. Weil deren Bindungswirkung aber zunehmend in Frage steht, sollten die *subjektiven* Mustervariationen und damit die kognitionspsychologischen Bedingungen ihrer Entstehung und handlungsleitenden Wirkungen eingehender als bisher in der Literatur zur Theorie rationalen Handelns berücksichtigt werden, auch weil im Rahmen sozialtheoretischer Fragen die Erklärung von verschachtelten Handlungsrepertoires nicht vernachlässigt werden kann, die ohne subjektive Strukturierungsprozesse jedoch nicht zu denken sind.

Hierauf hat in letzter Zeit vor allem V. J. Vanberg nachdrücklich und zu Recht hingewiesen (1988, 1993). Der von ihm mit vielen anderen Autoren geteilten Meinung, daß diese Fragen nicht auf Grundlage der Theorie rationalen Handelns zu analysieren, z.T. sogar als Anomalien zu betrachten seien, kann ich allerdings nicht folgen (vgl. Vanberg 1993: 109; z.B. auch Binmore 1990: 22).[2] Vielmehr läßt sich erst in diesem Rahmen explizit zeigen, daß die handlungs- und programmleitende Definition der Situation durch die Akteure grundsätzlich nicht nur eine Frage der kulturellen Vorstellungen alleine ist (sondern - und dies wird in originär soziologischer Sicht häufig nicht mitbedacht [vgl. z.B. Ingelhart 1977, 1990; Zaller 1990, 1992] - auch der relativen Preise). Und darüber hinaus erschließt sich auf dieser Grundlage die Bedeutsamkeit und die Rationalität automatischen Prozessierens und damit repetitiver Handlungsweisen (die definitionsgemäß durch automatisierte kognitive Prozesse gesteuert werden; vgl. Ronis, Yates, Krisch 1989). Die üblichen unspezifischen Erklärungsversuche erhalten

---

2 Vanberg formuliert sehr klar wie folgt: "First, that in order for a theory of rational behavior to provide an adequate theoretical foundation for an integrated social science, it ought to shift its explanatory focus from *actions* to *rules of actions* or, in other terms, to behavioral repertoires. And second, that such shift in perspective cannot be achieved consistently within the confines of a theory of *rational choice"* (1993: 108f.).

hier ihre notwendige Präzisierung und zwar - dies sei noch einmal ausdrücklich betont - *mit* der Theorie rationalen Handelns. Dies gelingt auch deshalb, weil der unterstützende Zugang zu neueren Ansätzen der sozialpsychologischen Einstellungsforschung nicht durch den Bezug auf eine amotivationale und kognitiv bereinigte Entscheidungslehre in der Perspektive des eindimensionalen Homo Oeconomicus von vorneherein verbaut wird.

Die Einschaltung kognitiver Muster ist Voraussetzung jedweden Handelns, sei es im Rahmen kontrollierter Überlegensprozesse oder der unreflektierten Befolgung von Routinen. Dennoch wurde ihr Stellenwert für den Rational Choice-Ansatz in der einschlägigen Literatur bisher kaum systematisch abgehandelt. Wenn überhaupt davon Kenntnis genommen wird, bleibt es i.d.R. bei einfachen Hinweisen auf das Vorliegen solcher Prozesse. Dies kann insofern überraschen, da soziologische Arbeiten im Rahmen des Symbolischen Interaktionismus und der Ethnomethodologie schon frühzeitig und wiederholt auf ihre Bedeutung in der Definition der Situation aufmerksam gemacht haben: E. Goffman spricht z.B. von "primäre[n] Rahmen", die den Handelnden "die Lokalisierung, Wahrnehmung, Identifikation und Benennung einer anscheinend unbeschränkten Zahl konkreter Vorkommnisse" ermöglichen (1977: 31). Es geht hier um individuenspezifische Prozesse der Interpretation und Deutung der Handlungssituationen, um Antworten auf Fragen der Art zu finden: "Was geht hier eigentlich vor?" (ebenda: 16). Mit diesen Fragen beschäftigt sich ausgiebig auch die neuere sozial- und kognitionspsychologische Forschung. Hier spricht man in unterschiedlicher Diktion von 'Schemata', 'mentalen Propositionen', 'frames', 'Skripten' oder 'classifier systems', die als mehr oder weniger autonome Einheiten die allgemeinen kognitiven Repräsentationen der Akteure über einen bestimmten Kontext abbilden (vgl. u.a. Abelson 1981; Holland et al. 1986; Keil 1989; Kellogg 1995: 165ff.; Langer 1978).

In Anlehnung an diese Arbeiten wird mitunter in der Literatur zur Theorie rationalen Handelns von handlungsleitenden 'framing'-Effekten gesprochen (vgl. Esser 1990, 1991a: 61ff.; Kahneman, Tversky 1984; Lindenberg 1990a). Die Begriffsverwendung erscheint aber bei kritischer Betrachtung als unklar bzw. mehrdimensional: D. Kahneman und A. Tversky bezeichnen mit 'frames' unterschiedliche Entscheidungsvorgaben für Probanden in experimentellen Untersuchungen; H. Esser, im Anschluß an die hier maßgebende Arbeit von R. A. Heiner (1983), und vor allem S. Lindenberg verstehen unter 'frames' die dominierenden Handlungsziele in einer spezifischen (komplexen) Situation. Dies entspricht offensichtlich auch dem Verständnis von R. Boudon über Musterwirkungen: Er setzt diese mit dem Gedanken der 'subjektiven Rationalität' gleich und behauptet: "[I]t expresses the idea that, except in simple situations where social actors can follow the narrow rational choice model, they are normally confronted with ambiguous and complex situations, and they master them by using theories, principles and conjectures" (1989: 195). Allerdings wird von Lindenberg und Esser auch die grundlegende 'Rahmung' der Situation als 'framing' benannt (siehe auch Kunz 1996b). Diese wird hier von mir zur eindeutigen Kennzeichnung als 'Mustererkennung' bzw. 'Musterung' bezeichnet. Es ist die konsequente Fortsetzung der Erkenntnis, daß sich unabhängig von Theorien kein

Zugang zur Realität ergibt (Kap. 6). Wahrnehmungen sind grundsätzlich theoriegeleitet und d.h. für die individuelle Ebene: Die Wirklichkeit erschließt sich erst im Rahmen der Mustererkennung. Muster sind elementare Klassifikationssysteme, in deren Rahmen Ereignisse interpretiert werden (und dies gilt für Situationen jeder Art). In diesem Sinn versteht auch V. J. Vanberg im Anschluß an N. Rowes Unterscheidung von 'act'- und 'rule-individualism' Handeln grundsätzlich als 'rule-following behavior': "[I]f all our behavior is based, explicitly or tacitly, on *general propositions* what *kind* of behavior is likely to be successful in certain kinds of situations, then all behavior is, by necessity, rule-following behavior" (Vanberg 1993: 107; nach Rowe 1989).

Mustererkennung als grundlegende Definition der Situation kann richtig oder falsch sein (der Rosenmontag in Mainz ist eben nicht eine Demonstration der Friedensbewegung oder eine 'Love Parade'). Nicht immer wird man daher sicher sein, ob der jeweilige Handlungsrahmen gilt, d.h. welcher 'Sinn' in einer Situation maßgeblich ist. Die Akteure werden daher in Abhängigkeit der vorliegenden Signal- und Zeichenstruktur die Verwendung alternativer Muster in einer Situation abwägen (vgl. Esser 1991a: 73). Die Orientierung an einem bestimmten Muster hängt damit von seiner Relevanz und Geeignetheit ab, Handeln in einer bestimmten Situation anzuleiten. Dies entspricht dem 'relevance principle', das M. Snyder für den handlungsleitenden Einfluß allgemeiner Einstellungen im Rahmen der sozialpsychologischen Einstellungsforschung formuliert hat (1982). Der Prozeß subjektiver Musterung wird damit als ein Spezialfall der rationalen Wahl erkennbar. Daher läßt sich in diesem Zusammenhang auch von einer individuenspezifischen 'Musterrationalität' sprechen. Hierauf zielt offensichtlich auch G. Schulze, wenn er davon spricht, daß "schon der gesunde Menschenverstand ... uns daran [hindert], uns ständig typenwidrig zu verhalten" (1993: 180).

Besonders deutlich stellt sich dieser Aspekt dar, wenn man den Prozeß der Musterwahl im Rahmen des üblichen SEU-Konzepts formalisiert. Geht man der Einfachheit wegen von einer Situation aus, in der nur zwei Muster angemessen sein können, und vernachlässigt hierbei die möglichen direkten Kosten einer falschen Wahl, dann liegen den entsprechenden SEU-Werten die Nutzen zugrunde, die angeben, was die Akteure aus der jeweiligen Musterung der Situation erwarten: $U(M_i)$ und $U(M_j)$, sowie die instrumentellen Erwartungen darüber, daß das jeweilige Muster auf die Situation 'paßt': π für M_i und weil sie sich ausschließen $1-\pi$ für M_j. Es geht hier um die Bewertung der Handlungsfolgen, wenn das gewählte Muster Verbindlichkeit besitzt. Das Muster M_i wird dem anderen ebenfalls möglichen Muster (M_j) vorgezogen, wenn $SEU(M_i) > SEU(M_j)$, d.h. ausformuliert: $\pi\, U(M_i) > (1-\pi)\, U(M_j)$. Durch eine einfache Umformung ergibt sich: $U(M_i) / U(M_j) > (1-\pi) / \pi$. Demnach wird M_i um so eher gewählt, je größer der mit diesem Muster erzielbare Nutzen im Vergleich zu dem mit M_j verbundenen Nutzen ist und je sicherer M_i aus subjektiver Sicht gilt. Ein Wechsel von M_i auf M_j tritt nur dann ein, wenn M_j mit hoher Wahrscheinlichkeit Nutzen zeigt. Wenn die Wahrscheinlichkeit, daß M_i tatsächlich Gültigkeit beanspruchen kann, groß bleibt, dann werden sich auch sehr hohe Opportunitätskosten (der Nutzenverlust, wenn M_j nicht gewählt wird) kaum auf die Musterung der Situation durch M_i bzw. auf einen Musterwechsel auswirken. Innerhalb des gewählten Musters wird - u.U. unter Einschaltung habitueller Kognitionen (s.u.) - die konkrete Handlung realisiert. Es handelt sich damit um keine neue Theorie der rationalen Wahl, sondern um die Anwendung bestimmter Regeln auf allgemeine Aktivitäten in natürlichen Situationen. Die Verwendung dieser Regeln impliziert eine intentionale Erklärung der Musterwahl, die darauf hinweist, daß auch die Definition der Situation nicht nur eine Frage der kulturellen Vorstellungen alleine ist. Von Bedeutung ist hierbei, daß solange ein Muster eine hohe subjektive Geltung besitzt, eine Reflektion u.U. erst gar nicht einsetzen muß. Die Wirksamkeit der direkten Aktivierung wird erst dann unterbrochen, wenn in Abhängigkeit einer zunehmend 'unpassenden' Signal- oder Zeichenstruktur in der Situation Unsicherheiten ins Spiel kommen. Erst unter diesen Bedingungen werden alternative Muster miteinander abgewogen. Folgt man ähnlichen Überlegungen in der kognitiven Linguistik, kann diese Perspektive die Annahme einer grundlegenden rationalen Kompetenz bei den einzelnen Akteuren voraussetzen (siehe hierzu Kap. 8.2).

Die Sicherheit, mit der ein bestimmtes Muster als situationsadäquat angesehen wird, ist Ausdruck seiner kulturellen Verankerung bei den einzelnen Akteuren: Individuenspezifische Erfahrungsprozesse im Gefolge repetitiver Handlungsweisen implizieren, daß zwischen situativen Reizkonfigurationen und Langzeitgedächtnisinhalten selektive Assoziationen gelernt werden. Eine spätere Perzeption der Reizkonfigurationen aktiviert dann die im Langzeitgedächtnis gespeicherten Attribute und Einstellungsinhalte automatisch. Dies korrespondiert mit einem großen Vertrauen auf die situationsspezifische 'Passung' des aktivierten Musters (= großes π). Kognitive Muster wirken damit als Filter, die es ermöglichen, die Vielzahl an Anreizen und Informationen in einer Handlungssituation auf einfache und effiziente Weise nach ihrer jeweiligen Bedeutung einzuteilen. Die Auswahl und Interpretation von Informationen nach kognitiv verläßlichen Mustern führt so zu einer einstellungskonsistenten Wahrnehmung der Situation. Eine wohldefinierte Situation wird dadurch gekennzeichnet, daß sie die Handlungsoptionen und evt. vorgeschaltete dominierende Handlungsziele fraglos und direkt impliziert. Die Fraglosigkeit wird aber, wie gezeigt, unter bestimmten Bedingungen revidiert.

Im Hinblick auf die empirische Anwendung der Theorie rationalen Handelns in natürlichen Situationen ist damit noch einmal die Subjektorientierung der Theorie zum Ausdruck gebracht. Es kommt immer nur darauf an, wie der Handelnde die Handlungssituation beurteilt (Kap. 4); der Gültigkeitsanspruch der bisher diskutierten Wert-Erwartungskonzepte wird daher mit dem einfachen Verweis auf Musterprozesse nicht in Frage stellt. Was bis hierher mit dem Hinweis auf Elemente einer Musterrationalität geleistet wurde, ist eine Strukturierung des Entscheidungsprozesses, der immer auch eine dem Handeln vorgeschaltete Musterwahl beinhaltet, wobei auch diese Wahl den Regeln der rationalen Wahl unterliegt. In einer variierten und zugleich kognitionspsychologisch präzisierten Sichtweise ist damit wiederholt, daß Handlungen üblicherweise in Handlungsprogramme eingebunden sind, die der sozialen Anbindung und Spezifikation unterliegen.

Für die Theorie rationalen Handelns gewinnt der Prozeß der Mustererkennung eine zentrale und auf den ersten Blick zugleich kritische Bedeutung, wenn die Einzelteile eines Musters nicht mehr schrittweise erkannt werden müssen, sondern nahezu unmittelbar gegeben sind, also nur noch 'abgelesen' werden müssen, sobald ein entsprechendes Objekt in einer Situation vorhanden ist. Solche kognitiv leicht zugänglichen Objekteinstellungen aktivieren automatisch das Netz ergänzender Kognitionen, so daß die Einzelheiten der wahrgenommenen Wirklichkeit direkt zu einem ganzheitlichen Eindruck ergänzt werden können (vgl. auch Schulze 1993: 181). Damit entspricht die Musterung einer Situation der 'rahmenden Einstellung' auf die Situation durch eine mental verankerte 'attitude', wie sie in der neueren sozialpsychologischen Einstellungstheorie diskutiert wird: "[T]he attitude may influence how the person interprets the event that is occuring and, in that way, affect person's behavior" (Fazio 1990: 78; vgl. zu diesem engen Zusammenhang von Mustern und allgemeinen Einstellungen auch Eagly, Chaiken 1993: 18f.). Von Bedeutung ist das mögliche Implikat einer fixierten, unmittelbar gegebenen und sicheren 'attitude': Unter den Bedingungen einer bekannten und subjektiv wohldefinierten Handlungssituation geht es häufig nicht mehr um die zweckrationale Kalkulation von Mitteln für alle möglichen oder ausgewählten Ziele. Im Mittelpunkt steht vielmehr die Handlungsrealisation im Rahmen automatischen Prozessierens unter Ausblendung aufwendiger 'rationaler' Überlegensschritte. Die kognitiven Variablen weisen daher - so die hier vertretene Vorstellung - eine direkte Wirkung auf das Handeln auf, die nicht mehr durch die Intention vermittelt wird.

Sieht man von dem letztgenannten Effekt ab, hat diesen Weg vor allem R. H. Fazio in seinem Modell der spontanen Informationsverarbeitung detailliert beschrieben. Ausgangspunkt ist hierbei die 'chronic accessibility of the attitude': "According to the model, the likelihood of activation of the attitude upon mere observation of the attitude object depends on the chronic accessibility of the attitude. An attitude is viewed as an association in memory between a given object and one's evaluation of that object. This definition implies that the strenght of an attitude, like any construct based on associative learning, can vary. That is, the strenght of the association between the object and the evaluation can vary. It is this associative strenght that is postulated to determine the chronic accessibility of the attitude and, hence, the likelihood that the attitude will be activated automatically when the individual encouters the attitude object. Only if it is strongly associated with the object is it likely that the evaluation will be activated spontaneously upon observation of the attitude object" (Fazio 1990: 81; ausführlicher und mit empirischen Nachweisen: Fazio 1986, 1989; Fazio et al. 1982; Fazio, Williams 1986).

Die kognitive Zugänglichkeit des Musters bzw. der 'attitude' bei den einzelnen Akteuren stellt hier also die zunächst zentrale Stellgröße dar: "If the attitude is highly accessible, then it is likely to be activated automatically from memory upon oberservation of the attitude object and is likely to result in immediate perceptions that are attitudinally congruent" (Fazio 1990: 87). Allerdings überschätzt Fazio meiner Ansicht nach die ausschließliche Bedeutung der 'accessibility'. Die Variable ist i.d.R. mit anderen Indikatoren der Einstellungsstärke verknüpft, wie vorhandenes Wissen um die Objekte und v.a. bereits gemachte Erfahrungen (vgl. Bargh 1989; Bargh et al. 1992; Downing, Judd, Brauer 1992): Es sind die gut gelernten, im Langzeitgedächtnis gespeicherten Kognitionen, die situational verfügbar sind. Insofern ist es nicht die Zugänglichkeit per se, die hier von Bedeutung ist, sondern es sind - wie es der weiter gefaßte Musteransatz von vornherein nahelegt - auch die strukturellen Eigenschaften der mehr oder weniger direkt aktivierten 'attitude', die zu beachten sind: "[M]ore accessible attitudes may be accompanied by a more evaluatively consistent belief structure, which may provide a clearer guide for attitude-relevant behavior" (Eagly, Chaiken 1993: 206).

Gut strukturierte Muster sind häufig eine Funktion der Habitualisierung von Handlungsweisen, sie sind daher kognitiv leicht zugänglich und je größer die kognitive Zugänglichkeit im Gedächtnis ist, desto eher wird bei entsprechenden Reizkonfigurationen die Auslösung einer gleichsam automatischen Selektion des Handelns zu beobachten sein: Die eindeutige, mühelose und ungestörte Mustererkennung impliziert die Aktivierung eines situations- und objektspezifischen Filters, der die schematische, selektive und unmittelbare Perzeption situationsspezifischer Variablen und damit *direkt,* nicht durch die Intention unterbrochen bzw. über sie vermittelt, das Handeln bestimmt: "This entire sequence need not involve any deliberate reflection or reasoning. Instead, behavior simply follows from a definition of the event that has been biased by the automatically activated attitude. Neither the activation of the attitude from memory nor the selective perception component require conscious effort, intent, or control on the part of the individual. Indeed, it within an entirely automatic sequence that attitude activation and selective processing take on a necessary role if the attitude is to exert any influence on the behavior" (Fazio 1990: 84f.).

Mustererkennung verbindet sich also im Rahmen einer automatischen Aktivierung mit spontan ablaufenden Handlungsprozessen, die keiner reflektierten Bilanzierung und Evaluierung mehr bedürfen, d.h. in denen der Einfluß kontrollierter kognitiver Prozesse zurücktritt. Voraussetzung ist allerdings ein großes π für das aktuelle Muster, also eine starke kognitive Sicherheit über den primären Handlungsrahmen: "Such an automatic process will operate only to the extent that a strong evaluative association has been established toward the attitude object. If the relevant association is too weak to be activated, then behavior will follow from a definition of the event that is not automatically based. Instead, the behavior may be determined by whatever features of the situation ..." (Fazio 1990: 85).

Nach diesen Überlegungen kann die individuelle Bereitschaft, sich intensiv mit dem Thema einer Handlungsentscheidung in einer bestimmten Situation auseinanderzusetzen, unter den Bedingungen einer klaren, eindeutigen, unmittelbaren und (subjektiv) gültigen Mustererkennung erheblich abfallen. Damit sinkt in wohldefinierten, d.h. bekannten, gut strukturierten, zumeist durch repetitive Handlungsweisen gekennzeichneten Situationen die Wahrscheinlichkeit zur reflektierten Einschaltung aufwendiger Wert-Erwartungsabwägungen (vgl. auch Frey, Stahlberg, Gollwitzer 1993: 386). Sichere und ungestörte Mustererkennung, die eindeutig strukturierte und nicht mehr hinterfragte Definition der Situation impliziert insofern eine bestimmte 'Taktik' der Informationsverarbeitung, die auch aus guten Gründen angewendet wird und daher als rational auszuzeichnen ist: Automatisiertes Prozessieren ist mühelos, unaufwendig, häufig im Rahmen sozialer 'Produktionsfunktionen' normativ gestützt und - weil sie auf eingeübten, wiederholten und deshalb erfolgreichen Reizkonfigurationen beruht - effizient.

Den Weg dieser einfachen Taktik hat, wie hervorgehoben, insbesondere R. H. Fazio in seinem Konzept der spontanen Informationsverarbeitung beschrieben (1986). Während er diesen Ansatz zunächst als unvereinbar mit den Prämissen der Theorie rationalen Handelns ansah, hat er sich später um eine Integration bemüht. Denn auch für wohldefinierte Situationen stehen die handlungsleitenden Wirkungen kontrollierter kognitiver Überlegensprozesse für ihn außer Frage: "[T]here is little doubt that we sometimes do reason about and plan our actions in the manner suggested by Ajzen and Fishbein" (Fazio 1990: 91).[3] Die Situationsdeutung und die Informations-

---

[3] Fazio spricht hier nicht ausdrücklich von einer wohldefinierten Situation. Die Annahme ist an dieser Stelle aber vorauszusetzen, um den Überlegungen die für unseren Zusammenhang notwendige Grundlage zu geben.

verarbeitung erscheinen damit als zwei getrennte Prozesse, die jeweils seperat zu modellieren sind, stehen doch nunmehr zwei Taktiken oder Strategien der Informationsverarbeitung im Raum: ein "data driven"-Modus und ein "theory driven"-Modus (Fazio 1990: 91; vgl. auch Bargh 1989; Jonas, Doll 1996; McArthur 1980; Sherman et al. 1983; Shiffrin, Schneider 1977). Diese Differenzierung korrespondiert unter prozeßbezogenen Gesichtspunkten mit der Unterscheidung von R. Hastie und B. Park zwischen 'memorybased'- und 'on-line'-Urteilen (1986) bzw. der daran anschließenden Unterscheidung von R. S. Gold zwischen 'off-line'- und 'on-line'-Kognitionen (1993): Letztere lenken und begleiten unmittelbar die aktive Verfolgung eines Handlungszieles; 'off-line'-Kognitionen beruhen dagegen auf einem tiefen Informationsverarbeitungsprozeß und führen so zu einer sehr bewußten und kontrollierten Form der Handlungsregulierung: 'Data driven' heißt "[d]eliberative processing" und dieses Vorgehen ist charakterisiert durch "considerable cognitive work" (Fazio 1990: 88f.). Hinsichtlich seiner handlungsleitenden Wirkung sehe ich diesen aufwendigen 'off-line'-Prozeß gegenüber dem einfachen 'on-line'-Prozeß v.a. durch die Handlungsintention unterbrochen: Deren Ausbildung setzt nach meinem Verständnis den expliziten Einfluß kontrollierter kognitiver Prozesse voraus, denn Handlungsintentionen sind als bewußte Entscheidungen zum Handeln zu betrachten. Sie stellen Indikatoren einer kontrollierten Handlungsregulierung dar. Die konzeptionelle Bedeutung der Theorie der Handlungsveranlassung gewinnt damit an Schärfe.

Der zentrale Punkt ist an dieser Stelle, daß der 'off-line'-Prozeß mühevoll ist und daher knappe Ressourcen verbraucht: "It involves the scrunity of available information and an analysis of positive and negative features, of costs and benefits. The specific attributes of the attitude object and the potential consequences of engaging in a particular course of action may be (explicit, VK) considered and weighted" (Fazio 1990: 89; vgl. auch Hastie, Park 1986: 262). Gegenüber der aufwendigen Reflektion impliziert der 'online' bestimmte 'theory driven'-Mechanismus die unmittelbare Steuerung und Verfolgung eines Handlungszieles, "a spontaneous attitude-behavior process", "spontaneous flowing from individuals' definitions of the event that is occuring" (Fazio 1990: 91). Diese Perspektive sollte aber meiner Ansicht nach nicht dahingehend verstanden werden, daß spezifische Einstellungen gegenüber dem Handeln (behaviorale, normative, affektive und ressourcenbezogene Kognitionen) in keiner Weise mehr eine Rolle spielen. Vielmehr implizieren kognitiv leicht zugängliche Einstellungen gegenüber Objekten auch automatisch im Gedächtnis gespeicherte einstellungskonsistente Bewertungen spezifischer Handlungsweisen. Eine Handlungsausführung setzt - nimmt man die Ergebnisse der 'attitude-behavior'-Kontroverse ernst - immer besondere Kognitionen hinsichtlich dieses Handelns voraus (Kap. 4.2.; vgl. auch Bamberg 1996; Eagly, Chaiken 1993: 204ff.: Harry liebt Sally, und hat deshalb eine positive Einstellung gegenüber der Handlung, sie zu einer Party einzuladen).[4] Allgemeine Einstellungen, die z.B. durch eine häufige Validierung an der Realität eine hohe Stabilität und Zugänglichkeit erhalten haben, können zwar sehr dauerhaft die Ursachenzuschreibung bestimmter Ereignisse determinieren, so daß eine kontrollierte Reflexion im Einzelfall nicht mehr als notwendig erscheint. Gleichwohl sind diese Zuschreibungen bei Bedarf verfügbar (und können damit in ihre Einzelteile zerlegt werden). In dieser Perspektive beruhen repetitive Handlungsweisen nicht auf einer Automatisierung per se, sondern auf der automatischen Aktivierung der entsprechenden kognitiven Strukturmuster.

In der Literatur zur Theorie rationalen Handelns wird i.d.R. übergangen, daß in dieser Hinsicht bereits frühzeitig I. Ajzen und M. Fishbein argumentiert haben: "Although we take the position that beliefs determine attitudes and subjective norms and that these in turn influence intentions, we do not mean to imply that prior to performing each and every action, people systematically scrutinize the determinants of their behavior. Rather, we view the processes involved as largely automatic or implicit, and only in rare cases do we become fully aware of these processes. Consider, for example, a person's attitude toward smoking cigarettes. As the person forms beliefs that smoking has certain advantages or disadvantages, she simultaneously and automatically also acquires a positive or negative attitude toward smoking. When confronted with the opportunity to smoke, this favorable or unfavorable feeling toward smoking is directly aroused without any need on the part of the person to systematically review her beliefs about the behavior and, together with her subjective norm, the attitude influences her decision to smoke or to not smoke. Only when asked to explain her intention or behavior is she likely to become fully aware of her feelings toward smoking, of the social pressure to smoke or to not smoke, and of her behavioral and normative beliefs underlying these determinants of her decision" (Ajzen, Fishbein 1980: 245).

Von Bedeutung ist die Konsequenz für empirische Anwendungen der Theorie rationalen Handelns: Die Annahme einer eindeutigen, strukturierten, konsistenten und daher direkt zugänglichen Musterung der Situation

---

4 Die in Kapitel 7.2 skizzierte Idee, nach der Handeln von mehrfach gestuften Handlungszielen geleitet wird, ist mit dieser Perspektive nicht inkompatibel. Zwar wird dieser Aspekt im Rahmen der Muster- und Einstellungsforschung nicht herausgestellt, dennoch können allgemeine Einstellungen als Ziele verstanden werden, die in explizit wert-erwartungstheoretischer Sicht als Folgen des Handelns auftreten. Daher sind Muster auch als kognitive Repräsentationen sozialer 'Produktionsfunktionen' zu interpretieren.

schließt für empirische Untersuchungen keineswegs aus, daß differenzierte Einstellungen und Überzeugungen gegenüber dem Handeln im Rahmen einer Befragung nicht grundsätzlich 'rekognitiviert' werden können. Damit kann nach der hier vertretenen Vorstellung ihr direkter, nicht über die Handlungsintention vermittelter Einfluß auf die Handlungsrealisationen geprüft werden. Diese Effekte sind aber selbstverständlich nur unter expliziter Einbindung der Handlungsintention in die Theorie zu modellieren.

Die hier vertretene Sichtweise ist vergleichbar zu den Überlegungen von R. P. Bagozzi und Y. Yi, die zwischen 'well formed' und 'ill formed intentions' unterscheiden (1989; vgl. auch Bentler, Speckart 1979). Erstere beruhen auf einer reflektierten, umfassenden Informationsverarbeitung, letztere sind eher spontan und 'leichtfertig' gebildet. Solche 'weichen' Intentionen werden ohne größere Reflexionsleistungen automatisch gebildet und weisen nach Bagozzi und Yi einen geringeren Zusammenhang zum Handeln auf als 'harte' Intentionen. Sie führen deshalb zu unvermittelten Effekten der behavioralen, sozialen und ressourcenbezogenen Kognitionen auf das Handeln. Das Konzept der Handlungsveranlassung stellt damit nicht nur bezüglich der differenzierten Betrachtung der Handlungsfolgenallokation, sondern auch hinsichtlich der Analyse automatisierten Handelns eine zentrale Grundlage für die empirische Forschung dar. Insoweit ist auch klargestellt, daß die hier beschriebenen Sachverhalte keine direkten Einwände gegen die Anwendung der Theorie rationalen Handelns in natürlichen Situationen generieren. Allerdings bedarf es weiterer Forschungen, inwieweit die artifiziell kognitivierten Einstellungen und Überzeugungen zuverlässige Messungen der zugrundeliegenden Sachverhalte sind. In der empirischen (Pfad-) Analyse würde ein direkter Zusammenhang zwischen allgemeinen Einstellungen und Handlungsweisen bei einer mißglückten (Re-) Kognitivierung der spezifischen Einstellungen auftreten.

Unabhängig von diesem Problem ist an dieser Stelle aber noch die Frage offen, wie für konkrete Forschungsfragen die beschriebenen Effekte systematisch und konzeptionell gewinnbringend umzusetzen sind. Zur Zeit liegen hierfür kaum Erfahrungen vor. Einen Ansatzpunkt bietet die hier u.a. vertretene Sichtweise, daß die kognitive Zugänglichkeit eines Musters als Resultat der Habitualisierung von Handlungsweisen zu betrachten ist. Folgt man diesem Gedanken, liegt die Einführung eines entsprechenden 'habit'-Maßes in die Analysen nahe. Erste Überlegungen finden sich hierfür bereits bei H. C. Triandis (1977), der in der 'habit'-Stärke eine eigenständige Erklärungsvariable für die Generierung spezifischer Handlungsweisen sieht. Die Operationalisierung erfolgt in den meisten empirischen Studien, die sich mit solchen Prozessen befassen, über die Variable 'vergangene Handlungshäufigkeit' (vgl. z.B. Fredericks, Dossett 1983). Dies ist insofern problematisch, weil (a) wiederholtes Handeln in einem bestimmten Bereich auch auf mangelnde Alternativen aufgrund fehlender Ressourcen zurückzuführen sein kann und (b) die hier vertretene Sichtweise, daß repetitive Handlungsweisen nicht auf einer Automatisierung per se beruhen, sondern auf der automatischen Aktivierung der entsprechenden kognitiven Strukturen, nur unzureichend abgebildet wird. Vielversprechender erscheint daher ein zum Musteransatz kompatibler Vorschlag von B. Verplanken, A. Henk, A. van

Knippenberg und C. van Knippenberg (1994). Die Autoren entwickeln in Anlehnung an die Überlegungen von B. Mittal und L. R. Kahle ein sogenanntes ´script-based habit-Maß´ im Zusammenhang mit der Verkehrsmittelwahl, das aber vom Prinzip her auch auf andere Handlungsbereiche übertragbar ist (vgl. Kahle 1984; Mittal 1988).

Ausgangspunkt ihrer Messung ist die Vorgabe von mehreren Items, die sich auf übliche Freizeitaktivitäten (wie ein Kinobesuch) beziehen (vgl. Verplanken et al. 1994: 289f.). Die Befragten sollen dabei *ohne besondere Reflexion* angeben, welches der möglichen Verkehrsmittel (Pkw, Bus, Rad, etc.) sie hierfür in Betracht ziehen. In je mehr Handlungsbereichen z.B. die Kategorie ´Radfahren´ automatisch aktiviert wird, desto eher ist von einem starken und verallgemeinerten ´habit´ bezüglich des Radfahrens auszugehen. Mit einem solchen Maß läßt sich meiner Ansicht nach die Determinantenanalyse individuellen Handelns ohne großen Aufwand bereichern: Folgt man den bisherigen Überlegungen sollte bei einer starken Ausprägung des ´habit´-Maßes (HAB) der Effekt der Intention (I) auf das Handeln (H, z.B. die Nutzung eines bestimmten Verkehrsmittels in einer konkreten Situation) vergleichsweise schwach ausfallen und direkte Effekte der vorgeschalteten kognitiven Variablen (K) nachzuweisen sein: $H = f(I)$, $g(K)$, $I = h(K)$ und f, $g = i(HAB)$ (f, g, h, i = funktionale Verknüpfungen). Dieser verallgemeinerte Zugang enthält damit die Theorie geplanten Handelns als Spezialfall ($g = 0$, f, $h > 0$). Empirische Nachweise für die konditionale Wirkung von ´habits´ sind (mit entsprechenden Vorzeichen) signifikante Interaktionseffekte zwischen Intention und ´habit´ sowie - wenn man der in Kapitel 7.1 vorgeschlagenen Differenzierung folgt - zwischen ´habit´ und der behavioralen und affektiven Einstellung, der sozialen Norm und der subjektiven Handlungskontrolle.

Die automatische Handlungsgenerierung aufgrund der mentalen Zugänglichkeit habitualisierter Routinen erfaßt nur einen Teil der besonderen Bedingungen, unter denen es eher zu einer spontanen, kognitiv weniger kontrollierten, bestenfalls durch ´schwache´ Intentionen geförderten Handlungsaktivierung kommt. In einem integrativen Zugriff geht Fazio im Anschluß an das 'dual process'-Modell der Persuasionsforschung von R. E. Petty und J. T. Cacioppo sowie vergleichbaren Überlegungen von S. Chaiken davon aus, daß der handlungsleitende Überlegens- und Aktivierungsprozeß grundsätzlich, d.h. auch in wohldefinierten und bekannten Situationen, sowohl 'online' als auch 'off-line', d.h. nach den hier vorgebrachten Überlegungen bewußt-kalkulierend unter kontrollierter Einschaltung der Handlungsintention, ablaufen kann (vgl. Chaiken 1980; Chaiken, Liberman, Eagly 1989; Petty, Cacioppo 1986a,b; neuerdings nimmt auch H. Esser hierauf Bezug, 1996). Die Frage, unter welchen situativen Bedingungen die bewußte und reflektierte oder automatische Reflexion zum Tragen kommt, wird im 'MODE-Konzept' der Handlungsregulation beantwortet (Fazio 1990: 'motivation and opportunity as determinants of the processing mode'). Der Ansatz korrespondiert mit den Überlegungen von Verplanken et al., die das handlungsleitende Ausmaß skript- bzw. mustergesteuerter 'habits' in Abhängigkeit der persönlichen Involvierung in den Entscheidungsprozeß und entsprechender Gelegenheitsstukturen betrachten (1994: 294). Diese Variablen stehen selbst wiederum in Abhängigkeit situationaler Bedingungen, so daß es spezifische Merkmale der Handlungssituationen sind, die eine bestimmte Taktik oder eine bestimmte Strategie der Informationsverarbeitung den Akteuren nahelegen. Demnach ist die Taktikwahl zunächst einmal eine 'intelligente' Antwort auf Entscheidungssituationen mit unterschiedlich bedeutsamen Folgen: Es ist v.a. die Furcht vor den Kosten einer falschen Entscheidung, die zu kontrollierten, reflektierten und abwägenden Prozessen der Handlungsgenerierung motiviert (vgl. Fazio 1990: 91f.; mit empirischen Nachweisen: Sanbonmatsu, Fazio 1990).

Demnach wird es besonders in eindeutig erkennbaren Niedrigkostensituationen automatisierte 'on-line'-Taktiken der Informationsverarbeitung und Handlungsgenerierung geben. Hier sind für die Akteure aufgrund fehlerhafter Handlungsentscheidungen infolge mangelnder Abwägung keine besonderen spürbaren Konsequenzen zu erwarten. Dies sieht in Hochkostensituationen anders aus. Hier motiviert die Angst vor den Folgen einer falschen Handlungsentscheidung zu einem vergleichsweise aufwendigen, kontrollierten, 'harte' Intentionen generierenden 'off-line'-Überlegensprozeß. Der 'data driven'-Modus ist also nur dann zu erwarten, wenn der Aufwand einen entsprechenden Nutzen erwarten läßt. In anderen Worten: Die 'off-line'-Taktik dominiert, wenn die Opportunitätskosten einer falschen Entscheidung die Mühe der Kalkulation rechtfertigen. "Without such inducement", hebt Fazio hervor, "individuals have little reason to undertake a deliberative analysis" (1990: 92). Ein anderes Vorgehen würde gegen die Rationalität i.S. des ökonomischen Umgangs mit knappen Mittel verstoßen (vgl. hierzu auch Becker 1993: 5; Plümper 1996: 198f.; Riker, Ordeshook 1973: 22; Schmitt 1996: 120 sowie die Arbeiten von Beach, Mitchell 1978; Kruglanski 1989; Lussier, Olshavsky 1979; Payne 1982).

Allerdings muß auch die Möglichkeit einer sachgemäßen Reflektion gegeben sein: Die Motivation mag zwar die 'off-line'-Taktik tragen, inwieweit sie aber für den aufwendigen 'data driven'-Modus von Bedeutung ist, hängt - wie gewöhnlich - von geeigneten Ressourcen und Gelegenheitstrukturen ab (vgl. Abb. 8-1). Darunter ist v.a. die Verfügbarkeit von Zeit zur kontrollierten Strukturierung der Alternativen in erwartete Wenn-Dann-Beziehungen und ihre Transformation in eine bewußte Handlungsintention zu subsummieren, d.h. der situative Entscheidungsdruck darf eine gründliche und tiefe Informationsverarbeitung nicht blockieren: "Situations that require one to make a behavioral response quickly can deny one the opportunity to undertake the sort of reflection and reasoning that may be desired. In such cases, individuals may have no alternatives to the theory-driven mode characterized by the spontaneous processing model" (Fazio 1990: 92).

Ein hoher Zeitdruck impliziert, daß wenig Informationsverarbeitungskapazität für kontrollierte und elaborierte kognitive Prozesse verfügbar ist, was wiederum die automatisierte Verwendung einfacher und bekannter Stereotype fördert. In Situationen, in denen es darauf ankommt, schnell zu handeln, ist es z.B. effizienter, die auf den ersten Blick und nach den bisherigen Erfahrungen wichtigste Handlungsfolge direkt herauszugreifen und unvermittelt nach dieser Vorgabe zu handeln, als durch Abwägen verschiedener Folgen explizite Handlungsintentionen auszubilden und Nutzenmaximierung anzustreben, und damit möglicherweise das Risiko verspäteten Handelns in Kauf zu nehmen.

$$\text{Taktik} \quad \frac{\text{'on - line'}}{\text{'off - line'}} \quad = \quad f(M, R)$$

wobei: $M = \text{Motivation} = g(K)$
         $R = \text{Restriktion} = h(Z)$

mit: $f, g, h = \text{funktionale Verknüpfungen}$
       $K = \text{situationsspezifische Kostenstruktur ('high / low cost')}$
       $Z = \text{Zeitdruck}$

Abb. 8-1: Taktikrationalität nach dem MODE-Konzept

Die Wahl der Taktik, 'on-line' oder 'off-line', bzw. des Prozessierens, 'data' oder 'theory driven', beruht also wieder auf den Regeln und Variablen von Rational Choice: Es sind die Präferenzen und Restriktionen, die Motivation und die Gelegenheiten, die hier den Wechsel vom alltäglichen automatischen Prozessieren auf aufwendigere Prozesse der Informationsverarbeitung und Handlungsgenerierung erklären. Dabei sind auch gemischte Taktiken denkbar (vgl. Abb. 8-2). Ein solches 'mixed model' stellt z.B. die von A. Tversky konzeptualisierte 'elimination by aspects'-Strategie dar (1972).[5]

---

[5]   Nach der 'elimination by aspects'-Strategie werden bei einer Entscheidung zwischen Alternativen mit mehreren Attributen diese nach ihrer subjektiven Bedeutung geordnet. Es werden die Alternativen sukzessive ausgeschlossen, die die zentralen Attribute nicht erfüllen können. Erst die verbleibenden Optionen wer-

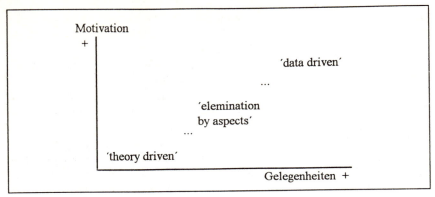

Abb. 8-2: Motivation und Gelegenheiten als Determinanten der individuellen Informationsverarbeitung

Nach den Regeln des MODE-Modell treten die zentralen Merkmale eines kontrollierten Überlegensprozesses - "retrieving and constructing attitudes toward the behavior and deciding upon a behavior intention" - v.a. dann auf, wenn die Motivation und die Gelegenheiten hierfür bestehen (Fazio 1990: 93). Besonders deutlich wird dieser Zusammenhang, wenn man die Grundidee formalisiert. Zwar bietet das MODE-Konzept keine Formalisierung der vorgegebenen Relationen, aber diese läßt sich auf einfache Weise nachholen. Demnach beruht die Wahrscheinlichkeit, daß der 'off-line'-Prozeß aufgeschaltet wird (P['off-line']), auf einer multiplikativen Verknüpfung der perzipierten situationsspezifischen Kostenstruktur (M) und der wahrgenommenen Verfügbarkeit zeitlicher Ressourcen (R): P['off-line'] = M * R. Die Formalisierung zeigt, daß eine niedrige Motivation selbst bei ausreichenden zeitlichen Ressourcen nicht zum 'data driven'-Modus führt: das Produkt erreicht den Wert 0, wenn M gleich 0 ist. Deshalb wird auch unter hohem Zeitdruck (R bzw. Z bei 0) der 'off-line'-Prozeß nicht aufgeschaltet: Wenn die Erwartung, im Rahmen reflektierten Überlegens eine Lösung zu finden, sehr klein wird, dann kann die Motivation sehr groß werden, ohne daß von der 'on-line'-Taktik abgewichen wird. Andererseits kommen 'off-line'-Kognitionen selbst bei ausreichender Überlegenszeit erst dann richtig zum Zuge, wenn die Situation als Hochkostensituation eingeschätzt wird. Ansonsten besteht kein Grund die effiziente Taktik des gleichsam automati-

---

den wie üblich bewertet. Das Entscheidungskonzept korrespondiert mit der weiter unten im Text skizzierten Theorie der Handlungsregulation nach S. Lindenberg ('Diskriminationsmodell').

schen Prozessierens aufzugeben, steht doch im Rahmen subjektiv wohldefinierter Situationen außer Frage: "This spontaneous attitude-to-behavior process is enormously functional for daily life" (Fazio 1990: 88).

Vor diesem Hintergrund ist eindeutig festzustellen: Die Informationsverarbeitung und Handlungsgenerierung aufgrund automatisierter Prozesse stellen keine Widerlegung der Theorie rationalen Handelns dar. Zwar ist die Erkenntnis, daß solche Prozesse existieren, keineswegs neu. Aber sie sind hier deshalb von Bedeutung, weil gezeigt werden kann, daß sie das logische Ergebnis einer rationalen ('inneren') Handlungsweise der Menschen sind. Die Wirksamkeit dieser Prozesse erfährt erst in diesem Rahmen ihre notwendige Grundlegung und Präzisierung, wenn man in Rechnung stellt, daß die konsequente Bilanzierung der Handlungsalternativen immer auch Kosten verursacht: Kosten der Informationsverarbeitung und evt. der Informationsbeschaffung sowie Kosten der Entscheidung bei Selektion einer Handlung. Die Rationalität der Aktivierung habitualisierter Routinen wird hier erkennbar. Ihre Befolgung ist Ausdruck des rationalen Umgangs der Menschen mit ihren knappen Mitteln. Der Wechsel von der automatischen 'on-line'-Informationsverarbeitung auf stärkere Reflexionsleistungen ist die 'intelligente' Antwort der Akteure auf variierte Umweltbedingungen: Sie schalten - bei gegebenen Gelegenheiten - den 'off-line'-Prozeß nur auf, wenn sie sich davon einen Gewinn versprechen.

Folgt man den Annahmen des SEU-Konzepts, läßt sich dieser Grundgedanke der Taktikrationalität noch präzisieren (vgl. hierzu mit kleineren Variationen, die im folgenden die Berücksichtigung von Erwartungen im Fall des Routinehandelns und der Kosten im Fall der kontrollierten kognitiven Reflexion betreffen, die Darstellung bei W. H. Riker und P. C. Ordeshook 1973: 22f.; siehe auch Esser 1990: 236, 1991a: 66f., 1996: 22f.). Ausgangspunkt ist die Modellierung einer gezielten Abweichung von der 'on-line'-Taktik, die die gewohnheitsmäßige, automatische Wahl einer bestimmten Routinehandlung impliziert. Nur wenn die Entscheidung gegen die Beibehaltung der Routine ausfällt, werden Prozesse aktiviert, die die sorgfältige Kalkulation möglicher Folgen (mit der Konsequenz der Ausbildung einer expliziten, 'harten' Handlungsintention) und die Suche nach weiteren Informationen beinhalten.

(1) Gegeben sei H_1, die Alternative, eine Routine aus einem Set $S(1)$ von Handlungsalternativen x_1, x_2, x_3 ... x_n zu wählen.
   Erläuterung: $S(1)$ besteht aus denjenigen Handlungsalternativen, die bislang für einen Akteur immer nur in Betracht kamen. Zugleich enthält $S(1)$ die bislang bewährte, gewohnheitsmäßig privilegierte, wegen der geringen Entscheidungskosten (relativ) effiziente, gleichsam automatisch gewählte Handlungsalternative x_i.
(2) Gegeben sei H_2, die innere Entscheidung, für die Handlungswahl einen Set $S(2)$ mit der zusätzlichen Handlungsalternative a_{n+1} in Erwägung zu ziehen.

Erläuterung: Die Alternative H_2 besteht darin, nicht der unmittelbar naheliegenden Routine zu folgen und x_i zu wählen, sondern im Rahmen aufgeschalteter 'off-line'-Kognitionen, die den 'habit' reflektierend in seine Einzelteile zerlegen, nach einer eventuell besseren Handlungsalternative (x_{n+1}) zu fahnden (zur Vermeidung von Mißverständnissen: die Akteure müssen lediglich annehmen, daß es irgendeine Verbesserung mindestens in der Höhe von $U(x_{n+1})$ gibt, um die 'data driven'-Taktik in Erwägung zu ziehen).

(3) Der Nettonutzen für H_1 und H_2 ergibt sich aus der Formalisierung:

$$SEU(H_1) = \pi_1 U(x_i)$$

$$SEU(H_2) = \pi_2 U(x_{n+1}) + (1 - \pi_2) \pi_1 U(x_i) - \pi_3 K$$

Erläuterung: $SEU(H_1)$ ist der erwartete subjektive Nutzen aus der Option, am Routineset S(1) ohne weitere direkte Kosten festzuhalten. Der Nutzen dieser nicht mehr zu reflektierenden Handlungsweise tritt mit der Instrumentalität von 1 ein, wenn es keine Unsicherheiten hinsichtlich der Definition der Situation gibt, d.h. wenn das bewährte Handlungsmuster kognitiv direkt verfügbar ist und in keiner Weise eine 'Störung' der Verbindung zwischen der Situation und der im Langzeitgedächtnis gespeicherten Einstellungen vorliegt. Je weniger eindeutig die grundlegende Definition der Situation ausfällt, desto geringer ist der erwartete Nutzen aus der Befolgung einer naheliegenden Routine. $SEU(H_2)$ ist der erwartete subjektive Nutzen für die Handlungsalternative, sich auf die vergleichsweise mühevolle Suche nach einer besseren Alternative (x_{n+1}) zu begeben. Er setzt sich zusammen aus: (a) der subjektiven Erwartung, daß man tatsächlich eine zu x_i bessere Alternative x_{n+1} finden wird (Abbildung der 'opportunity' nach Fazio), multipliziert (b) mit dem Nutzenwert dieser (neuen) Alternative und (c) dem Nutzen der Routine, gewichtet (d) gemäß den Prinzipien der Wahrscheinlichkeitsrechnung mit der komplementären Wahrscheinlichkeit zum Auffinden einer besseren Alternative sowie (e) abzüglich der mit der Wahl von S(2) i.d.R. mit hoher Wahrscheinlichkeit zu erwartenden Kosten: Dies sind die kognitiven Kosten des Nachdenkens und die Kosten, die im Rahmen der Beschaffung von Informationen über die zusätzliche Alternative x_{n+1} entstehen.

(4) Der 'on-line'-Modus wird beibehalten, wenn gilt:

$$U(x_{n+1}) - \pi_1 U(x_i) < \pi_3 K / \pi_2$$

Erläuterung: Aus Schritt 3 ist zu entnehmen, daß ein Akteur beim automatischen Prozessieren bleibt, wenn $SEU(H_1) > SEU(H_2)$, d.h. wenn $\pi_1 U(x_i) > \pi_2 U(x_{n+1}) + (1 - \pi_2) \pi_1 U(x_i) - \pi_3 K$. Mittels einer geeigneten Umformung ergibt sich die vorangestellte Regel für die Beibehaltung der 'theory driven'-Taktik (keine weitere Suche). Sie besagt: Die Wahrscheinlichkeit, daß alles so bleibt, wie es ist, ist umso größer,

(a) je geringer der Nutzen aus der zusätzlich in Betracht gezogenen Alternative im Vergleich zum erwarteten Nutzen aus der 'on-line'-gesteuerten Routinehandlung ist $[U(x_{n+1}) - \pi_1 U(x_i)]$ (die Differenz der Nutzenerwartungen kann als Abbildung der Motivation im MODE-Modell betrachtet werden);

(b) je höher die zusätzlichen Überlegens-, Entscheidungs- und Informationsbeschaffungskosten über die neue Alternative sind [K] und je sicherer diese Kosten erwartet werden $[\pi_3]$; und

(c) je weniger der Akteur erwartet, überhaupt eine bessere Alternative zu finden [π_2] (was insbesondere bei großem Zeitdruck der Fall ist).

Mit der Konzeptualisierung der Taktikrationalität lassen sich also die Bedingungen angeben, unter denen die Akteure den 'off-line'-Prozeß aufschalten, damit kreativ und findig werden, und nicht nur mit Programmen bewährter Bedürfnisbefriedigung auftreten (nämlich v.a. unter der Bedingung einer hohen Sicherheit für das Auffinden einer neuen Alternative; zugleich die bekannte Logik des Theorien- und Paradigmenwechsels in den Wissenschaften).

Aus den bisherigen Überlegungen ergibt sich auch, daß das direkte automatische Prozessieren nicht mehr richtig zum Zuge kommt, wenn die Definition der Situation mit Unsicherheiten belastet ist. Soweit unter diesen Bedingungen eine Musterung das Ergebnis einer Niedrigkostensituation impliziert, lohnt es sich aber auch in diesem Zusammenhang nicht, zwischen den wahrgenommenen Alternativen auf besondere Weise abzuwägen. Die Informationsbeschaffungs- und Entscheidungskosten bilden eine Schwelle, unterhalb der es geradezu irrational wäre, eine Kosten-Nutzen-Kalkulation vorzunehmen. Rationale Akteure sind in diesem Fall indifferent gegenüber den verfügbaren Handlungsoptionen und entscheiden per einfacher, unüberlegter, aber auch kognitiv weitgehend kostenneutraler Zufallswahl, d.h. aufgrund von Kriterien die keiner systematischen Beurteilung mehr zugänglich sind. In anderen Worten: Hier kann man sich den Luxus von Versuch und Irrtum leisten. Man weiß nur wenig, aber man weiß zumindest, daß kaum etwas auf dem Spiel steht.

Informationsverarbeitung und Handlungsgenerierung aufgrund automatisierter und reflektierter Prozesse können nicht nur für sich auftreten (vgl. Fazio 1990: 96ff.). Je nach Ausprägung von person- und situationsspezifischen Moderatoren sind 'gemischte Strategien' denkbar. Besondere Bedeutung besitzen in diesem Zusammenhang diejenigen Handlungs- und Problemsituationen, die sich durch eine außerordentlich hohe Komplexität auszeichnen: Zwar kann die Musterung der Situation zu einem eindeutigen Ergebnis geführt haben, das kognitive Muster damit eine hohe interne Gültigkeit und externe Passung aufweisen, die Definition der Situation also ohne Probleme vonstatten gegangen sein, aber die Komplexität der Entscheidungssituation stellt sich außerordentlich groß dar. Unter diesen Bedingungen sind konkrete und differenzierte Handlungsinformationen i.d.R. nur vereinzelt verfügbar; insofern sind solche Situationen 'ill-defined' (Simon 1957). Dies impliziert auf der Ebene der individuellen Attribuierung, daß sie nicht im Ganzen im Bewußtsein repräsentiert sind und bewertet werden können (vgl. Witt 1987: 129). Es gibt daher auch bei Furcht vor den Kosten einer falschen Entscheidung und geringem Zeitdruck kaum Möglichkeiten, die Strukturierung der Alternativen im reinen 'data driven'-Modus vorzunehmen; das Entscheidungspoblem zeichnet sich durch relativ schlecht strukturierte 'kognitive Landkarten' aus (Tolman, in der Ausgabe von 1975). Insofern ist die Dimension der Gelegenheitsstrukturen im MODE-Konzept noch um die Variable 'Entscheidungskomplexität' in der Handlungssituation zu erweitern: Je komplexer und unstrukturierter (genauer: unstrukturierbarer) sich die Handlungs- und Entscheidungssituation darstellt und/oder je größer der zeitliche Entscheidungsdruck ausfällt, um so gröber sind die Verfahren der Informationsverarbeitung. Unter hohem Zeitdruck und in sehr komplexen Situationen gewinnen daher auch bei gegebener hoher Motivation die weniger aufwendigen und voraussetzungsreichen Heuristiken an Bedeutung (vgl. Heiner 1983: 561; Slovic, Fishhoff, Lichtenstein 1977: 7f.).

In diesen Zusammenhang können die von H. L. Miller, R. A. Heiner und S. W. Manning diskutierte 'matching'-Regel (1987) oder die von S. Lindenberg und H. Esser benannten 'framing'-Prozesse eingeordnet werden (wobei, wie gesagt, die Begriffsverwendung z.T. mehrdeutig ist). Jedenfalls ist 'framing' als "Vereinfachung von Situation in bezug auf ein dominantes Ziel" die 'intelligente' Antwort auf eine große Komplexität aktueller Handlungs- und Entscheidungssituationen (Esser 1990: 242). Die Orientierung an solchen 'frames' entlastet die Akteure im Vollzug der Handlungswahlen. Das Vorgehen ist daher ohne weiteres als ein 'rationaler Prozeß' zu bezeichnen, denn auch durch diese Abkürzung im Überlegensprozeß kann sich der einzelne Kosten einsparen, die ihm entstehen würden, wenn er über die komplexe Situation ausgiebig nachdenken und sich weitere Informationen einholen würde (die Folge kann - wenn man der 'matching'-Idee von Miller, Heiner und Manning folgt - eine unintendierte Gleichheit der Durchschnittsnutzen sein).

Die Idee des 'framings' ist an sich - auch im Rational Choice-Ansatz - nicht neu. Sie gehört z.B. seit langem in der Neuen Politischen Ökonomie zu einer der grundlegenden Annahmen. So hat bereits A. Downs auf die entlastenden, insbesondere Informationskosten einsparenden Effekte spezifischer eindimensionaler Leitkriterien bei politischen Wahlentscheidungen hingewiesen. Aufgrund der überaus großen Komplexität der Fragen hinsichtlich der gesellschaftlichen Regulierung leitet ein 'ideologischer frame' die Wahlentscheidung an, *weil* die Wähler rational i.S. des ökonomischen Umgangs mit den ihnen zur Verfügung stehenden Mitteln sind (vgl. Downs 1968: 93ff.). In komplex strukturierten Handlungssituationen würde das Maximieren auf alle denkbaren Alternativen letztlich irrational sein; eine solche Praxis wäre mit dem rationalen Umgang von immer knappen Mitteln nicht vereinbar. In diesem Sinn argumentiert man auch traditionell im Rahmen der Verhandlungs- und Policyforschung, daß die Interpretation komplexer Situationen durch Leitkriterien vereinfacht wird, die hier auf Erfahrungen in vergleichbaren Situationen beruhen. "Confronted with this complexity", führt z.B. C. Lockhart aus, "bargainers use clues arising from their experiences. That is, they select as the focus of their attention those aspects of situations that have been useful to them in the past" (1979: 42; vgl. z.B. auch May 1973; Jervis 1976: 217ff.).

Wenn anzunehmen ist, daß komplexe Entscheidungssituationen auf eine Weise vorstrukturiert werden, nach der nur ein bestimmter, dominierender Aspekt an handlungsleitender Bedeutung gewinnt, läßt sich der (Diskriminations-) Ansatz von Lindenberg anwenden. Allerdings ist die Annahme eines derartig eingeschränkten 'framings' keineswegs zwingend (vgl. Prisching 1993). Es besteht kein Grund zu der Annahme, daß nicht mehrere 'frames' in solchen Situation die Handlungswahl anleiten können. Sieht man von diesem Einwand ab, lohnt sich mangels Alternativen dennoch der Rekurs auf die Diskriminationstheorie (vgl. Lindenberg 1981b, 1985b, zur aktuellen Version: 1990a: 267ff.). Sie kann als der spezielle Versuch einer handlungstheoretisch orientierten Erklärung der situationsspezifischen 'frame'-Wahl unter dem Gesichtpunkt eindimensionaler 'frame'-Wirkungen in einer ansonsten bereits definierten, aber komplexen Entscheidungssituation verstanden werden (vgl. auch Lüdemann, Rothgang 1996: 285). Von den subjektiv möglichen 'frames' wird derjenige gewählt, der zwischen den wahrgenommenen Handlungsalternativen am stärksten diskriminiert.[6] Damit korrespondiert die Diskriminationstheorie mit der Idee von H. Montgomery, Entscheiden als einen Prozeß zu interpretieren, der auf die Suche nach einer Dominanzstruktur zielt (1989). Unter einer Dominanzstruktur wird eine kognitive Struktur verstanden, in der eine Alternative alle übrigen Alternativen dominiert. Für den Aufbau einer Dominanzstruktur sind nach Montgomery vier Phasen zu unterscheiden: 'Pre-editing', 'finding a promising alternative', 'dominance testing' sowie 'dominance structuring'.

In der Diskriminationstheorie richtet sich die Modellierung der konkreten Handlungswahl im einzelnen nach Regeln, wie sie z.T. auch das Konzept der Handlungsveranlassung nach Ajzen und Fishbein vorsieht (Kap. 7.1). Keine Rolle spielen bei Lindenberg - wie übrigens auch im MODE-Konzept - über die Komplexitätswahrnehmung hinausreichende individuelle Kompetenz- oder Kontrollerwartungen, denen aber gerade in schwer faßbaren Situationen eine wesentliche Bedeutung zur Erklärung des beobachteten Handelns zukommen dürfte.

Lindenberg schließt ausdrücklich an die Prospekttheorie von D. Kahneman und A. Tversky an (1979). Dieser Entwurf zielte erstmalig darauf, mögliche Effekte des 'fra-

---

6   Insofern läßt sich der Ansatz in entscheidungstheoretischer Hinsicht als ein Versuch werten, das Problem der Wahrscheinlichkeit zweiter Ordnung oder der Ambiguität zu behandeln (vgl. hierzu z.B. Gärdenfors, Sahlin 1982).

mings' von Entscheidungssituationen durch die Handlungssubjekte systematisch in die Theorie rationalen Handelns zu integrieren (vgl. Kap. 4.2). Die Anwendung der Prospekttheorie steht allerdings vor einer Reihe von grundlegenden Problemen. Sie beruhen auf den Unbestimmtheiten hinsichtlich der Konfiguration der zentralen Konzeptvariablen: Zur Position der Referenzpunkte, die über Gewinne und Verluste der Resultate entscheiden, liegen nur vage Angaben vor. Das Konzept der minimalen Bilanz wird zwar zur Regel erklärt. Unter welchen Bedingungen aber minimale Bilanzen aufgegeben werden und einer offenen Bilanz den Platz machen, wird nicht beantwortet. Und v.a. bleibt die Frage, wann es zum Wechsel von 'frames' kommt, ungeklärt (daran hat auch die Weiterentwicklung der Prospekttheorie zur sog. 'Cumulative Prospect Theory' nichts geändert; vgl. Tversky, Kahneman 1992).

Diese Kritikpunkte sollen im Rahmen der Diskriminationstheorie als ein Konzept der stochastischen Wahl aufgefangen werden. Ähnlich zum SEU-Ansatz oder äquivalenten Modellierungen wird der Prozeß der Handlungswahl in die drei Phasen der Perzeption, der Evaluation und der Selektion zerlegt. Darüber hinaus wird, wie zuvor angemerkt, eine Bilanzierung über alternative 'frames' berücksichtigt: Zunächst wird von der üblichen Annahme ausgegangen, daß Handlungsalternativen wahrgenommen und Handlungsfolgen unterschieden werden. Für jedes Ergebnis läßt sich auf Grundlage der individuellen Präferenzordnungen ein Nutzenwert zuordnen. Allerdings maximieren die Handlungssubjekte immer nur auf einen bestimmten 'frame' hin. Andere Aspekte sind lediglich im Hintergrund präsent.

In der sich anschließenden Entscheidungsphase bestimmen die Akteure die Nettonutzen und evaluieren wie im SEU-Ansatz Handlungsalternativen und Ergebnisse. Instrumentalitäten werden geschätzt und als Entscheidungsgewicht jedem Resultat zugeschrieben. Die Handlungssubjekte wählen jede Alternative (i) allerdings nur mit einer gewissen Wahrscheinlichkeit. Diese Wahrscheinlichkeit (P_i) kann als Handlungsintention i.S. der Ajzen-Fishbein-Konzepte verstanden werden und ist das Ergebnis einer Diskriminierung zwischen den Handlungsalternativen, d.h. sie hängt davon ab, wie stark sich die Alternativen voneinander unterscheiden. Zum Beispiel liegt bei unterschiedlichen Alternativen mit gleichen Nutzenwerten keine Diskriminierung vor. Bei n verschiedenen Alternativen wird dann jede Alternative mit einer Wahrscheinlichkeit von $1/n$ gewählt ($P_i = 1/n$).

Die Diskrimination zwischen den Handlungsalternativen ist selbst als eine Funktion zweier Variablen definiert: (a) analog zur Differenzenbildung in der Theorie der Handlungsveranlassung nach Ajzen und Fishbein als die Differenz zwischen der Nutzenerwartung der i-ten Alternative, $U(x_i)$ und der durchschnittlichen Nutzenerwartung aller anderen zur Disposition stehenden Optionen ($U(x_i)$ - $[1/n \Sigma_j U(x_j)])$[7] und (b) als die Bedeutsamkeit (ß) dieser Differenz für die Individuen in der Handlungssituation ('salience'). Diese situationale Dominanz definiert den Ein-

---

7   Diese Formulierung bedeutet für eine einfache Wahlsituation, in der die eine Alternative subjektiv einen sehr viel größeren Nutzenwert besitzt als die andere Alternative, daß diese Alternative mit einer Wahrscheinlichkeit von fast 1 gewählt wird. Wenn die Alternative dagegen nur geringfügig besser als die andere bewertet wird, dann liegt die Wahrscheinlichkeit nur noch bei ungefähr 0,5.

fluß eines 'frames' in der gegebenen Entscheidungslage (vgl. Lindenberg 1990a: 269f.): $P_i = ß (U(x_i) - [1/n \, \Sigma_j \, U(x_j)]) + 1/n$; wobei: P_i = Wahrscheinlichkeit, mit der eine Handlungsalternative i gewählt wird; ß = Situationale Dominanz des aktuellen 'frames'; $U(x_i)$ = Summe der Nutzenindices u aller Ergebnisse h der Handlungsalternative i, jede mit der entsprechenden Auftrittswahrscheinlichkeit p gewichtet ($U(x_i)$ = $\Sigma_h \, p_{ih} \, u_h$; h = 1, 2, ..., k); $U(x_j)$ = Nutzenerwartung der wahrgenommenen Handlungsalternativen (j = 1, 2, ..., n).

Der Formalisierung ist zu entnehmen, daß die Wahl einer Handlungsalternative nur dann in Erwägung gezogen wird, wenn es überhaupt eine Differenz in der Nutzenerwartung zu anderen Handlungsalternativen gibt und diese Differenz in der spezifischen Handlungssituation eine gewisse Dominanz besitzt. Fällt die situationale Dominanz unter einen kritischen Wert und nähert sich dem Wert 0, wird auch der Ausdruck ($ß (U(x_i) - [1/n \, \Sigma_j \, U(x_j)])$ gleich 0, und es ergibt sich für die Handlungswahrscheinlichkeit eine Gleichverteilung (1/n). Zur Strukturierung der Situation wird daher ein neuer 'frame' benötigt. Um diesen Prozeß zu modellieren, nimmt Lindenberg an, daß die situationale Dominanz eines 'frames' als eine Funktion der verschiedenen, latent vorhandenen Hintergrundaspekte (y_i) zu betrachten ist: ß = $f(y_1, y_2, ... y_n)$. Bei einer geringen situationalen Dominanz des gegebenen 'frames' vermutet Lindenberg, daß kein Hintergrundaspekt, der diesen 'frame' unterstützt hat, als Basis eines neuen 'frames' in Betracht kommt. "Wenn es überhaupt einen neuen Anwärter gibt, dann muß es ein (relativ zum alten Rahmen) negativer Aspekt sein, d.h. ein Aspekt, der ß des alten Rahmens so stark reduzieren konnte, daß die Wahl zur Gleichverteilung über die Alternativen tendierte" (Lindenberg 1990a: 270).

Wenn z.B. die Verwendung der Nicht-Arbeitszeit durch den 'frame' 'politisches Engagement' gesteuert wird, und dieses Engagement verstärkt externe Kosten nach sich zieht, dann ist dieser 'frame' nicht stabil. Davon ist i.d.R. auszugehen: Veränderungen durchzusetzen, impliziert in modernen Gesellschaften erhebliche und oftmals nicht zum Erfolg führende Aufwendungen, v.a. an Zeit. Opportunitätskosten steigen, Enttäuschungen über das notwendige Engagement sind programmiert. Einen Ausweg gibt es kaum: Die übliche Partizipation in Wahlen unterfordert den Bürger; es ist für den Wähler nicht möglich, die Intensität seiner politischen Überzeugung auszudrükken. "Das Problem des politischen Lebens ist also, kurz gesagt, daß es entweder zuviel fordert oder zu zahm oder belanglos ist" (Hirschman 1984: 130). Die Bedeutsamkeit dieses 'frames' nimmt daher ab, und der größte negative Hintergrundaspekt, der Verlust an Privatheit, bildet den neuen Rahmen.

Die Annahmen, die Lindenberg für die Phase des 'frame switch' trifft, kann man so verstehen, daß grundsätzlich ein 'frame' gewählt wird, der zur Diskriminierung zwischen den Handlungsalternativen wesentlich beiträgt. Genauere Angaben zu den spezifischen Bedingungen eines 'frame'-Wechsels werden allerdings nicht gegeben. In dieser Hinsicht ist das Modell noch auszubauen, um auch für empirische Anwendungen zugänglich zu sein. Darüber hinaus sind formale Korrekturen anzubringen, wenn vermieden werden soll, daß unter bestimmten Bedingungen negative P_i-Werte auftreten. Letztlich ändert sich am Standardmodell der rationalen Wahl aber nur wenig. Es wird lediglich angenommen, daß die Akteure in komplexen Handlungs- und Entscheidungssituationen im Rahmen eines ausgewählten 'frames' die Alternativen und ihre Konsequenzen bilanzieren. Aufgrund dieser Abkürzung im Überlegensprozeß kann man hier von einer 'gemischten Strategie' der Informationsverarbeitung sprechen. Für die empirische Praxis wäre es allerdings von Vorteil, wenn man Näheres darüber wissen könnte, worin die unterstellte Konzentration auf einen einzigen 'frame' begründet liegt und unter welchen konkreten Umständen die Personen ihren dominierenden 'frame' in einer spezifischen Handlungssituation wechseln.

8.2. Zur Differenzierung von kompetenz- und performanztheoretischen Aspekten in der Theorie rationalen Handelns

Die bisherigen Überlegungen zeigen, nach welchen Mechanismen Handelnde, die in ihrem tatsächlichen Entscheiden vordergründig nicht entsprechend den Annahmen des Rational Choice-Ansatzes vorgehen, zu diesen Entscheidungen gelangen. Hierbei ist bemerkenswert, daß selbst die Erklärung automatisierten Prozessierens und routinehaften Handelns die Prämissen der Theorie rationalen Handelns voraussetzt und auch die muster- und 'frame'-gesteuerte Selektion von Handlungsalternativen die Entwicklung der Theorie zu einer allgemeinen 'Aktivitätstheorie' begründet, die zugleich 'innerliches Handeln' einschließt (vgl. hierzu auch Kunz 1996a: 160ff., 212f.). Von Bedeutung ist, daß solange Muster, 'frames' oder habitualisierte Routinen eine hohe subjektive Geltung besitzen - und über die Verschmelzung von Handlungsmodell, Leitkriterien und Musterrahmen begründet sich die Pragmatik der Alltagsinteraktion - eine besondere Reflektion erst gar nicht einsetzen muß: Es handelt sich um grundlegende Erfahrungen individuellen Lernens im Rahmen nachhaltiger soziokultureller und auch biologischer Vorgaben. Die Wirksamkeit einer direkten Aktivierung wird daher erst dann unterbrochen, wenn in Abhängigkeit entsprechender Signale in einer Situation Unsicherheiten oder Befürchtungen hinsichtlich falscher Entscheidungen ins Spiel kommen. Erst unter diesen Bedingungen werden alternative Vorgehensweisen miteinander abgewogen (soweit hierfür Gelegenheiten bestehen). Insofern geht es hier gerade nicht nur um eine "more inclusive or sophisticated version of case-by-case-maximization", wie V. J. Vanberg vermutet (1993: 102).

Aber die Frage nach der theoretischen Grundlage ist in diesem Rahmen noch offen: Worauf gründet sich eigentlich die Reflektion der Aktualisierung habitueller, automatisierter Verrichtungen oder der kalkulierte Wechsel handlungsgenerierender Muster, wie es hier in konzeptioneller Hinsicht, d.h. im Rahmen intentionaler Erklärungsversuche, angenommen wird? Vanberg weist in diesem Zusammenhang zu Recht darauf hin, "if we would want to include such capacity for 'meta-rationality' in our notion of rationality, this would have to be explicitly modelled" (1993: 104f.). Es fehlt - ähnlich zur Begründung der individuellen Motivationsvariationen - eine Basis, die das Wechselspiel des Prozessierens tragen könnte.

Hierüber gibt es sehr unterschiedliche Ansichten, die im Rahmen von Rational Choice allerdings kaum reflektiert werden. Zwei gegensätzliche Positionen stecken den Bereich der möglichen Antworten ab: Im ersten Fall wird behauptet, daß diese Prozesse einfach 'da' sind, daß sie automatisch im Rahmen neuronaler Aktivierungsprozesse und physiologischer Bedingungen direkt gegeben sind (vgl. Roth 1995; Searle 1992). Diese Sichtweise ist vergleichbar mit den neobehavioristischen Überlegungen Vanbergs (woraus er allerdings unnötigerweise die Konsequenz zieht, die Theorie rationalen Handelns als Grundlage der Erklärung sozialer Prozesse abzuwählen, 1993).

Im Gegensatz zu dieser Perspektive behauptet die zweite Position die Existenz einer internen Regulationsebene, die eine grundlegende kognitive Rationalität bei den einzelnen Akteuren impliziert. Diese Sichtweise ist hier von besonderem Interesse, da sie Ansatzpunkte zu einer Schließung der rein entscheidungslogischen und primär kognitiven Orientierungen im Rational Choice-Ansatz bietet. Eine abschließende Bewertung beider Ansätze erscheint zur Zeit allerdings als verfrüht.

Die Idee einer grundlegenden kognitiven Rationalität bei den Akteuren korrespondiert mit Überlegungen, die N. Chomsky in die Sprachtheorie eingeführt hat (1969, 1981). Er verweist darauf, daß ein grammatikalisches System eine von beobachtbaren Daten maßgeblich verschiedene Tiefenstruktur besitzt und daß die sich im Sprechen äußernden Fähigkeiten nicht ohne Bezug auf diese Tiefenstruktur erklärt werden können (vgl. Chomsky 1969: 30). Chomsky unterscheidet in dieser Hinsicht - in Anlehnung an Ferdinand de Saussures Differenzierung von 'langue' und 'parole' - zwischen der 'Kompetenz' und 'Performanz' eines Sprechers. Die lingustische Kompetenz ist als das Wissen um die Sprache, die Kenntnis des Sprechers von seiner Sprache, definiert. Die hiervon zu unterscheidende Performanz bezeichnet ihren Gebrauch in konkreten Situationen und unter spezifischen Bedingungen (vgl. Chomsky 1969: 14; Coseriu 1988; Eysenck 1993: 103; Kellogg 1995: 241). Diese Performanz wird in Abhängigkeit der Kompetenz betrachtet; die Kompetenz eines Sprechers liegt seiner Performanz zugrunde.

Der linguistischen Forschung fällt nach Chomsky die Aufgabe zu, zum Verständnis der idealsprachlichen Kompetenz beizutragen. Sie hat daher die komplette Grammatik, die den akzeptablen Sätzen zugrunde liegt, zu spezifizieren: Die Sprachkompetenz besteht aus einem System von Regeln und Prinzipien, die mental repräsentiert sind und es dem Sprecher ermöglichen, beliebige Sätze zu verstehen und zum Ausdruck seiner Überlegungen hervorzubringen. Aufgrund ihrer linguistischen Kompetenz ist es den Akteuren möglich, ohne Einschränkungen eine unbegrenzte Zahl neuer Sätze zu formulieren und zu verstehen. Die Sprachkompetenz bietet so die Möglichkeiten, in beliebigen Situationen angemessen zu reagieren. Dies entspricht der Bedeutung 'kreativ' in der Transformationsgrammatik. Hiermit ist die grundsätzliche Fähigkeit verbunden, Sätze als grammatikalisch richtig oder falsch zu klassifizieren.

Dieses kognitive und abstrakte System von Wissen, Regeln und Überzeugungen entwickelt sich in der frühen Kindheit und wird damit als intern repräsentiert betrachtet, so daß diese Muster als kausal ursächlich für die Sprach- bzw. Sprechtätigkeit zu interpretieren sind. Man versucht also vom Standpunkt einer einzigen zugrunde liegenden Struktur die alternativen Realisierungen zu erklären, die für eine bestimmte Sprech- oder Schreibweise geeignet sein können, z.B.: "Den Vietnam-Krieg zu beenden, ist einfach, Es ist einfach, den Vietnam-Krieg zu beenden, Die Beendigung des Vietnam-Kriegs ist einfach, Der Vietnam-Krieg ist einfach zu beenden" (Hymes 1978: 316).

Im Unterschied zur Theorie der linguistischen Kompetenz zielt die Theorie der linguistischen Performanz auf die Erklärung des faktischen Handelns: Das tatsächliche Sprachverhalten und die aktuelle Sprachverwendung können in Anbetracht der offensichtlichen Abweichungen nicht als direkte Widerspiegelung der Kompetenz betrachtet werden. Ansätze der Soziologie und v.a. der kognitiven (Sozial-) Psychologie sollen dazu dienen, die Mechnismen offenzulegen, wie die rationale Kompetenz genutzt wird.

Überträgt man diese Überlegungen auf die Diskussion zur Theorie rationalen Handelns, wird man in der Perspektive von Chomsky eine besondere rationale Kompetenz bei den Akteuren annehmen. Diese rationale Kompetenz ermöglicht, auf die unterschiedlichsten Situationen angemessen zu reagieren, z.B. automatisches Prozessieren in Niedrigkostensituationen dem aufwendigen 'data driven'-Modus vorzuziehen. Auch in diesem Zusammenhang wird man also versuchen, vom Standpunkt einer einzigen zugrunde liegenden Struktur alternative Modi der Informationsverarbeitung und Handlungsgenerierung abzuleiten: Die Annahme einer grundlegenden kognitiven Rationalität bei den einzelnen Akteuren stellt die Basis dar, die Variationen zwischen 'on-line'- und 'off-line'-Taktiken oder die Abwahl 'unpassender' Muster zu erklären. Rationale Kompetenz impliziert in dieser Hinsicht Taktik- und Musterrationalität bei den Akteuren. Sie bietet *eine* Grundlage, die Theorie rationalen Handelns als allgemeine 'Aktivitätstheorie' zu fundieren. Die Taktikrationalität des 'data driven'-Modus schließt dabei die Regeln der rationalen Kompetenz direkt ein.

Unter handlungstheoretischem Blickwinkel ist von Bedeutung, daß die Einführung einer rationalen Kompetenz bei den Akteuren nicht nur eine bloße Annahme darstellen muß, wenn man die evolutionstheoretische Perspektive für angemessen hält: Grundlegende Prämissen lassen sich im Rahmen einer einfachen Analyse unter der Bedingung evolutionärer Stabilität ableiten (vgl. Cooper 1987). Auf dieser Grundlage erscheint eine Schließung der anhaltenden und z.T. heftigen Diskussion zwischen Vertretern einer entscheidungslogischen und empirischen Orientierung im Rational Choice-Ansatz möglich:[8] Der komplexe Überlegensprozeß im Rahmen von Rational Choice gilt als zentrale Grundlage menschlichen Handelns und es sind die formalen Eigenschaften der Selektionslogik zu explizieren, ohne sich fortwährend um empirische Abweichungen Gedanken zu machen, wie es A. Nelson im Hinblick auf ökonomische Anwendungen zum Ausdruck bringt: "[I]t ought to be possible to connect a theory of microeconomic performance with a more general theory of the competence of rational agents ... Discrepancies between the *competence* of economic agents based upon their ideal ability to maximize the utility functions which we now assume they really do possess, and the actual *performance* of these agents in the marketplace (or even in the laboratory) can be accounted for in terms of interfering factors which are irrelevant to abstract microeconomic theory" (1986: 482f.).

Für eine erklärende Perspektive hinsichtlich des Alltagshandelns der Menschen kommt es selbstverständlich darauf an, die zentralen intervenierenden Variablen zu bestimmen. Hierzu gehören sicherlich Variablen wie Erinnerungsfehler, Fehlinformation, etc. Insbesondere kann aber, wie gezeigt, auf Arbeiten der neueren Einstellungstheorie zurückgegriffen werden: Demnach liegen die zentralen 'interfering factors' in einer besonderen soziopsychologischen Interferenz begründet: Es handelt sich - setzt man eine sichere Mustererkennung voraus - um die Wahrnehmung und Interpretation der Handlungssituation nach den Kriterien 'mögliche Kosten einer falschen Entscheidung', 'Komplexität' und 'Gelegenheitsstrukturen'.

---

[8] Vgl. zu dieser Diskussion die Hinweise in Abschnitt 6 oder die ausführlichen Beiträge von H. Albert (1967), D. P. Green und I. Shapiro (1994), H. Kliemt (1996) oder V. Kunz (1996a).

9. Zusammenfassung, Ausblick und ein integriertes Konzept der Handlungsregulation

In der Theorie rationalen Handelns geht es um die Erklärung und Vorhersage von Handeln mittels kognitiv-motivationaler Konstrukte. Diese Sichtweise muß man nicht teilen, aber wenn man sie teilt, ist zuzugestehen, daß Handeln durch die *subjektive* Interpretation der jeweiligen Handlungssituation bestimmt wird. Gleichwohl erfolgt diese Definition der Situation nicht im sozialen oder institutionellen Vakuum, sondern selbst immer im Rahmen vorausgehender Strukturierungen. Doch läßt sich selbst aus den striktesten Handlungsrestriktionen eine Eigengesetzlichkeit sozialer Tatbestände nicht ableiten. Handelnd wird jede Wirklichkeit verändert. Was Strukturen in der Tat vorgeben, sind die Reaktionsbreiten: Handlungsergebnisse implizieren Handlungsvoraussetzungen, die ihrerseits aber neue Handlungsergebnisse produzieren: "Da Handeln immer auf zum Handeln begabte Wesen trifft", wie zum Beipsiel H. Arendt feststellt, "löst es niemals nur Re-aktionen aus, sondern ruft eigenständiges Handelns hervor, das nun seinerseits andere Handelnden affiziert" (1960: 180). Handlung und Struktur sind auf diese Weise untrennbar miteinander verbunden; der Blickwinkel bestimmt die scheinbar kausale Zuordnung: Handeln ist entweder sozial vermittelt oder soziale Verbundenheit setzt Handeln voraus. Insofern wäre es unsinnig zu fragen, was wichtiger sei. Natürlich ist diese Kette von Abfolgen nur ausschnitthaft zu analysieren, aber: "[M]an darf dabei die Tatsache der Selektion nicht dadurch verdrängen, daß man Strukturen zur sozialen Wirklichkeit schlechthin erklärt" (Hennen 1990: 242). Wenn auch systemtheoretische Formeln "ihre Wirklichkeitsadäquanz unter Beweis stellen müssen, um wissenschaftlich akzeptabel zu sein", wie A. Görlitz schreibt (1980: 105), dann dürfte dies zur Zeit nicht ohne einen individualistischen und d.h. hier handlungstheoretischen Bezug möglich sein. Strukturen prägen oder formen den Menschen nicht nur, sondern sie binden diese auch an sich - dadurch, daß sie von den Menschen produziert werden. Es geht um zwei Aspekte einer und derselben Wirklichkeit.

Diese Perspektive ist Grundlage des in Kapitel 3 skizzierten Mehrebenenkonzepts zur Modellierung sozialer Prozesse. Im Rahmen der Makro-Mikro-Verknüpfung geht es um die Erklärung individuellen Handelns im sozialen Kontext; im Rahmen der Mikro-Makro-Verknüpfung um die Transformation individueller Handlungen in kollektive Effekte. Die Berücksichtigung intervenierender sozialer Kontexte führt zur Differenzierung von Meso- und Makroebenen, deren formale Einbindung weniger schwer fallen dürfte als die inhaltliche Präzisierung und Verknüpfung ihrer Effekte (vgl. Esser 1993: 112ff.).

Die Transformationsleistung erscheint oftmals als unbedeutend, doch bereits bei der einfachen Aggregation einer Rate sind erhebliche Zusatzannahmen zu treffen. Zum Beispiel darf sich in den meisten Fällen die Gruppengröße nicht ändern. Darüber hinaus ist an die Differenz von Transformation, Operationalisierung und Meßkonzepten zu erinnern: Nur im Idealfall hat man es bei den Indikatoren für kollektive Phänomene sowohl mit Transformation als auch Operationalisierung zu tun: Transformationsregeln enthalten i.d.R. Bedingungskonstellationen, in denen das erklärte Handeln nur ein Bestandteil unter mehreren ist. Andere Elemente können institutionelle Regeln (wie die Fünf-Prozent-Klausel im bundesdeutschen Wahlrecht) oder sozialstrukturelle Regelmäßigkeiten (wie die genannte Variable der Konstanz der Gruppengröße) sein. Insofern lassen sich von partiellen Definitionen als Transformationsregeln mathematisch-statistische Transformationsfunktionen sowie die Aggregation nach institutionellen Regeln unterscheiden.

Weil in diesem Rahmen die Ableitung kollektiver Effekte logisch von der Erklärung individueller Handlungsvariationen abhängig ist, kommt es darauf an, eine gelungene Erklärung sozialen Handelns vorzulegen; eine Einsicht, die zwar trivial erscheinen mag, aber nicht ist. Folgt man den Überlegungen in Kapitel 4 beinhaltet eine solche Erklärung Annahmen über die Ziele oder Motivationen der Akteure, ihrer Situationswahrnehmung und ihrer Handlungsmaxime. Hierbei ist grundsätzlich in Rechnung zu stellen, daß Menschen nur über limitierte Ressourcen verfügen und sie nicht beliebig für die Realisation ihrer Ziele einsetzen können.

Dies ist das besondere Thema von Rational Choice, wobei auch und gerade in diesem Rahmen die normative Steuerung sozialen Handelns ihre erklärende Grundlage findet. Am deutlichsten kommt dies - setzt man die kausalanalytische Sichtweise der empirischen Sozialforschung voraus - in den von I. Ajzen und M. Fishbein vorgelegten Konzeptvarianten zum Ausdruck (Kap. 7.1). Diese Sichtweise ist zugegebenermaßen nicht gerade die herrschende Lehre im Rational Choice-Ansatz, wie er in der Ökonomie und den angrenzenden Sozialwissenschaften üblicherweise betrieben wird: Viel Wirbel macht hier die dominierende Praxis, die Kerntheorie und die zusätzlichen (Brücken-) Annahmen so miteinander zu verquicken, daß sie nicht mehr auseinanderzuhalten sind. So kommt es, daß viele Akteure in Wissenschaft und Praxis unter der Theorie rationalen Handelns lediglich ihre neoklassische ökonomische Variante verstehen, sich damit gegen den allgemeinen Ansatz wenden, ohne zu bemerken, daß ihre (impliziten) Selektionsan-nahmen direkt der nutzentheoretischen Diktion folgen.

Eine solche Perspektive verführt allzu leicht dazu, das gesamte Konzept zu verwerfen und sich nicht auf den integrativen Ansatz der klassischen Ökonomie zu besinnen. Zwar verringern die im Homo Oeconomicus-Konzept (wie im Homo Sociologicus-Konzept) getroffenen Annahmen den Analyseaufwand erheblich. Aber es ist eine grundsätzlich andere Frage, ob die Prämissen nicht nur der Einfachheit der 'Erklärung' dienlich, sondern auch realistisch, also empirisch konsistent sind. Daher ist hier das Prinzip der Rationalität der individuellen Wahl auch ausschließlich formal definiert; "[d]er große oder kleine Rest folgt", wie R. Zintl treffend feststellt, "... ent-weder aus einer eigenständigen Theorie oder muß deskriptiv ermittelt wer-den" (1991: 225). Dennoch mangelt es dem Rationalitätsprinzip nicht an Substanz: "The reason we assume ordering is that we also assume actors are purposive and their actions depend on their ordering of goals. The substance of the postulate is thus the teleological premise about human life", so einer der lange Zeit bedeutensten Proponenten des Rational Choice-Ansatzes in der Politikwissenschaft, W. H. Riker (1995: 25). Dabei impliziert die An-nahme der Zielgerichtetheit menschlichen Handelns *nicht*, daß jedes Han-deln immer mit externalen Konsequenzen verbunden sein muß. Es wird lediglich vorausgesetzt, daß Handlungen zur Erreichung irgendwelcher Ziele dienlich sind, zumindest aus Sicht der Akteure. Daher werden auch das Vergnügen oder die freudige Erregung, die mit dem Handeln selbst verbunden sein können, als Ziele nicht ausgeschlossen: "Denn nichts ist für den Menschen als Menschen etwas wert, was er nicht mit *Leidenschaft* tun *kann*" (Max Weber, in der Ausgabe von 1994b: 6).

Würde man hier einen traditionellen (neoklassischen) Konsequentiona-lismus verfolgen, hätte dies zur Folge, daß man - im Rahmen der theoreti-schen Vorgaben - wesentliche Bereiche individueller Lebenswelten von vorneherein ausschließt. "Clearly an actor's preference-driven action will in turn depend upon that person's (a) beliefs or reasoning about the conse-quences of the available actions, and (b) affect (desire for / against) for the consequences (and perhaps *for the action itself)*", wie zum Beispiel P. Abell formuliert (1992: 191, Hervorhebung VK). Auch Riker "cannot see any very good reason for insisting on consequentialism ... Human beings ... do many things simply for fun, excitement, and self-expression" (1995: 30). Noch deutlicher wird in diesem Zusammenhang H. A. Simon. Seine Skepsis gegenüber der Kritik, daß der Rekurs auf alltagsweltliche Motivationen das Prinzip des Konsequentionalismus verletzen würde, mag für den Vertreter der (ökonomischen) Modellanalytik von nur geringer Bedeutung sein. In den Erfahrungswissenschaften, die sich um die Empirie bemühen, wird man seinen Einwänden wenig entgegenzusetzen haben. Denn zu Recht fragt Simon, was denn im Konsequentionalismus eigentlich die Konsequenzen seien: "Since rational choice theory leaves the content of the utility function entirely free, why not stuff it full of pleasures of voting, daydreames, and what not, as well as desires to gain and spend wealth? Assuming that voting is a pleasure is no more or no less grounded than any of the other auxiliary assumptions that are necessary before the theory can predict behavior. *All are assumptions of fact, and in science, matters of fact are to be settled by oberservation and experiment, not by positing*" (Simon 1995: 49; Hervorhebung VK).

Die Logik von Rational Choice läßt sich auf jegliche Präferenzensysteme anwenden, solange ihre Konsistenz gesichert ist. Und es wird nicht ausgeschlossen, daß auch psychische Kosten oder mentaler Nutzen handlungsrelevant sein können (Kap. 7.1.3). Die in diesem Zusammenhang naheliegenden und häufig gegebenen Hinweise auf die besonderen Schwierigkeiten bei der Erhebung solcher Variablen verquicken konzeptionelle Erwägungen mit Meßproblemen in den empirischen Sozialwissenschaften, die im übrigen eher aus Unkenntnis über das zur Verfügung stehende Instrumentarium als aufgrund der tatsächlich erlebten Schwierigkeiten formuliert sein dürften.

In diesem Zusammenhang wird nicht selten auf die Leerheit oder Inhaltslosigkeit der Nutzentheorie verwiesen (vgl. z.B. Overbye 1995: 372). Ein solcher Vorwurf übersieht die grundsätzliche Strukturgebundenheit individualistischer Erklärungen in konkreten Anwendungen. Darüber hinaus dürfte die Formulierung empirisch inkonsistenter Anfangsbedingungen für dieses angebliche Problem wohl keine Lösung sein. Außerdem ist die Frage zu stellen, was denn von allgemeinen Theorien oder Hypothesen erwartet wird. Ihre Anwendung setzt immer die Annahme bestimmter Anfangsbedingungen voraus. Weil aber konkrete Anfangsbedingungen grundsätzlich nicht als Bestandteile der zugrundeliegenden Theorie auftreten, sind die Gefahren natürlich groß: Die notwendige Spezifizierung der Nutzenfunktion darf nicht ad hoc geschehen, sonst wird die Handlungserklärung tautologisch. Eine empirisch gehaltvolle Erklärung setzt voraus, daß Handlungsziele und Handlungsrealisationen (mit den Mitteln der empirischen Sozialforschung) voneinander unabhängig erhoben werden: Von den Realisationen ist nicht ungeprüft auf die Motivation zurückzuschließen.

Das Ziel der erklärenden Sozialwissenschaften liegt darin, Theorien zu konstruieren, die sich mit der Wirklichkeit auseinandersetzen und hierbei hinsichtlich ihrer logischen Struktur und der empirischen Daten ein Maximum an Konsistenz aufweisen. Damit wird nicht impliziert, daß Theorien Abbilder der Wirklichkeit sind oder als endgültig und nicht revidierbar zu betrachten seien; was wir heute wissen, kann morgen eine Fiktion sein. "Wenn wir wüßten", schreibt F. A. von Hayek, "wie unser gegenwärtiges Wissen bedingt oder bestimmt ist, wäre es nicht mehr unser gegenwärtiges Wissen. Zu behaupten, daß wir unser eigenes Wissen erklären können, heißt behaupten, daß wir mehr wissen als wir wissen, eine Behauptung, die im strengen Sinn des Wortes sinnlos ist" (1979: 123f.).

Eine realistische Orientierung beinhaltet keineswegs die Auffassung, daß die Wirklichkeit so beschaffen ist, wie die Theorie sie darstellt. Im nicht-repräsentativen Realismus wird darüber hinaus nicht ausgeschlossen, daß es durchaus unterschiedliche, aber im Hinblick auf ihre Erklärungsleistung gleichwertige Theorien geben kann (Kap. 6.2). Welche methodologische Position man in diesem Zusammenhang auch immer teilt, vorausgesetzt wird eine Realität, die unabhängig unserer Wahrnehmungen besteht. Sie konstituiert sich durch Kausalbeziehungen und Theorien transzendieren die Ereignisse im Hinblick auf diese Relationen. Dabei wird der Weg eines konsequenten Kritizismus und Fallibilismus eingeschlagen, wobei die Leistungsfähigkeit einer Theorie immer am besten im Lichte einer Theorie zu beurteilen ist, die im jeweiligen Fall eine noch weitergehendere Erklärung liefert.

Dagegen gehen Instrumentalisten, wie man sie im aktuellen Betrieb von Rational Choice häufig antrifft, nicht davon aus, daß das Ziel der Wissenschaft in der Erkenntnis der Wirklichkeit besteht. Konzepte sind hier lediglich Visionen, die mit den empirisch erfaßbaren Verhältnissen in einer rätselhaften Beziehung stehen. Abstraktionen werden lediglich unter dem Aspekt ihres Erfolges zur Vorhersage von Ereignissen betrachtet. Was den beobachtbaren Sachverhalten eigentlich zugrunde liegt, interessiert nicht bzw. kann hier nicht interessieren: Eine solche Position steht nicht im Einklang mit der Zielsetzung der Erfahrungswissenschaften, nämlich die interessierenden Sachverhalte auch zu erklären. Und der in diesem Zusammenhang angetretene Rückzug auf die Bedeutung problemrelevanter Einsichten, die mit einem solchen Vorgehen zu erzielen seien, bringt lediglich zum Ausdruck, was moderne Theorien der Kreativität immer wieder behaupten und bereits bei Max Weber zu lesen ist: "Nur auf dem Boden ganz harter Arbeit bereitet sich normalerweise der Einfall vor" (in der Ausgabe von 1994b: 6).

Die im Rational Choice-Ansatz dominierende instrumentalistische Modellanalytik kann kein Ersatz für empirisch begründete Erklärungen sein. "Theoretische Untersuchungen ohne Empiriebezug sind im Grunde zumeist Elaborationen vorgefaßter dogmatischer Ideen", stellt N. Elias fest; "die Dogmen sind dann glaubensmäßig festgelegt und durch keine empirische

Belege, durch keine Detailuntersuchungen zu widerlegen oder zu korrigieren. Allenfalls sucht man sie a posteriori durch ein paar empiriebezogene Argumente zu festigen" (1978: 25). Man kann mit analytischen Modellen mögliche Situationen durchspielen - und hier liegt ihr unbestritten großer Nutzen -, aber man sollte sie nicht mit einer Erklärung verwechseln (wenn der Erklärungsbegriff gelten soll, wie er in den empirischen Wissenschaften üblicherweise verwendet wird). Was zum Beispiel R. Nozick meint, wenn er davon spricht, "Naturzustands-Erklärungen des Politischen *sind* grundlegende potentielle Erklärungen dieses Bereiches und sind ebenso erklärungskräftig wie lehrreich, auch wenn sie falsch sind" (1976: 23), dürfte dem erfahrungswissenschaftlich orientierten Sozialwissenschaftler verborgen bleiben. Es ist ein durchaus wesentlicher Unterschied, "ob ein bestimmter Ansatz dazu dient, die Erfahrung zu untersuchen, oder ob er die Untersuchung der Erfahrung ersparen soll" (Jonas 1964: 48).[1]

Ein kritizistischer Standpunkt entspricht den komplexen Interaktionsfeldern, auf die sich empirische und handlungswissenschaftliche Erklärungen üblicherweise beziehen. Die notorischen Wissensdefizite komplizieren eine adäquate Erklärung individueller und kollektiver Effekte erheblich. Insofern wird man in der empirischen Praxis immer auch mit ungeprüften, vielleicht fragwürdigen Annahmen arbeiten. Soweit ihnen lediglich eine heuristische Funktion zugebilligt wird, die der empirischen Kritik zugänglich ist und die das Ziel einer Erklärung, die den Konsistenzbedingungen Rechnung trägt, nicht vermeidet, ist gegen diese Routine nichts einzuwenden.[2] Derartige

---

[1] So ist es ein Rätsel, was denn an Nozicks Konzeption der Minimalstaates lehrreich ist, wenn man an der Frage interessiert ist - und dies ist hier das zentrale empirische Problem -, "how a society can govern itself while maintaining the delicate balance between the individual and the society, between rights individually held and right held collectively" (Coleman 1976: 441; ausführlich: Hennen 1990: 179ff.). Im übrigen geht die neoklassische Vertragstheorie davon aus, was eigentlich das Ziel ihrer 'Erklärung' ist, wie zum Beispiel J. Umbeck ausdrücklich klarstellt: "Not however that the nature of the traditional economic model places an interesting constraint on the selection of assumptions. *We must assume initially that each individual has the right to some resource.* Without this assumption, the individual's decisions could not affect the allocations of anything and there would be no behavior to explain. This suggests that economic theory will never be able to examine anarchy as a state in which no one has the rights to anything" (1981: 41). Wie Organisationen wirklich entstanden sind, ist nicht das Thema der neoklassischen Vertragstheorien, aber auf diese Weise dürften sie noch nicht einmal eine Antwort auf die Frage geben, wie Organisationen entstanden sein könnten.

[2] Dies gilt auch für historische Analysen auf Basis des Rational Choice-Ansatzes (vgl. z.B. North 1988; Podes 1993). Hier kann man zwar die relevanten Varia-

Annahmen stellen hier nicht das Endstadium der Theorieentwicklung dar, sondern sind ihr Anfangspunkt. Wenn man aber solche Hilfskonstruktionen als methodologisches Ideal betrachtet, das konsistenten Erklärungen vorzuziehen sei - und hierfür gibt es v.a. in der (Mikro-) Ökonomie eine recht starke Zustimmung -, die Frage nach dem Zutreffen oder Nicht-Zutreffen der Annahmen im Explanans als unerheblich betrachtet, werden Resultate produziert, die einige Lücken offenlassen.

Wenn Vereinfachungen oder Idealisierungen zum Selbstzweck werden, wird durch Annahmen und Setzungen eliminiert, was eigentlich der Erklärung bedürfte ("Rechtfertigung ist kein Ziel; Brillanz und Scharfsinn an sich sind öde": Karl R. Popper, 1973: 57). Dabei ist der Als ob-Methodologie der neoklassischen Rationalwahltheorie eine Als ob-Betrachtung inhärent: Ihre Anhänger tun so, als ob Beobachter und Akteure über ein gleiches, zumeist vollständiges Wissen verfügen. Hier werden Handlungs- und Beobachtungsebene ineinander verschoben oder implizit gleichgesetzt, und die entscheidende Differenz wird übersehen: Der tatsächlich Handelnde ist als Pragmatiker auf eine adäquate Erklärung zur Erreichung seiner Ziele häufig nicht angewiesen; man muß eben nicht wissen, wie ein Zug funktioniert, um mit seiner Hilfe von A nach B zu kommen. Es reicht aus, sich hineinzusetzen und auf bekannte Bewegungen zu vertrauen.

Während sich die Akteure in ihren nur pragmatisch zu handhabenden Lebenswelten auf empirisch und logisch schwache Gründe stützen können, werden in erklärender Logik genau diese Prämissen einer Handlungsentscheidung problematisiert. Für eine Erklärung sind die Motivationen, die Interpretationen, die Kognitionen der Akteure in zutreffender Weise zu rekonstruieren. Dabei spielt es keine Rolle, ob die Situationswahrnehmung der Handelnden falsch oder richtig ist. Vielmehr ist zu prüfen, ob die Annahmen des Beobachters mit den Wahrnehmungen und Zielsetzungen der Akteure übereinstimmen.

In diesem Zusammenhang kompliziert der Verweis auf die mögliche Ähnlichkeit von idealisierten (modellanalytischen) und empirischen Bedingungen den Sachverhalt: Denn wie groß das Maß der Abweichung von einer konsistenten Erklärung im Einzelfall ist, geht aus der idealisierten 'Erklärung' selbst nicht hervor. Und wenn man diesen Grad angeben kann, dann

---

blen nicht direkt erheben, aber z.B. über die Auswertung von zeitgeschichtlichen Dokumenten auf bestimmte Motivationen schließen. Aber die Ergebnisse solcher Rekonstruktionen sind immer als vorläufige, prinzipiell widerlegbare Annahmen zu formulieren. Es geht um die empirische Konsistenz hinsichtlich der formulierten Annahmen und nicht um eine a priori gegebene Wahrheit.

"erübrigt sich eigentlich eine idealisierte Erklärung", wie M. Tietzel treffend feststellt, "denn man verfügt ja über das Wissen, das eine adäquate Erklärung ermöglichen würde" (1985: 117).

Vor diesem Hintergrund beruht die instrumentalistische Modellanalytik im Rahmen von Rational Choice auf einer Art 'intelligenten Fehlers': Es wird zwar auf die Notwendigkeit einer strengen nomologischen Ableitung der individuellen Selektionsbilanzen verwiesen, aber gleichzeitig die Notwendigkeit falscher Annahmen zum Programm erklärt: Ansonsten sei die Mikroableitung kollektiver Phänomene nicht zu vollziehen. In der Auseinandersetzung mit dem Homo Sociologicus-Konzept, dessen Verfechter mitunter ähnliche methodologische Positionen wie die Anhänger des neoklasssischen Rational Choice-Ansatzes vertreten (Kap. 6.1), hat D. H. Wrong Ziele und Verfehlungen sozialwissenschaftlicher Theoriebildung einmal prägnant zusammengefaßt: "Social theory must be seen primarily as a set of answers to questions we ask of social reality. If the initiating questions are forgotten, we readily misconstrue the task of theory and the answers previous thinkers have given become narrowly confining conceptual prisons, degenerating into little more than a special, professional vocabulary applied to situations and events that can be described with equal or greater precision in ordinary language. Forgetfulness of the questions that are the starting points of inquiry leads us to ignore the substantive assumptions *buried* in our concepts and commits us to a one-sided view of reality" (Wrong 1961: 183). Es ist das zentrale Problem v.a. der neoklassischen Methodologie nicht mehr zwischen einem modellanalytischen Zugang in rein instrumentalistischer Diktion und empirischer Theoriebildung eindeutig zu trennen und so aus kritizistischer Sicht Begrifflichkeiten mit einer einseitigen und verzerrten Abbildung der Wirklichkeit zu produzieren. Mit diesem Problem ist man aber nicht nur im Rahmen handlungstheoretischer Bemühungen konfrontiert, seien sie eher ökonomisch oder eher soziologisch orientiert, sondern auch in anderen Zusammenhängen, so im Kontext systemtheoretischer Betrachtungen der sozialen Realität (vgl. hierzu mit Einzelheiten: Druwe 1988). Es handelt sich offensichtlich um ein grundsätzliches methodologisches Problem in den Sozialwissenschaften.

Die substanzwissenschaftliche Problematik der neoklassischen Methodologie wird besonders deutlich, wenn man das Problem der paradoxen Handlungsfolgen oder unbeabsichtigten Nebenfolgen des Handelns betrachtet, eine der zentralen Fragen der Sozialwissenschaft. Es geht hier bekanntlich "um individuelle oder kollektive Effekte, die sich aus dem Zusammentreffen individueller Verhaltenssequenzen ergeben, ohne Teil der von den Akteuren mit ihren Handlungen verfolgten Absichten zu sein" (Boudon 1979: 62). Solche Effekte sind insbesondere durch die Annahmen einer umfassenden Informiertheit der Akteure mit dem Resultat von allgemeinen Gleichgewichtszuständen aus dem Blickfeld der Rationalwahltheorie in der traditionellen (Mikro-) Ökonomie geraten: Da im Gleichgewicht nur das geschieht, was jedermann entsprechend den Annahmen erwartet, und alle Handlungskonsequenzen erwünscht sind, ist für Mißverständnisse, Irrtümer und paradoxe Handlungsfolgen kein Raum, obwohl in empirischer Hinsicht "[c]onsequences of actions chronically escape their initiators' intentions" (Giddens 1979: 44).

Mit der Ausweitung der ökonomischen Perspektive auf außerökonomische Sachverhalte hat sich im Anschluß an die Überlegungen der schottischen Moralphilosophen v.a. die Neue Politische Ökonomie mit Dilemmata-Situationen, mit den Phänomenen, die "Ergebnisse menschlichen Handelns, aber nicht menschlichen Entwurfs" sind, auseinandergesetzt (von Hayek 1969: 97). Insbesondere die Beschäftigung mit dem in diesem Zusammenhang zentralen Problem kollektiven Handelns führte hier zu neuen und interessanten Einsichten (vgl. v.a. Olson 1968). Doch kann das in neoklassischer Tradition stehende Programm kein allgemeines Erklärungskonzept für Partizipations- und Befolgungsbereitschaften, für öffentliches Engagement und Beteiligung aufgrund der unberücksichtigten Internalisierungs- und Selbstbindungsphänomene bieten. Das hier anvisierte Gleichgewicht im Ungleichgewicht übergeht die Eigendynamik sozialer Prozesse und damit das eigentliche Problem der unerwarteten Nebenwirkungen: "Eigendynamische Prozesse werden durch Aktions-Reaktionssequenzen von sozialen Akteuren erzeugt, die ein umrissenes Handlungssystem bilden. Dabei rufen die einzelnen Akteure im System durch ihr Handeln Wirkungen hervor, die sie zu dessen Fortsetzung motivieren, wobei Fortsetzung nicht nur Wiederholung, sondern auch Umkehr heißen kann. Zentrales Kriterium eigendynamischer Prozesse ist demnach die Erzeugung der den Prozeß tragenden Handlungsmotivation in und durch den Prozeß selbst" (Mayntz, Nedelmann 1987: 656f.). Es ist die, solche Dynamik überspielende Orthodoxie im ökonomischen Denken, gegen die zum Beispiel A. O. Hirschman immer wieder argumentiert hat, "jene Orthodoxie, die die Komplexität nicht erkennt, und phantasielos versucht, die Wirklichkeit zu reduzieren, auch wenn sie dabei Schaden nimmt" (1995: 304). "The real problem", schreibt in ähnlicher Diktion P. J. H. Schoemaker, "is that economic man is limping. Somehow his sterile development, in an environment devoid of real-world contamination, has resulted in an ill-adjusted adult, whose beauty rests mostly in the eyes of his parents" (1991: 240).

Denn wo die motivationalen Ausgangslagen der Akteure weder beeinflußbar noch zeitlich variabel sind, spielen die von R. Mayntz und B. Nedelmann anvisierten Umwertungsprozesse mit ihren nur schwer vorhersagbaren Folgen keine Rolle. Insofern geht es hier auch nicht um eine einfache Logik der Transformation, wie es die strukturell-individualistische Perspektive nahelegen könnte (vgl. so Wippler 1978a: 177f.). Eine solche Konzeptualisierung suggeriert Steuerungs- und Planungskompetenz für eine Sozialwissenschaft, die aber gerade wegen ihrer professionellen Beschäftigung mit Handlungs- und Interdependenzsystemen um die Restriktionen eines solchen Anspruchs weiß oder wissen sollte: "Anstatt daß wir größere Herrschaft über unser Schicksal erlangt hätten, finden wir uns in der Tat immer häufiger auf einen Weg festgelegt, den wir nicht bewußt gewählt haben, und *unausweichlichen Notwendigkeiten* des weiteren Handelns gegenübergestellt, die obgleich niemals beabsichtigt, doch das Ergebnis dessen sind, was wir getan haben" (von Hayek 1980: 87; vgl. auch ders. 1979: 124; Hennen 1990: 25).[3]

Hier kommt deutlich zum Ausdruck, wie bestimmte, restriktiv formulierte Grundoder Zusatzannahmen in der handlungstheoretischen Analyse den Blick auf zentrale sozialwissenschaftliche Probleme verstellen können. Die Formulierung geeigneter Sätze ist die scheinbar kleine, aber bedeutende Stellschraube im Rahmen der Erklärung sozialer Prozesse. Sie beeinflußt, was als relevante 'inputs' sozialer Tatsachen im Rahmen der Logik der Situation in Erscheinung tritt, auf sie geht die individuelle Handlungsmaxime zurück, und sie fordert die Reflexion über die Folgewirkungen individueller oder (in der Aggregation) kollektiver 'outputs' heraus. Das, was als Systemzustand oder Systemprozeß wahrzunehmen ist, hängt entscheidend von den handlungstheoretischen Grundprämissen ab. Insofern zeigt erst die mikrotheoretische Betrachtung die impliziten Bedingungen, die für die Gültigkeit einer Makrohypothese vorliegen müssen. Und die hoffnungsvolle Annahme, daß die hinsichtlich eines restriktiven Annahmesets definierten Anomalien im Aggregat zu empirisch unerheblichen Effekten führen, ist a priori nicht zu bestätigen (Kap. 5.2.3).

Das handlungstheoretische Programm von Rational Choice ist in der kausalanalytischen Perspektive der empirischen Sozialwissenschaften nicht identisch mit den strikten und eindimensionalen Annahmen im Homo

---

[3] Wenn sich aus neuem Wissen zukünftige Möglichkeiten und Handlungen ergeben, dann ist eben dieses zukünftige Handeln nicht vorhersagbar. Aber ungeachtet der logischen Unmöglichkeit geht man in der sogenannten 'Theorie rationaler Erwartungen' von der Anpassung der Wirtschaftsakteure an die antizipierten Entwicklungen aus (vgl. z.B. Samuelson, Nordhaus 1987: Kap. 16; Schmidtchen 1983). Die bemerkenswerte Konsequenz dieser Sichtweise liegt in der Einsicht, daß Wirtschaftspolitik nur über Tricks, genauer: Täuschungen und Lügen, zu betreiben ist. Es stellt sich die Frage, warum wohl nur so wenig Leute kriminellen Organisationen angehören, liegt doch der effizienzsteigernde Beitritt zur Mafia auch deshalb nahe, weil mit Lügen und Täuschungen der für das eigene Einkommen nicht unerheblichen Fiskal- und Wirtschaftspolitik stündlich zu rechnen ist.

Oeconomicus-Konzept. Selbst ihre Funktion als heuristische Regeln zur Bestimmung der Anfangsbedingungen ist in Frage zu stellen (Kap. 5.1). Desgleichen gilt für die Annahmen, die sich im Homo Sociologicus-Ansatz finden. An der empirischen Konstruktion von Brückenannahmen führt zur Zeit kein Weg vorbei. Mit den alten neoklassischen, immer wieder kritisierten Annahmen solche Themen zu bearbeiten, die traditionell in der Domäne von Politikwissenschaft, Soziologie, Geschichtswissenschaft usw. liegen, ist die Praxis, die in diesen Fächern zu mitunter vehementer Ablehnung der ökonomischen Perspektive führt. Für den Betrieb einer empirischen Sozialwissenschaft läßt sich das in der ökonomischen Diskussion vorherrschende Verständnis rationalen Handelns aus Sicht eines externen Blickwinkels, also unabhängig von der subjektiven Handlungsdeutung, tatsächlich nicht aufrecht erhalten. Diese auf Friedman zurückgehende Als ob-Interpretation der rationalen Perspektive verzichtet weitgehend auf eine empirisch fundierte Handlungstheorie. Damit wird im Endeffekt auch von einer individualistischen Erklärung sozialer Tatbestände abgesehen.

Vor allem in spieltheoretischen Betrachtungen wird nicht immer zwischen den "erklärenden Ansichten" des Konstrukteurs und den "motivierenden Meinungen" der handelnden Akteure getrennt (von Hayek 1979: 47). Dies ist deshalb erstaunlich, weil hier ausdrücklich die individuellen Erwartungen bezüglich des Handelns anderer Akteure zum Ausgangspunkt der Analyse gewählt werden. Insbesondere im sozialen Kontext erscheint es mir aber unmittelbar nachvollziehbar (und nachprüfbar), daß sich Veränderungen im gesellschaftlichen Umfeld auch auf die Nutzenfunktion selbst auswirken können und nicht nur auf die rationale Auswahl von Handlungsalternativen unter den betrachteten Restriktionen. Schon frühzeitig hat (u.v.a.) D. C. McClelland die beratende Praxis der sozialwissenschaftlichen Profession an den für ihn selbstverständlichen Sachverhalt erinnert, "[p]ay attention to the effects that your plans will have on the values, motives and attitudes of people ..." (1961: 393). "Die Zahl derer, die so affiziert werden", schreibt H. Arendt, "ist im Prinzip unbegrenzt, weil die Folgen einer Handlung, die als solche ihren Ursprung außerhalb des menschlichen Bezugssystems haben kann, in das Medium des unendlichen Gewebes der menschlichen Angelegenheiten hineinschlagen, wo jede Reaktion gleichsam automatisch zu einer Kettenreaktion wird, und jeder Vorgang sofort andere Vorgänge veranlaßt" (1960: 180). Konzeptionelle Erwägungen können diese Dynamik nicht übergehen, wenn sie zur Lösung der sehr realen Probleme der Menschen beitragen wollen.

Eine solche Orientierung darf allerdings nicht dazu verführen, das Selbstinteresse der Menschen zu vernachlässigen, läßt sich doch das 'innere' Handlungssystem einer Person als ein selbstbezogenes Regime betrachten, das auf die Produktion von Wohlbefinden zielt (Kap. 7.2). Diese maximierende Grunddisposition hat dabei nicht nur eine subjektivistische Seite, sie ist auch in bestimmten, sozial präformierten Bahnen 'objektiv' verankert. Soziale 'Belohnungsmilieus' bestimmen als (sub-) systemtypische Einheiten über subjektive und individuelle Maße der Wohlbefindensmehrung mit und eröffnen damit den Blick auf die Variation, Strukturierung und Dynamisierung der individuellen Motivationen. Ohne die Mehrstufigkeit individueller Antriebslagen auf Basis eines auf Maximierung angelegten Grundkalküls sind diese Prozesse aber nicht zu denken.

Die Verwirklichung biogener und soziogener Bedürfnisse, in deren direkten Abhängigkeit das Wohlbefinden steht, ist zwar auf die eigene Person zentriert, schließt aber in der Realisation notwendigerweise die Einbeziehung der Interessen anderer und die Orientierung an gesellschaftlichen Institutionen im Rahmen instrumenteller Handlungsketten ein. Von Bedeutung ist, daß sich die Handlungspfade immer aus bereits sozial vorgefertigten Elementen aufbauen; "Handeln, im Unterschied zum Herstellen, ist in Isolierung niemals möglich", wie H. Arendt formuliert (1960: 180). Nicht nur der Wissenschaftler sitzt hier auf den 'Schultern von Riesen' (Merton 1980): Es geht im Rahmen einer empirischen Handlungslehre ohne Ausnahme um die - insbesondere in Abschnitt 7.2.3 diskutierte - Frage, wie sich das Ziel der Wohlbefindenssteigerung unter gegebenen sozialen Bedingungen verwirklicht und welche Folgen sich für gesellschaftliche Prozesse und Arrangements ergeben. Der Handelnde bewegt sich immer unter anderen, ebenfalls handelnden Menschen.

Handlungen zum Zwecke der Bedürfnisbefriedigung bedürfen der Bindung an sozial elaborierte Handlungsprogramme, den Reproduktionsfunktionen sinnhaften Handelns. Diese sind im sozialen Verbund v.a. dann erfolgreich, wenn die Bedürfnisse auf der Ebene der Handlungssubjekte möglichst umfassend bedient werden. Das strukturelle Moment kommt daher auch im kognitiven Programm von Rational Choice keineswegs zu kurz; es geht um Chancen sozialen Handelns und diese Chancen sind Folgen der gesellschaftlichen Vorgaben spezieller 'Produktionsbedingungen' zur Realisation der allgemeinen Bedürfnisse; in anderen Worten: Die Produktionsbedingungen sind bewertungs- und gewichtungsgebunden hinsichtlich der Bedienung der allgemeinen Bedürfnisse zur Wohlbefindensstabilisierung und -mehrung (vgl. auch Esser 1995: 99; Hennen 1990: 118).

In gespiegelter Perspektive des instrumentellen Zusammenhangs erschließt sich zugleich die Energetisierung des Handelns: Das Verlangen nach Wohlbefinden löst eine primäre Motivation (i.S. von C. L. Hull) aus, die biogenen und soziogenen Bedürfnisse zu befriedigen. Diese lenken die unspezifische Antriebsenergie (Weil-Motive nach A. Schütz) über sekundäre Motivationen in soziale Bahnen (Um-zu-Motive). Das Instrumentalwissen vermittelt so zwischen person- und situationspezifischen Variablen und löst damit den eigentlichen Motivationsprozeß aus, der einer konkreten Handlungswahl zugrundeliegt: Sekundäre Motivationen begründen die Antizipation bestimmter Ziele und die Wahrnehmung darüber, wie diese Ziele in einer bestimmten Handlungssituation zu verwirklichen sind. Aber allein, unabhängig des wohlbefindenskalkulierenden Grundantriebs, können diese kognitiven Variablen keine handlungssteuernde Funktion übernehmen. Situationsspezifische Anreize werden nur in dem Ausmaß handlungswirksam, wie sie auf energetisierende Dispositionen treffen; kurz: Handeln ist sozial und vorsozial motiviert. So ist in modernen Begriffen beschrieben, was Ernst Meumann, Schüler von Wilhelm Wundt, dem Begründer der wissenschaftlichen Psychologie, so ausgedrückt hat: "Der Wille (d.h. die Motivation, VK) ist nichts anderes als ein spezifischer Verlauf intellektueller Vorgänge, durch die sich die Zustimmung zu einem Ziele in Handlung umsetzt und mit denen das intellektuelle Seelenleben aus seiner reinen Innerlichkeit auf die Umgebung heraustritt" (Meumann 1925: 344).

Auch auf die Nähe zur allgemeinen Handlungstheorie von T. Parsons ist an dieser Stelle hinzuweisen. Parsons geht bekanntlich von vier Subsystemen des allgemeinen Handlungssystems aus: Verhaltenssystem (mit der Funktion Anpassung bzw. 'Adaption'), Persönlichkeitssystem (Zielerreichung bzw. 'Goal-Attainment'), Sozialsystem (Integration) und Kultursystem (Strukturerhaltung bzw. 'Pattern-Maintenance / Latency'). Die Reihenfolge A-G-I-L bezieht sich auf den Energiefluß, in der Reihung L-I-G-A geht es um eine Steuerungshierarchie (vgl. Hennen, Springer 1996: 32): Im Verhaltenssystem werden die motivationalen Grundantriebe für das Persönlichkeitssystem verortet, dieses führt in seiner Mehrzahl zum Sozialsystem, aus dem wiederum die Regeln des Kultursystems hervorgehen. Auf diese Weise werden dem Sozialsystem in Umkehrung des Verlaufs Regeln bereitgestellt, so daß das Persönlichkeitssystem seine Identität ausbilden und somit das Verhaltenssystem steuern kann.

In der hier vertretenen Notation überformt der Akt der sekundären Motivation die unspezifischen Antriebslagen. Diese athematische Energetisierung auf Grundlage eines verbesserungs- bzw. wohlbefindenskalkulierenden Grundantriebs weist auch auf die Differenz *und* die Vereinbarkeit von hedonistischen und normativen Kalkülen hin, die für den Betrieb einer Vielzahl von Handlungsprogrammen motivieren können. Ohne die Existenz von Knappheiten ist dieser Prozeß aber nicht zu denken: Aufgrund der grundsätzlichen Limitation von Ressourcen müssen Menschen überlegen, wie sie ihre knappen Mittel so einsetzen, daß hierbei eine Steigerung ihres Wohlbefindens herauskommt. Es ist nicht möglich, die Gesamtheit der hierfür verantwortlichen biogenen und soziogenen Bedürfnisse vollständig zu realisieren. Die Mittel zur Bedürfnisbefriedigung sind immer begrenzt; jede Aktivität bedarf eines Ermöglichungsaufwandes, zumindest eines Aufwandes an nicht mehr alternativ zu verwendener Zeit, die man auch anders und vielleicht besser, d.h. effektiver zur Wohlbefindenssteigerung, hätte einsetzen können. Insofern geht es grundsätzlich um eine (subjektiv) rationale Allokation der Ressourcen i.S. ihrer günstigsten Verteilung auf alternative Verwendungsmöglichkeiten. Auf dieser Grundlage ist auch die in den Sozialwissenschaften (außerhalb des engeren Bereichs der Wirtschaftswissenschaften) immer wieder vernachlässigte, gleichwohl so zentrale Analyse von Substitutionseffekten mit ihren paradoxen Erscheinungen zu betreiben.

Allerdings führt erst die differenzierte Analyse von Preiseffekten zu sozialwissenschaftlich ergiebigen Lösungen. Ein radikales Beispiel hierfür bietet die Analyse von R. B. McKenzie und G. Tullock (1984: 179ff.): Wenn z.B. die Strafen für Raubüberfälle erhöht werden, steigen die Kosten für diese Handlungsweisen. Nach den Standardannahmen der ökonomischen Theorie werden die Straftaten zurückgehen. Eine Gesellschaft, die aufgrund einer liberalen Führung die Kosten des Verbrechens zu niedrig ansetzt, wird sich daher mit einer überaus großen Zahl an Delikten auseinandersetzen müssen. Daher kann man in dieser Perspektive behaupten: "Die steigende Verbrechensrate in den Vereinigten Staaten kann zu einem wesentlichen Ausmaß den Intellektuellen angelastet werden" (McKenzie, Tullock 1984: 199). Die für nicht wenige Sozial- und Kulturwissenschaftler als ungeheuerlich erscheinende Schlußfolgerung ist zunächst einmal zu verteidigen. Es wird klargestellt, was häufig zu Mißverständnissen führt: Die Ausbreitung des Verbrechens beruht nicht auf krimineller Energie, sondern auf "kriminell verwertete[r] Energie, die auf anderen Bahnen zu preiswürdigen Erfolgen hätte führen können" (Hennen 1990: 113). Aber die eindimensionale Sichtweise der individuellen Kalkulation durch McKenzie und Tullock überspielt jeden Induktions- und Substitutionsprozeß, und häufig sind es gerade diese Prozesse, die die gesellschaftliche Dynamik begründen. So dürfte der relative Preiseffekt von Bestrafungen sehr wesentlich davon abhängen, über welche funktional äquivalenten Alternativen (potentielle) Kriminelle im instrumentellen Zusammenhang der Bedürfnisbefriedigung verfügen. Werden v.a. kleinere Verbrechen höher bestraft, sinken die Preise für schwere Verbrechen, etc. "The important question should be (but isn't): *how large* is the relative prize effect of a certain event and is it offset by other relative price effects not included in the analysis?" (Lindenberg, Frey 1993: 194).

Gesellschaftliche oder politische Steuerungstheorien können solche Induktions- und Aggregationsprozesse rekonstruieren, vielleicht auch in begrenztem Maße prognostizieren, wenn versucht wird, die Motivationsvorgänge im Rahmen der instrumentellen Ketten und der funktionalen Verknüpfungen nachzuvollziehen, und zwar ohne - dies sei zur Abgrenzung von traditionellen soziologischen Sichtweisen ausdrücklich herausgestellt - den Zusammenhalt lediglich auf ein übergreifendes Kultursystem zurückzuführen: Die reine sozialisationstheoretische Ableitung erscheint heute als überholt, kann doch in modernen Gesellschaften niemand mehr für alle möglichen Situationen ausreichend sozialisiert werden. Von Bedeutung ist vielmehr, daß Menschen gerade in modernen Gesellschaften darauf angewiesen sind, die z.T. beträchtlichen Kosten der Informationsbeschaffung und der Entscheidungsfindung zu reduzieren (Kap. 8.1). Sie orientieren sich deshalb an Routinen und eingespielten Handlungsmustern, so daß es manchmal so aussieht, als würden die sozialen Regeln eine eigene Realität aufweisen. Es ist aber die Muster- und Taktikrationalität der Akteure, die komplexe Formen sozialer Organisation betriebsfähig hält und ihren Wandel induziert.

Für die Erklärung von Muster- und 'framing'- oder Informationsverarbeitungsprozessen lassen sich auf der Ebene der Selektion immer die Regeln der rationalen Wahl anwenden. Auch habitualisierte Routinen werden durch das Ökonomieprinzip der rationalen Verwendung von Informationen impliziert: Die Akteure wählen eine bestimmte Strategie in einer konkreten Situation aufgrund von Kosten-Nutzen-Überlegungen. Nachteile einer aufwendigen Strategie sind z.B. die Notwendigkeit einer umfassenden Informationssuche oder der hohe Verarbeitungsaufwand; zumindest ist, wie gesagt, mit der verbrauchten Zeit immer auch etwas anderes anzustellen. Es besteht also kein Grund, daß Sozialwissenschaftler die ökonomische Erklärung des Sozialen ablehnen, weil es ihrer Ansicht nach auf einem einseitigen Menschenbild beruht. In diesem Zusammenhang lassen sich alle Änderungen, sowohl in der Definition der Situation als auch in der Auswahl von Leitzielen oder im Modus der Entscheidungsfindung, wie die einfache Handlungswahl wert-erwartungstheoretisch modellieren. Hierbei spielt das SEU-Konzept zur Zeit eine zentrale Rolle. Diese Regel kann zwar als Spezialfall eines allgemeinen Nutzenprinzips aufgefaßt werden, gehört aber als paradigmatisches Leitkonzept im Rahmen der formalen Präzisierung der Theorie rationalen Handelns gegenwärtig zu einem ihrer wesentlichen Bestandteile.[4] Für konkrete Forschungsfragen ist von Bedeutung, daß automatisch aktivierte Einstellungen, die v.a. die Realisation alltäglicher Handlungsweisen steuern, in Befragungen grundsätzlich rekognitiviert werden können, wobei mit dem Bezug auf das Konzept der Handlungsveranlassung die konditionale Wirkung von mustergeleiteten 'habits' auf die Tiefe des Informationsverarbeitungsprozesses explizit zu überprüfen ist (Kap. 8.1).

Der Bezug auf soziale 'Produktionsfunktionen', auf Prozesse der Muster- und Taktikrationalität eliminiert nicht das Problem der Konstruktion von Brückenannahmen für empirische Analysen, wie es G. S. Becker und vor allem S. Lindenberg offensichtlich vorschwebt (Becker 1993; Lindenberg 1992b). Im Gegenteil: Ihre Integration in die Theorie rationalen Handelns ist des-

---

4 Allerdings lassen sich auch alternative Verrechnungsvarianten formulieren, und zwar ohne daß der Kern der Theorie verändert wird (Kap. 4.2). Es bedarf keiner Hervorhebung, daß das Ergebnis des individuellen Entscheidungsverhaltens wesentlich davon abhängen kann, welches Verfahren gewählt wird (Prinzip der bereichsspezifischen Rationalität).

halb möglich, weil der hier gewählte Zugang nicht a priori auf bestimmte Annahmen fixiert ist. Für zukünftige Fortschritte in der empirischen Forschung mit nutzentheoretischen Ansätzen bedarf es daher der weiteren Entwicklung leistungsfähiger Instrumente zur empirisch angeleiteten Bildung von Brückenhypothesen (z.B. im Rahmen der computergestützten Kodierung und Auswertung unstrukturierter Textdaten; vgl. Kelle, Lüdemann 1995: insbes. 252, 261ff.). Für eine zusätzliche Stützung sollte die Theorie rationalen Handelns nach meiner Einschätzung allerdings noch stärker in lern-, motivations- und kognitionstheoretischer Richtung ausgebaut bzw. ensprechend angereichert werden. Insofern weist gerade die Diskussion der Anwendungsprobleme der Theorie rationalen Handelns in der empirischen Forschungspraxis darauf hin, daß auf den Einbezug psychologischer Konzepte in die ökonomische Analyse menschlichen Handelns nicht zu verzichten ist.

Ich vermute, daß v.a. die geringe Zahl an empirischen Studien auf Basis der Theorie rationalen Handelns dazu beigetragen hat, die Notwendigkeit zu übersehen, "that models of purposive action can be useful in explaining und predicting human behavior only when used in conjunction with knowledge or well-reasoned hypotheses about what people value and believe" (Marini 1992: 22; vgl. auch Opp 1985: 236). P. J. H. Schoemaker faßt noch einmal treffend zusammen, worauf es hier ankommt: "The point is that modifications to economic theory ... should be based on cognitive insights .. rather than ad hoc rationalization or mathematical expedience" (1982: 554). Unter pragmatischen Gesichtspunkten sollte im Rahmen der Datenerhebung zumindest auf eine Itemformulierung Wert gelegt werden, die auf die vier Facetten 'Handlung', 'Ziel', 'Kontext' und 'Zeitpunkt' Bezug nimmt (Kap. 5.2.1): "[A] given action is always performed with respect to a given target, in a given context, and at a given point in time" (Ajzen, Fishbein 1977: 889). Dies ist allerdings nur als ein erster Hinweis für die empirische Spezifikation zu werten. In zukünftigen Arbeiten wird vertieft zu diskutieren sein, inwieweit die Instrumente zur Messung der Variablen zu verbessern sind. Zum Beispiel könnte die Zielexplikation im Fragebogen einen systematischen Einfluß auf die 'innere' Repräsentation und Beurteilung der Alternativen aufweisen, wenn das Ergebnis der kognitiven Elaboration von der Form der Präsentation abhängig ist (gebunden oder frei). Die bisherigen Erfahrungen zeigen zwar, daß die Vorgabe einer standardisierten Entscheidungssituation mit einer eindeutigen und festen Formulierung der Konsequenzen einer offenen Erhebungsform vorzuziehen ist (vgl. die Diskussion in Abschnitt 5.2), systematische Überprüfungen stehen aber noch weitgehend aus. Berücksichtigt man hier beispielsweise den möglichen Einfluß von Muster- und 'framing'-Prozessen - vgl. hierzu insbesondere die Arbeiten von A. Tversky und D. Kahenman (z.B. 1981, 1988) - ist auch auf eine gemischte positive und negative Formulierung der Handlungskonsequenzen zu achten. Letztlich bedarf es einer sehr großen Sorgfalt bei der Erhebung von Informationen zu den handlungsleitenden Variablen, um zu vergleichbaren und wissenschaftlich verwertbaren Ergebnissen zu gelangen. Und vor dem Hintergrund der variantenreichen Gestaltungs- und Auswahlregeln ist in diesem Zusammenhang auch die Validität der mathematischen Struktur der statistischen Verfahren zu prüfen. Der bisher vorherrschende Methodeneinsatz läßt meiner Ansicht nach eine eindeutige Interpretation der empirischen Ergebnisse größtenteils nicht zu (Kap. 5.2.2). Dabei ist zu bedenken, daß sich hieran noch eine Vielzahl von Problemen anknüpfen, die hier (aus Platzgründen) nicht oder nur kurz angesprochen werden konnten. Dazu gehören die dimensionale Operationalisierung der Basisvariablen (Ein- oder Mehrindikatormodelle), der Einfluß von Meßfehlern (v.a. für Produktterme bedeutsam) oder die Angemessenheit der statistischen Verfahren für Kriterienvariablen mit Nominalskalenniveau.

Hier soll selbstverständlich nicht suggeriert werden, psychologische Konzepte mehr oder weniger unreflektiert auf Kollektive anzuwenden. Es geht auch nicht um eine schlichte Psychologie, die lediglich auf immer neue Persönlichkeitsmerkmale rekurriert. Im Mittelpunkt steht vielmehr die Steigerung der empirischen Erklärungskraft einer Orientierung in den Sozialwissenschaften, die Struktur und Handlung in einen Zusammenhang bringt. Wer hier die Determinanten der Varianzen der unabhängigen Variablen der Handlungstheorie dem Datenkranz übergibt, kann wohl kaum über kontextuelle Variationen der Ausprägungen dieser Variablen schlüssig berichten, der ist wie bei den traditionellen Ansätzen in der empirischen Sozialwissenschaft lediglich auf bestimmte Aspekte der Handlungssituation fixiert, der folgt nach wie vor der Standardannahme im neoklassischen Denken, "that constraints may be manipulated without shifting preferences" (Frey 1994: 349).

Die Frage nach der handlungsdeterminierenden Bedeutung einer Situation läßt sich eben nicht nur mit einer Theorie der Handlungsdeterminanten beantworten. Wer nicht weiß, was die Menschen aus welchen Gründen eigentlich wollen, d.h. was empirisch in den Nutzenfunktionen enthalten ist, der konstruiert Konzepte, mit denen der Brückenschlag zur empirischen Sozialwissenschaft nicht gelingen wird; "a veridical theory of public choice", schreibt H. A. Simon, "requires a solid foundation of empirical fact about the nature of human goals and about processes that people use in reasoning from their actions to their values" (1995: 45).

A. Inkeles hat vor Jahrzehnten bereits festgestellt, "that very little sociological analysis is ever done without using at least an implicit psychological theory" (1959: 250). Implizite Annahmen sind aber kein Ersatz für ihre unmißverständliche und präzise Formulierung (vgl. Stegmüller 1983: 144ff.). Diese Intention, die sozialwissenschaftliche und psychologische Perspektive zusammenzuführen und zu integrieren, läßt sich unter politikwissenschaftlichem Blickwinkel mit J. Elster als 'Politische Psychologie' bezeichnen

(1993). Wie auch immer die Begriffswahl ausfällt, das Programm steht fest: "Political psychology cannot limit itself to tracing the effects of beliefs and desires on individual actions and thereby on social processes. It also has to concentrate on the mechanism by which desires and beliefs are formed" (Elster 1993: 11).

Der zentrale Vorteil der Theorie rationalen Handelns als allgemeine kognitive 'Handlungs-Entscheidungs-Theorie' liegt darin, daß sie solche Problematisierungen möglich macht, wann immer es nötig wird. Genau dies spricht dafür, von diesem Konzept auszugehen und nicht von vorneherein mit Psychologie zu beginnen. Nur darf man die u.U. notwendige Psychologisierung nicht vergessen. Und dies ist der hier erhobene Vorwurf an den derzeitigen Mainstream-Betrieb von Rational Choice, auch in der erweiterten sozialwissenschaftlichen Perspektive. Vor diesem Hintergrund trifft die von J.-L. Arni noch vorsichtig geäußerte Schlußfolgerung aus meiner Sicht ohne Einschränkungen zu: "Man scheint nutzentheoretische Ansätze erst unter Bedingungen einer Einbettung in weitgefasste verhaltenswissenschaftliche Kontexte ... als anspruchvolle *empirisch anwendbare* Theorien wirklich ernst nehmen zu können" (1989: 289). Insofern erscheint mir für die zukünftige Entwicklung von Rational Choice als ein empirisch begründeter Zugang zum Handeln der Menschen die Hinwendung zu einem integrierten kognitiven Konzept der Handlungsregulation wesentlich. Ein solches Konzept grenzt sich gegenüber dem dominierenden Betrieb von Rational Choice v.a. in folgenden Punkten ab:

(1) Die übliche Konzentration auf die Logik der Selektion weicht der erweiterten Betrachtung von Situations- und Selektionslogik; in anderen Worten: Ausgangspunkt ist die subjektive Definition der Situation. Diese subjektivistische Version impliziert ausschließlich eine kognitiv-formale Rationalität. Differenzen in den Präferenzen und den Überzeugungen oder den 'Bildern' der Welt erklären im Zusammenspiel mit spezifischen Auswahl- und Gestaltungsregeln die Variationen im Handeln. Auch eine ökonomisch orientierte Theorie des Handelns hat daher subjektive Strukturierungsprozesse zu berücksichtigen, oder sie muß darauf verzichten, Handeln zu erklären. Makrogesellschaftliche Zusammenhänge sind - im gegebenen Rahmen - ohne kognitive Verarbeitungen im Handeln nicht zu denken. Dabei geht es um mehr, als um einfache empirische Rechtfertigungen, Situationen in einer bestimmten Art und Weise zu beschreiben: Die Beschreibungen müssen mit allgemeinen Regeln verknüpft werden, um so aus der Deskription eine Erklärung zu entwickeln. Hierbei ist es nicht angemessen, sich durch die weite Verwendung des Erklärungsbegriffs den Status einer empirischen

Erklärung nach dem D-N-Schema implizit anzueignen: Die Praxis der dominierenden instrumentalistischen Modellanalytik, die den Akteuren lediglich ein im voraus festgelegtes und fixiertes rollengebundenes Nutzenkalkül zuschreibt, ist nicht geeignet, die erfahrbare Wirklichkeit so zu erklären, wie man dies in den empirischen Wissenschaften üblicherweise anstrebt, kurz: Analytische Modellbildung ist kein Ersatz für Nutzenmessung.

(2) Die ausdrückliche Einbindung der Logik der Situation impliziert zumindest die Annahme eines sequentiellen Entscheidungsprozesses: Jedem kognitiv repräsentierten Muster entspricht ein spezifisches Set von Handlungsoptionen, so daß unterschiedliche Situationsdeutungen variierende Nutzenkalkulationen für identische Alternativen bewirken können. Die konkrete Alternativenwahl erfolgt maximal im Rahmen des identifizierten Optionensets, wobei Änderungen in der Situationsdeutung die Wahrnehmung neuer Handlungsalternativen nahelegen. Aufgrund der Minimierung der Kosten der Informationsverarbeitung ist auch Gewohnheitshandeln, das auf der Verkettung von eindeutiger Mustererkennung und klarer Optionenwahl beruht, als rationales Handeln zu kennzeichnen. Diese Perspektive steht im klaren Gegensatz zum traditionellen Rational Choice-Ansatz, der sich

(3) auf die Erklärung von diskretionären Wahlentscheidungen konzentriert. Isolierte Fall-zu-Fall-Abwägungen im Rahmen einer kognitiv größtmöglich kontrollierten Maximierung sind aber nicht die Regel, sondern Handlungen sind in sozial präformierte Handlungsprogramme eingebunden, für die letztlich ganze Strategien hinsichtlich ihrer relativen Effizienz bewertet werden: Der einzelne handelt immer in Bezug auf die Struktur, innerhalb derer er Akteur ist. Nur in Ausnahmefällen werden daher kontrollierte Gewichtungen durchgeführt oder detailliert Gewinne und Verluste abgewogen, wie es die klassische Theorie vorsieht. Zwar können die direkt handlungsbezogenen Kognitionen mit den Mitteln der empirischen Feldforschung jederzeit rekognitiviert werden, für ein Verständnis des Entscheidungsprozesses sollte eine Handlungserklärung aber die Variation handlungsleitender Oberziele bzw. die vorgeschaltete Muster- oder evt. 'frame'-Orientierung immer (mit-) berücksichtigen.

(4) Damit wird impliziert, daß Menschen zwar als zu kontrollierter kognitiver Reflexion befähigte Akteure zu betrachten sind, sich aber situationsabhängig unterschiedlich komplexer Modi der Informationsverarbeitung bedienen können. Weil es sich hierbei um Wahlprobleme handelt, lassen sich die Bedingungen, die diesen Prozeß leiten, aus der

Anwendung des Kosten-Nutzen-Kalküls als nomologischen Kern von Rational Choice auf sich selber herleiten.

(5) Das handlungsleitende Prinzip des Selbstinteresses wird zwar nicht aufgehoben, erfährt aber im vorgegebenen Rahmen eine klare Umwertung gegenüber der traditionellen Sichtweise. Entscheidungen werden getroffen, um hinsichtlich allgemeiner Ziele, moralischer (Selbst-) Überzeugungen und biologischer Bedürfnislagen das 'Richtige' zu tun. Es geht hier im Rahmen einer allgemeinen Nutzenorientierung um die Anpassung des Handlungsrepertoires an den erfahrenen Erfolg bzw. Mißerfolg. Die Ebene der Nutzenkalkulation ist also als eine Grunddisposition des Handelns zu interpretieren, "die unter den Bedingungen der Knappheit wirksam ist und sich an höchst unterschiedliche Formen der Handlungsregulation binden kann" (Hennen 1994: 134).

Ein Konzept, das diese Aspekte integriert, bietet nicht nur die Möglichkeit, Rational Choice als empirische Handlungslehre zu etablieren, sondern auch die dominanten bereichsspezifischen Forschungen, z.B. zur politischen Partizipation, theoretisch stärker zu fundieren und wesentlich enger an die Entwicklungen in der kognitiven (Sozial-) Psychologie anzubinden, als dies bisher der Fall ist. Von Bedeutung ist, daß ein solcher Zugang nicht neu erfunden werden muß. Die bisherige Diskussion hat einige zentrale Elemente bereits benannt. In diesem Zusammenhang eröffnet die sog. 'Image-Theorie' von L. R. Beach und T. R. Mitchell die Gelegenheit, die Überlegungen abschließend in einen besonderen sozio-psychologischen Rahmen zusammenzufassen. Dieser Ansatz "retains traditional decision theory as a special case, within a broader cognitive and social view of decisions and decision making", und stimmt daher mit der hier vertretenen Perspektive voll überein (Mitchell, Beach 1990: 2).[5]

Nach den Vorgaben der Image-Theorie verfolgen die Akteure Pläne und entwickeln Strategien, um ihre Ziele zu verwirklichen (vgl. Abb. 9-1; nach Mitchell, Beach 1990: 11). Insoweit wird der Gedanke einer hierarchisch aufgebauten Regulation der Handlungsausführung im Rahmen instrumenteller Verknüpfungen explizit aufgegriffen. 'Images' repräsentieren "the decision maker's guiding principles relevant to some sphere of decision making.

---

[5] Vgl. auch Mitchell, Rediker, Beach (1986); ausführlich: Beach (1990). Beach und Mitchell knüpfen an die Schemata- und Skriptforschung an und beziehen sich darüber hinaus auf das bekannte TOTE-[Test-Operate-Text-Exit]-Konzept von G. A. Miller, E. Galanter und K. H. Pribram (1960) sowie die Kontrolltheorie von C. S. Carver und M. F. Schreier (1981) (siehe hierzu auch den arbeitspsychologischen Ansatz von W. Hacker 1973).

They also represent the decision makers's goals in that sphere, what he or she is doing to reach those goals, and his or her view of how well those effort succeeding" (Beach, Mitchell 1987: 202). Im einzelnen werden also drei 'images' unterschieden: Das sogenannte 'value image' enthält die persönlichen Prinzipien, d.h. die Werte, die moralischen und ethischen Standards des Handelnden (und damit die explizite Absage an die neoklassische Entscheidungstheorie: Beach, Mitchell 1990: 2). Diese persönlichen Regeln sind von zentraler Bedeutung, wenn es darum geht, nur langfristig erreichbare Alternativen zu verwirklichen (vgl. Ainslie, Haslam 1992: 184ff.). Das 'trajectory image' beinhaltet die Ziele, Visionen oder Zukunftsvorstellungen, die jemand realisieren will. Das 'strategic image' besteht aus Plänen oder Strategien, die mit denen die Ziele erreicht werden können und die dem Akteur zur Verfügung stehen (vgl. Mitchell, Beach 1990: 9). Hier sind auch die Kontrollerwartungen nach Ajzen enthalten (Kap. 7.1.1).

Auf dieser Grundlage werden zwei Arten von Entscheidungen postuliert, die im Grundsatz der Idee des Diskriminationsmodells entsprechen, den dort verankerten Gedanken des 'eindimensionalen Akteurs' aber fallen lassen (vgl. Mitchell, Beach 1990: 9; auch Beach, Strom 1989): Im Rahmen der 'adoption decisions' geht es darum, ob eine bestimmte Option ('candidate') mit der über die drei 'images' repräsentierten kognitiven Struktur vereinbar ist. Hierbei werden ausdrücklich Änderungen im affektiven Zustand der handelnden Person berücksichtigt. Die Zuordnungsregel ist eine einfache 'matching'-Prozedur, die nötigenfalls den Schwierigkeitsgrad des Entscheidungsproblems genügend stark herabsetzt, so daß die Akteure ihre Handlungsfähigkeit behalten. Wird dieser einfache 'compatibility test' bestanden, steht in einem zweiten Schritt die Optimalität der ausgewählten Kandidaten zur Diskussion ('profitability test'). 'Progress decisions' sind ein Spezialfall der 'adoption decisions': Sie sind Bewertungen über die Vereinbarkeit des 'trajectory image' mit dem 'strategic image', also darüber, ob ein bestimmter Plan tatsächlich zur Zielerreichung beiträgt. Sollte dies nicht der Fall sein, sind der Handlungsplan oder u.U. die Ziele zu revidieren (vgl. Beach, Mitchell 1987: 205). In Übereinstimmung mit den bisherigen Überlegungen wird dieser Entscheidungsprozeß v.a. dann vollzogen, wenn sich Rahmen der Definition der Situation Schwierigkeiten ergeben, diejenige Untermenge von 'images' zu bestimmen, die für die jeweilige Entscheidungssituation relevant sind ('framing' nach Mitchell und Beach, 1990: 10). Ansonsten weicht der Überlegensprozeß der automatischen Aktivierung von 'policies'. Darunter werden in vergleichbaren Situationen bisher gut bewährte und als effizient betrach tete Routinen verstanden. Mit den Regeln des MODE-Konzepts ist dieser Aspekt in der Image-Theorie zu ergänzen (Kap. 8.1).

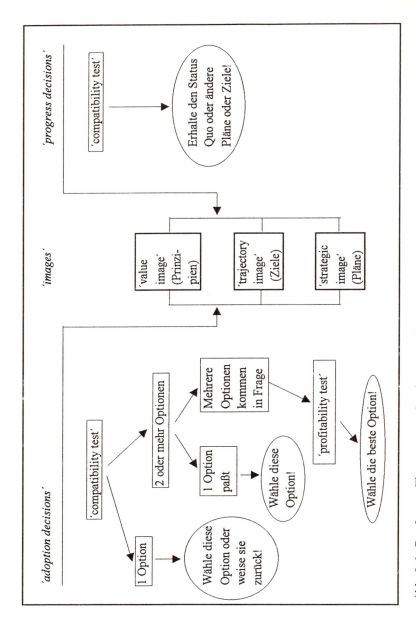

Abb. 9-1: Die Image-Theorie - graphische Darstellung

Sozialwissenschaftliche Erklärungen müssen sich zwar damit auseinandersetzen, "wie die generellen Prinzipien, die im Verhalten vieler Menschen und Gruppen zum Ausdruck gelangen, sich allmählich miteinander verbinden, um die beständigeren sozialen Phänomene zu erzeugen, aufrechtzuerhalten und schließlich zu verändern" (Homans 1972: 95). Doch setzt diese Intention - zumindest nach den bisherigen Erfahrungen - den Bezug auf Hypothesen zur Entstehung und Veränderung des kognitiven Systems der handelnden Akteure voraus. Und es ist gerade dieser Bezug der auch den Mikro-Makro-Zusammenhang einer Lösung näher bringen kann, wie z.B. die differenzierte Betrachtung der Akteure beim Zustandekommen kollektiven (Gruppen-) Handelns zeigt (vgl. Esser 1993: 77ff.; Marwell, Oliver 1993; Opp 1993: 229ff.). Evolutionäre Systementwicklungen finden so ihre Grundlage in einem 'kognitiven Menschenbild' (Meier, Slembeck 1994). Die Konzentration der ökonomisch orientierten Sozialwissenschaften, insbesondere auch der Neuen Politischen Ökonomie, auf die verallgemeinerte mechanistisch-materialistische Grundidee des Homo Oeconomicus verstellt den Blick auf wesentliche gesellschaftliche Zusammenhänge und politische Entwicklungen. Sie schärft aber zugleich die Aufmerksamkeit für die Analyse individueller Entscheidungsprozesse. Erforderlich ist ein modernes, umfassendes und differenziertes Verständnis mentaler Prozesse, um erklärenden und praxisorientierten Erkenntnisinteressen gerecht zu werden.

Die Gefahr liegt in diesem Zusammenhang fast zwangsläufig nahe, daß sich die Forschungen so weit ausdifferenzieren, daß der forschungsleitende Ansatz verloren geht. Lange Zeit hat diese Funktion im Rahmen der Theorie rationalen Handelns das SEU-Konzept ausgefüllt; für die Zukunft erscheint der Image-Ansatz aufgrund seiner hohen Integrationsfähigkeit für alternative Überlegungen als ein vielversprechendes Leitkonzept. In diesem Rahmen wird auch zu prüfen sein, inwieweit grundlegende konzeptionelle Alternativen den aktuellen Rational Choice-Ansatz in seiner Erklärungsleistung übertreffen und damit auch ersetzen können. Zum Beispiel stellt die Modellierung unsicheren Wissens über subjektive Wahrscheinlichkeitsurteile heute nur noch eine Möglichkeit unter mehreren konkurrierenden Ansätzen dar.

Ein solches Vorhaben ist an anderer Stelle fortzuführen und wird im Endeffekt sicherlich zu komplexeren Ansätzen führen als die einfache Nutzentheorie eine ist. Aber kann man einem Konzept vorwerfen, daß eine Vielzahl von Bedingungen relevant sind? Doch sicherlich nicht, "sondern hier ist eher die Realität zu tadeln" (K.-D. Opp 1977: 149). Man kann sich, wie man so schön sagt, an W. Ockhams 'Rasiermesser' auch schneiden ('non sunt multiplicanda entia praeter necessitatem').

Literatur[1]

ABEL, B., 1983: Grundlagen der Erklärung menschlichen Handelns. Zur Kontroverse zwischen Konstruktivisten und Kritischen Rationalisten. Tübingen: Mohr

ABELE, A./BECKER, P. (Hg.), 1991: Wohlbefinden. Theorie - Empirie - Diagnostik. Weinheim, München: Juventa

ABELL, P., 1990: Denzin on Rational Choice Theory. In: Rationality and Society, 2, 495-499

ABELL, P., 1992: Is Rational Choice Theory a Rational Choice of Theory? In: COLEMAN/FARARO (Hg.), 1992, 183-206

ABELSON, R.P., 1981: Psychological Status of the Script Concept. In: American Psychologist, 36, 715-729

ACKOFF, R.L./EMERY, F.E., 1975: Zielbewußte Systeme. Anwendung der Systemforschung auf gesellschaftliche Vorgänge. Frankfurt, New York: Campus

ADELSON, J. (Hg.), 1986: Handbook of Adolescense Psychology. New York u.a.: Springer

AGASSI, J., 1975: Institutional Institutionalism. In: British Journal of Sociology, 26, 144-155

AHLSTICH, K./KUNZ, V., 1994: Die Entwicklung kommunaler Aufgaben in Zeiten des Wertewandels: Eine empirische Analyse der Aufgabenpräferenzen kommunaler Mandatsträger. In: GABRIEL/VOIGT (Hg.), 1994, 167-210

AIKEN, L.S./WEST, S.G., 1991: Multiple Regression: Testing and Interpreting Interactions. Newbury Park, London, New Dehli: Sage

AINSLIE, G., 1992: Picoeconomics: The Strategic Interaction of Successive Motivational States Within the Person. Cambridge: Cambridge University Press

AINSLIE, G./HASLAM, N., 1992: Self-Control. In: LOEWENSTEIN/ELSTER (Hg.), 1992, 177-212

AJZEN, I., 1985: Form Intensions to Actions: A Theory of Planned Behavior. In: KUHL/BECKMANN (Hg.), 1985, 11-39

AJZEN, I., 1988: Attitudes, Personality, and Behavior. Milton Keynes: Open University Press

AJZEN, I., 1989: Attitude Structure and Behavior. In: PRATKANIS et al. (Hg.), 1989, 241-274

AJZEN, I., 1991: The Theory of Planned Behavior. In: Organizational Behavior and Human Decision Processes, 50, 179-211

AJZEN, I./DRIVER, B.L., 1992: Application of the Theory of Planned Behavior to Leisure Choice. In: Journal of Leisure Choice, 24, 207-224

AJZEN, I./FISHBEIN, M., 1977: Attitude-behavior Relations: A Theoretical Analysis and Review of Empirical Research. In: Psychological Bulletin, 84, 888-918

AJZEN, I./FISHBEIN, M., 1978: Einstellungs- und normative Variablen als Prädiktoren für spezifische Verhaltensweisen. In: STROEBE (Hg.), 1978, 404-443

AJZEN, I./FISHBEIN, M., 1980: Understanding Attitudes and Predicting Social Behavior. Englewood Cliffs, N.J.: Prentice-Hall

AJZEN, I./MADDEN, T.J., 1986: Prediction of Goal-directed Behavior: Attitudes, Intentions, and Perceived Behavioral Control. In: Journal of Experimental Social Psychology, 22, 453-474

AKADEMIE FÜR RAUMFORSCHUNG UND LANDESPLANUNG (Hg.), 1981: Tendenzen und Probleme der Entwicklung von Bevölkerung, Siedlungszentralität und Infrastruktur in Nordrhein-Westfalen. Forschungs- und Sitzungsberichte, Bd. 137. Hannover: Schroedel

ALBERT, H., 1967: Marktsoziologie und Entscheidungslogik. Ökonomische Probleme in soziologischer Perspektive. Neuwied, Berlin: Luchterhand

ALBERT, H. (Hg.), 1971a: Sozialtheorie und soziale Praxis. Meisenheim a. Gl.: Hain

ALBERT, H., 1971b: Plädoyer für einen kritischen Rationalismus. München: Piper

ALBERT, H., 1971c: Hermeneutik und Realwissenschaft. In: ALBERT, 1971b, 106-149

ALBERT, H. (Hg.), 1972a: Theorie und Realität, 2. Aufl. Tübingen: Mohr

ALBERT, H., 1972b: Konstruktion und Kritik. Aufsätze zur Philosophie des kritischen Realismus. Hamburg: Hoffmann u. Campe

---

[1] Die alphabetische Anordnung der Autoren mit Namenszusätzen wie 'von' erfolgt nach dem ersten (primären) Familiennamen. Herausgebertätigkeiten sind in die Reihung nach Alphabet und Jahresangaben übernommen.

ALBERT, H., 1977: Individuelles Handeln und soziale Steuerung. Die ökonomische Tradition und ihr Erkenntnisprogramm. In: LENK (Hg.), 1977, 177-225

ALBERT, H., 1980: Traktat über kritische Vernunft, 4. Aufl. Tübingen: Mohr

ALBERT, H., 1987: Kritik der reinen Erkenntnislehre. Das Erkenntnisproblem in realistischer Perspektive. Tübingen: Mohr

ALBERT, H./STAPF, K.H. (Hg.), 1979: Theorie und Erfahrung. Beiträge zur Grundlagenproblematik der Sozialwissenschaften. Stuttgart: Klett-Cotta

ALCHIAN, A.A., 1965: Some Economics of Property Rights. In: Il Politico, 30, 816-829

ALLARDT, E., 1976: Dimensions of Welfare in a Comparative Scandinavian Study. In: Acta Sociologica, 19, 227-239

ALLEN, R.G.D., 1971: Mathematische Wirtschaftstheorie, 2. Aufl. (zuerst 1938) Berlin: Duncker u. Humblot

ALLISON, P.D., 1977: Testing for Interaction in Multiple Regression. In: American Journal of Sociology, 83, 144-153

ALLPORT, G.W., 1935: Attitudes. In: MURCHISON (Hg.), 1935, 798-844

ALLPORT, G.W., 1937: Personality: A Psychological Interpretation. New York: Holt

ALT, J.E./SHEPSLE, K. (Hg.), 1990: Perspectives on Positive Political Economy, Reprinted 1994. Cambridge, New York, Melbourne: Cambridge University Press

ARBEITSGRUPPE BIELEFELDER SOZIOLOGEN (Hg.), 1973: Alltagswissen, Interaktion und gesellschaftliche Wirklichkeit, Bd. 1: Symbolischer Interaktionismus und Ethnomethodologie. Reinbek: Rowohlt

ARENDT, H., 1960: Vita activa oder Vom täglichen Leben. Stuttgart: Kohlhammer

ARGYLE, M., 1988: Social Cognition and Social Interaction. In: The Psychologist, 1988, 177-183

ARMINGER, G., 1987: Einige Gründe für die Irrelevanz sozialwissenschaftlicher Modellbildung. In: MÜLLER/STACHOWIAK (Hg.), 1987, 296-322

ARMINGER, G./MÜLLER, F., 1990: Lineare Modelle zur Analyse von Paneldaten. Opladen: Westdeutscher Verlag

ARNI, J.-L., 1989: Die Kontroverse um die Realitätsnähe der Annahmen in der Ökonomie. Grüsch: Rüegger

ARNOLD, H.J./EVANS, M.G., 1979: Testing Multiplicative Models Does Not Require Ratio Scales. In: Organizational Behavior and Human Performance, 24, 41-59

ARROW, K.J., 1951: Social Choice and Individual Values (2. Aufl. 1963). New York: Wiley

ASHER, H.B., 1983: Causal Modeling, Sage University Papers Series on Quantitative Applications in the Social Sciences, Bd. 3, 2. Aufl. London, Beverly Hills: Sage

ATKINSON, J.W., 1957: Motivational Determinants of Risk-Taking Behavior. In: Psychological Review, 64, 359-373

ATKINSON, J.W., 1964: An Introduction to Motivation. Princeton, N.J.: Van Nostrand

AUSTIN, W.C./WORCHEL, S. (Hg.), 1979: The Social Psychology of Intergroup Relations. Monterey: Brooks

AXELROD, R., 1991: Die Evolution der Kooperation. Übersetzt und mit einem Nachwort von Werner Raub und Thomas Voss, 2. Aufl. München: Oldenbourg

BACHARACH, M./HURLEY, S. (Hg.), 1991: Foundations of Decision Theory. Oxford: Clarendon Press

BAGOZZI, R.P./YI, Y., 1989: The Degree of Intention Formation as a Moderator of the Attitude-Behavior Relationship. In: Social Psychology Quarterly, 52, 266-279

BAMBERG, S., 1996: Allgemeine oder spezifische Einstellungen bei der Erklärung umweltschonenden Verhaltens? Eine Erweiterung der Theorie geplanten Verhaltens um Einstellungen gegenüber Objekten. In: Zeitschrift für Sozialpsychologie, 1996, 47-60

BAMBERG, S./LÜDEMANN, C., 1996: Eine Überprüfung der Theorie geplanten Verhaltens in zwei Wahlsituationen mit dichotomen Handlungsalternativen: Rad vs. PKW und Container vs. Hausmüll. In: Zeitschrift für Sozialpsychologie, 1996, 32-46

BAMBERG, S./SCHMIDT, P., 1994: Empirischer Test einer Handlungstheorie zur Erklärung der Verkehrsmittelwahl. In: Kölner Zeitschrift für Soziologie und Sozialpsychologie, 46, 80- 102

BANDURA, A. (Hg.), 1971a: Psychological Modeling. Chicago: Aldine

BANDURA, A., 1971b: Analysis of Modeling Processes. In: BANDURA (Hg.), 1971a, 1-69

BANDURA, A., 1979: Sozial-kognitive Lerntheorie. Stuttgart: Klett-Cotta

BANDURA, A., 1986: Social Foundations of Thought and Action. A Social Cognitive Theory. Englewood Cliffs, N.J.: Prentice-Hall

BARGH, J.A., 1989: Conditional Automaticity : Varieties of Automatic Influence in Social Perception and Cognition. In: ULEMAN/BARGH (Hg.), 1989, 122-145

BARGH, J.A./CHAIKEN, S./GOVENDER, R./PRATTO, F., 1992: The Generality of the Automatic Attitude Activation Effect. In: Journal of Personality and Social Psychology, 62, 893-912

BARTLING, H./LUZIUS, F., 1983: Grundzüge der Volkswirtschaftslehre. Einführung in die Wirtschaftstheorie und Wirtschaftspolitik, 4. Aufl. München: Vahlen

BAUMEISTER, R. (Hg.), 1986: Public Self and Private Self. New York: Springer

BAUMGÄRTNER, T., 1991: Determinanten politischen Protests. Eine Untersuchung bei Landwirten in der Bundesrepublik Deutschland. Hamburg: Kovac

BEACH, L.R., 1990: Image Theory: Decision Making in Personal and Organizational Contexts. New York: Wiley

BEACH, L.R./MITCHELL, T.R., 1978: A Contingency Model for the Selection of Decision Strategies. In: Academy of Management Review, 3, 439-449

BEACH, L.R./MITCHELL, T.R., 1987: Image Theory: Principles, Goals, and Plans in Decision Making. In: Acta Psychologica, 66, 201-220

BEACH, L.R./MITCHELL, T.R., 1990: Image Theory. A Behavioral Theory of Decision Making in Organizations. In: STAW/CUMMINGS (Hg.), 1990, 1-41

BEACH, L.R./STROM, E., 1989: A Toadstool among Mushrooms: Screening Decisions and Image Theory's Compatibility Test. In: Acta Psychologica, 72, 1-12

BECHMANN, A., 1979: Nutzwertanalysen und soziale Indikatoren. In: KLAGES/KMIECIAK (Hg.), 1979, 517-529

BECK, L./AJZEN, I., 1991: Predicting Dishonest Actions Using the Theory of Planned Behavior. In: Journal of Research in Personality, 25, 285-301

BECKER, G.S., 1965: A Theory of the Allocation of Time (wiederabgedruckt und übersetzt in: BECKER 1993, 97-130). In: Economic Journal, 75, 493-517

BECKER, G.S., 1992: Habits, Addictions, and Traditions. In: Kyklos, 45, 327-346

BECKER, G.S., 1993: Der ökonomische Ansatz zur Erklärung menschlichen Verhaltens, 2. Aufl. Tübingen: Mohr

BECKER, H.A. (Hg.), 1992: Dynamics of Cohort and Generations Research. Amsterdam: Thesis Publishers

BECKER, P., 1991a: Vorwort. In: ABELE/BECKER (Hg.), 1991, 9-12

BECKER, P., 1991b: Theoretische Grundlagen. In: ABELE/BECKER (Hg.), 1991, 13-50

BEHN, O./FRIEDRICHS, J./KIRCHBERG, V., 1989: Die City von Wolfsburg. Bedeutung und Bewertung eines jungen Stadtzentrums. Frankfurt, New York: Campus

BELL, D.E., 1982: Regret in Decision Making under Uncertainty. In: Operations Research, 30, 961-981

BELL, D.E./RAIFFA, H./TVERSKY, A. (Hg.), 1988: Decision Making. Descriptive, Normative, and Prescriptive Interactions. Cambridge: Cambridge University Press

BELSON, W.A., 1981: The Design and Understanding of Survey Questions. Aldershot: Gower

BENNINGHAUS, H., 1976: Ergebnisse und Perspektiven der Einstellungs-Verhaltens-Forschung. Meisenheim a. Gl.: Hain

BENTHAM, J., 1970: An Introduction to the Principles of Morals and Legislation (hrsg. von J.H. Burns und H.L.A. Hart). London: University of London, Athlone Press

BENTLER, P.M./SPECKART, G., 1979: Models of Attitude-Behavior-Relations. In: Psychological Review, 86, 452-464

BENTLER, P.M./SPECKART, G., 1981: Attitudes 'Cause' Behaviors: A Structural Equation Analysis. In: Journal of Personality and Social Psychology, 40, 226-238

BENTLER, P.M./WEEKS, D.G., 1980: Linear Structural Equations with Latent Variables. In: Psychometrica, 45, 289-308

BERGER, J., 1995: Warum arbeiten Arbeiter? Neomarxistische und neodurkheimianische Erklärungen. In: Zeitschrift für Soziologie, 24, 407-421

BERGER, P.L./LUCKMANN, T., 1980: Die gesellschaftliche Konstruktion der Wirklichkeit. Eine Theorie der Wissenssoziologie, 5. Aufl. (Nachdruck 1994; zuerst 1966). Frankfurt: Fischer

BERGMANN, G., 1958: Philosophy of Science. Second Printing. Madison: University of Wisconsin Press

304

BERKOWITZ, L. (Hg.), 1986: Advances in Experimental Social Psychology, Bd. 19. New York: Academic Press

BERKOWITZ, L. (Hg.), 1988: Advances in Experimental Social Psychology, Bd. 21. New York: Academic Press

BERKOWITZ, L. (Hg.), 1989: Advances in Experimental Social Psychology, Bd. 22. New York: Academic Press

BERNHOLZ, P./BREYER, F., 1994: Grundlagen der politischen Ökonomie, Bd. 2: Ökonomische Theorie der Politik. Tübingen: Mohr

BIDDLE, B.J./BANK, B.J./SLAVINGS, R.L., 1987: Norms, Preferences, Identities and Retention Decisions. In: Social Psychology Quarterly, 50, 322-337

BIERBRAUER, G./BERNING, B./BRANDES, U./HÖLSCHER, M.-, 1987: Nachrüstung: Dafür oder dagegen? Eine empirische Untersuchung über Verhaltensintentionen und Feindbilder. In: HORN/RITTBERGER (Hg.), 1987, 155-170

BIERHOFF, H.W., 1993: Sozialpsychologie. Ein Lehrbuch, 3.Aufl. Stuttgart u.a.: Kohlhammer

BIEVERT, B./HELD, M. (Hg.), 1991: Das Menschenbild in der ökonomischen Theorie. Zur Natur des Menschen. Frankfurt, New York: Campus

BINMORE, K., 1990: Evolution and Utilitarism. In: Constitutional Political Economy, 1, 1-26

BLACK, D., 1958: The Theory of Committees and Elections. Cambridge: Cambridge University Press

BLAU, P.M., 1964: Exchange and Power in Social Life. New York: Wiley

BLAUG, M., 1980: The Methodology of Economics or How Economists Explain, Reprinted 1991. Cambridge u.a.: Cambridge University Press

BLUMER, H., 1973: Der methodologische Standort des Symbolischen Interaktionismus. In: ARBEITSGRUPPE BIELEFELDER SOZIOLOGEN (Hg.), 1973, 80-146

BÖHRET, C., 1975: Grundriß der Planungspraxis. Opladen: Westdeutscher Verlag

BOHNEN, A., 1971: Interessenharmonie und Konflikt in sozialen Austauschbeziehungen. Zur ökonomischen Perspektive im soziologischen Denken. In: ALBERT (Hg.), 1971a, 140-157

BOHRNSTEDT, G.W./BORGATTA, E.F. (Hg.), 1981: Social Measurement. Current Issues. Beverly Hills, London: Sage

BOHRNSTEDT, G.W./GOLDBERGER, A.S., 1969: On the Exact Covariance of Products of Random Variables. In: Journal of the American Statistical Association, 64, 325-328

BOLLEN, K.A., 1989: Structural Equations with Latent Variables. New York u.a.: Wiley

BORCHERDING, K., 1983: Entscheidungstheorie und Entscheidungshilfeverfahren für komplexe Entscheidungssituationen. In: IRLE (Hg.), 1983, 145-180

BORG, I./MOHLER, P.P. (Hg.), 1994: Trends and Perspectives in Empirical Social Research. Berlin, New York: de Gruyter

BORGATTA, E.F./BOHRNSTEDT, G.W., 1981: Level of Measurement. Once over again (Wiederabdruck aus: Sociological Methods and Research, 1980, 9, 147-160). In: BOHRNSTEDT/BORGATTA (Hg.), 1981, 23-37

BORTZ, J., 1984: Lehrbuch der empirischen Forschung. Für Sozialwissenschaftler, unter Mitarbeit von D. Bongers. Berlin u.a.: Springer

BOTHE, A., 1989: Die Gemeindeausgaben in der Bundesrepublik. Ein nachfrageorientierter Erklärungsansatz. Tübingen: Mohr

BOUDON, R., 1979: Widersprüche sozialen Handelns. Darmstadt, Neuwied: Luchterhand

BOUDON, R., 1980: Die Logik gesellschaftlichen Handelns. Eine Einführung in die soziologische Denk- und Arbeitsweise. Darmstadt, Neuwied: Luchterhand

BOUDON, R., 1989: Subjective Rationality and the Explanation of Social Behavior. In: Rationality and Society, 1, 173-196

BOUDON, R./BOURRICAUD, F., 1992: Soziologische Stichworte. Ein Handbuch. Opladen: Westdeutscher Verlag

BOUILLON, H./ANDERSSON, G. (Hg.), 1991: Wissenschaftstheorie und Wissenschaftslehre. Festschrift für Gerhard Radnitzky aus Anlaß seines 70. Geburtstages. Berlin: Duncker u. Humblot

BOULDING, K.E., 1976: Ökonomie als Wissenschaft. Mit einer Einführung von Hans Möller. München: Piper

BOYD, B./WANDERSMAN, A., 1991: Predicting Undergraduate Condome Use with the Fishbein and Ajzen and the Triandis Attitude-Behavior Models: Implications for Public Health Interventions. In: Journal of Applied Social Psychology, 21, 1810-1830

BOYD, L.H./IVERSEN, G.R., 1979: Contextual Analysis: Concept and Statistical Techniques. Belmont: Wadsworth Publishing

BRADY, H.E./VERBA, S./SCHLOZMAN, K.L., 1995: Beyond SES: A Resource Model of Political Participation. In: American Political Science Review, 89, 271-294

BRANDES, W., 1985: Über die Grenzen der Schreibtisch-Ökonomie. Tübingen: Mohr

BRAUN, N./FRANZEN, A., 1995: Umweltverhalten und Rationalität. In: Kölner Zeitschrift für Soziologie und Sozialpsychologie, 47, 231-248

BRECKLER, S.J./WIGGINGS, E.C., 1989: Affect versus Evaluation in the Structure of Attitudes. In: Journal of Experimental Social Psychology, 25, 253-271

BRENNER, C., 1980: A Psychoanalytic Theory of Affects. In: PLUTCHIK/KELLERMAN (Hg.), 1980, 341-348

BREWER, M.B., 1991: The Social Self. On Being the Same and Different at the Same Time. In: Personality and Social Psychology Bulletin, 17, 475-482

BRODBECK, M., 1973: Methodological Individualism: Definition and Reduction (zuerst 1958). In: O'NEILL (Hg.), 1973, 287-311

BRODY, B. (Hg.), 1970: Readings in the Philosophy of Science. Englewood Cliffs, N.J.: Prentice-Hall

BROOME, J., 1991: The Structure of Good: Decision Theory and Ethics. In: BACHARACH/HURLEY (Hg.), 1991, 132-146

BROWN, R. J., 1978: Divided We Fall: An Analysis of Relations between Sections of a Factory Work-Force. In: TAJFEL (Hg.), 1978, 123-143

BROWN, R. J., 1992: Beziehungen zwischen Gruppen. In: STROEBE et al. (Hg.), 1992, 400-429

BRYK, A.S./RAUDENBUSH, S.W., 1992: Hierarchical Linear Models. Applications and Data Analysis Methods. Newbury Park, London, New Dehli: Sage

BUCHANAN, J.M., 1962: Politics, Policy, and the Pigovian Margins. In: Economica, 29, 17-28

BUCHANAN, J.M., 1971: Das Verhältnis der Wirtschaftswissenschaft zu ihren Nachbardisziplinen. In: JOCHIMSEN/KNOBEL (Hg.), 1971, 88-105

BUCHANAN, J.M., 1984: Die Grenzen der Freiheit. Zwischen Anarchie und Leviathan. Tübingen: Mohr

BUCHANAN, J.M., 1987: The Constitution of Economic Policy. In: The American Economic Review, 77, 243-250

BUCHANAN, J.M./TULLOCK, G., 1962: The Calculus of Consent. Logical Foundations of Constitutional Democracy. Ann Arbor: University of Michigan Press

BÜSCHGES, G., 1985: Methodologischer Individualismus und empirische Soziologie. In: BÜSCHGES/RAUB (Hg.), 1985, 3-20

BÜSCHGES, G./RAUB, W. (Hg.), 1985: Soziale Bedingungen - Individuelles Handeln - Soziale Konsequenzen. Frankfurt, Bern, New York: Lang

BUNGE, M., 1989: Game Theory is not a Useful Tool for the Political Scientist. In: Epistemologia, 12, 195-212

BURTH, H.-P., 1996: Zur Verbindung von autopoietischer Systemtheorie und strukturell- individualistischer Handlungstheorie. In: DRUWE/KUNZ (Hg.), 1996, 226-241

CAMIC, C., 1986: The Matter of Habit. In: American Journal of Sociology, 91, 1039-1087

CAMPBELL, A., 1981: The Sense of Well-Being in America. New York u.a.: McGraw-Hill

CAMPBELL, A./CONVERSE, P.E./RODGERS, W.L., 1976: The Quality of American Life. New York: Sage

CAMPBELL, D.T., 1987: Rationality and Utility from the Standpoint of Evolutionary Biology. In: HOGARTH/REDER (Hg.), 1987, 171-180

CARNAP, R., 1970a: Statistical and Inductive Probability. In: BRODY (Hg.), 1970, 440-450

CARNAP, R., 1970b: Inductive Logic. In: BRODY (Hg.), 1970, 451-477

CARVER, C.S./SCHEIER, M.F., 1981: Attention and Self-Regulation: A Control-Theory Approach to Human Behavior. New York: Springer

CASSON, M., 1991: Moral Constraints on Strategic Behavior. In: LEA/WEBLEY/YOUNG (Hg.), 1991, 66-84

CHAIKEN, S., 1980: Heuristic versus Systematic Information Processing and the Use of Source versus Message Cues in Persuasion. In: Journal of Personality and Social Psych., 39, 752-766

CHAIKEN, S./LIBERMAN, A./EAGLY, A.H., 1989: Heuristic and Systematic Processing within and beyond the Persuasion Context. In: ULEMAN/BARGH (Hg.), 1989, 212-252

CHALMERS, A.F., 1989: Wege der Wissenschaft. Einführung in die Wissenschaftstheorie, 2. Aufl. New York u.a.: Springer

CHARLESWORTH, J.C. (Hg.), 1967: Contemporary Political Analysis. New York, London: Free Press, Collier-Macmillan

CHARNG, H./PILIAVIN, J.A./CALLERO, P.L., 1988: Role Identity and Reasoned Action in the Prediction of Repeated Behavior. In: Social Psychology Quarterly, 51, 303-317

CHOMSKY, N., 1969: Aspekte der Syntax-Theorie. Frankfurt: Suhrkamp

CHOMSKY, N., 1981: Regeln und Repräsentationen. Frankfurt: Suhrkamp

CIALDINI, R.B./SCHALLER, M./HOULIHAN, D./ARPS, K./FUTZ, 1987: Empathy-based Helping: Is It Selflessy or Selfishly Motivated. In: Journal of Personality and Social Psychology, 52, 749-758

CICOUREL, A., 1981: Notes on the Integration of Micro- and Macro-Levels of Analysis. In: KNORR-CETINA/CICOUREL (Hg.), 1981, 51-79

CLARK, J.M./DOUGLAS, P.H./HOLLANDER, J.H./MORROW, 1966: Adam Smith, 1776-1926. Lectures to Commemorate the Sesquicentennial of the Publication of the 'Wealth of Nations' (zuerst 1928). New York: Kelley

COASE, R.H., 1988: The Firm, the Market and the Law. Chicago: Chicago University Press

COHEN, J., 1978: Partial Products are Interactions; Partialed Powers are Curve Components. In: Psychological Bulletin, 85, 858-866

COHEN J./COHEN P., 1983: Applied Multiple Regression/Correlation Analysis for the Social Sciences, 2. Aufl. Hillsdale, N.J.: Erlbaum

COLEMAN, J.S., 1973: The Mathematics of Collective Action. London: Heinemann Educational Books

COLEMAN, J.S., 1976: Individual Rights and the State. A Review Essay. In: American Journal of Sociology, 82, 428-442

COLEMAN, J.S., 1979: Macht und Gesellschaftsstruktur. Tübingen: Mohr

COLEMAN, J.S., 1986: Social Theory, Social Research, and a Theory of Action. In: American Journal of Sociology, 91, 1309-1335

COLEMAN, J.S., 1987: Psychological Structure and Social Structure in Economic Models. In: HOGARTH/REDER (Hg.), 1987, 181-185

COLEMAN, J.S., 1990: The Emergence of Norms. In: HECHTER et al. (Hg.), 1990, 35-59

COLEMAN, J.S. (Hg.), 1992: The Role of Game Theory in Social Science. Special Issue of Rationality and Society (Volume 4, Number 1, 1992). Newbury Park, London, New Dehli: Sage

COLEMAN, J.S., 1995a: Grundlagen der Sozialtheorie, Bd. 1: Handlungen und Handlungssysteme, Studienausgabe (zuerst 1990). München, Wien: Oldenbourg

COLEMAN, J.S., 1995b: Grundlagen der Sozialtheorie, Bd. 2: Körperschaften und die moderne Gesellschaft, Studienausgabe (zuerst 1990). München, Wien: Oldenbourg

COLEMAN, J.S., 1995c: Grundlagen der Sozialtheorie, Bd. 3: Die Mathematik der sozialen Handlung, Studienausgabe (zuerst 1990). München, Wien: Oldenbourg

COLEMAN, J.S./FARARO, T.J. (Hg.), 1992: Rational Choice Theory. Advocacy and Critique. Newbury Park, London, New Dehli: Sage

COLLINS, R., 1975: Conflict Sociology: Toward an Explanatory Science. New York: Acad. Press

COLLINS, R., 1981a: On the Microfoundations of Macrosociology. In: American Journal of Sociology, 86, 984-1014

COLLINS, R., 1981b: Micro-Translation as Theory-Building Strategy. In: KNORR-CETINA/CICOUREL (Hg.), 1981, 81-108

COLODNY, R. (Hg.), 1965: Beyond the Edge of Certainty. Englewood Cliffs, N.J.: Prentice-Hall

COMMONS, M. (Hg.), 1987: The Quantitative Analysis of Behavior. Hillsdale, N.J.: Erlbaum

CONNOLLY, T./VINES, C.V., 1977: Some Intrumentality-valence Models of Undergraduate College Choice. In: Decision Sciences, 8, 311-317

COOMBS, C.H./DAWES, R.M./TVERSKY, A., 1970: Mathematical Psychology. An Elementary Introduction. Englewood Cliffs, N.J.: Prentics Hall

COOPER, W. S., 1987: Decision Theory as a Branch of Evolutionary Theory: Biological Derivation of the Savage Axioms. In: Psychological Review, 94, 395-411

CORNISH, D.B./CLARKE, R.V. (Hg.), 1986: The Reasoning Criminal. Rational Choice Perspectives on Offending. New York u.a.: Springer

COSERIU, E., 1988: Sprachkompetenz. Grundzüge einer Theorie des Sprechens. Bearbeitet und hrsg. von H. Weber. Tübingen: Mohr (UTB)

CRAVEN, J., 1992: Social Choice. Cambridge: Cambridge University Press

CSIKSZENTMIAHLYI, M., 1985: Das Flow-Ergebnis. Stuttgart: Klett Cotta

CZADA, R.M./WINDHOFF-HÉRITIER, A. (Hg.), 1991: Political Choice. Institutions, Rules and the Limits of Rationality. Frankfurt, Boulder: Campus, Westview

DAHRENDORF, R., 1977: Homo Sociologicus. Ein Versuch zur Geschichte, Bedeutung und Kritik der Kategorie der sozialen Rolle, 15. Aufl. Opladen: Westdeutscher Verlag

DAHRENDORF, R., 1986a: Pfade aus Utopia. Arbeiten zur Theorie und Methode der Soziologie. Gesammelte Abhandlungen 1, 4. Aufl. München, Zürich: Piper

DAHRENDORF, R., 1986b: Über die Möglichkeit einer erfahrungswissenschaftlichen Soziologie (zuerst 1957). In: DAHRENDORF, 1986a, 28-42

DAHRENDORF, R., 1986c: Struktur und Funktion. Talcott Parsons und die Entwicklung der soziologischen Theorie (zuerst 1955). In: DAHRENDORF, 1986a, 213-242

DAHRENDORF, R., 1986d: Pfade aus Utopia. Zu einer Neuorientierung der soziologischen Analyse (zuerst 1958). In: DAHRENDORF, 1986a, 242-263

DAK (Deutsche Angestellten-Krankenkasse), 1996: Sie sind 'Spitze' (Informationsbroschüre). Hamburg: DAK-Öffentlichkeitsarbeit

DAVIDSON, A.R./MORRISON, D.M., 1983: Predicting Contraceptive Behavior from Attitudes: A Comparison of Within-versus-Across Subjects Procedures. In: Journal of Personality and Social Psychology, 45, 997-1009

DAVIS, D./HOLT, C., 1993: Experimental Economics. Princeton, N.J.: Princeton University Press

DAVIS, J.A., 1985: The Logic of Causal Order. Newbury Park, London, New Dehli: Sage

DEACON, R.T., 1981: Individual Preferences and Public Policy. In: MONROE (Hg.), 1981, 517-522

DECI, E.L./RYAN, R.M., 1985: Intrinsic Motivation and Self-Determination in Human Behavior. New York: Plenum

DEITERS, J., 1978: Zur empirischen Überprüfbarkeit der Theorie zentraler Orte. Fallstudie Westerwald. Bonn: Dümmlers

DEMSETZ, H., 1967: Toward a Theory of Property Rights. In: American Economic Review, 57, 347-359

DENZIN, N.K., 1990a: Reading Rational Choice Theory. In: Rationality and Society, 2, 172-189

DENZIN, N.K., 1990b: The Long-Good-Bye: Farewell to Rational Choice Theory. In: Rationality and Society, 2, 504-507

DENZIN, N.K./LINCOLN,Y.S. (Hg.), 1994: Handbook of Qualitative Research. Thousand Oaks, London, New Dehli: Sage

DERBALOV, J., 1974: Handlung. In: RITTER/GRÜNDER (Hg.), 1974, 992-994

DeVELLIS, B.M./BLALOCK, S.J./SANDLER, R.S., 1990: Predicting Participating in Cancer Screening: The Role of Perceived Behavioral Control. In: Journal of Applied Social Psychology, 20, 639-660

DeVRIES, H./KOK, G.J., 1986: From Determinants of Smoking Behavior to the Implications for a Prevention Programme. In: Health Education Research, 1, 85-94

DIEDERICH, A./ORTH, B., 1988: Über Produktsummenmodelle: Axiome und empirische Überprüfung. In: Zeitschrift für experimentelle und angewandte Psychologie, 35, 546- 558

DIEKMANN, A./PREISENDÖRFER, P., 1992: Persönliches Umweltverhalten. Diskrepanzen zwischen Anspruch und Wirklichkeit. In: Kölner Zeitschrift für Soziologie und Sozialpsychologie, 44, 226-251

DIEKMANN, A./PREISENDÖRFER, P., 1993: Zur Anwendung der Theorie rationalen Handelns in der Umweltforschung. Eine Antwort auf die Kritik von Christian Lüdemann. In: Kölner Zeitschrift für Soziologie und Sozialpsychologie, 45, 125-134

DIXON, T.R./HORTON, D.L. (Hg.), 1968: Verbal Behavior and General Behavior Theory. Englewood Cliffs, N.J.: Prentice-Hall

DOLL, J./AJZEN, I./MADDEN, T.J., 1991: Optimale Skalierung und Urteilsbildung in unterschiedlichen Einstellungsbereichen. Eine Reanalyse. In: Zeitschrift für Sozialpsychologie, 1991, 102-111

DOLL, J./MENTZ, M., 1992: Kognitive und emotionale Informationsklassen als Einstellungsbasis: Einstellungen von DDR- und BRD-Bürgern zum deutschen Einigungsprozeß. In: Zeitschrift für Sozialpsychologie, 1992, 92-104

DOLL, J./MENTZ, M./ORTH, B., 1991: Zur Vorhersage zielgerichteten Handelns: Einstellung, Subjektive Handlungskompetenz und Emotionen. In: Zeitschrift für experimentelle und angewandte Psychologie, 38, 539- 559

DOWNING, J.W./JUDD, C.M./BRAUER, M., 1992: Effetcs of Repeated Expressions on Attitude Extremity. In: Journal of Personality and Social Psychology, 63, 17-29

DOWNS, A., 1957: An Economic Theory of Democracy (deutsche Übersetzung: Downs 1968). New York: Harper u. Row

DOWNS, A., 1968: Ökonomische Theorie der Politik. Tübingen: Mohr

DOYLE, J., 1992: Rationality and Its Roles in Reasoning. In: Comput. Intelligence, 8, 376-409

DREIER, V., 1996: Metatheoretische Reflexionen über Handlungs- und Entscheidungstheorie(n). Eine Übersicht über Hauptprobleme. In: DRUWE/KUNZ (Hg.), 1996, 56-82

DRUWE, U., 1985: Theoriendynamik und wissenschaftlicher Fortschritt in den Erfahrungswissenschaften. Evolution und Struktur politischer Theorien. Freiburg, München: Alber

DRUWE, U., 1988: 'Selbstorganisation' in den Sozialwissenschaften. Wissenschaftstheoretische Anmerkungen zur Übertragung der naturwissenschaftlichen Selbstorganisationsmodelle auf sozialwissenschaftliche Fragestellungen. In: Kölner Zeitschrift für Soziologie und Sozialpsychologie, 40, 762-775

DRUWE, U., 1989: Rekonstruktion der 'Theorie der Autopoiese' als Gesellschafts- und Steuerungsmodell. In: GÖRLITZ (Hg.), 1989, 35-56

DRUWE, U., 1993: Politische Theorie. München: Ars una

DRUWE, U./KUNZ, V. (Hg.), 1994: Rational Choice in der Politikwissenschaft. Grundlagen und Anwendungen. Opladen: Leske u. Budrich

DRUWE, U./KUNZ, V. (Hg.), 1996: Handlungs- und Entscheidungstheorie in der Politikwissenschaft. Einführung in Konzepte und Forschungsstand. Opladen: Leske u. Budrich

DULANY, D.E., 1961: Hypotheses and Habits in Verbal 'Operant Conditioning'. In: Journal of Abnormal and Social Psychology, 63, 251-263

DULANY, D.E., 1968: Awareness, Rules and Propositional Control: A Confrontation with S-R Behavior Theory. In: DIXON/HORTON (Hg.), 1968, 340-387

DUNLEAVY, P., 1991: Democracy, Bureaucracy and Public Choice. Economic Economic Explanations in Political Science. New York u.a.: Harvester Wheatsheaf

DUPRÉ, J. (Hg.), 1987: The Latest on the Best: Essays in Evolution and Optimality. Cambridge, London: MIT Press

DUPUY, J-P./VARELA, F., 1991: Kreative Zirkelschlüsse: Zum Verständnis der Ursprünge. In: WATZLAWICK/KRIEG (Hg.), 1991, 247-275

DURKHEIM, E., 1995: Die Regeln der soziologischen Methode (herausgegeben und eingeleitet von R. König), 3. Aufl. (zuerst 1895). Frankfurt: Suhrkamp

EAGLY, A.H./CHAIKEN, S., 1993: The Psychology of Attitudes. Fort Worth u.a.: Javanovich

EASTON, D., 1965: A Systems Analysis of Political Life. New York: Wiley

EASTON, D., 1967: The Current Meaning of 'Behaviorism'. In: CHARLESWORTH (Hg.), 1967, 11-31

ECHABE, A.E./ROVIRA, D.P./GARATE, J.F.V., 1988: Testing Ajzen and Fishbein's Attitudes Model: The Predection of Voting. In: European Journal of Social Psychology, 18, 181-189

ECKES, T./SIX, B., 1994: Fakten und Fiktionen in der Einstellungs-Verhaltens-Forschung: Eine Meta-Analyse. In: Zeitschrift für Sozialpsychologie, 25, 253-272

EDWARDS, W., 1954: The Theory of Decision Making. In: Psychological Bulletin, 51, 380-417

EDWARDS, W., 1955: The Prediction of Decisions among Bets. In: Journal of Experimental Psychology, 50, 201-214

EDWARDS, W., 1961: Behavioral Decision Theory. In: Annual Review of Psych., 12, 473-498

EDWARDS, W., 1962: Utility, Subjective Probability, their Interaction, and Variance Preferences. In: Journal of Conflict Resolution, 6, 42-51

EICHNER, K./HABERMEHL, W. (Hg.), 1977: Probleme der Erklärung sozialen Verhaltens. Meisenheim a. Gl.: Hain

EISENFÜHR, F./WEBER, M., 1994: Rationales Entscheiden, 2. Aufl. Berlin u.a.: Springer

ELIAS, N., 1977: Zur Grundlegung einer Theorie sozialer Prozesse. In: Zeitschrift für Soziologie, 6, 127-149

ELIAS, N., 1978: Zum Begriff des Alltags. In: HAMMERICH/KLEIN (Hg.), 1978, 22-29

ELIAS, N., 1993: Über den Prozeß der Zivilisation. Soziogenetische und und psychogenetische Untersuchungen, Bd. 1: Wandlungen des Verhaltens in den weltlichen Oberschichten des Abdenlandes, 18. Aufl. (zuerst 1939). Frankfurt: Suhrkamp

ELSTER, J., 1985: Making Sense of Marx. Cambridge: Cambridge University Press

ELSTER, J. (Hg.), 1986a: The Multiple Self, Reprinted 1989. Cambridge: Cambridge University Press

ELSTER, J. (Hg.), 1986b: Rational Choice. New York: New York University Press

ELSTER, J., 1986c: Introduction. In: ELSTER (Hg.), 1986b, 1-33

ELSTER, J., 1986d: Self-Realization in Work and Politics. In: Social Philos. and Policy, 3, 97-126

ELSTER, J., 1989a: Nuts and Bolts for the Social Sciences. Cambridge u.a.: Cambridge Univ. Press

ELSTER, J., 1989b: The Cement of Society. A Study of Social Order, Reprinted 1994. Cambridge: Cambridge University Press

ELSTER, J., 1991: Rationality and Social Norms. In: Archive Europ. de Sociologie, 32, 109-129

ELSTER, J., 1993: Political Psychology. Cambridge: Cambridge University Press

ELWORTHY, C., 1993: Homo Biologicus. An Evolutionary Model for the Human Sciences. Berlin: Duncker u. Humblot

ENDRUWEIT, G./TROMMSDORFF, G. (Hg.), 1989: Wörterbuch der Soziologie, 3 Bände. Stuttgart: Enke

ERICSSON, K.A./SIMON, H.A., 1984: Protocol Analysis: Verbal Reports as Data. Cambridge, London: MIT Press

ERIKSON, E.H., 1956: The Problem of Ego Identity. In: Journal of the American Psychoanalytic Association, 4, 56-121

ESSER, H., 1984: Figurationssoziologie und Methodologischer Individualismus. Zur Methodologie des Ansatzes von Norbert Elias. In: Kölner Zeitschrift für Soziologie und Sozialpsychologie, 36, 667-702

ESSER, H., 1988: Sozialökologische Stadtforschung und Mehr-Ebenen-Analyse. In: FRIEDRICHS (Hg.), 1988, 35-55

ESSER, H., 1990: 'Habits', 'Frames' und 'Rational Choice'. Die Reichweite von Theorien der rationalen Wahl (am Beispiel der Erklärung des Befragtenverhaltens). In: Zeitschrift für Soziologie, 19, 231-247

ESSER, H., 1991a: Alltagshandeln und Verstehen. Zum Verhältnis von erklärender und verstehender Soziologie am Beispiel von Alfred Schütz und 'Rational Choice'. Tübingen: Mohr

ESSER, H., 1991b: Aufklärung als Passion. Zwischen-Betrachtungen als Theorie. In: Soziologische Revue, 14, 5-13

ESSER, H., 1992: 'Foundations of Social Theory' oder 'Foundations of Sociology'? In: Analyse und Kritik, 14, 129-142

ESSER, H., 1993: Soziologie. Allgemeine Grundlagen. Frankfurt, New York: Campus

ESSER, H., 1995: Die Objektivität der Situation. Das Thomas-Theorem und das Konzept der sozialen Produktionsfunktionen. In: MARTINSEN (Hg.), 1995, 75-100

ESSER, H., 1996: Die Definition der Situation. In: Kölner Zeitschrift für Soziologie und Sozialpsychologie, 48, 1-34

ESSER, H./FRIEDRICHS, J. (Hg.), 1990: Generation und Identität. Opladen: Westd. Verlag

ESSER, H./TROITZSCH, K.G. (Hg.), 1991: Modellierung sozialer Prozesse. Bonn: Informationszentrum für Sozialwissenschaften

EVANS, M.G., 1991: The Problem of Analyzing Multiplicative Composites. Interactions Revisited. In: American Psychologist, 46, 6-15

EYSENECK, M.W., 1993: Principles of Cognitive Psychology. Hove, Hillsdale, N.J.: Erlbaum

FAZIO, R.H., 1986: How Do Attitudes Guide Behavior? In: SORRENTINO/HIGGINS (Hg.), 1986, 204-243

FAZIO, R.H., 1990: Multiple Processes by which Attitudes Guide Behavior: The MODE Model as an Integrative Framework. In: ZANNA (Hg.), 1990, 75-109

FAZIO, R.H./CHEN, J./McDONEL, E.C./SHERMAN, S.J., 1982: Attitude Accessibility, Attitude-Behavior Consistency, and the Strength of the Object-Evaluation Association. In: Journal of Experimental Social Psychology, 18, 339-357

FAZIO, R.H./WILLIAMS, C.J., 1986: Attitude Accessibility as a Moderator of the Attitude- Perception and Attitude-Behavior Relations: An Investigation of the 1984 Presidential Election. In: Journal of Personality and Social Psychology, 51, 505-514

FEATHER, N.T., 1959: Subjective Probability and Decision under Uncertainty. In: Psychological Review, 66, 150-164

FELDMANN, H., 1995: Eine institutionalistische Revolution? Zur dogmenhistorischen Bedeutung der modernen Institutionenökonomik. Berlin: Duncker u. Humblot

FETSCHER, I. 1984: Wieviel Konsens gehört zur Demokratie? In: GUGGENBERGER/OFFE (Hg.), 1984, 296-206

FEYERABEND, P.K., 1995: Wider den Methodenzwang, 5. Aufl. (zuerst 1975). Frankfurt: Suhrkamp

FIELDING, N.G./LEE, R.M. (Hg.), 1992: Using Computers in Qualitative Research. Newbury Park, London, New Dehli: Sage

FINIFTER, A.W. (Hg.), 1993: Political Science: The State of the Discipline II. Washington: American Political Science Association

FISHBEIN, M., 1963: An Investigation of the Relationship between Beliefs about an Object and the Attitude toward that Object. In: Human Relations, 16, 233-239

FISHBEIN, M. (Hg.), 1967a: Readings in Attitude Theory and Measurement. New York: Wiley

FISHBEIN, M., 1967b: A Behavior Theory Approach to the Relations between Beliefs about an Object and the Attitude Toward the Object. In: FISHBEIN (Hg.), 1967a, 389-400

FISHBEIN, M., 1967c: Attitude and the Prediction of Behavior. In: FISHBEIN (Hg.), 1967a, 477-492

FISHBEIN, M., 1980: A Theory of Reasoned Action: Some Applications and and Implications. In: HOWE/PAGE (Hg.), 1980, 65-116

FISHBEIN, M., 1993: Introduction. In: TERRY/GALLOIS/McCAMISH (Hg.), 1993, XV-XXV

FISHBEIN, M./AJZEN, I., 1975: Belief, Attitude, Intention, and Behavior: An Introduction to Theory and Research. Reading, Mass.: Addison-Wesley

FISHBEIN, M./AJZEN, I., 1981: Attitudes and Voting Behavior: An Application of the Theory of Reasoned Action. In: STEPHENSON/DAVIS (Hg.), 1981, 253-313

FISHBEIN, M./MIDDLESTADT, S.E., 1989: Using the Theory of Reasoned Action as a Framework for Understanding and Changing AIDS-related Behavior. In: MAYS/ALBEE/SCHNEIDER (Hg.), 1989, 93-110

FISHBEIN, M./MIDDLESTADT, S.E./CHUNG, J.-K., 1985: Predicting Participation and Choice among First Time Voters in U.S. Partisan Elections. In: KRAUS/PERLOFF (Hg.), 1985, 65-83

FISHBEIN, M./STASSON, M., 1990: The Role of Desires, Self-Predictions, and Perceived Control in the Prediction of Training Session Attendance. In: Journal of Applied Social Psychology, 20, 173-198

FISHBEIN, M./TRAFIMOW, D./MIDDLESTADT, S.E./HELQUIST, 1995: Using an AIDS KABP Survey to Identify Determinants of Condom Use Among Sexually Active Adults form St. Vincent and the Grenadines. In: Journal of Applied Social Psychology, 25, 1-20

FISHHOFF, B./GOITEIN, B./SHAPIRA, Z., 1983: Subjective Expected Utility: A Model of Decision Making. In: SCHOLZ (Hg.), 1983, 172-198

FISKE, S. T./LINVILLE, P. W., 1980: What Does Schema Concept Buy Us? In: Personality and Social Psychology Bulletin, 6, 543-557

FOX, A., 1974: Beyond Contract. Work, Power and Trust Relations. London: Faber u. Faber

FRANK, R.H., 1988: Passions with Reason. New York: Norton

FRANKE, S.F., 1996: (Ir)rationale Politik? Grundzüge und politische Anwendungen der 'Ökonomischen Theorie der Politik'. Marburg: Metropolis

FRANKFURT, H.G., 1971: Freedom of the Will and the Concept of a Person. In: Journal of Philosophy, 68, 5-20

FREDERICKS, A.J./DOSSETT, D.L., 1983: Attitude-Behavior Relations: A Comparison of the Fishbein-Ajzen and the Bentler-Speckart Models. In: Journal of Personality and Social Psychology, 45, 501-512

FREUD, S., 1954: Triebe und Triebschicksale (Gesammelte Werke, Bd. 10, 3. Aufl., zuerst 1915). Frankfurt: Fischer

FREUD, S., 1963: Das Unbehagen in der Kultur (Gesammelte Werke, Bd. 14, 3. Aufl., zuerst 1930). Frankfurt: Fischer

FREUD, S., 1972: Abriß der Psychoanalyse (Gesammelte Werke, Bd. 17, 5. Aufl.). Frankfurt: Fischer

FREY, B.S., 1977: Moderne politische Ökonomie. Die Beziehungen zwischen Wirtschaft und Politik München, Zürich: Piper

FREY, B.S., 1978: Politico-Economic Models and Cycles. In: Journal of Public Economics, 9, 203-220

FREY, B.S., 1990: Ökonomie ist Sozialwissenschaft. Die Anwendung der Ökonomie auf neue Gebiete München: Vahlen

FREY, B. S. 1993: Shirking or Work Morale? The Impact of Regulating. In: European Economic Review, 37, 1523-1532

FREY, B.S., 1994: How Intrinsic Motivation Is Crowded Out and In. In: Rationality and Society, 6, 334-352

FREY, B.S./SERNA, A., 1995: What Economics Journals Should Political Scientists Read? In: Political Studies, 43, 343-348

FREY, D./BENNING, E., 1983: Das Selbstwertgefühl. In: MANDL/HUBER (Hg.), 1983, 148-182

FREY, D./GÜLKER, G., 1988: Psychologie und Volkswirtschaftslehre: Möglichkeiten einer interdisziplinären Zusammenarbeit. In: Jahrbuch für Neue Politische Ökonomie, 7, 168-191

FREY, D./IRLE, M. (Hg.), 1985: Theorien der Sozialpsychologie, Bd. 3: Motivations- und Informationsverarbeitungstheorien (Nachdruck 1993). Bern u.a.: Huber

FREY, D./IRLE, M. (Hg.), 1993: Theorien der Sozialpsychologie, Bd. 1: Kognitive Theorien, 2. Aufl. Bern u.a.: Huber

FREY, D./STAHLBERG, D./GOLLWITZER, P.M., 1993: Einstellung und Verhalten: Die Theorie des überlegten Handelns und die Theorie des geplanten Verhaltens. In: FREY/IRLE (Hg.), 1993, 361-398

FRIEDMAN, D., 1983: Normative and Rational Explanations of a Classic Case: Religious Specialization in Academia. In: HECHTER (Hg.), 1983, 90-114

FRIEDMAN, M., 1953a: Essays in Positive Economics. Chicago: University of Chicago Press

FRIEDMAN, M., 1953b: The Methodology of Positive Economics. In: FRIEDMAN, 1953a, 3-43

FRIEDRICHS, J. (Hg.), 1988: Soziologische Stadtforschung, Kölner Zeitschrift für Soziologie und Sozialpsychologie, Sonderheft 29. Opladen: Westdeutscher Verlag

FRIEDRICHS, J./STOLLE, M./ENGELBRECHT, G., 1993: Rational Choice-Theorie: Probleme der Operationalisierung. In: Zeitschrift für Soziologie, 22, 2-15

FUCHS, D./KÜHNEL, S.-M., 1993: Wählen als rationales Handeln: Anmerkungen zum Nutzen des Rational-Choice Ansatzes in der empirischen Wahlforschung, WZB- Diskussionspapier FS III 93-207. Berlin: Wissenschaftszentrum Berlin für Sozialforschung

FUTUYMA, D.J., 1990: Evolutionsbiologie. Basel: Birkhäuser

GABISCH, G. 1988: Haushalte und Unternehmen. In: Vahlens Kompendium der Wirtschaftstheorie und Wirtschaftspolitik, Bd. 2, 1-56

GABRIEL, O.W., 1986: Politische Kultur, Postmaterialismus und Materialismus in der Bundesrepublik Deutschland. Opladen: Westdeutscher Verlag

GABRIEL, O.W./BRETTSCHNEIDER. F. (Hg.), 1994: Die EU-Staaten im Vergleich. Strukturen, Prozesse, Politikinhalte, 2. Aufl., Lizenzausgabe für die Bundeszentrale für politische Bildung. Opladen: Westdeutscher Verlag

GABRIEL, O.W./KUNZ, V./ZAPF-SCHRAMM, T., 1990: Bestimmungsfaktoren des kommunalen Investitionsverhaltens. Eine empirische Analyse am Beispiel der Investitionsausgaben rheinland-pfälzischer Städte und Gemeinden 1978 - 1985. München: Minerva

GABRIEL, O.W./TROITZSCH, K.G. (Hg.), 1993: Wahlen in Zeiten des Umbruchs. Frankfurt u.a.: Lang

312

GABRIEL, O.W./VOIGT, R. (Hg.), 1994: Kommunalwissenschaftliche Analysen. Bochum: Brockmeyer

GADENNE, V., 1984: Theorie und Erfahrung in der psychologischen Forschung. Tübingen: Mohr

GÄRDENFORS, P./SAHLIN, N.E., 1982: Unreliable Probabilities, Risk Taking, and Decision Making. In: Synthese, 53, 361-386

GALBRAITH, J./CUMMINGS, L., 1967: An Empiric Investigation of the Motivational Determinants of Past Performance: Interactive Effects between Instrumentality-Valence, Motivation and Ability. In: Organizational Behavior and Human Performance, 2, 237-257

GAUTHIER, D./SUDGEN, R. (Hg.), 1993: Rationality, Justice and the Social Contract. New York: Harvester Whatsheaf

GIBBONS, R., 1992: Game Theory for Applied Economics. Princeton, N.J.: Princeton Univ. Press

GIDDENS, A., 1979: Central Problems in Social Theory: Action, Structure and Contradiction in Social Analysis. London: Macmillan

GIDDENS, A., 1984: Interpretative Soziologie. Frankfurt, New York: Campus

GIESEN, B./SCHMID, M. (Hg.), 1975: Theorie, Handeln und Geschichte. Erklärungsprobleme in den Sozialwissenschaften. Hamburg: Hoffmann u. Campe

GILLESSEN, C./MÜHLAU, P., 1994: Grundzüge strukturell-individualistischer Theoriebildung. In: DRUWE/KUNZ (Hg.), 1994, 26-52

GÖHLER, G./LENK, K./SCHMALZ-BRUNS, R. (Hg.), 1990: Die Rationalität politischer Institutionen. Interdisziplinäre Perspektiven. In: Baden-Baden: Nomos

GÖRLITZ, A., 1980: Politikwissenschaftliche Theorien. Stuttgart u.a.: Kohlhammer

GÖRLITZ, A. (Hg.), 1989: Politische Steuerung sozialer Systeme. Pfaffenweiler: Centaurus

GÖRLITZ, A. (Hg.), 1994: Umweltpolitische Steuerung. Baden-Baden: Nomos

GOFFMAN, E., 1977: Rahmen-Analyse. Frankfurt: Suhrkamp

GOFFMAN, E., 1991: Interaktionsrituale, 2. Aufl. Frankfurt: Suhrkamp

GOLD, R.S., 1993: On the Need to Mind the Gap: On-line versus Off-line Cognitions Underlying Sexual Risk Taking. In: TERRY/GALLOIS/McCAMISH (Hg.), 1993, 227-252

GOLDBERGER, A.S./DUNCAN, O.D. (Hg.), 1973: Structural Equation Models in Social Sciences. New York: Academic Press

GOLLWITZER, P.M., 1986: Striving for Specific Identities. The Social Reality of Self-Symbolizing. In: BAUMEISTER (Hg.), 1986, 56-75

GOLLWITZER, P.M., 1987: Suchen, Finden und Festigen der eigenen Identität: Unstillbare Zielintentionen. In: HECKHAUSEN/GOLLWITZER/WEINERT (Hg.), 1987, 176-189

GOLLWITZER, P.M., 1993: Goal Achievement: The Role of Intentions. In: European Review of Social Psychology, 4, 145-185

GORSUCH, R.L./ORTBERG, J., 1983: Moral Obligation and Attitudes. Their Relation to Behavioral Intentions. In: Journal of Personality and Social Psychology, 44, 1025-2028

GRAFSTEIN, R., 1995: Rationality as Conditional Expected Utility Maximization. In: Political Psychology, 16, 63-80

GRANBERG, D./HOLMBERG, S., 1990: The Intention-Behavior Relationship among U.S. and Swedish Voters. In: Social Psychology Quarterly, 53, 44-54

GREEN, D.P./SHAPIRO, I., 1994: Pathologies of Rational Choice Theory: A Critique of Applications in Political Science. New Haven: Yale University Press

GROEBEN, N./WESTMEYER, H., 1981: Kriterien psychologischer Forschung, 2. Aufl. München: Juventa

GRUBE, J.W./MORGAN, M., 1990: Attitude-Social Support Interactions: Contingent Consistency Effects in the Prediction of Adolescent Smoking, Drinking, and Drug Use. In: Social Psychology Quarterly, 53, 329-339

GUGGENBERGER, B./OFFE, C. (Hg.), 1984: An den Grenzen der Mehrheitsdemokratie. Opladen: Westdeutscher Verlag

HABERMAS, J./LUHMANN, N. (Hg.), 1971: Theorie der Gesellschaft oder Sozialtechnologie - Was leistet die Systemforschung? Frankfurt: Suhrkamp

HACKER, W., 1973: Allgemeine Arbeits- und Ingenieurpsychologie. Berlin: Deutscher Verlag der Wissenschaften

HACKER, W./VOLPERT, W./CRANACH, M. von (Hg.), 1983: Kognitive und motivationale Aspekte der Handlung. Bern u.a.: Huber

HÄUSER, K., 1967: Über Ansätze zur Theorie der Staatsausgaben. In: TIMM/HALLER (Hg.), 1967, 36-65

HAFERKAMP, H. (Hg.), 1990: Sozialstruktur und Kultur. Frankfurt: Suhrkamp

HAISCH, J./ZEITLER, H.-P. (Hg.), 1991: Gesundheitspsychologie. Zur Sozialpsychologie der Prävention und Krankheitsbewältigung. Heidelberg: Asanger

HALFAR, B., 1987: Nicht-intendierte Handlungsfolgen. Stuttgart: Enke

HAMMERICH, K./KLEIN, M. (Hg.), 1978: Materialien zur Soziologie des Alltags, Kölner Zeitschrift für Soziologie und Sozialpsychologie, Sonderheft 20. Opladen: Westdeutscher Verlag

HARCOURT, G.C. (Hg.), 1977: The Microeconomic Foundations of Macroeconomics. Proceedings of a Conference Held by the International Economic Association at S'Agaro, Spain. London, Basingstoke: Macmillan

HARVEY, J.C./KATZ, C., 1986: If I´m so successful Why Do I Feel Like a Fake? The Imposter Phenomenon. Englewood Cliffs, N.J.: Prentice Hall

HASTIE, R./PARK, B., 1986: The Relationship between Memory and Judgment Depends on wether Jusgment Task is Memory Based or On-line. In: Psychological Review, 93, 258-268

HAUNGS, P. (Hg.), 1990: Wissenschaft, Theorie und Philosophie der Politik. Konzepte und Probleme. Baden-Baden: Nomos

HAYEK, F.A. von, 1952a: Individualismus und wirtschaftliche Ordnung. Erlenbach, Zürich: Rentsch

HAYEK, F.A. von, 1952b: Wirtschaftstheorie und Wissen (zuerst 1937). In: HAYEK, 1952a, 49-77

HAYEK, F.A. von, 1952c: Wahrer und falscher Individualismus (zuerst 1946). In: HAYEK (Hg.), 1952a, 9-48

HAYEK, F.A. von, 1969: Freiburger Studien: Gesammelte Aufsätze. Tübingen: Mohr

HAYEK, F.A. von, 1979: Mißbrauch und Verfall der Vernunft. Ein Fragment, 2. Aufl. (zuerst 1959). Salzburg: Neugebauer

HAYEK, F.A. von, 1980: Recht, Gesetzgebung und Freiheit, Bd. 1: Regeln und Ordnung. Eine neue Darstellung der liberalen Prinzipien der Gerechtigkeit und der politischen Ökonomie. München: Verlag Moderne Industrie

HEATH, A., 1976: Rational Choice and Social Exchange. A Critique of Exchange Theory. Cambridge u.a.: Cambridge University Press

HECHTER, M. (Hg.), 1983: The Microfoundations of Macrosociology. Philadelphia: Temple University Press

HECHTER, M., 1990: Reading Denzin. In: Rationality and Society, 2, 500-503

HECHTER, M., 1994: The Role of Values in Rational Choice Theory. In: Rationality and Society, 6, 318-333

HECHTER, M./OPP, K.-D./WIPPLER, R. (Hg.), 1990: Social Institutions. Their Emergence, Maintenance and Effects. Berlin, New York: de Gruyter

HECKHAUSEN, H. 1963: Eine Rahmentheorie der Motivation in zehn Thesen. In: Zeitschrift für experimentelle und angewandte Psychologie, 10, 604-626

HECKHAUSEN, H., 1977: Motivation: Kognitionspsychologische Aufspaltung eines summarischen Konstrukts. In: Psychologische Rundschau, 28, 175-189

HECKHAUSEN, H., 1983: Motivationsmodelle. Fortschreitende Entfaltung und unbehobene Mängel. In: HACKER/VOLPERT/CRANACH (Hg.), 1983, 9-17

HECKHAUSEN, H., 1989: Motivation und Handeln, 2. Aufl. Berlin u.a.: Springer

HECKHAUSEN, H./GOLLWITZER, P.M./WEINERT, F.E. (Hg.), 1987: Jenseits des Rubikon: Der Wille in den Humanwissenschaften. Berlin u.a.: Springer

HEGSELMANN, R., 1988: Wozu könnte Moral gut sein? In: Grazer philos. Studien, 31, 1-28

HEINER, R.A., 1983: The Origin of Predictable Behavior. In: American Economic Review, 73, 560-595

HEISE, D., 1979: Understanding Events. Affect and the Construction of Social Action. Cambridge u.a.: Cambridge University Press

HEMPEL, C.G., 1975: Die Logik funktionaler Analyse. In: GIESEN/SCHMID (Hg.), 1975, 134-168

HEMPEL, C.G., 1977: Aspekte wissenschaftlicher Erklärung. Berlin, New York: de Gruyter

HEMPEL, C.G./OPPENHEIM, P., 1948: Studies in the Logic of Explanation. In: Philosophy of Science, 15, 135-175

HENNEN, M., 1989: Handlungstheorie. In: ENDRUWEIT/TROMMSDORFF (Hg.), 1989, 266-271

HENNEN, M., 1990: Soziale Motivation und paradoxe Handlungsfolgen. Opladen: Westd. Verlag

HENNEN, M., 1994: Motivation als Konstrukt einer Sozialtheorie. In: RUSCH/SCHMIDT (Hg.), 1994, 133-171

HENNEN, M./REIN, T., 1994: Bindung und Motivation als implizite Annahmen der 'Rational Choice'-Theorie. In: DRUWE/KUNZ (Hg.), 1994, 206-242

HENNEN, M./SPRINGER, E., 1996: Handlungstheorien - Überblick. In: DRUWE/KUNZ (Hg.), 1996, 12-41

HERNES, G., 1976: Structural Change in Social Processes. In: American Journal of Sociology, 82, 513-547

HERRMANN, T., 1979: Die Psychologie als Problem. Stuttgart: Klett-Cotta

HERRMANN, T., 1983: Nützliche Fiktionen. In: Sprache und Kognition, 2, 88-99

HERRNSTEIN, R.J., PRELEC, D., 1991: Melioration: A Theory of Distributed Choice. In: Journal of Economic Perspectives, 5, 137-156

HERRNSTEIN, R.J./MAZUR, J.E., 1987: Making Up Our Minds. A New Model of Economic Behavior. In: The Sciences, 1987, 40-47

HEWSTONE, M./YOUNG, L., 1988: Exspectancy-Value Models of Attitude: Measurement and Combination of Evaluations and Beliefs. In: Journal of Applied Social Psych., 18, 958-971

HIGGINS, E. T./KLEIN, R./STRAUMAN, T., 1985: Self-Concept Discrepancy Theory: A Psychological Model for Distinguishing among Different Aspects of Depression and Anxiety. In: Social Cognition, 3, 51-76

HILDEBRAND, D.K./LAING, J.D./ROSENTHAL, H., 1977: Prediction Analysis of Cross-Classifications. New York: Wiley

HILL, P.B./SCHNELL, R., 1990: Was ist Identität? In: ESSER/FRIEDRICHS (Hg.), 1990, 25-42

HINSKE, N., 1986: Lebenserfahrung und Philosophie. Stuttgart: Fromman

HIPPLER, H.-J./SCHWARZ, N./SUDMAN, S. (Hg.), 1987: Social Information Processing and Survey Methodology. New York u.a.: Springer

HIRSCHI, T., 1986: On the Compatibility of Rational Choice and Social Control Theories of Crime. In: CORNISH/CLARKE (Hg.), 1986, 105-118

HIRSCHMAN, A.O., 1974: Abwanderung und Widerspruch. Tübingen: Mohr

HIRSCHMAN, A.O., 1984: Engagement und Enttäuschung. Frankfurt: Suhrkamp

HIRSCHMAN, A.O., 1985: Against Parsimony: Three Easy Ways of Complicating Some Categories of Economic Discourse. In: Economics and Philosophy, 1, 7-21

HIRSCHMAN, A.O., 1992: Abwanderung, Widerspruch und das Schicksal der Deutschen Demokratischen Republik. Ein Essay zur konzeptionellen Geschichte. In: Leviathan, 20, 330-358

HIRSHLEIFER, J., 1985: The Expanding Domain of Economics. In: American Economic Review, 75, 53-68

HIRSHLEIFER, J., 1987: On the Emotions as Guarantors of Threats and Premises. In: DUPRÉ (Hg.), 1987, 56-79

HÖFFE, O., 1978: Strategien der Humanität. In: MARTENS (Hg.), 1978, 24-26

HOGARTH, R.M./REDER, M.W. (Hg.), 1987: Rational Choice. The Contrast Between Economics and Psychology. Chicago, London: University of Chicago Press

HOLLAND, J.H./HLYOAK, K.J./NISBETT, R.W./THAGARD, P.W., 1986: Induction - Processes of Inference, Learning and Discovery, Cambridge, London: MIT Press

HOLLINGSWORTH, R.J., 1990: The Governance of American Manufacturing Sectors: The Logic of Coordination and Control, MPIFG Discussion Paper 90/4. Köln: Max Planck Institut für Gesellschaftsforschung

HOMANN, K./SUCHANEK, A., 1989: Methodologische Überlegungen zum ökonomischen Imperialismus. In: Analyse und Kritik, 11, 70-93

HOMANS, G.C., 1958: Social Behavior as Exchange. In: American J. of Sociology, 63, 597-606

HOMANS, G.C., 1964: Bringing Men Back In. In: American Sociological Review, 29, 809-818

HOMANS, G.C., 1972: Was ist Sozialwissenschaft? 2. Aufl. Opladen: Westdeutscher Verlag

HONDRICH, K.O./MATTHES, J. (Hg.), 1978: Theorienvergleich in den Sozialwissenschaften. Darmstadt, Neuwied: Luchterhand

HORN, K./RITTBERGER, U. (Hg.), 1987: Mit Kriegsgefahren leben. Opladen: Westd. Verlag

HOVLAND, C.I./ROSENBERG, M.J. (Hg.), 1960: Attitude Organization and Change. New Haven: Yale University Press

HOWE, H.E./PAGE, M.M. (Hg.), 1980: Nebraska Symposium on Motivation, 1979. Lincoln: Nebraska University Press

HOX, J.J./JONG-GIERVELD, J. de (Hg.), 1990: Operationalization and Research Strategy. Amsterdam, Lisse: Swets u. Zeitlinger

HOYOS, C. Graf/FREY, D. /STAHLBERG, D. (Hg.), 1988: Angewandte Psychologie. München: Urban u. Schwarzenberg

HUMMELL, H.J./OPP, K.-D., 1971: Die Reduzierbarkeit von Soziologie auf Psychologie. Eine These, ihr Test und ihre theoretische Bedeutung. Braunschweig: Vieweg

HURRELMANN, K./LAASER, U. (Hg.), 1993: Gesundheitswissenschaften. Handbuch für Lehre, Forschung und Praxis. Weinheim, Basel: Beltz

HURRELMANN, K./ULICH, D. (Hg.), 1991: Neues Handbuch der Sozialisationsforschung. Weinheim, Basel: Beltz

HYMES, D., 1978: Kompetenz und Performanz in der Sprachtheorie (zuerst 1968). In: Wirkendes Wort, 5, 305-328

INGLEHART, R., 1977: The Silent Revolution. Changing Values and Political Styles among Western Publics. Princeton, N.J.: Princeton University Press

INGLEHART, R., 1990: Kultureller Umbruch. Wertewandel in der westlichen Welt. Frankfurt, New York: Campus

INKELES, A., 1959: Personality and Social Structure. In: MERTON/BROOM/COTTRELL (Hg.), 1959, 249-276

INKELES, A., 1963: Sociology and Psychology. In: KOCH (Hg.), 1963, 317-387

IRLE, M. (Hg.), 1983: Enzyklopödie der Psychologie: Methoden und Anwendungen in der Marktpsychologie, Bd. 5. Göttingen: Hogrefe

JACCARD, J., 1981: Attitudes and Behavior: Implications of Attitudes towards Behavioral Alternatives. In: Journal of Experimental Social Psychology, 17, 286-307

JACCARD, J./TURRISI, R./WAN, C.K., 1990: Interaction Effects in Multiple Regression, Sage University Paper Series on Quantitative Applications in the Social Sciences, Bd. 72. Newbury Park, London, New Dehli: Sage

JACCARD, J.J./BECKER, M., 1985: Attitudes and Behavior: An Information Integration Perspective. In: Journal of Experimental Social Psychology, 21, 440-465

JARVIE, I.C., 1974: Die Logik der Gesellschaft. Über den Zusammenhang von Denken und sozialem Wandel. München: List

JENKINS, J.C., 1983: Resource Mobilization Theory and the Study of Social Movements. In: Annual Review of Sociology, 9, 527-553

JERVIS, R., 1976: Perception and Misperception in International Politics. Princeton: Princeton University Press

JOAS, H., 1978: Die gegenwärtige Lage der soziologischen Rollentheorie, 3. Aufl. Wiesbaden: Akademische Verlagsgesellschaft

JOAS, H., 1991: Rollen- und Interaktionstheorien in der Sozialforschung. In: HURRELMANN/ ULICH (Hg.), 1991, 147-160

JOCHIMSEN, R./KNOBEL, H. (Hg.), 1971: Gegenstand und Methoden der Nationalökonomie. Köln: Kiepenheuer u. Witsch

JÖRESKOG, K.G., 1973: A General Method for Estimating a Linear Structural Equation System. In: GOLDBERGER/DUNCAN (Hg.), 1973, 85-112

JOHNSON, D.B., 1982: The Free-Rider Principle, the Charity Market and the Economics of Blood. In: British Journal of Social Psychology, 21, 93-106

JOHNSON, D.R./CREECH, R.C., 1983: Ordinal Measures in Multiple Indicator Models. In: American Sociological Review, 48, 398-407

JOHNSON, E./PAYNE, J.W., 1986: The Decision to Commit a Crime: An Information-Processing Analysis. In: CORNISH/CLARKE (Hg.), 1986, 170-185

JONAS, F., 1964: Das Selbstverständnis der ökonomischen Theorie. Berlin: Duncker u. Humblot

JONAS, K./DOLL, J., 1996: Eine kritische Bewertung der Theorie überlegten Handelns und der Theorie geplanten Verhaltens. In: Zeitschrift für Sozialpsychologie, 1996, 18-31

316

JONES, M.R. (Hg.), 1955: Nebraska Symposium on Motivation, 1955. Lincoln: Nebraska University Press

JUNGERMANN, H., 1976: Rationale Entscheidungen. Bern, Stuttgart, Wien: Huber

JUNGERMANN, H./ROHRMANN, B./WIEDEMANN, P.M. (Hg.), 1991: Risiko-Kontroversen. Berlin: Springer

KAHLE, L.R., 1984: Attitudes and Social Adaption: A Person-Situation Interaction Approach. Oxford: Pergamon

KAHNEMAN, D./KNETSCH, J.L./THALER, R.H., 1990: Experimental Tests of the Endowment Effect and the Coase Theorem. In: Journal of Political Economy, 98, 1325-1348

KAHNEMAN, D./TVERSKY, A., 1979: Prospect Theory: An Analysis of Decision Under Risk. In: Econometrica, 47, 263-291

KAHNEMAN, D./TVERSKY, A., 1984: Choice, Values, and Frames. In: American Psychologist, 39, 341-350

KAMMLER, H., 1990: Objektbereich und Geltungsanspruch politikwissenschaftlicher Theorien. In: HAUNGS (Hg.), 1990, 101-117

KAPPELHOFF, P., 1995: Soziale Interaktion als Tausch: Tauschhandlung, Tauschbeziehung, Tuschsystem, Tauschmoralität. In: Ethik und Sozialwissenschaften, 6, 3-13

KARLSON, N., 1992: Bringing Social Norms Back In. In: Scandin. Political Studies, 15, 249-268

KASHIMA, Y./GALLOIS, C., 1993: The Theory of Reasoned Action and Problem-Focused Research. In: TERRY/GALLOIS/McCAMISH (Hg.), 1993, 207-226

KATONA, G., 1977: Psychological Economics, 3. Aufl., New York u.a.: Wiley

KAUFMANN, F.-X./KRÜSSELBERG, H.-G. (Hg.), 1984: Markt, Staat und Solidarität bei Adam Smith. Frankfurt, New York: Campus

KAUFMANN-MALL, K., 1978: Kognitiv-hedonistische Theorie menschlichen Verhaltens. Zeitschrift für Sozialpsychologie, Beiheft 3. Bern, Stuttgart, Wien: Huber

KECK, O., 1995: Rationales kommunikatives Handeln in den internationalen Beziehungen. Ist eine Verbindung von Rational-Choice-Theorie und Habermas' Theorie des kommunikativen Handelns möglich? In: Zeitschrift für Internationale Beziehungen, 2, 5-48

KEENEY, R.L./RAIFFA, H., 1976: Decisions with Multiple Objectives: Preferences and Value Tradeoffs. New York: Wiley

KEIL, F.C., 1989: Concepts, Kinds, and Cognitive Development. Cambridge, London: MIT Press

KELLE, U. (Hg.), 1995: Computer-assisted Qualitative Data Analysis. Theory, Methods and Practice. Newbury Park, London, New Dehli: Sage

KELLE, U./LÜDEMANN, C., 1995: 'Grau, teurer Freund, ist alle Theorie .' Rational Choice und das Problem der Brückenannahmen. In: Kölner Zeitschrift für Soziologie und Sozialpsychologie, 47, 249- 267

KELLEY, H.H., 1971: Attribution in Social Interaction. New York: General Learning Press

KELLOGG, R.T., 1995: Cognitive Psychology. Thousand Oaks, London, New Delhi: Sage

KELMAN, S., 1981: What Price Incentives? Economists and the Environment. Boston: Auburn House

KERN, L./NIDA-RÜMELIN, J., 1994: Logik kollektiver Entscheidungen München: Oldenbourg

KEYNES, J.M., 1952: Allgemeine Theorie der Beschäftigung, des Zinses und des Geldes (zuerst 1936). Berlin: Duncker u. Humblot

KIRCHGÄSSNER, G., 1988: Die neue Welt der Ökonomie. In: Analyse und Kritik, 10, 107-137

KIRCHGÄSSNER, G., 1991: Homo Oeconomicus. Tübingen: Mohr

KIRMAN, A., 1989: The Intrinsic Limits of Modern Economic Theory. In: Economic Journal, 99, 126-139

KIRSCH, G., 1993: Neue Politische Ökonomie, 3. Aufl. Düsseldorf: Werner

KITTSTEINER, H.-D., 1984: Ethik und Teleologie: Das Problem der 'unsichtbaren Hand' bei Adam Smith. In: KAUFMANN/KRÜSSELBERG (Hg.), 1984, 41-73

KLAGES, H., 1988: Wertedynamik: Über die Wandelbarkeit des Selbstverständlichen. Zürich: Edition Interforum

KLAGES, H./FRANZ, G./HERBERT, W., 1987: Sozialpsychologie der Wohlfahrtsgesellschaft. Frankfurt, New York: Campus

KLAGES, H./KMIECIAK, P. (Hg.), 1979: Wertwandel und gesellschaftlicher Wandel. Frankfurt, New York: Campus

KLEMMER, P., 1981: Zentralität und Einwohnerzahl. In: AKADEMIE FÜR RAUMFOR-
SCHUNG UND LANDESPLANUNG (Hg.), 1981, 147-166
KLIEMT, H., 1991: Der homo oeconomicus in der Klemme. In: ESSER/TROITZSCH (Hg.),
1991, 179-204
KLIEMT, H., 1993: Ökonomische Analyse der Moral. In: RAMB/TIETZEL (Hg.), 1993, 281-310
KLIEMT, H., 1996: Rational Choice-Erklärungen? In: DRUWE/KUNZ (Hg.), 1996, 83-105
KNETSCH, J.L., 1992: Preferences and Nonreversibility of Indifference Curves. In: Journal of
Economic Behavior and Organization, 17, 131-139
KNIGHT, F.H., 1967: Risk, Uncertainty and Profit (zuerst 1921). New York: Kelley, Sentry Press
KNORR-CETINA, K./CICOUREL, A. (Hg.), 1981: Advances in Social Theory and Methodology.
New York: Methuen
KOCH, L., 1996: Evolutorische Wirtschaftspolitik. Eine elementare Analyse mit entwicklungs-
politischen Beispielen. Tübingen: Mohr
KOCH, S. (Hg.), 1963, Psychology: A Study of Science. New York u.a.: McGraw-Hill
KÖRNER, S. (Hg.), 1974: Practical Reason. Oxford: Basil Blackwell
KONERDING, U./BRÜGGMANN, M./BRÜGGMANN, Matt./KLEPPE, 1995: Kompetenzzu-
schreibungen, Themenbewertungen und Wahlverhalten: Eine Weiterentwicklung der Theorie
des vernünftigen Handelns. In: Zeitschrift für Politische Psychologie, 3, 253-273
KRAAK, B./LINDENLAUB, S., 1975: Einstellung und Verhalten. Versuch einer Lösung des
Problems durch eine Handlungstheorie. In: TACK (Hg.), 1975, 246-248
KRÄMER, M./HOFMANN, J.M., 1990: Die Bereitschaft zur Teilnahme an der Volkszählung
1987. Erwartungs-wert-theoretische Analysen unter Einbeziehung von Niveaus des moralischen
Urteils. In: Zeitschrift für Sozialpsychologie, 1990, 27-39
KRAMPEN, G., 1984: Methodologische Aspekte der Erfassung erziehungsleitender Vorstellungen.
In: TROMMSDORFF (Hg.), 1984, 63-83
KRAMPEN, G., 1986a: Handlungsleitende Kognitionen von Lehrern. Instrumentalitätstheoretische
Vorhersagen pädagogischer Präferenzen. Göttingen, Toronto, Zürich: Hogrefe
KRAMPEN, G., 1986b: Handlungstheoretische Analysen politischer Partizipation: Anmerkungen
zu ORTH (1985) sowie weiterführende Überlegungen und Befunde. In: Zeitschrift für
Sozialpsychologie, 17, 91-98
KRAMPEN, G., 1987: Handlungstheoretische Persönlichkeitspsychologie. Konzeptuelle und
empirische Beiträge zur Konstrukterhellung. Göttingen, Toronto, Zürich: Hogrefe
KRAMPEN, G./WÜNSCHE, P., 1985: Handlungstheoretische Analysen politischer Partizipation.
In: Zeitschrift für Sozialpsychologie, 16, 270-279
KRANTZ, D.H., 1972: A Theory of Magnitude Estimation and Cross-Modality Matching. In:
Journal of Mathematical Psychology, 9, 168-199
KRAUS, S./PERLOFF, R. (Hg.), 1985: Mass Media and Political Thought. New York: Sage
KRAUSE, D., 1989: Ökonomische Soziologie. Einführende Grundlegung des ökonomischen
Programms in der Soziologie. Stuttgart: Enke
KRÜSSELBERG, H.-G., 1984: Wohlfahrt und Institutionen. Betrachtungen zur Systemkonzeption
im Werk von Adam Smith. In: KAUFMANN/KRÜSSELBERG (Hg.), 1984, 185-219
KRUGLANSKI, A.W., 1989: Lay Epistemics and Human Knowledge. Cognitive and Motivational
Bases. New York: Plenum Press
KÜHNEL, S.-M., 1993: Zwischen Boykott und Kooperation. Frankfurt u.a.: Lang
KÜLPE, O., 1913: Einleitung in die Philosophie, 6. Aufl. (zuerst 1895). Leipzig: Hirzel
KUHL, J., 1983: Motivation, Konflikt und Handlungskontrolle. Berlin u.a.: Springer
KUHL, J./BECKMANN, J. (Hg.), 1985: Action-Control: From Cognition to Behavior. Heidelberg:
Springer
KUHN, T.S., 1993: Die Struktur wissenschaftlicher Revolutionen. Zweite revidierte und um das
Postkriptum von 1969 ergänzte Auflage, zitiert nach der 12. Aufl. des Suhrkamp-Verlags
(zuerst 1962). Frankfurt: Suhrkamp
KUNZ, V., 1991: Infrastruktur, Betriebsgröße und höherwertige Tertiärisierung als Bestim-
mungsfaktoren der reg. Wirtschaftskraft. In: Inform. zur Raumentwicklung, 1991, 579-598
KUNZ, V., 1994: Die empirische Prüfung von Nutzentheorien. In: DRUWE/KUNZ (Hg.), 1994,
112-131
KUNZ, V., 1995: Ökonomische Handlungslehre. Gundlagen, Anwendungen und Anwendungsprobleme in den Politik- und Sozialwissenschaften, Diss. (unveröff.). Stuttgart: Univ. Stuttgart

KUNZ, V., 1996a: Empirische Ökonomik. Handlungstheoretische Grundlagen der Erklärung politischer und sozialer Prozesse. Marburg: Metropolis

KUNZ, V., 1996b: Präferenzen, Wertorientierungen und Rational Choice. In: DRUWE/KUNZ (Hg.), 1996, 154-176

KUNZ, V./DRUWE, U., 1995: Zur Notwendigkeit der Integration einer moralischen Dimension in die ökonomische Analyse sozialer Ordnung. In: Ethik und Sozialwissenschaften, 6, 45-47

KUNZ, V./GABRIEL, O.W., 1992: Determinanten der kommunalen Kulturausgaben. In: Informationen zur Raumentwicklung, 1992, 43-55

KUNZ, V./GABRIEL, O.W./BRETTSCHNEIDER, F., 1993: Wertorientierungen, Ideologien und Policy-Präferenzen in der Bundesrepublik Deutschland. In: GABRIEL/TROITZSCH (Hg.), 1993, 203-240

KUTSCHERA, F. von, 1982: Grundfragen der Erkenntnistheorie. Berlin: de Gruyter

La PIERE, R.T., 1934: Attitudes vs. Actions. In: Social Forces, 13, 230-237

LAATZ, W., 1993: Empirische Methoden. Ein Lehrbuch für Sozialwissenschaften. Thun, Frankfurt: Deutsch

LAKATOS, I., 1970: Falsification and the Methodology of Scientific Research Programes. In: LAKATOS/MUSGRAVE (Hg.), 1970, 91-196

LAKATOS, I./MUSGRAVE, A. (Hg.), 1970: Criticism and the Growth of Knowledge. Cambridge, London: Cambridge University Press

LALMAN, D./OPPENHEIMER, J./SWISTAK, P., 1993: Formal Rational Choice Theory: A Cumulative Science of Politics. In: FINIFTER (Hg.), 1993, 77-104

LANCASTER, K.J., 1966: A New Approach to Consumer Theory. In: Journal of Political Economy, 74, 132-157

LANGE, A.M. van/LIEBRAND, W.B.G., 1991: The Influence of Other's Morality and Own Social Value Orientation on Cooperation in the Netherlands and in the USA. In: International Journal of Psychology, 26, 429-449

LANGE, E., 1990: Der Übergang von Hochschülern von der Universität ins ins Beschäftigungssystem. Ein Vergleich der empirischen Bewährung der Nutzentheorie und der Theorie mentaler Inkongruenzen. In: OPP/WIPPLER (Hg.), 1990, 71-107

LANGER, E., 1978: Minding Matters: The Consequences of Mindlessness-Mindfulness. In: Advances in Experimental Social Psychology, 19, 448-468

LAUTMANN, R., 1985: Was nützt der Soziologie die Nutzenanalyse? In: Soziologische Revue, 8, 219-226

LAVOIE, M./GODIN, G., 1991: Correlates of Intentions to Use Condom among Auto Mechanic Students. In: Health Education Research, 6, 313-316

LAZARUS, R., 1975: The Self Regulation of Emotion. In: LEVI (Hg.), 1975, 78-105

LEA, S.E.A./WEBLEY, P./YOUNG, B.M. (Hg.), 1991: New Directions in Economic Psychology. Hants: Vermont

LEACH, J.J., 1968: The Logic of Situations. In:Philosophy of Science, 35, 258-273

LEE, W., 1977: Psychologische Entscheidungstheorie. Eine Einführung. Weinheim, Basel: Beltz

LEHNER, F., 1979: Grenzen des Regierens. Königstein, Ts.: Athenäum

LEHNER, F., 1981: Einführung in die Neue Politische Ökonomie. Königstein, Ts.: Athenäum

LEMYRE, L./SMITH, P.M., 1985: Intergroup Discrimination and Self Esteem in the Minimal Group Paradigm. In: Journal of Personality and Social Psychology, 49, 660-670

LENK, H. (Hg.), 1977: Handlungstheorien interdisziplinär IV. Sozialwissenschaftliche Handlungstheorien und spezielle systemwissenschaftliche Ansätze. München: Fink

LEPPER, M.R./GREEN, D. (Hg.), 1978: The Hidden Costs of Reward. New Perspectives on the Psychology of Human Motivation. Hillsdale, N.J.: Erlbaum

LESCHKE, M., 1995: Zur ökonomischen Analyse moralkonformen Handelns. In: Analyse und Kritik, 17, 209-231

LEVI, L. (Hg.), 1975: Emotions. Their Parameters and Measurement. New York: Raven

LEWIN, K., 1926a: Untersuchungen zur Handlungs- und Affektpsychologie I: Vorbemerkungen über die psychischen Kräfte und Energien und über die Struktur der Seele. In: Psychologische Forschung, 7, 294-329

LEWIN, K., 1926b: Untersuchungen zur Handlungs- und Affektpsychologie II: Vorsatz, Wille und Bedürfnis. In: Psychologische Forschung, 7, 330-385

LEWIN, K., 1951: Field Theory in Social Science. Chicago: University of Chicago Press

LEWIN, K./DEMBO, T./FESTINGER, L./SEARS, P.S., 1944: Level of Aspiration. In: McHUNT (Hg.), 1944, 333-378

LINDENBERG, S., 1977: Individuelle Effekte, kollektive Phänomene und das Problem der Transformation. In: EICHNER/HABERMEHL (Hg.), 1977, 46-84

LINDENBERG, S., 1981a: Erklärung als Modellbau. Zur soziologischen Nutzung von Nutzentheorien. In: SCHULTE (Hg.), 1981, 20-35

LINDENBERG, S., 1981b: Rational Repetitive Choice: The Discrimination Model Versus the Camilleri-Berger Model. In: Social Psychology Quarterly, 44, 312-330

LINDENBERG, S., 1983: Zur Kritik an Durkheims Programm der Soziologie. In: Zeitschrift für Soziologie, 12, 139-151

LINDENBERG, S., 1984a: Preference Versus Constraints. In: Journal of Institutional and Theoretical Economics, 140, 96-103

LINDENBERG, S., 1984b: Normen und die Allokation sozialer Wertschätzung. In: TODT (Hg.), 1984, 169-191

LINDENBERG, S., 1985a: An Assessment of the New Political Economy: Its Potential for the Social Sciences and for Sociology in Particular. In: Sociological Theory, 3, 99-114

LINDENBERG, S., 1985b: Die Verteilung gemeinsamer Güter: Wer bekommt welchen Anteil? In: BÜSCHGES/RAUB (Hg.), 1985, 83-114

LINDENBERG, S., 1985c: Rational Choice and Sociological Theory: New Pressures on Economics as a Social Science. In: Journal of Institutional and Theoretical Economics, 141, 244-255

LINDENBERG, S., 1989: Social Production Functions, Deficits, and Social Revolutions: Prerevolutionary France and Russia. In: Rationality and Society, 1, 51-77

LINDENBERG, S., 1990a: Rationalität und Kultur. Die verhaltenstheoretische Basis des Einflusses von Kultur auf Transaktionen. In: HAFERKAMP (Hg.), 1990, 249-287

LINDENBERG, S., 1990b: Homo Socio-oeconomicus: The Emergence of a General Model of Man in the Social Sciences. In: Journal of Institutional and Theoretical Economics, 146, 727-748

LINDENBERG, S., 1991: Die Methode der abnehmenden Abstraktion. Theoriegesteuerte Analyse und empirischer Gehalt. In: ESSER/TROITZSCH (Hg.), 1991, 29-78

LINDENBERG, S., 1992a: The Method of Decreasing Abstraction. In: COLEMAN/FARARO (Hg.), 1992, 3-20

LINDENBERG, S., 1992b: An Extended Theory of Institutions and Contractual Discipline. In: Journal of Institutional ans Theoretical Economics, 148, 125-154

LINDENBERG, S., 1992c Cohorts, Social Production Functions and the Problem of Self-Command. In: BECKER (Hg.), 1992, 283-308

LINDENBERG, S., 1993: Framing, Empirical Evidence, and Applications. In: Jahrbuch für Neue Politische Ökonomie, 12, 11-38

LINDENBERG, S./FREY, B.S., 1993: Alternatives, Frames, and Relative Prices: A Broader View of Rational Choice Theory. In: Acta Sociologica, 36, 191-205

LINDENBERG, S./WIPPLER, R., 1978: Theorienvergleich: Elemente der Rekonstruktion. In: HONDRICH/MATTHES (Hg.), 1978, 219-231

LISKA, A.E., 1984: A Critical Examination of the Causal Structure of the Fishbein/Ajzen Attitude-Behavior Model. In: Social Psychology Quarterly, 47, 61-74

LISKA, A.E., 1990: The Significance of Aggregate Dependent Variables and Contextual Independent Variables for Linking Macro a. Micro Theories. In: Social Psych. Quarterly, 53, 292-301

LISKA, A.E./FELSON, R. B./CHAMLIN, M./BACCAGLINI, W., 1984: Estimating Attitude-Behavior Reciprocal Effects within a Theoretical Specification. In: Social Psychology Quarterly, 47, 15-23

LOCKHART, C., 1979: Bargaining in International Conflicts. New York: Columbia Univ. Press

LOEWENSTEIN, G./ELSTER, J. (Hg.), 1992: Choice over Time. New York: Russell Sage Found.

LOOMES, G./SUDGEN, R., 1982: Regret Theory: An Alternative Theory of Rational Choice Under Uncertainty. In: Economic Journal, 92, 805-824

LOOMES, G./SUDGEN, R., 1983: A Rationale for Preference Rationale. In: American Economic Review, 73, 428-432

LOOMES, G./SUDGEN, R., 1987: Some Implications of a More General Form of Regret Theory. In: Journal of Economic Theory, 41, 270-287

LÜDEMANN, C., 1993: Diskrepanzen zwischen theoretischem Anspruch und forschungspraktischer Wirklichkeit. Eine Kritik der Untersuchung über 'Persönliches Umweltverhalten: Diskrepanzen zwischen Anspruch und Wirklichkeit' von Andreas Dieckmann und Peter Preisendörfer. In: Kölner Zeitschrift für Soziologie und Sozialpsychologie, 45, 116-124

LÜDEMANN, C./ROTHGANG, H., 1996: Der 'eindimensionale Akteur'. Eine Kritik der Framing-Modelle von Siegwart Lindenberg und Hartmut Esser. In: Zeitschrift für Soziologie, 25, 278-288

LUHMANN, N., 1971: Moderne Systemtheorien als Form gesamtgesellschaftlicher Analyse. In: HABERMAS/LUHMANN (Hg.), 1971, 7-24

LUHMANN, N., 1974a: Soziologische Aufklärung, Aufsätze zur Theorie sozialer Systeme, Bd. 1, 4. Aufl. Opladen: Westdeutscher Verlag

LUHMANN, N., 1974b: Funktion und Kausalität. In: LUHMANN, 1974a, 9-30

LUHMANN, N., 1993: Soziale Systeme. Grundriß einer allgemeinen Theorie, 4. Aufl. Frankfurt: Suhrkamp

LUMER, C., 1990: Handlung. In: SANDKÜHLER (Hg.), 1990, 499-511

LUSSIER, D.A./OLSHAVSKY, R.W., 1979: Task Complexity and Contingent Processing in Brand Choice. In: Journal of Consumer Research, 6, 154-165

MAAG, G., 1991: Gesellschaftliche Werte, Strukturen, Stabilität und Funktion. Opladen: Westdeutscher Verlag

MACHLUP, F., 1978: Methodology of Economics and the Other Social Sciences. New York, San Francisco, London: Academic Press

MAIER, G./WEISS, P., 1990: Modelle diskreter Entscheidungen. Theorie und Anwendung in den Sozial- und Wirtschaftswissenschaften. Wien, New York: Springer

MANDEVILLE, B., 1980: Die Bienenfabel oder Private Laster, öffentliche Vorteile (zuerst 1724). Frankfurt: Suhrkamp

MANDL, H./HUBER, G.L. (Hg.), 1983: Emotion und Kognition. München, Wien, Baltimore: Urban u. Schwarzenberg

MANSBRIDGE, J.J. (Hg.), 1990a: Beyond Self-Interest. Chicago, London: Univ. of Chicago Press

MANSBRIDGE, J.J., 1990b: The Rise and Fall of Self-Interest in the Explanation of Political Life. In: MANSBRIDGE (Hg.), 1990a, 3-22

MANSTEAD, A.S.R./PARKER, D., 1995: Evaluating and Extending the Theory of Planned Behaviour. In: European Review of Social Psychology, 6, 69-95

MANSTEAD, A.S.R./PROFFIT, C./SMART, L., 1983: Predicting and Understanding Mother's Infant-Feeding Intentions and Behavior: Testing the Theory of Reasoned Action. In: Journal of Personality and Social Psychology, 44, 657-671

MARCH, J.G./OLSEN, J.P., 1984: The New Institutionalism: Organisational Factors in Political Life. In: American Political Science Review, 78, 734-749

MARCIA, J.E., 1980: Identity in Adolescense. In: ADELSON (Hg.), 1986, 187-212

MARGOLIS, H., 1982: Selfishness, Altruism, and Rationality. A Theory of Social Choice. Cambridge u.a.: Cambridge University Press

MARINI, M.M., 1992: The Role of Models of Purposive Action in Sociology. In: COLEMAN/FARARO (Hg.), 1992, 21-48

MARKUS, H./NURIUS, P., 1986: Possible Selves. In: American Psychologist, 41, 954-969

MARSHALL, A., 1925: Principles of Economics. An Introductory Volume, 8. Aufl. (zuerst 1890). London: Macmillan

MARTENS, E. (Hg.), 1978: Was heißt Glück? Hannover: Schroedel

MARTIN, M., 1968: Situational Logic and Covering Law Explanations in History: In: Inquiry, 11, 388-399

MARTINSEN, R. (Hg.), 1995: Das Auge der Wissenschaft. Zur Emergenz von Realität. Baden-Baden: Nomos

MARWELL, G./OLIVER, P., 1993: The Critical Mass in Collective Action. A Micro-Social Theory. Cambridge: Cambridge University Press

MASLOW, A.H., 1954: Motivation and Personality. New York: Harper

MATTHES, J. (Hg.), 1981: Lebenswelt und soziale Probleme. Verhandlungen des 20. Deutschen Soziologentages zu Bremen 1980. Frankfurt: Campus

MAY, E. R., 1973: 'Lessons' of the Past: The Use and Miuse of History in American Foreign Policy. London, New York: Oxford University Press

MAY, R.S./JUNGERMANN, H., 1991: Wirkungen des Nachdenkens über Ziele im Entscheidungsprozeß. In: Zeitschrift für experimentelle und angewandte Psychologie, 38, 411- 428

MAYNTZ, R., 1992: Modernisierung und die Logik von interorganisatorischen Netzwerken. In: Journal für Sozialforschung, 32, 19-32

MAYNTZ, R./NEDELMANN, B., 1987: Eigendynamische soziale Prozesse. Anmerkungen zu einem analytischen Paradigma. In: Kölner Zeitschrift für Soziologie und Sozialpsychologie, 39, 648-668

MAYS, V.M./ALBEE, G.W./SCHNEIDER, S.F. (Hg.), 1989: Primary Prevention of AIDS: Psychological Approaches. Newbury Park u.a.: Sage

McARTHUR, L.Z., 1980: Illusory Causation and Illusory Correlation: Two Epistemological Accounts. In: Personality and Social Psychological Bulletin, 89, 246-287

McCLELLAND, D.C., 1961: The Achieving Society, Paperback Edition 1967. New York, London: Free Press, Collier-Macmillan

McDOUGALL, 1908: An Introduction to Social Psychology. London: Methuen

McGRAW, K.O., 1978: The Detrimental Effetcs of Reward on Performance: A Literature Review and a Prediction Model. In: LEPPER/GREEN (Hg.), 1978, 33-60

McHUNT, J. (Hg.), 1944: Personality and the Behavior Disorders, Bd. 1. New York: Ronals Press

McKENZIE, R.B./TULLOCK, G., 1978: The New World of Economics. Explorations into the Human Experience (deutsche Übersetzung: McKENZIE/TULLOCK 1984). Homewood, Ill.: Irwin

McKENZIE, R.B./TULLOCK, G., 1984: Homo Oeconomicus. Ökonomische Dimensionen des Alltags. Frankfurt, New York: Campus

MEAD, G.H., 1995: Geist, Identität und Gesellschaft - aus der Sicht des Sozialbehaviorismus, 10. Aufl. (zuerst 1934). Frankfurt: Suhrkamp

MECKLING, W.H., 1976: Values and the Choice of the Individual in the Social Sciences. In: Schweizerische Zeitschrift für Volkswirtschaft und Statistik, 112, 545-560

MEIER, A./SLEMBECK, T., 1994: Wirtschaftspolitik. Ein kognitiv-evolutionärer Ansatz. München, Wien: Oldenbourg

MEIER, H. (Hg.), 1992: Die Herausforderung der Evolutionsbiologie, 3.Aufl. München, Zürich: Piper

MEINEFELD, W., 1977: Einstellung und soziales Handeln. Reinbek: Rowohlt

MERTON, R.K., 1936: The Unanticipated Consequences of Purposive Social Action. In: American Sociological Review, 1, 894-904

MERTON, R.K., 1968a: The Matthew Effect in Science. The Reward and Communication Systems of Science are Considered. In: Science, 159, 56-63

MERTON, R.K., 1968b: Social Theory and Social Structure, erweiterte Aufl. New York, London: Free Press, Collier-Macmillan

MERTON, R.K., 1970: Die Eigendynamik gesellschaftlicher Voraussagen. In: TOPITSCH (Hg.), 1970, 144-161

MERTON, R.K., 1980: Auf den Schultern von Riesen. Ein Leitfaden durch das Labyrinth der Gelehrsamkeit. Frankfurt: Suhrkamp

MERTON, R.K./BROOM, L./COTTRELL, L.S. (Hg.), 1959: Sociology Today. Problems and Prospects. New York: Basic Books

MEUMANN, E., 1925: Intelligenz und Wille, 4. Aufl., herausgegeben von G. Störing (zuerst 1908/1913). Leipzig: Quelle u. Meyer

MIEBACH, B., 1984: Strukturalistische Handlungstheorie. Zum Verhältnis von soziologischer Theorie und empirischer Forschung im Werk Talcott Parsons'. Opladen: Westdeutscher Verlag

MILLER, G.A./GALANTER, E./PRIBRAM, K.-H., 1960: Plans and the Structure of Behavior. New York: Holt, Rinegart u. Winston

MILLER, H.L., HEINER, R.H., MANNING, S.W., 1987: Experimental Approaches to the Matching/Maximizing Controversy. In: COMMONS (Hg.), 1987, 253-287

MINIARD. P.W./COHEN, J.B., 1981: An Examination of the Fishbein-Ajzen Behavioral-Intentions Model's Concepts and Measures. In: Journal of Exper. Social Psychology, 17, 309-339

MIROWSKI, P., 1989: More Heat than Light. Economics as Social Physics: Physics as Nature's Economics. Cambridge u.a.: Cambridge University Press

MITCHELL, T.R., 1974: Expectancy Models of Job Satisfaction, Occupational Preference and Effort: A Theoretical, Methodological, and Empirical Appraisal. In: Psychological Bulletin, 81, 1053-1077

MITCHELL, T.R./BEACH, L.R., 1990: '. Do I Love Thee? Let Me Count .' Toward an Understanding of Intuitive and Automatic Decision Making. In: Organization Behavior and Human Decision Processes, 47, 1-20

MITCHELL, T.R./REDIKER, K./BEACH, L.R., 1986: Image Theory and Its Implications for Policy and Strategic Decision Making. In: SIMS/GIOIA (Hg.), 1986, 293-316

MITTAL, B., 1988: Achieving Higher Seat Belt Usage: The Role of Habit in Bridging the Attitude-Behavior Gap. In: Journal of Applied Social Psychology, 18, 993-1016

MONROE, K.B. (Hg.), 1981: Advances in Consumer Research, Bd. 8. Ann Arbor: University of Michigan Press

MONROE, K.R. (Hg.), 1991: The Economic Approach to Politics. A Critical Reassessment of the Theory of Rational Action. New York: Harper Collins

MONTGOMERY, H., 1989: From Cognition to Action: The Search for Dominance in Decision Making. In: MONTGOMERY/SVENSSON (Hg.), 1989, 23-49

MONTGOMERY, H./SVENSSON, O. (Hg.), 1989: Process and Structure in Human Decision Making. Chichester: Wiley

MÜLLER, H., 1994: Internationale Beziehungen als kommunikatives Handeln. Zur Kritik der utilitaristischen Handlungstheorien. In: Zeitschrift für Internationale Beziehungen, 1, 15-44

MÜLLER, N./STACHOWIAK, H. (Hg.), 1987: Problemlösungsoperator Sozialwissenschaft. Anwendungsorientierte Modelle der Sozial- und Planungswissenschaften in ihrer Wirksamkeitsproblematik, Bd. 1. Stuttgart: Enke

MÜNCH, R., 1992: Rational Choice Theory: A Critical Assessment of Its Explanatory Power. In: COLEMAN/FARARO (Hg.), 1992, 137-160

MULLER, E.N., 1978: Ein Modell zur Vorhersage aggressiver politischer Partizipation. In: Politische Vierteljahresschrift, 19, 514-558

MULLER, E.N., 1979: Aggressive Political Participation. Princeton, N.J.: Princeton University Press

MULLER, E.N., 1982: An Explanatory Model fo Differing Types for Differering Types of Participation. In: European Journal of Political Research, 10, 1-16

MULLER, E.N./OPP, K.-D., 1986: Rational Choice and Rebellious Collective Action. In: American Political Science Review, 71, 1561-1595

MURCHISON, C. (Hg.), 1935: Handbook of Social Psychology. Worcester: Clark University Press

MURRAY, H.A., 1938: Explorations in Personality. New York: Oxford University Press

MURRAY, H.A., 1952: Toward a Classification of Interaction. In: PARSONS/SHILS (Hg.), 1952a, 434-463

MUSGRAVE, A., 1981: 'Unreal Assumptions' in Economic Theory: The F-Twist Untwisted. In: Kyklos, 34, 545-559

NAGEL, E., 1963: Assumptions in Economic Theory. In: American Econ. Review, 53, 211-219

NARR, W.-D., 1972: Theoriebegriffe und Systemtheorie, 3. Aufl. Stuttgart u.a.: Kohlhammer

NELSON, A., 1986: New Individualist Foundations for Economics. In: Nous, 20, 469-490

NIDA-RÜMELIN, J. (Hg.), 1994a: Praktische Rationalität. Grundlagenprobleme und ethische Anwendungen des rational choice-Paradigmas. Berlin, New York: de Gruyter

NIDA-RÜMELIN, J., 1994b: Das rational choice-Paradigma: Extensionen und Revisionen. In: NIDA-RÜMELIN (Hg.), 1994a, 3-30

NIEHANS, J., 1981: Economics: History, Doctrine, Science, Art. In: Kyklos, 34, 165-177

NORTH, D. C., 1988: Theorie des institutionellen Wandels. Eine neue Sicht der Wirtschaftsgeschichte. Tübingen: Mohr

NORTH, D.C., 1992: Institutionen, institutioneller Wandel und Wirtschaftsleistung. Tübingen: Mohr

NOZICK, R., 1976: Anarchie, Staat, Utopia München: Moderne Verlags Gesellschaft

OAKES, P.J./TURNER, J.C., 1980: Social Categorization and Intergroup Behaviour: Does Minimal Intergroup Discrimination Make Social Identity More Positive? In: European Journal of Social Psychology, 10, 295-302

O'BRIEN, R.M., 1985: The Relationship Between Ordinal Measures and Their Underlying Values. Why All the Disagreement? In: Quality and Quantity, 19, 265-277

OLSON, M., 1965: The Logic of Collective Action (deutsche Übersetzung: Olson 1968). Cambridge: Harvard University Press

OLSON, M., 1968: Die Logik kollektiven Handlens. Kollektivgüter und die Theorie der Gruppen. Tübingen: Mohr

O'NEILL, J. (Hg.), 1973: Modes of Individualism and Collectivism. London: Heinemann

OPP, K.-D., 1977: Die verhaltenstheoretische Soziologie als sozialwissenschaftliches 'Paradigma'. In: LENK (Hg.), 1977, 121-156

OPP, K.-D., 1978: Theorie sozialer Krisen: Apathie, Protest und kollektives Handeln. Hamburg: Hoffmann u. Campe

OPP, K.-D., 1979a: Das 'ökonomische Programm' in der Soziologie. In: ALBERT/STAPF (Hg.), 1979, 313-350

OPP, K.-D., 1979b: Individualistische Sozialwissenschaft. Arbeitsweise und Probleme individualistisch und kollektivistisch orientierter Sozialwissenschaften. Stuttgart: Enke

OPP, K.-D., 1983: Die Entstehung sozialer Normen. Ein Integrationsversuch soziologischer, sozialpsychologischer und ökonomischer Erklärungen. Tübingen: Mohr

OPP, K.-D., 1984: Normen, Altruismus und politische Partizipation. In: TODT (Hg.), 1984, 61-113

OPP, K.-D., 1985: Sociology and Economic Man. In: Journal of Institutional and Theoretical Economics, 141, 213-243

OPP, K.-D., 1986: Das Modell des Homo Sociologicus. Eine Explikation und eine Konfrontierung mit dem utilitaristischen Verhaltensmodell. In: Analyse und Kritik, 8, 1-27

OPP, K.-D., 1990a: Testing Rational Choice Theory in Natural Settings. In: HOX/JONG-GIERVELD (Hg.), 1990, 87-101

OPP, K.-D., 1990b: Postmaterialism, Collective Action, and Political Protest. In: American Journal of Political Science, 34, 212-235

OPP, K.-D., 1991: Das Modell rationalen Verhaltens. Seine Struktur und das Problem der 'weichen Anreize'. In: BOUILLON/ANDERSSON (Hg.), 1991, 105-124

OPP, K.-D., 1993: Politischer Protest als rationales Handeln. In: RAMB/TIETZEL (Hg.), 1993, 207-246

OPP, K.-D., 1995: Methodologie der Sozialwissenschaften. Einführung in Probleme ihrer Theorienbildung und praktischen Anwendung, 3. Aufl. Opladen: Westdeutscher Verlag

OPP, K.-D./BUROW-AUFFARTH, K./HARTMANN, P./WITZLEBEN, T., 1984: Soziale Probleme und Protestverhalten. Eine empirische Konfrontation des Modells rationalen Verhaltens mit soziologischen Hypothesen am Beispiel von Atomkraftgegnern. Opladen: Westdeutscher Verlag

OPP, K.-D./ROEHL, W., 1990: Der Tschernobyl-Effekt. Eine Untersuchung über die Ursachen politischen Protests. Opladen: Westdeutscher Verlag

OPP, K.-D./WIPPLER, R.(Hg.), 1990: Empirischer Theorienvergleich. Erklärungen sozialen Verhaltens in Problemsituationen. Opladen: Westdeutscher Verlag

ORDESHOOK, P.C., 1986: Game Theory and Political Theory: An Introduction. Cambridge u.a.: Cambridge University Press

ORDESHOOK, P.C., 1990: The Emerging Discipline of Political Economy. In: ALT/SHEPSLE (Hg.), 1990, 9-30

ORTH, B., 1982: Zur Bestimmung der Skalenqualität bei 'direkten' Skalierungsverfahren. In: Zeitschrift für experimentelle und angewandte Psychologie, 29, 160-178

ORTH, B., 1985a: Bedeutsamkeitsanalysen bilinearer Einstellungsmodelle. In: Zeitschrift für Sozialpsychologie, 16, 101-115

ORTH, B., 1985b: Eine undifferenzierte Prüfung eines differenzierten Erwartungs-Wert-Modells: Anmerkungen zu Krampen & Wünsche (1985). In: Zeitschrift für Sozialpsych., 16, 280-283

ORTH, B., 1986: Meßtheoretisch bedeutsame oder psychologisch sinnvolle Einstellungsmodelle. In: Zeitschrift für Sozialpsychologie, 17, 87-90

ORTH, B., 1987: Formale Untersuchungen des Modells von Fishbein & Ajzen zur Einstellungs-Verhaltensbeziehung: I. Bedeutsamkeit und erforderliches Skalenniveau. In: Zeitschrift für Sozialpsychologie, 18, 152-159

324

ORTH, B., 1988: Formale Untersuchungen des Modells von Fishbein & Ajzen zur Einstellungs-Verhaltensbeziehung: II. Modellmodifikationen für intervallskalierte Variablen. In: Zeitschrift für Sozialpsychologie, 19, 31-40

OVERBYE, E., 1995: Making a Case for the Rational, Self-Regarding, 'Ethical' Voter . and Solving the 'Paradox of Not Voting' in the Process. In: European Journal of Political Research, 27, 369-396

PARSONS, T., 1949: The Structure of Social Action. A Study in Social Theory with Special Reference to a Group of Recent European Writers, 2. Aufl. (zuerst 1937). Glencoe: Free Press

PARSONS, T., 1952: The Social System, Second Printing. Glencoe: Free Press

PARSONS, T., 1964: Die jüngsten Entwicklungen der strukturell-funktionalen Theorien. In: Kölner Zeitschrift für Soziologie und Sozialpsychologie, 16, 30-49

PARSONS, T., 1986: Aktor, Situation und normative Muster. Ein Essay zur Theorie sozialen Handelns. Frankfurt: Suhrkamp

PARSONS, T./BALES, R.P./SHILS, E.A., 1953: Working Papers in the Theory of Action. Glencoe: Free Press

PARSONS, T./SHILS, E.A. (Hg.), 1952a: Toward a General Theory of Action, 2. Aufl. Cambridge: Harvard University Press

PARSONS, T./SHILS, E.A., 1952b: Values, Motives, and Systems of Action (with the Assistance of James Olds). In: PARSONS/SHILS (Hg.), 1952a, 45-275

PAYNE, J.W., 1982: Contingent Decision Behavior. In: Psychological Bulletin, 92, 382-402

PEAK, H., 1955: Attitude and Motivation. In: JONES (Hg.), 1955, 149-189

PETTY, R.E./CACIOPPO, J.T., 1981: Attitudes and Persuasion: Classic and Contemporary Approaches. Dubuque: Brown

PETTY, R.E./CACIOPPO, J.T., 1986a: Communication and Persuasion: Central and Peripheral Routes to Attitude Change. New York u.a.: Springer

PETTY, R.E./CACIOPPO, J.T., 1986b: The Elaboration Likelihood Model of Persuasion. In: BERKOWITZ (Hg.), 1986, 123-205

PFISTER, H.-R./KONERDING, U., 1996: Erklärung und Vorhersage von Verhalten mit unsicheren Konsequenzen: Folgerungen aus der Entscheidungsforschung für die Einstellungsforschung. In: Zeitschrift für Sozialpsychologie, 1996, 90-99

PIES, I., 1993: Normative Institutionenökonomik. Zur Rationalisierung des politischen Liberalismus. Tübingen: Mohr

PLÜMPER, T., 1996: Entscheidung unter Unsicherheit und die Rationalität von Routinen. In: DRUWE/KUNZ (Hg.), 1996, 177-206

PLUTCHIK, R./KELLERMAN, H. (Hg.), 1980: Emotion. Theory, Research, and Experience. New York: Academic Press

PODES, S., 1993: Pay and Political Participation in Classical Athens. An Empirical Application of Rational Choice Theory. In: Journal of Institutional and Theoretical Economics, 149, 495-515

POMMEREHNE, W.W., 1978: Institutional Appoaches to Public Expenditure. Empirical Evidence from Swiss Municipalities. In: Journal of Public Economic, 9, 255-280

POMMEREHNE, W.W., 1987: Präferenzen für öffentliche Güter. Ansätze zu ihrer Erfassung. Tübingen: Mohr

POPPER, K.R., 1962: Die Logik der Sozialwissenschaften. In: Kölner Zeitschrift für Soziologie und Sozialpsychologie, 14, 233-248

POPPER, K.R., 1963: Conjectures and Refutations. The Growth of Scientific Knowledge. New York, Evanston: Basic Books

POPPER, K.R., 1973: Objektive Erkenntnis. Ein evolutionärer Entwurf. Hamburg: Hoffmann u. Campe

POPPER, K.R., 1984: Logik der Forschung, 8. Aufl. Tübingen: Mohr

POPPER, K.R./ECCLES, J.C., 1996: Das Ich und sein Gehirn, 5. Aufl. (zuerst 1977/1982) München, Zürich: Piper

POTOCNIK, R., 1990: Entscheidungstraining zur Berufs- und Studienwahl. Bern: Huber

PRATKANIS, A.R./BRECKLER, S.J./GREENWALD, A.G. (Hg.), 1989: Attitude Structure and Function. Hillsdale, N.J.: Erlbaum

PREMACK, D., 1965: Reinforcement Theory. In: Nebraska Symposium on Motiv., 13, 123-188

PRISCHING, M., 1993: Kommentar zu Siegwart Lindenberg: Framing, Empirical Evidence, and Applications (in: Jahrbuch für Neue Politische Ökonomie, 12, 1993, 11-38). In: Jahrbuch für Neue Politische Ökonomie, 12, 43-49

PROMP, D.W., 1990: Sozialisation und Ontogenese - ein biosoziologischer Ansatz. Berlin, Hamburg: Parey

PRZEWORSKI, A., 1985: Marxism and Rational Choice. In: Politcs and Society, 11, 289-313

RADNITZKY, G./BERNHOLZ, P. (Hg.), 1987: Economic Imperialism. The Economic Method Applied Outside the Field of Economics. New York: Paragon House Publishers

RAMB, B.-T., 1993: Die allgemeine Logik menschlichen Handelns. In: RAMB/TIETZEL (Hg.), 1993, 1-31

RAMB, B.-T./TIETZEL, M. (Hg.), 1993: Ökonomische Verhaltenstheorie. München: Vahlen

RAUB, W., 1985: 'Individualistische' und 'spezifisch soziologische' Analysen kollektiver Tatbestände und Prozesse. In: BÜSCHGES/RAUB (Hg.), 1985, 305-334

RAUB, W./VOSS, T., 1981: Individuelles Handeln und gesellschaftliche Folgen. Das individualistische Programm in den Sozialwissenschaften. Darmstadt, Neuwied: Luchterhand

RAWLS, J., 1979: Eine Theorie der Gerechtigkeit. Frankfurt: Suhrkamp

RAYNOR, J.O., 1969: Future Orientation and Motivation of Immediate Activity: An Elaboration of the Theory of Achievement Motivation. In: Psychological Review, 76, 606-610

REINECKE, J., 1991: Interviewer- und Befragtenverhalten. Theoretische Ansätze und methodische Konzepte. Opladen: Westdeutscher Verlag

RICHARD, R./PLIGT, J. van der/VRIES, N. de, 1995: Anticipated Affective Reactions and Preventive of AIDS. In: British Journal of Social Psychology, 34, 9-21

RICHARDS, T.J./RICHARDS, L., 1994: Using Computers in Qualitative Research. In: DENZIN/LINCOLN (Hg.), 1994, 445-462

RICHINS, M.L., 1994: Valuing Things. The Public and Private Meaning of Possessions. In: Journal of Consumer Research, 21, 504-521

RICHTER, R., 1994: Institutionen ökonomisch analysiert. Zur jüngeren Entwicklung auf einem Gebiet der Wirtschaftstheorie. Tübingen: Mohr

RIKER, W.H., 1962: The Theory of Political Coalitions. New Haven: Yale University Press

RIKER, W.H., 1995: The Political Psychology of Rational Choice Theory. In: Political Psychology, 16, 23-44

RIKER, W.H./ORDESHOOK, P.C., 1973: An Introduction to Positive Political Theory. Englewood Cliffs, N.J.: Prentice-Hall

RITTER, J./GRÜNDER, K. (Hg.), 1974: Historisches Wörterbuch der Philosophie, Bd. 3. Darmstadt: Wissenschaftliche Buchgesellschaft

ROBERTS, F.S., 1985: Applications of the Theory of Meaningfulness to Psychology. In: Journal of Mathematical Psychology, 29, 311-332

ROEHL, W., 1990: Protest gegen Atomkraftwerke. Die Erklärung von Protest durch die Nutzentheorie und die Theorie mentaler Inkongruenzen. In: OPP/WIPPLER (Hg.), 1990, 109-145

ROKEACH, M., 1973: The Nature of Human Values. New York, London: Free Press

ROKEACH, M., 1980: Some Unresolved Issues in Theories of Beliefs, Attitudes, and Values. In: HOWE/PAGE (Hg.), 1980, 261-304. New York, London: Free Press

RONIS, D.L./YATES, J.F./KRISCHT, J.P., 1989: Attitudes, Decisions, and Habits as Determinants of Repeated Behavior. In: PRATKANIS./BRECKLER./GREENWALD (Hg.), 1989, 213-240

ROSENBERG, A., 1992: Economics - Mathematical Politics or Science of Diminishing Returns? Chicago, London: Chicago University Press

ROSENBERG, G.J., 1956: Cognitive Structure and Attitudinal Effect. In: Journal of Abnormal and Social Psychology, 53, 367-372

ROSS, M./CONWAY, M., 1986: Remembering One's Own Past. The Construction of Personal Histories. In: SORRENTINO/HIGGINS (Hg.), 1986, 122-144

ROTH, G., 1995: Das Gehirn und seine Wirklichkeit. Kognitive Neurobiologie und ihre philosophischen Konsequenzen, 3. Aufl. Frankfurt: Suhrkamp

ROTTER, J.B., 1954: Social Learning and Clinical Psychology. New York: Prentice-Hall

ROTTER, J.B., 1955: The Role of the Psychological Situation in Determining the Direction of Human Behavior. In: JONES (Hg.), 1955, 245-269

ROWE, N., 1989: Rules and Institutions. Ann Arbor: University of Michigan Press

RUDOLPH, W., 1959: Die amerikanische 'Cultural Anthropology' und das Wertproblem. Berlin: Duncker u. Humblot

RUSCH, G./SCHMIDT, S. J. (Hg.), 1994: Konstruktivismus und Sozialtheorie, Delfin 1993. Frankfurt: Suhrkamp

SAMUELSON, P.A./NORDHAUS, W.D., 1987: Volkswirtschaftslehre. Grundlagen der Makro- und Mikroökonomie, Bd. 2, 8. Aufl. Köln: Bund-Verlag

SANBONMATSU, D.M./FAZIO, R.H., 1990: The Role of Attitudes in Memory-Based Decision Making. In: Journal of Personality and Social Psychology, 59, 614-622

SANDKÜHLER, H.J. (Hg.), 1990: Europäische Enzyklopädie zu Philosophie und Wissenschaften, Bd. 2. Hamburg: Meiner

SARVER, V.T., 1983: Ajzen and Fishbein's 'Theory of Reasoned Action': A Critical Assessment. In: Journal for the Theory of Social Behavior, 13, 155-163

SAVAGE, L.J., 1954: The Foundations of Statistics. New York: Wiley

SCHÄFER, B./PETERMANN, F. (Hg.), 1988: Vorurteile und Einstellungen - Sozialpsychologische Beiträge zum Problem sozialer Orientierung. Köln: Deutscher Universitätsverlag

SCHÄFER, H.-B./WEHRT, K. (Hg.), 1989: Die Ökonomisierung der Sozialwissenschaften. Sechs Wortmeldungen. Frankfurt, New York: Campus

SCHÄFERS, B. (Hg.), 1995: Soziologie in Deutschland. Entwicklung, Institutionalisierung und Berufsfelder. Theoretische Kontroversen. Opladen: Leske u. Budrich

SCHEIER, M.F./CARVER, C.S., 1988: A Model of Behavioral Self-Regulation: Translating Intention into Action. In: BERKOWITZ (Hg.), 1988, 303-346

SCHELLING, T.C., 1978: Micromotives and Macrobehavior. New York: Norton

SCHELLING, T.C., 1984: Self-command in Practice, in Policy, and in a Theory of Rational Choice. In: American Economic Review, 74, 1-11

SCHELLING, T.C., 1992: Self-Command: A New Discipline. In: LOEWENSTEIN/ELSTER (Hg.), 1992, 167-176

SCHERER, K.R./WALBOTT, H.S./SUMMERFIELD, A.B., 1986: Experiencing Emotion. Cambridge: Cambridge University Press

SCHIFTER, D.B./AJZEN, I., 1985: Intention, Perceived Control, and Weight Loss: An Application of the Theory of Planned Behavior. In: Journal of Personality and Social Psychology, 49, 843-851

SCHLENKER, B.R. (Hg.), 1985a: The Self and Social Life. New York, Toronto, London: McGraw-Hill

SCHLENKER, B.R., 1985b: Identity a. Self-Identification. In: SCHLENKER (Hg.), 1985a, 65-99

SCHMIDT, F.L., 1973: Implications of a Measurement Problem for Expectancy Theory Research. In: Organizational Behavior and Human Performance, 10, 243-251

SCHMIDT, M.G., 1995: Demokratietheorien. Eine Einführung. Opladen: Leske u. Budrich (UTB)

SCHMIDT, T., 1996: Klassische Erwartungsnutzentheorie: Status, Anwendbarkeit, Perspektiven. In: DRUWE/KUNZ (Hg.), 1996, 42-55

SCHMIDTCHEN, D., 1983: Tricks und Täuschungen als Mittel der Wirtschaftspolitik? Die Sicht der Theorie rationaler Erwartungen. In: WOLL (Hg.), 1983, 79-125

SCHMITT, A., 1996: Ist es rational, den Rational Choice-Ansatz zur Analyse politischen Handelns heranzuziehen? In: DRUWE/KUNZ (Hg.), 1996, 106-126

SCHNEIDER, K./SCHMALT, H.-D., 1981: Motivation. Stuttgart u.a.: Kohlhammer

SCHNELL, R./HILL, P.B./ESSER, E., 1992: Methoden der empirischen Sozialforschung München, Wien: Oldenbourg

SCHOEMAKER, P.J.H., 1982: The Expected Utility Model: Its Variants, Purposes, Evidence, and Limitations. In: Journal of Economic Literature, 20, 529-563

SCHOEMAKER, P.J.H., 1991: The Quest for Optimality: A Positive Heuristic of Science? In: Behavioral and Brain Sciences, 14, 205-245

SCHOLZ, R.W. (Hg.), 1983: Decision Making under Uncertainty. Amsterdam: North Holland

SCHÜSSLER, R., 1990: Kooperation unter Egoisten. Vier Dilemmata. Oldenburg: Oldenbourg-Verlag

SCHULTE, W. (Hg.), 1981: Soziologie in der Gesellschaft. Referate aus den Veranstaltungen der Sektionen der Deutschen Gesellschaft für Soziologie der Ad-hoc-Gruppen und des Berufsverbandes Deutscher Soziologen beim 20. Deutschen Soziologentag Bremen, 16. bis 19. September 1980. Bremen: Universität Bremen

SCHULZE, G, 1993: Die Erlebnisgesellschaft. Kultursoziologie der Gegenwart, 3. Aufl. Frankfurt, New York: Campus

SCHUMPETER, J.A., 1965a: Geschichte der ökonomischen Analyse. Nach dem Manuskript herausgegeben von Elizabeth B. Schumpeter, Bd. 1. Göttingen: Vandenhoeck u. Ruprecht

SCHUMPETER, J.A., 1965b: Geschichte der ökonomischen Analyse. Nach dem Manuskript herausgegeben von Elizabeth B. Schumpeter, Bd. 2. Göttingen: Vandenhoeck u. Ruprecht

SCHWAB, D. P./OLIAN-GOTTLIEB, J. D./HENEMAN, H. G., 1979: Between-subjects Expectancy Theory Research: A Statistical Review of Studies Predicting Effort and Performance. In: Psychological Bulletin, 86, 139-147

SCHWARZ, N./SCHEURING, B., 1991: Die Erfassung gesundheitsrelevanten Verhaltens: Kognitionspsychologische Aspekte und methodische Implikationen. In: HAISCH/ZEITLER (Hg.), 1991, 48-63

SCHWARZER, R., 1992: Psychologie des Gesundheitsverhaltens. Göttingen, Toronto, Zürich: Hogrefe

SCHWEMMER, O., 1976: Theorie der rationalen Erklärung. München: Fink

SEARLE, J.R., 1992: Geist, Hirn und Wissenschaft, 3. Aufl. (zuerst 1984). Frankfurt: Suhrkamp

SEN, A.K., 1970: Collective Choice and Social Welfare. Cambridge, London, Amsterdam: Oliver u. Boyd

SEN, A.K., 1974: Choice, Orderings and Morality. In: KÖRNER (Hg.), 1974, 54-67

SEN, A.K., 1977: Rational Fools. A Critique of the Behavioral Foundations of Economic Theory. In: Philosophy and Public Affairs, 6, 317-345

SHERMAN, S.J./ZEHNER, K.S./JOHNSON, J./HIRT, E.R., 1983: Social Explanation: The Role of Timing, Set, and Recall on Subjective Likelihood Estimates. In: Journal of Personality and Social Psychology, 44, 1127-1143

SHIFFRIN, R.M./SCHNEIDER, W., 1977: Controlled and Automatic Human Information Processing: Perceptual Learning, Automatic Attending, and a General Theory. In: Psychological Review, 84, 127-190

SIMMEL, G., 1992: Soziologie. Untersuchungen über die Formen der Vergesellschaftung, Gesamtausgabe Bd. 11 (zuerst 1908). Frankfurt: Suhrkamp

SIMON, H.A., 1955: A Behavioral Model of Rational Choice. In: Quarterly Journal of Economics, 69, 99-118

SIMON, H.A., 1957: Models of Man, Social and Rational. New York: Wiley

SIMON, H.A., 1984: Human Nature in Politics: The Dialogue of Psychology with Political Science. In: American Political Science Review, 79, 293-304

SIMON, H.A., 1985: Human Nature in Politics: The Dialogue of Psychology with Political Science. In: American Political Science Review, 79, 293-304

SIMON, H.A., 1990: A Mechanism for Social Selection and Successfull Altruism. In: Science, 250, 1665-1668

SIMON, H.A., 1991: Organizations and Markets. In: Journal of Economic Perspectives, 5, 25-44

SIMON, H.A., 1993: Homo rationalis. Die Vernunft im menschlichen Leben. Frankfurt, New York: Campus

SIMON, H.A., 1995: Rationality in Political Behavior. In: Political Psychology, 16, 45-61

SIMS, H.P./GIOIA, D.A. (Hg.), 1986: Social Cognition in Organization. San Francisco: Jossey Bass

SKEVINGTON, S., 1981: Intergroup Relations and Nursing. In: European Jounral of Social Psychology, 11, 43-59

SLOVIC, P./FISCHHOFF, B./LICHTENSTEIN, S., 1977: Decision Theory. In: Annual Review of Psychology, 28, 1-39

SMITH, A., 1993: Der Wohlstand der Nationen, 6. Aufl. München: dtv

SMITH, A., 1994: Theorie der ethischen Gefühle. Hamburg: Meiner

SMITH, M.B./BRUNER, J.S./WHITE, R.W., 1956: Opinions and Personality. New York: Wiley

SNYDER, C.R., 1992: Product Scarcity by Need for Uniqueness Interaction. A Consumer Catch-22 Carousel. In: Basic and Applied Social Psychology, 13, 9-24

SNYDER, C.R./FROMKIN H.L., 1980: Uniqueness. The Human Pursuit of Difference. New York: Plenum

SNYDER, M., 1982: When Believing Means Doing: Creating Links between Attitudes and Behavior. In: ZANNA/HIGGINS/HERMAN (Hg.), 1982, 105-130

SOMMER, K.L., 1989: Die räumliche Verteilung des Dienstleistungsbereiches in Bayern. Eine theoretische und empirische Untersuchung. Frankfurt: Lang

SORENSEN, R.J., 1995: The Demand for Local Government Goods. In: European Journal of Political Research, 27, 119-141

SORRENTINO, R.M./HIGGINS, E.T. (Hg.), 1986: Handbook of Motivation and Cognition. Foundations of Social Behavior, 2 Bde. Chichester u.a.: Wiley

SOUTHWOOD, K.E., 1978: Substantive Theory and Statistical Interaction: Five Modells. In: American Journal of Sociology, 83, 1154-1203

SPARKS, P./HEDDERLEY, D./SHEPHERD, R., 1992: An Investigation into the Relationship between Perceived Control, Attitude Variability and the Consumption of two Common Foods. In: European Journal of Social Psychology, 22, 55-71

SPARKS, P./SHEPARD, R., 1992: Self-Identity and the Theory of Planned Behavior: Assessing the Role of Identification with 'Green Consumerism'. In: Social Psychology Quarterly, 55, 388-399

SPINNER, H.F., 1974: Pluralismus als Erkenntnismodell. Frankfurt: Suhrkamp

SPOHN, W., 1978: Grundlagen der Entscheidungstheorie. Kronberg, Ts.: Scriptor

SPOHN, W., 1994: Wie läßt sich Spieltheorie verstehen? In: NIDA-RÜMELIN (Hg.), 1994a, 197-238

SRUBAR, I., 1992: Grenzen des 'Rational Choice'-Ansatzes. In: Zeitschrift f. Soziol., 21, 157-165

STACHOWIAK, H./ELLWEIN, T./HERRMANN, T./STAPF, K.H. (Hg.), 1982: Bedürfnisse, Werte und Normen im Wandel, Bd. II. Methoden und Analysen. München: Fink, Schöningh

STAHLBERG, D./OSNABRÜGGE, G./FREY, D., 1985: Die Theorie des Selbstwertschutzes und der Selbstwerterhöhung. In: FREY/IRLE (Hg.), 1985, 79-126

STANLEY, T.D., 1985: Positive Economics and Its Instrumental Defense. In: Economica, 52, 305-319

STAPF, K.H., 1982: Einstellungsmessung und Verhaltensprognose. Kritische Erörterung einer aktuellen sozialwissenschaftlichen Thematik. In: STACHOWIAK et al. (Hg.), 1982, 73-130

STASSON, M./FISHBEIN, M., 1990: The Relation between Perceived Risk and Preventive Action: A Within-Subject Analysis of Perceived Driving Risk and Intentions to Wear Seatbelts. In: Journal of Applied Social Psychology, 20, 1541-1557

STAW, B.M./CUMMINGS, L.L. (Hg.), 1990: Research in Organizational Behavior, Bd. 12. Greenwich: JAI Press

STEGMÜLLER, W., 1969: Metaphysik, Skepsis, Wissenschaft, 2. Aufl. Berlin u.a.:: Springer

STEGMÜLLER, W., 1973: Probleme und Resultate der Wissenschaftstheorie und Analytischen Philosophie, Bd. 4: Personelle und Statistische Wahrscheinlichkeit, 1. Halbband: Personelle Wahrscheinlichkeit und Rationale Entscheidung. Berlin u.a.: Springer

STEGMÜLLER, W., 1983: Probleme und Resultate der Wissenschaftstheorie und Analytischen Philosophie, Bd. 1: Erklärung, Begründung, Kausalität, 2. Aufl. Berlin u.a.: Springer

STEGMÜLLER, W., 1991: Das Problem der Induktion: Humes Herausforderung und moderne Antworten (zuerst 1971). Der sogenannte Zirkel des Verstehens (zuerst 1974). Darmstadt: Wissenschaftliche Buchgesellschaft

STEPHAN, E., 1990: Zur logischen Struktur psychologischer Theorien. Berlin u.a.: Springer

STEPHENSON, G.M./DAVIS, J.H. (Hg.), 1981: Progress in Applied Social Psychology, Bd. 1. Chichester u.a.: Wiley

STICHWEH, R., 1995: Systemtheorie und Rational Choice Theorie. In: Zeitschrift für Soziologie, 24, 395-406

STIGLER G. J., 1945: The Cost of Subsistence. In: Journal of Farm Economics, 27

STIGLER, G.J./BECKER, G.S., 1977: De Gustibus Non Est Disputandum. In: American Economic Review, 67, 76-90

STIPAK, B./HENSLER, C., 1982: Statistical Inference in Contextual Analysis. In: American Journal of Political Science, 26, 151-175

STRACK, F./ARGYLE, M./SCHWARZ, N. (Hg.), 1991: Subjective Well-Being. An Interdisciplinary Perspective. Oxford u.a.: Pergamon Press

STROEBE, W. (Hg.), 1978: Sozialpsychologie, Bd. 1: Interpersonale Wahrnehmung und soziale Einstellungen. Darmstadt: Wissenschaftliche Buchgesellschaft

STROEBE, W./HEWSTONE, M./CODOL, J.-P./STEPHENSON, G.M. (Hg.), 1992: Sozialpsychologie. Eine Einführung, 2. Aufl. Berlin u.a.: Springer

STROTZ, R.H., 1956: Myopia and Inconsistency in Dynamic Utility Maximization. In: Review of Economic Studies, 23, 166-180

STRUBE, G., 1987: Answering Survey Questions: The Role of Memory. In: HIPPLER/SCHWARZ/SUDMAN (Hg.), 1987, 68-101

SUCHANEK, A., 1994: Ökonomischer Ansatz und theoretische Integration. Tübingen: Mohr

SUDGEN, R., 1986: The Economics of Rights, Cooperation, and Welfare. Oxford: Oxford University Press

SULS, J./GREENWALD, A.G. (Hg.), 1983: Psychological Perspectives on the Self, Bd. 2. Hillsdale, N.J.: Erlbaum

SWANN, W.B., 1983: Self-Verification. In: SULS/GREENWALD (Hg.), 1983, 225-251

TACK, W.H. (Hg.), 1975: Bericht über den 29. Kongreß der Deutschen Gesellschaft für Psychologie in Salzburg 1974, Bd. 1. Göttingen, Toronto, Zürich: Hogrefe

TAJFEL, H. (Hg.), 1978: Differentiation between Social Groups: Studies in the Social Psychology of Intergroup Relations. London: Academic Press

TAJFEL, H./TURNER, J.C., 1979: An Integrative Theory of Intergroup Conflict. In: AUSTIN/WORCHEL (Hg.), 1979, 33-47

TANUR, J.M. (Hg.), 1992: Questions about Questions. Inquiries into the Cognitive Bases of Surveys. New York: Russel Sage Foundation

TATARKIEWITZ, W., 1984: Über das Glück. Stuttgart: Klett-Cotta

TERRY, D.J./GALLOIS, C./McCAMISH, M. (Hg.), 1993: The Theory of Reasoned Action: Its Application to AIDS- Preventive Behaviour. Oxford: Pergamon

TESSER, A./CAMPBELL, J., 1983: Self Definition and Self Evaluation Maintenance. In: SULS/GREENWALD (Hg.), 1983, 54-79

TESSER, A./SHAFFER, D.R., 1990: Attitudes and Attitude Change. In: Annual Review of Psychology, 41, 479-523

THALER, R., 1980: Toward a Positive Theory of Consumer Choice. In: Journal of Economic Behavior and Organisation, 1, 39-60

THALER, R.H./SHEFRIN, H.M., 1981: An Economic Theory of Self-Control. In: Journal of Political Economy, 89, 392-406

THOMAE, H.(Hg.), 1975: Die Motivation menschliches Handelns, 2. Aufl. Köln, Berlin: Kiepenheuer u. Witsch

THOMAS, W. I., 1965: Person und Sozialverhalten, hrsg. von E. H. Volkart. Neuwied: Luchterhand

TIETZ, R. (Hg.), 1981: Wert- und Präferenzprobleme in den Sozialwissenschaften. Berlin: Duncker u. Humblot

TIETZEL, M., 1981: 'Annahmen' in der Wirtschaftstheorie. In: Zeitschrift für Wirtschafts- und Sozialwissenschaften, 101, 237-265

TIETZEL, M., 1982: Was kann man von der 'Theorie rationaler Erwartungen' rationalerweise erwarten? In: Kredit und Kapital, 15, 492-516

TIETZEL, M., 1985: Wirtschaftstheorie und Unwissen. Überlegungen zur Wirtschaftstheorie jenseits von Risiko und Unsicherheit. Tübingen: Mohr

TIETZEL, M., 1988: Zur Theorie der Präferenzen. In: Jahrbuch für Neue Politische Ökonomie, 7, 38-71

TIMM, H./HALLER, H. (Hg.), 1967: Beiträge zur Theorie der öffentlichen Ausgaben. Berlin: Duncker u. Humblot

TITMUSS, R.M., 1970: The Gift Relationship. From Human Blood to Social Policy. London: Allen u. Unwin

TODT, H. (Hg.), 1984: Normengeleitetes Verhalten in den Sozialwissenschaften. Berlin: Duncker u. Humblot

TOLMAN, E.C., 1938: The Determinants of Behavior at a Choice Point. In: Psychological Review, 45, 1-41

TOLMAN, E.C., 1952: A Psychological Model. In: PARSONS/SHILS (Hg.), 1952a, 279-361

TOLMAN, E.C., 1975: Ein kognitives Motivationsmodell (zuerst 1952, in: Psychological Review, 59, 389-400). In: THOMAE (Hg.), 1975, 448-461

TOPITSCH, E. (Hg.), 1970: Logik der Sozialwissenschaften, 6. Aufl. Köln, Berlin: Kiepenheuer u. Witsch

TRAPP, M., 1986: Utilitaristische Konzepte in der Soziologie. Eine soziologische Kritik von Homans bis zur Neuen Politischen Ökonomie. In: Zeitschrift für Soziologie, 15, 324-340

TRIANDIS, H.C., 1977: Interpersonal Behavior. Monterey: Brooks u. Cole

TROMMSDORFF, G. (Hg.), 1984: Erziehungsziele. Jahrbuch für Empirische Erziehungswissenschaft 1984. Düsseldorf: Schwann

TUCHFELDT, E., 1970: Über unerwünschte Nebenwirkungen wirtschaftspolitischer Maßnahmen. In: Kyklos, 23, 720-735

TUCK, M./RILEY, D., 1986: The Theory of Reasoned Action: A Decision Theory of Crime. In: CORNISH/CLARKE (Hg.), 1986, 156-169

TVERSKY, A., 1972: Elimination by Aspects: A Theory of Choice. In: Psychological Review, 79, 281-299

TVERSKY, A./KAHNEMAN, D., 1981: The Framing of Decisions and the Psychology of Choice. In: Science, 211, 453-458

TVERSKY, A./KAHNEMAN, D., 1988: Rational Choice and the Framing of Decisions. In: BELL/RAIFFA/TVERSKY (Hg.), 1988, 167-192

TVERSKY, A./KAHNEMAN, D., 1992: Advances in Prospect Theory: Cumulative Representation of Uncertainity. In: Journal of Risk and Uncertainty, 5, 297-323

ULEMAN, J.S./BARGH, J.A. (Hg.), 1989: Unintended Thought. New York: Guilford Press

UMBECK, J., 1981: Might Makes Rights: A Theory on the Formation und Initial Distribution of Property Rights. In: Economic Inquiry, 19, 38-59

UNDERWOOD, B./MOORE, B., 1982: Perspective-Taking and Altruism. In: Psychological Bulletin, 91, 143-173

UPMEYER, A. (Hg.), 1989: Attitudes and Behavioral Decisions. New York: Springer

UPMEYER, A./SIX, B., 1989: Strategies for Exploring Attitudes and Behavior. In: UPMEYER (Hg.), 1989, 1-18

URBAN, D., 1993: Logit-Analyse. Statistische Verfahren zur Analyse von Modellen mit qualitativen Response-Variablen. Stuttgart, Jena, New York: Fischer

VALLENTYNE, P. (Hg.), 1991: Contractarianism and Rational Choice. Cambridge: Cambridge University Press

VALLERAND, R. J./DESHAIES, P./CUERRIER, J.-P./PELLETIER, L., 1992: Ajzen and Fishbein's Theory of Reasoned Action as Applied to Moral Behavior: A Confirmatory Analysis. In: Journal of Personality and Social Psychology, 62, 98-109

VANBERG, V., 1975: Die zwei Soziologien. Individualismus und Kollektivismus in der Sozialtheorie. Tübingen: Mohr

VANBERG, V., 1988: Rules and Choice in Economics and Sociology. In: Jahrbuch für Neue Politische Ökonomie, 7, 146-167

VANBERG, V. 1993: Rational Choice vs. Adaptive Rule-following: On the Behavioral Foundations of the Social Sciences. In: Jahrbuch für Neue Politische Ökonomie, 12, 93-110

VEENHOVEN, R., 1991: Questions on Hapiness: Classical Topics, Modern Answers, Blind Spots. In: STRACK/ARGYLE/SCHWARZ (Hg.), 1991, 7-26

VERNON, R., 1979: Unintended Consequences. In: Political Theory, 7, 57-73

VERPLANKEN, B./HENK, A./KNIPPENBERG, A. van/KNIPPENBERG, C. van,1994: Attitudes versus General Habit: Antecedents of Travel Mode Choice. In: Journal of Applied Psychology, 24, 285-300

VINER, J., 1966: Adam Smith and Laissez Faire (zuerst 1928). In: CLARK et al., 1966, 116-155

VOGEL, C., 1989: Vom Töten zum Mord. Das wirklich Böse in der Evolutionsgeschichte München, Wien: Hanser

VOGEL, C., 1992: Gibt es eine natürliche Moral? Oder: wie widernatürlich ist unsere Ethik? In: MEIER (Hg.), 1992, 193-219

VOGT, I., 1993: Psychologische Grundlagen der Gesundheitswissenschaften. In: HURRELMANN/LAASER (Hg.), 1993, 46-62

VOLAND, E., 1993: Grundriß der Soziobiologie. Stuttgart, Jena: Fischer (UTB)

VOSS, T., 1985: Rationale Akteure und soziale Institutionen München: Oldenbourg

VROOM, V.H., 1964: Work and Motivation. New York: Wiley

WAKE, D.B./ROTH, G. (Hg.), 1989a: Complex Organismal Functions: Integration and Evolution in Vertebrates. Wiley: Chinchester

WAKE, D.B./ROTH, G., 1989b: The Linkage between Ontogeny and Phylogeny in the Evolution of Complex Systems. In: WAKE/ROTH (Hg.), 1989a, 361-377

WAKE, D.B./ROTH, G./WAKE, M.H., 1983: The Problem of Stasis in Organismal Evolution. In: Journal of Theoretical Biology, 101, 211-224

WARSHAW, P.R./DAVIS, F.D., 1985: Disentangling Behavioral Intention and Behavioral Expectation. In: Journal of Experimental Social Psychology, 21, 213-228

WATKINS, J.W.N., 1972: Idealtypen und historische Erklärung. In: ALBERT (Hg.), 1972a, 331-356

WATKINS, J.W.N., 1973: Historical Explanation in the Social Sciences (zuerst 1957. In: O'NEILL (Hg.), 1973, 166-178

WATZLAWICK, P./KRIEG, P. (Hg.), 1991: Das Auge des Betrachters. Beiträge zum Konstruktivismus München, Zürich: Piper

WEBER, M., 1994a: Wissenschaft als Beruf (1917/1919). Politik als Beruf (1919), Studienausgabe der Max Weber-Gesamtausgabe, Bd. I/17. Tübingen: Mohr

WEBER, M., 1994b: Wissenschaft als Beruf (zuerst 1917/1919). In: WEBER, 1994a, 1-23

WEEDE, E., 1992: Mensch und Gesellschaft. Soziologie aus der Perspektive des methodologischen Individualismus. Tübingen: Mohr

WEGENER, B. (Hg.), 1982: Social Attitudes and Psychophysical Measurement. Hillsdale, N.J.: Erlbaum

WEINER, B., 1992: Human Motivation. Methaphors, Theories, and Research. Newburry Park, London, New Delhi: Sage

WEINTRAUB, E.R., 1977: The Microeconomic Foundations of Macroeconomics: A Critical Survey. In: Journal of Economic Literature, 15, 1-23

WEINTRAUB, E.R., 1979: Microfoundations: The Compatibility of Microeconomics and Macroeconomics. Cambridge: Cambridge University Press

WEISE, P., 1989: Homo oeconomicus und homo sociologicus. Die Schreckensmänner der Sozialwissenschaften. In: Zeitschrift für Soziologie, 18, 148-161

WEISS, C., 1980: Wohlbefinden: Theorieentwurf und Testkonstruktion. Bielefeld: Kleine

WERBIK, H., 1978: Handlungstheorien. Stuttgart u.a.: Kohlhammer

WESTLE, B., 1994: Politische Partizipation. In: GABRIEL/BRETTSCHNEIDER (Hg.), 1994, 137-173

WHITE, K.M./TERRY, D.J./HOGG, M.A., 1994: Safer Sex Behavior: The Role of Attitudes, Norms, and Control Factors. In: Journal of Applied Social Psychology, 24, 2164-2192

WICKER, A.W., 1969: Attitudes Versus Actions: The Relationship of Verbal and Overt Behavioral Responses to Attitude Objects. In: Journal of Social Issues, 25, 41-78

WICKLER, W./SEIBT, U., 1991: Das Prinzip Eigennutz. Zur Evolution sozialen Verhaltens, 2. Aufl. (Neuausgabe). München, Zürich: Piper

WICKLUND, R.A./GOLLWITZER, P.M., 1982: Symbolic Self-Completion. Hillsdale, N.J.: Erlbaum

WIDMAIER, U., 1989: Endogene Grenzen des Wachstums. Eine politisch-ökonomische Analyse von Verteilungskonflikten in demokratischen Systemen. Baden-Baden: Nomos

WILEY, D.E., 1973: The Identification Problem for Structural Equation Models with Unmeasured Variables. In: GOLDBERGER/DUNCAN (Hg.), 1973, 69-83

WILLEMS, U., 1996: Restriktionen und Chancen kollektiven Handelns. In: DRUWE/KUNZ (Hg.), 1996, 127-153

WILLIAMSON, O.E., 1975: Markets and Hierarchies. New York, London: Free Press, Collier Macmillan

WILLIAMSON, O.E., 1985: The Economic Institutions of Capitalism. New York: Free Press

WILSON, T. D./DUNN, D.S., 1984: Effects on Introspection on Attitude-Behavior Consistency: Analyzing Reasons versus Focusing on Feelings. In: Journal of Experimental Social Psychology, 22, 249-263

WILSON, T. D./DUNN, D.S./BYBEE, J.A./HYMAN, D.B./ROTONDO, J., 1984: Effects on Analyzing Reasons on Attitude-Behavior Consistency. In: Journal of Personality and Social Psychology, 47, 5-16

WILSON, T. D./DUNN, D.S./KRAFT, D./LISLE, D.J., 1989: Introspection, Attitude Change, and Attitude-Behavior Consistency: The Disruptive Effects of Explaining Why We Feel the Way We Do. In: BERKOWITZ (Hg.), 1989, 287-343

WILSON, T.P., 1973: Theorien der Interaktion und Modelle soziologischer Erklärung. In: ARBEITSGRUPPE BIELEFELDER SOZIOLOGEN (Hg.), 1973, 54-79

WILSON, T.P., 1982: Qualitative 'oder' quantitative Methoden in der Sozialforschung. In: Kölner Zeitschrift für Soziologie und Sozialpsychologie, 34, 487-508

WIPPLER, R., 1978a: Nicht-intendierte soziale Folgen individueller Handlungen. In: Soziale Welt, 29, 155-179

WIPPLER, R., 1978b: Erklärung unbeabsichtigter Handlungsfolgen: Ziel oder Meilenstein soziologischer Theoriebildung? In: MATTHES (Hg.), 1981, 246-261

WIPPLER, R., 1978c: The Structural-Individualistic Approach in Dutch Sociology. In: The Netherlands Journal of Sociology, 14, 135-155

WIPPLER, R., 1990: Cultural Resources and Participation in High Culture. In: HECHTER/OPP/ WIPPLER (Hg.), 1990, 187-204

WISWEDE, G., 1981: Sozialpsychologische Aspekte der Päferenzbildung. In: TIETZ (Hg.), 1981, 83-110

WITT, U., 1987: Individualistische Grundlagen der evolutorischen Ökonomik. Tübingen: Mohr

WITTENBRAKER, J./GIBBS, B.L./KAHLE, L.R., 1983: Seat Belt Attitudes, Habits, and Behaviors: An Adaptive Amendment to the Fishbein Model. In: Journal of Applied Social Psychology, 13, 406-421

WOLF, C., 1988: Die Hamburger Innenstadt: Ihre Benutzung und Bewertung. Eine empirische Analyse sozialräumlicher Differenzierung. Hamburg: Gesellschaft für sozialwissenschaftliche Stadtforschung

WOLL, A. (Hg.), 1983: Aktuelle Wege der Wirtschaftspolitik. Berlin: Duncker u. Humblot

WRONG, D.H., 1961: The Oversocialized Conception of Man in Modern Sociology. In: American Sociological Review, 26, 183-193

YARDLEY, K./HONESS, T. (Hg.), 1987: Self and Identity. New York: Wiley

ZALLER, J.R., 1990: Political Awareness. Elite Opinion Leadership, and the Mass Survey Response. In: Social Cognition, 8, 125-153

ZALLER, J.R., 1992: The Nature and Origins of Mass Opinion. Cambridge u.a.: Cambridge University Press

ZANGEMEISTER, C., 1977: Zur Methodik systemanalytischer Zielplanung. In: LENK (Hg.), 1977, 329-366

ZANNA, M.P. (Hg.), 1990: Advances in Experimental Social Psychology, Bd. 23. San Diego u.a.: Academic Press

ZANNA, M.P./HIGGINS, E.T./HERMAN, C.P. (Hg.), 1982: Consistency in Social Behavior. The Ontario Symposium, Bd. 2. Hillsdale, N.J.: Erlbaum

ZEY, M. (Hg.), 1992a: Decision Making: Alternatives to Rational Choice Models. Newbury Park, London, New Dehli: Sage

ZEY, M., 1992b: Criticisms of Rational Choice Models. In: ZEY (Hg.), 1992a, 9-31

ZIMMERLING, R., 1994: 'Rational Choice'-Theorien: Fluch oder Segen für die Politikwissenschaft? In: DRUWE/KUNZ (Hg.), 1994, 14-25

ZIMOLONG, B./ROHRMANN, B., 1988: Entscheidungshilfetechnologien. In: HOYOS/FREY/ STAHLBERG (Hg.), 1988, 45-72

ZINTL, R., 1990: Probleme des individualistischen Ansatzes in der neuen politischen Ökonomie. In: GÖHLER et al. (Hg.), 1990, 267-287

ZINTL, R., 1991: Wahlsoziologie und individualistische Theorie - der ökonomische Ansatz als Instrument der Mikrofundierung von Aggregatanalysen. In: ESSER/TROITZSCH (Hg.), 1991, 205-234

ZUCKERMAN, M./REIS, H., 1978: Comparison of Three Models for Predicting Altruistic Behavior. In: Journal of Personality and Social Psychology, 36, 498-510